Cet ouvrage est le fruit d'un programme de recherches qui a bénéficié notamment de l'aide des institutions suivantes :

— Commissariat général du Plan
— Plan urbain
— Fonds d'action sociale pour les travailleurs immigrés et leurs familles (FAS)
— Établissement public d'aménagement de Cergy-Pontoise
— Ministère de la Recherche et de la Technologie
— Institut des hautes études de la sécurité intérieure.

Avant-propos

La France n'est pas raciste, mais...

... mais entrons, par exemple, dans ce local d'un centre social d'un quartier populaire, à Mulhouse, où une quinzaine de femmes, sous la houlette d'une animatrice, se livrent comme chaque semaine à des travaux de couture. Et demandons-leur, simplement, de dire très librement ce qu'elles pensent de l'immigration et de la cohabitation interculturelle.

Les réponses fusent, sans retenue, et sans être vraiment sollicitées : les enfants issus de l'immigration sont « livrés à eux-mêmes, c'est comme des bêtes », ils prennent les places assises dans les bus, mettent les pieds dessus « et ils vous rigolent encore au nez. Ça, c'est les Maghrébins ! ». Ils dégradent tout, souillent le quartier, l'immeuble, « ils jouent dans la cave, d'ici quelques années ils vont se shooter, et après ils vont baiser dans la cave ». Ils sèment la terreur, et mieux vaut s'incliner, « on a peur des représailles, des rayures sur les voitures », ils disent des « choses abominables ». Quant aux adultes, « ils ne sont pas venus en France pour rien, ils veulent profiter », et même « imposer ». Là où « il y a des Maghrébiens, il ne faut pas y aller, il faut même pas rentrer », avec eux « la France c'est la poubelle, et nous, on ramasse toutes les ordures ». Et, sans qu'on lui ait demandé ce qu'il faudrait faire, une de ces femmes plus très jeunes s'écrie : « la mitraillette, et que ce soit en trente-six coups. *Trrrv...* ». Elle joint le geste à la parole, et déclenche un concert de rires gras, avant qu'une autre abonde dans le même sens : « vous savez ce que mon mari disait ? Je peux le dire maintenant, ça fait vingt ans qu'il est mort : “ On devrait les mettre tous sur un même bateau, au milieu de la mer, et... ” » — et, d'un geste qui en dit long, elle indique le sort qui attend ce bateau théorique. Le concert de rires gras reprend de plus belle.

Ces propos ne constituent qu'une variante d'un discours qui s'est constitué dans les quartiers de nos villes ou dans les banlieues, qu'elles soient « chaudes » ou résidentielles, et dans des milieux sociaux diversifiés. L'expression que nous venons d'en avoir est sans détour ; elle peut être ailleurs plus prudente, moins directe. Et, s'il n'est pas possible d'évaluer la diffusion de ce discours, la facilité même avec laquelle nous avons pu le rencontrer indique qu'il correspond à un phénomène relativement massif. Nous allons maintenant, en guise de préambule, le reconstituer dans ses principaux développements, et le lecteur aura peut-être l'impression de lire quelques pages sans surprise, ce qui en confirmera alors d'une autre manière l'extension et la banalisation.

I

Au départ, très souvent, le propos se veut réaliste, objectif, description reposant sur des faits attestés, sur une expérience vécue, et insupportable : « j'ai vu monter quatre moutons vivants, des gros, et on les tire dans les baignoires. Les intestins passent par les fenêtres, après ils nettoient les peaux dehors. Ça fait dégueulasse, il y en a plein les pelouses. Et puis, il y a les mouches qui viennent aussi[1] ». Les odeurs, la saleté, le bruit aussi alimentent des récits hauts en couleur, à partir desquels se déploie vite un thème majeur : celui de la différence culturelle et de son caractère irréductible.

« Les populations qui n'ont pas la même essence que la nôtre, qui n'ont pas nos lois, qui n'ont pas nos mœurs, qui n'ont pas notre religion, ils veulent vivre comme chez eux, et presque nous imposer leurs vues. C'est pas possible ça ! » C'est ainsi que, y compris dans des milieux très conservateurs, on en arrive à être choqué de la façon dont la femme est infériorisée au nom de la différence culturelle : ils « obligent l'épouse, même française, à marcher quinze mètres en arrière », ils « prennent deux, trois femmes, ce n'est pas normal, on n'est pas d'accord ».

Mais ne nous y trompons pas, ne réduisons pas ce thème de la différence à ses seules dimensions culturelles. Derrière la culture se profile la nature et, plus précisément, la race. « Chaque race a ses mœurs, ses coutumes et ses religions », et « même s'ils sont Français, ils garderont toujours la race dans eux ». Le refus de l'intégration, imputé à l'Autre, trouverait sa source la plus profonde dans son état de nature : « ils ont des mœurs étranges, c'est tiré de la sauvagerie » ; dans l'instinct : « si vous laissez un Arabe dans la nature, automatiquement, il devient hargneux parce qu'il croit qu'il peut prendre le dessus. Mon frère dit toujours : " C'est dans la nature du bicot, il est comme ça " ». C'est pourquoi on distingue soigneusement les anciennes immigrations intégrées : les Italiens, les Portugais, les Polonais — « c'est l'Europe » —, des nouveaux venus — « c'est la tourbe, la racaille », ils « en sont toujours à leur tambour dans la forêt », ne peuvent échapper à la fatalité de la race, sont toujours susceptibles d'« être repris par la négritude ». « Ils ne changeront pas », et méritent la comparaison avec des animaux : « je lui ai dit : " Mon chien, il est plus propre que votre mari, parce que votre mari il est noir, ma bête elle est claire " ».

Parfois affleure ici la hantise du métissage : « Et nos jeunes à nous, qu'est-ce que ça va donner ? Un mélange de races ne doit pas se faire. Sinon, pourquoi Dieu aurait-il créé des couleurs ? » ; les enfants de couples mixtes « ne vont pas être noirs, ne vont pas être blancs..., ils s'appelleront je ne sais pas comment, ils auront une autre mentalité ». Le mariage mixte est signe de déchéance ou de monstruosité, comme l'indiquerait le cas de cette Française : « elle fait 135 kilos, un monstre, alors elle a trouvé un nègre, elle n'aurait pas trouvé autre chose ». Et, si l'humanité n'est pas refusée aux immigrés, « ce sont des êtres humains de troisième ordre ».

La différence n'est pas perçue comme distance, mais comme menace et, pour beaucoup, le problème est celui de la « marée », de l'invasion, de l'envahissement : « Ici, ils sont chez eux », bientôt « y aura des bougnoules chez nous, et nous, on pourra fermer notre gueule ». Le quartier, la ville, le pays seraient « submergés » — « ils prennent l'emploi des Français », « s'approprient à peu près tous les magasins dans le quartier »

— et le flot de l'immigration serait complété par une démographie galopante : « ils commencent à faire des enfants vers 17-19 ans, comptez ce que ça fera en l'an 2000, s'ils font chacun trois enfants ». Le thème de l'invasion est indissociable de l'idée de l'instauration d'un rapport de force, et de nombreuses anecdotes circulent, relatives au projet explicite des immigrés de mettre la France et les Français « à genoux devant eux ». Disons-le nettement : le thème de la différence est ici indissociable de l'image d'un rapport de domination dans lequel la hiérarchie traditionnelle serait inversée, ou risquerait de l'être. « Ils viennent vers vous et disent : " Vous, vous êtes de la crotte, et nous, on est tout " », « ils nous prennent pour des cons ».

Cette image d'un renversement où beaucoup se sentent infériorisés ou exclus est parfois vécue comme un retour de l'histoire : « on a fait quelque chose de beau de l'Algérie, et tout d'un coup, ils se réveillent, ils nous chassent, et on leur ouvre les bras : venez, venez, mangez, vous aurez des allocations familiales comme les Français, les mêmes droits. Je ne suis pas raciste tant qu'on ne m'embête pas ». Le sentiment d'une inversion, de la fin d'une époque où « quand on avait du rab au réfectoire, on appelait les petits Arabes pour le leur donner, plutôt que de le mettre à la poubelle ou le donner aux cochons », repose aussi sur le fait qu'en face « ils commencent à s'organiser mieux que nous, les autochtones », ils sont « soudés », « se sentent fort », « se croyent supérieurs à nous ». Dès qu'ils le peuvent, ils ignorent les Français — « elles parlent leur langue entre elles et vous n'y comprenez rien » — et surtout les méprisent et leur signifient qu'ils n'ont qu'à s'incliner, ou partir : « à une de mes amies qui rouspétait parce qu'ils faisaient trop de bruit, vous savez ce qu'ils ont dit ? " Si ça te plaît pas, tu n'as qu'à déménager, t'as qu'à partir " ». La différence, la distance intercommunautaire, ce sont eux qui la construisent ; ils ne participent pas à la vie de quartier, et encore moins à des activités collectives : « on ne peut rien organiser. Si on fait une fête, si vous leur demandez une participation, c'est déjà la catastrophe, vous êtes des profiteurs ».

S'ils sont décrits comme différents, les immigrés le sont aussi comme particulièrement habiles à s'orienter dans la société française, et en particulier dans les administrations : « Ils sont au courant de tout, alors que le pauvre con de Français, un ouvrier, il dira : " Tiens, moi je ne savais pas ça. " » Ils viendraient en France user et abuser des avantages sociaux, ils feraient des enfants dont ils ne s'occupent pas, pour toucher les allocations familiales. Ils terroriseraient l'administration, à moins qu'elle ait reçu pour consigne de les privilégier : « à la Sécurité sociale, il y en avait un qui a fait du foin au guichet, et qui a menacé la personne derrière : " et si je le reçois pas, je te fais la peau " ».

Dès lors, les Français seraient moins bien traités : « ma fille pourrait mourir de faim, eux ils arrivent de leur bled, ils ont tout ce qu'ils veulent » ; « parce qu'elle est bougnoule elle croit qu'elle a tous les droits chez nous. Alors, pourquoi nous on doit se démerder et ceux-là ils reçoivent, pourquoi ? ».

En mille et un lieux, et pas seulement à travers l'aide sociale, les immigrés s'enrichiraient « sur le dos des Français », en ne payant pas d'impôts, en faisant fonctionner des commerces sans patente, en ne participant pas aux frais occasionnés par des activités collectives, en demandant toujours et partout plus que leur dû, plus que ce qui est attribué aux Français, en présentant des exigences exorbitantes assorties de menaces et de récriminations, en s'appropriant des espaces publics ou collectifs, en parlant de leurs droits — « mais jamais de devoirs » —, en ne travaillant pas — « je les vois le matin qui jouent aux cartes et aux courses ».

Leur enrichissement traduirait, en partie, leur capacité à pervertir les mécanismes de l'aide et de la protection sociales : « ils vont au centre social, ils disent : " Moi pas de sous ", et vous les voyez dans des BMW » ; d'ailleurs, c'est très simple : « quand vous voyez des Mercedes et des camionnettes stationner, vous pouvez être sûrs que vous êtes dans un truc turc ». Mais les voitures somptueuses, les vacances régulières en Algérie ou en Turquie, les envois de sommes importantes — « des millions » —, les achats payés comptant, les parties de poker « avec des billets de 200 francs », le train de vie proviendraient aussi d'autres sources qu'administratives, et les immigrés sont notamment soupçonnés de vivre du trafic de la drogue et de la corruption de la jeunesse : « qui est-ce qui fait l'importation de la drogue, qui est-ce qui profite de la drogue ? les étrangers ! Ils foutent les gens dans la merde, c'est des Français qui sont condamnés ». Le thème de la non-visibilité trouve sa place ici, et la critique s'étend alors aux Asiatiques, pourtant généralement bien perçus : « les asiates, c'est ni vu ni connu. Ils sont là depuis même pas deux, trois mois, ils se promènent en grandes voitures de luxe, on se demande comment ils font ».

Autre thème majeur : la délinquance — « quand vous regardez les journaux, les arrestations, les vols, les viols, c'est toujours les Arabes. Pourquoi est-ce que c'est toujours un Maghrébin quand il y a des vols, des viols ? On en devient raciste, on a une haine envers ces gens-là ». Des chiffres sont même avancés : « 60 % d'entre eux sont des délinquants », « il y a 25 % de parasites parmi eux ». Il suffirait d'observer les Arabes — « quand ces gens vous regardent, ils ont une certaine expression, une expression un peu à part, comme s'ils voulaient voler » — ou les Turcs — « ils vous regardent froid d'un air... comme si vous leur deviez quelque chose ». Là aussi, récits et anecdotes sont nombreux, destinés à étayer des affirmations générales sur des faits précis, observés, vécus. S'affirmant culturellement par leur différence, à leur aise dans la société française — qu'ils envahiraient et dont ils pervertiraient les institutions, formant les gros bataillons de la petite et moyenne délinquance — les immigrés, les Arabes, les Turcs, les Noirs, les gitans font peur. Avec eux, la terreur règne : dans le quartier — « il a dit : " Vous, je vous connais, je connais votre voiture et celle de vos enfants. " Ça veut tout dire » —, dans la ville, où plusieurs jeunes adopteraient des comportements de bandes — « ils viennent à plusieurs et on ne peut pas discuter, ils attaquent ». La menace est susceptible de prendre des formes politico-religieuses, en particulier avec les mosquées, facteur d'invasion et surtout « foyers d'extrémisme ». « Il y a souvent un instinct de destruction chez eux » ; l'Autre serait agressif, avec même parfois une échelle dans l'agressivité : « les Noirs, les vrais Noirs sont même pires que les Arabes, ils sont pires que les autres en agressivité, en violence ou en vols ».

Cette violence comporte elle-même une part de sexualité qui inquiète : les hommes, chez les Arabes, « ils vous déshabillent, ils vous suivent », « sa fille a été violée en Algérie, par des Algériens, c'est normal qu'on devienne raciste », « il y a quand même un côté sexuel qui est chez ces gens-là » ; et il faut bien savoir qu'ils sont aux sources de l'épidémie du sida : « le sida, ça vient d'où ? De Dakar, d'Abidjan ».

La terreur qui règne paralyserait jusqu'à la police : « pour une même infraction en voiture, nous, on est bons, alors que des gitans, des Yougoslaves ou des Arabes, on les laisse repartir, parce qu'on a peur d'eux » — ou parce qu'ils accusent aussitôt les policiers de violence raciste, même si ceux-ci ne font que leur travail : « j'ai vu la police appréhender un Maghrébin, il les a traités de cons et de salauds, avant, il ne voulait pas monter dans le panier à salade, et il a dit : " si tu me touches, je le dis au juge " ». Et dans le climat d'exaspération qu'ils suscitent, ils poussent les braves gens à l'extrême, au meurtre : « ils sont revenus deux fois pour lancer des cailloux dans les fenêtres de son appartement, ça va un moment, mais après... Il n'a pas voulu le tuer, mais il a tiré et il l'a touché ». Dans le discours de la haine et du ressentiment, il ne faut évidemment pas attendre des envahisseurs qu'ils s'attachent à la nation française : pendant la crise du Golfe, ils étaient du côté de l'ennemi, ils sont prêts, si la conjoncture les y invite, à retourner dans leur pays, au mieux de leurs intérêts — « il y a des Arabes qui font comme les oiseaux migrateurs, ils s'en vont d'un pays à un autre pour avoir toujours de la chaleur ».

Ce discours sombre n'est-il pas la marque du racisme ? On s'en défend, plus ou moins mollement. D'abord parce que « les racistes, c'est eux, le racisme ne vient pas de nous, il vient d'eux, parce qu'ils ne veulent pas vivre comme nous ». Le mot *racisme* « date de leur venue, c'est eux qui l'ont amené », et, d'ailleurs, ils sont « racistes entre eux ». Ensuite parce qu'« ils » manipuleraient constamment l'expression, de façon à culpabiliser les Français, à empêcher le traitement de la délinquance et à mieux abuser : « ils se mettent derrière le racisme ». Enfin parce qu'ils obligeraient les braves gens à devenir racistes, presque malgré eux : « je n'étais pas raciste, mais à force de voir tout ça, et d'entendre tout ça, je crois qu'on est devenu raciste », « ils avaient un comportement révoltant, c'est de là que vient le racisme ». On dit de moins en moins : « Je ne suis pas raciste, mais... », et de plus en plus : « Je deviens raciste. »

II

Mais n'isolons pas ces représentations de l'Autre d'autres propositions, auxquelles elles sont toujours associées et qui concernent la société française, son État, ses institutions, sa classe politique.

Les Français seraient devenus individualistes, incapables de se fréquenter et de se connaître mutuellement ; la vie communautaire ou associative se décomposerait, l'isolement primerait dans les quartiers populaires où, dans le passé, « on se parlait, on voyait les voisins, on se disait bonjour. Maintenant, plus personne ne t'adresse la parole ». L'urbanisation massive aurait tout saccagé, la nature aussi bien que les rapports sociaux ; la société de consommation et la télévision auraient fait le reste. Un profond sentiment de décadence ou de dégénérescence se mêle à la peur et au thème de l'insécurité. Le passé est perçu comme un âge d'or, et l'image d'une crise multiforme alimente les discours.

Crise de l'ordre, puisque la police serait devenue impuissante, la justice inopérante, que la drogue fraye son chemin et qu'« il n'y a plus d'autorité », que tout est permis aux jeunes, aux enfants, qui « ne respectent rien », qu'« il n'y a plus de savoir-vivre ». Crise de la famille, de la morale. Crise de l'école, où les enseignants seraient à la fois victimes et partie prenante d'une « démission généralisée ». Crise des administrations, et par exemple de celles qui ont la charge du logement social : « si quelqu'un des HLM venait contrôler de temps en temps, ça ne se passerait pas comme ça, il n'y a que du je-m'en-foutisme ». Crise des valeurs, du sens de l'épargne, de l'effort, de la valorisation du travail : « personne ne veut rien faire, se salir les mains » ; crise, plus largement, de la culture, qui ne serait désormais rien de plus que la synthèse « de tout ce qui est négatif ». Crise de l'Église catholique, incapable de rassembler les Français alors qu'en face l'islam est en expansion, et dont certains secteurs, pis encore, trahiraient, tels ces curés qui « louent l'annexe de l'église à des Maghrébins et ont l'impression de faire une bonne action ». Crise, bien sûr aussi, de l'économie et de l'industrie. L'État, ici, aurait de terribles responsabilités, il ne répondrait plus aux demandes, aux attentes, aux appels, agissant de façon aberrante : « plus les gosses sont délinquants, plus on s'occupe de leur offrir des loisirs, des vacances ». Même l'armée serait atteinte. Dans le temps, « en Corse, quand j'y étais comme militaire, les Arabes, on ne les voyait jamais dans un bistrot, ils n'avaient pas le droit d'y aller, on les foutait dehors », alors qu'aujourd'hui les casernes désaffectées accueillent le ramadan : « donner la caserne Lefèvre à des bougnoules ! Une caserne de l'armée française à des bougnoules ! Moi je te mettrais un coup de mitraillette dans tout ça ». Quant à la classe politique, elle se serait totalement déconsidérée : « c'est pourri d'en haut », « les fausses factures, l'amnistie, tout ça va ensemble ». Les hommes politiques seraient loin, très loin des problèmes réels, du vécu quotidien : « ils ne vivent pas ici, ils ne peuvent pas savoir ce que c'est », et « il y en a marre de leur bla-bla-bla ». Bref, rien ne va plus, le quartier, la ville, la France « ça se déglingue de partout », et « on peut vraiment dire : " pauvre France " ».

III

Le discours qui vient d'être présenté connaît d'innombrables variantes. Parfois, il est beaucoup plus explicitement raciste que ce que nous avons donné à voir ; parfois, à l'inverse, il est plus édulcoré, plus « subtil », comme disent certains auteurs anglo-saxons[2]. Nous avons choisi, pour l'illustrer, des formulations moyennes, parmi les plus courantes, évitant les expressions les plus radicales dont nous aurions pu fournir de nombreux exemples : il suffit de monter dans un taxi marseillais, par exemple, et d'engager la conversation avec le chauffeur pour avoir une bonne probabilité d'entendre des propos extrêmes, d'une rare violence.

En restituant ce discours dans ses grandes lignes, nous avons dessiné un ensemble de représentations à l'intérieur desquelles tous ceux qui l'expriment ne circulent pas nécessairement de la même façon. Ce discours sombre n'est souvent exprimé que partiellement, et la dialectique entre ce qui est imputé à l'Autre et ce qui l'est au système social, à l'État, aux institutions ou à la classe politique revêt elle-même des formes diversifiées. Il existe de vastes similitudes entre ce discours et celui du Front national. Mais il s'en distingue par au moins deux éléments importants. D'une part, il ne comporte aucune trace explicite d'anticommunisme ou d'antimarxisme ; d'autre part, et surtout, il est pratiquement exempt de toute expression d'antisémitisme. Refoulement, maintien d'un tabou, alors que d'autres auraient sauté ? L'explication spontanée est insuffisante. Lorsque le thème des Juifs apparaît, ou qu'il est introduit par les chercheurs, il suscite le plus souvent des commentaires étonnés, chez ceux-là mêmes qui disent pis que pendre des Noirs, des gitans ou des Arabes : les Juifs ne posent pas de problèmes, ils sont intégrés, ou leur intégration n'est qu'à peine mise en doute. Tout au plus note-t-on parfois qu'« ils sont malins, psychologues, ça sait prendre les gens, faire crédit par exemple », ou qu'ils sont sources de tensions limitées, par exemple « dans l'environnement immédiat de la synagogue... ce que j'entends autour de moi c'est : “ les Juifs nous emmerdent ” ». Le discours populaire se démarque ici nettement de celui de l'extrême droite organisée, dont les groupuscules d'inspiration contre-révolutionnaire, maurassienne, traditionaliste intégriste, nationale-populiste, néo-nazie, nationaliste révolutionnaire et autres trouvent leur unité dans l'antisémitisme ; il se démarque aussi — peut-être moins nettement — de celui du Front national, plus prudent ou retenu, mais dont il est avéré qu'une grande majorité de dirigeants sont taraudés par la haine des Juifs.

Disons-le autrement : ce discours qui s'entend sur le terrain, dans les milieux populaires ou les couches moyennes, n'est pas réductible à la mise en forme politico-idéologique qu'apporte le parti de Jean-Marie Le Pen, et il ne franchit pas la ligne de démarcation que constitue, explicite ou feutré, l'appel à l'antisémitisme. Cette remarque n'implique pas la disparition pure et simple de l'antisémitisme, dont les travaux de Nonna Mayer montrent bien la permanence [3]. Elle indique par contre que le phénomène se joue à un autre niveau que celui du discours spontané, et qu'il ne communique pas directement avec le mépris, le ressentiment, la peur et l'exaspération, qui se fixent sur d'autres populations. La mise en relation ne s'opère activement qu'avec l'intervention de clercs ou d'agents politiques, elle est d'ordre idéologique et politique, et si l'antisémitisme est présent activement dans certains secteurs populaires, c'est peut-être plus au sein de l'immigration — chez des jeunes d'origine maghrébine, notamment, où la haine des Juifs, symboles du pouvoir, de l'argent et des *media*, est indissociable d'une hostilité radicale à l'État d'Israël.

IV

Le discours que nous avons restitué est à bien des égards inquiétant. Mais il doit être relativisé ou, plus exactement, situé dans le temps. Avant la Seconde Guerre mondiale et la décolonisation, le racisme colonial traversait toutes les cases de l'échiquier politique : la France n'avait-elle pas pour vocation d'insérer dans la marche du progrès les races inférieures qui jusqu'ici en étaient tenues à l'écart ? Quant à l'antisémitisme, il se déployait à large échelle, débridé, en réaction à la modernité politique dont les Juifs étaient accusés de profiter abusivement [4], adossé sur un nationalisme inquiet et prolongeant, en le renouvelant, l'antijudaïsme millénaire et son « enseignement du mépris [5] ». Par ailleurs, les propos et les écrits au sujet des Polonais ou des Italiens dans le passé, les violences dont ils ont souffert sont aussi impressionnants, sinon plus, que les attaques et les préjugés dont souffrent les immigrés aujourd'hui. Nous sommes loin, désormais, du colonialisme à la fois condescendant et gros d'un principe d'infériorisation des peuples colonisés, loin aussi de la haine déclarée et de la violence verbale, virulente, à l'égard des Juifs.

Il y a, certes, une continuité dans les phénomènes racistes en France, des filiations, des traditions, une histoire. Mais le discours sombre qui vient d'être présenté suggère qu'existent aussi des particularités propres à la période de l'histoire que nous vivons : ces propos haineux, ces préjugés, ces anecdotes plus ou moins mythiques sont ancrés dans une conjoncture, ils appartiennent à la France des années quatre-vingt et quatre-vingt-dix, même s'ils puisent çà et là dans des matériaux plus anciens, ou leur ressemblent à s'y méprendre. C'est pourquoi, sans exclure d'autres approches, ils appellent une démarche sociologique. Mais laquelle ?

On pourrait, certes, envisager de se livrer au repérage des contradictions logiques propres au discours dont nous disposons, le constituer tel quel, ou sous une forme moins condensée, en corpus à partir duquel il serait procédé à une analyse de contenu — en utilisant par exemple les acquis de la sémiologie ou de la lexicologie. Mais ce type de méthode implique que l'on postule l'unité de ce discours. Il est vrai qu'il traverse des pans entiers de la société, qu'il se rencontre dans des situations extrêmement différentes, et avec des variations qui, si l'on considère sa thématique générale, ne sont que mineures. Il faut lui reconnaître une réelle unité ; mais celle-ci recouvre des processus et des logiques d'action totalement hétérogènes : quoi de commun, par exemple, entre les figures vieillies d'un prolétariat misérable cohabitant avec une forte population d'immigrés dans un quartier populaire dégradé et les petits-bourgeois vivant dans une résidence agréable, bien protégée des populations « indésirables », et qui développent pourtant, à peu de chose près, un propos similaire ?

Une deuxième approche, quantitative, pourrait s'efforcer de mesurer l'impact ou le poids relatif du discours raciste dans la population, en recourant notamment à des sondages et à des traitements statistiques des données. Ce type de méthode est particulièrement adapté à l'analyse politique, et par exemple l'ouvrage dirigé par Nonna Mayer et Pascal Perrineau sur *Le Front national à découvert*[6] apporte des connaissances précieuses sur l'implantation électorale de ce parti, ou sur les raisons du vote dont il bénéficie. Mais notre objet ne saurait être un parti politique où le racisme n'est qu'une composante, parmi d'autres, d'un projet et d'une idéologie, et, symétriquement, le racisme lui-même n'est pas réductible, loin de là, au vote pour le Front national.

Ce qui nous mène à une autre remarque, décisive. Le racisme ne se réduit pas à un vote, et pas davantage à un discours. Il emprunte bien d'autres expressions, souvent plus actives : le racisme, c'est aussi la discrimination (dans l'emploi et dans le logement notamment), la ségrégation spatiale et sociale, la violence ; c'est un vaste ensemble de discours et de pratiques, qui souvent, dans la France contemporaine, ne communiquent que faiblement : on ne passe pas nécessairement des mots aux actes, et la discrimination ou la ségrégation opèrent couramment en dehors de toute référence à la race. Cela signifie non pas qu'il y a absence d'unité du phénomène raciste, mais plutôt qu'il se présente sous des formes éclatées, qui en constituent autant de manifestations à la fois relativement faibles ou limitées, et non intégrées.

Dans ces conditions, n'est-il pas préférable d'aller sur le terrain, de prendre la mesure des conduites et des propos racistes, de les étudier en situation, là où des acteurs construisent leurs représentations de l'Autre, mettent en œuvre l'exclusion et l'infériorisation, la produisent, verbalement ou plus activement ? C'est dans leur expérience vécue que des acteurs façonnent le racisme, une expérience où l'Autre ne joue pas nécessairement un rôle central et où il faut voir, avant tout, la perte de repères, la peur de la chute sociale ou le souci d'assurer une mobilité ascendante, la décomposition et la recomposition d'un sens sur fond de crise sociale, urbaine, politique et culturelle, d'épuisement d'anciens rapports sociaux, et de naissance difficile de nouveaux[7].

[illegible] qui ne comporte [illegible] [illegible] [illegible] [illegible] [illegible]

[illegible] [illegible] [illegible] [illegible]

[illegible] [illegible] [illegible] [illegible]

PREMIÈRE PARTIE

Toile de fond : la grande mutation

1
La grande mutation

Le retour du thème du racisme dans l'agenda politique date des années quatre-vingt, et de la poussée du Front national. Mais ne confondons pas cette poussée et ses expressions doctrinaires et politiques avec les processus plus profonds qu'elles viennent capitaliser, et qui tiennent à une triple mutation.

La France a été une *société industrielle*, mais tardive si on la compare à l'Angleterre, et moins développée ; son mouvement ouvrier n'a jamais été très puissant, la culture et les communautés ouvrières n'y ont jamais eu cette épaisseur que l'on rencontre encore outre-Manche. La France a également été une *République égalitaire*, avec un État-providence assurant aide et protection sociale, avec aussi le principe, unique au monde, de la laïcité, assurant la dissociation du religieux et du politique ; mais l'égalité n'a jamais été que partielle, ou tardive — par exemple pour les femmes, pour qui le droit de vote date de 1945 —, et la laïcité n'est pas appliquée en Lorraine et en Alsace, où personne ne remet sérieusement en cause le principe du Concordat [8]. La France, enfin, s'est construite concrètement comme *nation universelle* à partir du début de ce siècle, l'unification, comme l'ont montré Eugen Weber ou Theodor Zeldin [9], s'opérant notamment par la conscription (et donc surtout à l'occasion de la Première Guerre mondiale) et par l'école et ses instituteurs, les « hussards de la République » ; mais l'universalisme moderne de la conception française de la nation n'a jamais interdit des conceptions plus traditionnelles, dont on trouve l'inspiration ou la manifestation chez des penseurs comme Chateaubriand, Bonald ou Joseph de Maistre [10].

Il entre une part de mythe dans l'image d'une société industrielle puissante, d'un État républicain achevé et d'une nation moderne, fortement intégrés pendant les premiers trois quarts de ce siècle. Mais cette image, une fois nuancée, permet d'apprécier les changements qui s'opèrent depuis les années soixante-dix. La France n'est plus une société industrielle ; elle éprouve de plus en plus de peine à maintenir les principes classiques de la laïcité, de l'État-providence et même de la République. Sa conscience nationale n'est souvent qu'artificiellement ou rhétoriquement synonyme d'universalité. Et, surtout, ces trois éléments se disjoignent en s'affaiblissant, ouvrant des failles à l'intérieur desquelles se profile le racisme.

1. La fin de la société industrielle

Dans un passé encore bien proche, la vie sociale, politique et culturelle s'organisait très largement à partir du conflit structurel opposant les maîtres du travail et de la production au mouvement ouvrier. La grande grève de 1968 est encore à l'image de cette société industrielle, qu'il s'agisse de la mobilisation étudiante offrant au prolétariat le flambeau de la révolution ou de la mobilisation ouvrière elle-même, qui fut massive et spectaculaire. Mais, depuis, nous avons appris à voir disparaître ou se réduire les industries classiques, à enregistrer la chute de l'emploi industriel (en valeur absolue comme en valeur relative), à constater l'entrée de la production dans l'ère de l'automation et du post-taylorisme. Le mouvement ouvrier, figure contestataire centrale de la société industrielle, a perdu sa capacité à mettre en cause la façon dont est piloté le progrès, il n'a plus cette portée universelle qui autorisait les acteurs de ses luttes à se considérer comme le sel de la terre.

Le syndicalisme est entré dans une crise prolongée et profonde, et le lieu de sens que constituait le mouvement ouvrier, bien au-delà de l'usine et de l'atelier, a cessé d'être un repère pour d'autres actions, dans l'université ou dans l'école, dans les quartiers, dans les associations culturelles ou même sportives. Les couches moyennes, si actives politiquement et culturellement, se sont trouvées comme orphelines, privées de cette référence qui souvent informait ou polarisait leur intervention ; elles se sont largement démobilisées, en même temps qu'elles semblaient se livrer à un individualisme effréné qui fut interprété soit comme l'entrée dans l'ère du vide social, du narcissisme ou du simulacre[11], soit en termes de redécouverte de la subjectivité annonçant, comme a pu dire Alain Touraine, le « retour de l'acteur[12] ».

Le déclin du mouvement ouvrier doit être lu aussi en termes politiques. En France, plus encore que dans d'autres sociétés occidentales, cette figure sociale a largement été associée, et subordonnée, à des acteurs politiques parlant en son nom, s'identifiant à elle jusque dans leur dénomination et s'efforçant avec plus ou moins de bonheur de la représenter, c'est-à-dire de faire remonter ses demandes au niveau du système politique et de l'État. Son déclin a eu pour contrepartie l'épuisement de cette représentativité et de tout ce qu'elle pouvait signifier comme capacité de mobilisation à l'échelle nationale, mais aussi dans les quartiers et dans de nombreux secteurs de la vie sociale et intellectuelle.

2. De l'immigration de main-d'œuvre à celle de peuplement

Un tel effondrement a affecté directement ceux qui constituent la cible principale du racisme en France : les immigrés, et a pesé sur les représentations relatives à cette population.

Tout au long des « trente glorieuses », qui furent l'apogée de la société industrielle, l'immigration fut avant tout une immigration de main-d'œuvre, fonction des besoins de l'économie nationale[13]. De nombreux acteurs ont concouru à l'organisation des flux migratoires : employeurs, organisations professionnelles, autorités françaises et aussi, souvent, de la société d'origine, intermédiaires assurant le recrutement, le transport, le logement des immigrés, dans des conditions couramment scandaleuses [14]. L'immigré, jusque dans les années soixante-dix, était avant tout un travailleur, généralement venu seul, hébergé dans un foyer ou surexploité par un marchand de sommeil, localisé à proximité de l'emploi, figure ouvrière définie par une position inférieure — la plus basse — dans les rapports de production. Vinrent ensuite, et notamment pour les Maghrébins, puis pour les Turcs et les Africains, la sédentarisation, le regroupement familial, en même temps que la crise économique et, plus profondément, le déclin de la société industrielle. L'immigration est devenue une composante renouvelée et stable de la population [15], introduisant des problèmes inédits, et de nouvelles images se sont imposées, d'abord dans l'extrême droite et le discours du Front national puis, de plus en plus largement, dans l'ensemble de l'opinion publique [16]. L'immigré, aujourd'hui, n'est plus perçu dans les catégories de la société industrielle, identifié à l'exploitation dans le travail et à la surexploitation dans le logement, il est de plus en plus défini comme un problème, une source d'inquiétude.

3. La dualisation de la société

Avec la fin de la société industrielle, le mouvement ouvrier ne disparaît pas purement et simplement de la scène sociale : il s'affaiblit, se déstructure et se rétracte. Ses luttes ne cessent pas, mais elles perdent leur caractère universel pour tendre à la défense de communautés fermées sur elles-mêmes, au corporatisme, à l'action catégorielle — ce qui se traduit éventuellement par des formes de rejet qui tendent à la xénophobie, voire au racisme.

Dans le passé, les organisations se réclamant du mouvement ouvrier non seulement affichaient leur internationalisme, mais aussi s'efforçaient, avec plus ou moins de succès, de parler au nom des pauvres et des chômeurs, souvent considérés comme l'armée de réserve du capital. S'il est excessif de parler de racisme, il faut bien voir qu'un fossé n'a cessé de se creuser entre le monde de l'exclusion et du chômage, où les immigrés sont massivement présents, et celui du travail et de l'action syndicale.

Mais le déclin de la société industrielle n'encourage pas seulement les débris du mouvement ouvrier à l'égoïsme et à des tendances à la xénophobie et au racisme. Il laisse la place à une France à deux vitesses : d'un côté, ceux qui participent à la vie moderne, à l'emploi, à la consommation, dont les enfants accèdent à l'éducation dans des conditions convenables ; de l'autre, ceux qui oscillent entre le chômage et le travail précaire, des familles déstructurées, des enfants mal ou sous-éduqués, le surendettement et la misère. Dans la société industrielle, on était en haut ou en bas, mais chacun avait une place ; avec la dualisation de la société, on est plutôt dedans ou dehors, *in* ou *out*.

Ce thème de la dualisation est apparu en France avec une bonne dizaine d'années de décalage par rapport aux États-Unis, où divers travaux [17] ont commencé à décrire le phénomène dès la fin des années soixante. Les premiers débats qu'il suscita opposèrent ceux qui s'inquiétaient de la déstructuration sociale qu'il implique — tel Edmond Maire, alors secrétaire général de la CFDT —, à d'autres qui, au sein du CNPF, y voyaient plutôt la condition nécessaire à la modernisation de l'économie nationale, ou pensaient y trouver l'occasion de vivre en conformité avec des idéaux communautaires et écologistes [18]. Plus l'image d'un conflit de classes apportant un principe d'organisation générale de la société s'évanouissait, ou devenait totalement artificielle, plus s'est imposé le thème de l'exclusion et plus s'est précisée une dichotomie entre les tenants d'un libéralisme vantant, à la limite du cynisme, les mérites du marché et de l'esprit d'entreprise et ceux qui, sensibles à ses dégâts, ne voyaient d'autre alternative que celle, palliative, de la charité, dont le retour en force fut incarné par l'abbé Pierre et diverses vedettes du « show-business » — à commencer par Coluche et ses restaurants du cœur [19].

Entre le libéralisme et l'engouement pour l'entreprise et la charité, l'espace pour des projets, des acteurs et des mouvements sociaux est vide, de même qu'entre les exclus et les autres il n'y a pas de rapports sociaux, mais une séparation, qui donne d'abord de la méconnaissance, et de l'inquiétude — d'où l'importance du thème de l'insécurité tout au long des années quatre-vingt —, mais peut se solder par des frictions et des tensions susceptibles de tourner à la violence. Le racisme trouve ici sa place à trois titres. Il va de pair avec le souci de ceux qui sont *in* de tenir à distance ceux qui, souvent immigrés, sont *out* ; avec l'effort pour préserver, même si c'est de façon mythique, ceux qui sont *in* de la chute sociale du côté des exclus ; et aux Français « de souche » qui sont *out*, il peut apporter une identité qui crée une distance devenue raciale à défaut d'être sociale.

4. La nouvelle question urbaine

Dans les années soixante, puis soixante-dix, la question urbaine apparaissait indissolublement liée au processus d'industrialisation du pays[20]. Puis deux processus ont commencé à se développer. Le premier, directement commandé par le déclin de la société industrielle, réside dans la transformation et, le plus souvent, dans la dégradation de quartiers anciens, et parfois même de villes tout entières, qui s'étaient développés de longue date autour de l'industrie, avec et pour elle, que ce soit sous l'impulsion d'un patronat paternaliste — ou soucieux d'attacher sur place la main-d'œuvre qualifiée —, de manière plus spontanée, ou encore sous la houlette d'une municipalité prenant en charge l'organisation du logement ouvrier. Chaque fois qu'une usine ferme ses portes, ou certains ateliers, l'habitat environnant est déserté par les plus aisés ou les plus dynamiques qui sont remplacés par des populations plus pauvres, des chômeurs, des immigrés, pour qui la question du logement est dissociée de celle de l'emploi. Le quartier se dégrade d'autant plus qu'il est généralement difficile à réhabiliter, il s'appauvrit en même temps que montent le désarroi ou les tensions internes — à commencer par celles qui opposent ses plus anciens habitants, dont la logique s'apparente à celle de « petits Blancs », et les nouveaux venus, perçus comme des envahisseurs. Le racisme ici n'est pas loin, expression de la chute sociale et du ressentiment d'habitants qui voient un ancien mode de vie s'effondrer, des pratiques communautaires se dissoudre, une histoire s'achever, qui se sentent abandonnés par ceux qui ont quitté le quartier, mais aussi par la classe politique et par l'État ; il est d'autant plus intense que, en face, les immigrés semblent capables de créer des réseaux d'entraide et de solidarité, d'avoir recours à l'aide sociale, d'affirmer des identités communautaires ou religieuses — l'islam.

Un deuxième processus concerne davantage les banlieues urbanisées à l'occasion des années de croissance, et en particulier les cités de logement social, de type HLM. Au départ, dans les années cinquante, soixante et même encore soixante-dix, ces ensembles ont accueilli des populations ouvrières, mais aussi des couches populaires du secteur tertiaire et, souvent, des couches moyennes. Ils répondaient à des demandes pressantes, permirent de résorber les bidonvilles et les cités d'urgence, et d'accueillir dans des conditions décentes des familles victimes jusque-là de la crise du logement. Ces ensembles ont, en un mot, constitué un progrès social, même s'ils appelaient de nombreuses critiques.

Avec la dualisation de la société française, un tri s'est opéré. Les familles en mobilité ascendante ou, du moins, non descendante ont recherché un autre type d'habitat, contribuant à la « gentrification[21] » des centres urbains ou peuplant des banlieues plus agréables, tandis que leurs logements étaient attribués ou vendus à des catégories sociales plus basses et, en pourcentage important, à des immigrés. Ce processus, exacerbé par les politiques nationales d'aide au logement et par l'attitude de certaines municipalités, a donné à terme l'image d'un pourrissement des banlieues, et on a parlé, non sans excès, de « ghettos à l'américaine ». L'exclusion sociale a pu être perçue comme redoublée par une exclusion spatiale, en même temps que le thème de l'ethnicité faisait son apparition et que des violences émeutières, mais aussi policières, mobilisaient l'attention des *media* et de la classe politique.

Diverses variantes de ces deux processus pourraient être présentées, et nous proposerons plus loin des descriptions beaucoup plus fines et diversifiées. L'essentiel, pour l'instant, est de voir que la dualisation spatiale, prolongeant dans l'espace urbain les phénomènes d'exclusion sociale, apporte des conditions inédites au racisme, ne serait-ce qu'en favorisant la ségrégation.

5. La poussée des identités

Avant même que ne soit patente la fin de la société industrielle, la culture et les valeurs de cette société ont été ébranlées par des acteurs désireux d'afficher leur spécificité en dehors d'elle, et souvent contre elle. Les uns se sont définis en termes purement culturels, affirmant une identité antérieure à l'ère de l'industrie et de l'État-nation, quitte à la construire de façon mythique, en bricolant à partir de matériaux historiques très largement contestables. Des mouvements régionalistes basque, occitan, breton, corse ont ainsi reproché à l'État français d'avoir broyé leurs particularismes, en même temps qu'ils plaidaient, avec plus ou moins de conviction, pour un mode de développement de type post-industriel, ouvert à des préoccupations écologistes[22]. Le monde juif a rompu avec les modèles universalistes de l'assimilation tels qu'ils avaient été pensés, en France, à l'occasion de la Révolution française puis repris à leur compte, notamment, par les nombreux Juifs ayant participé à des mouvements communistes ou socialistes, ou ayant sympathisé avec eux. La notion d'identité juive s'est renouvelée, avec un point commun, défensif — le refus de l'antisémitisme —, et des positions diversifiées, mais de plus en plus nettement affichées, à propos d'Israël, de la religion et de la place des Juifs au sein de la société française. Le féminisme et l'écologie politique, enfin, ont oscillé entre des conduites de retrait contre-culturel et communautaire et des attitudes plus offensives, les unes comme les autres marquant très directement une rupture avec le modèle culturel de la société industrielle[23].

Ces diverses poussées se sont soldées, surtout à gauche, par une valorisation du droit à la différence dont les effets politiques ont pu sembler mineurs, jusqu'au moment où elle a été étendue à l'immigration. Jusque-là, les particularismes semblaient pouvoir trouver leur place dans une France encore intégrée, et même pouvoir s'associer à des mouvements sociaux qui, pour être nouveaux, n'en étaient pas moins inscrits dans le cadre unifié de la société française. Avec l'islam, puis l'image de communautés d'immigrés, le thème du droit à la différence a changé de sens, pour constituer, aux yeux de beaucoup, une menace directe pour la société nationale. Menace largement grossie, l'islam supposé radical, intégriste ou fondamentaliste ne l'est qu'à la marge, et les communautés maghrébines ou africaines sont plus souvent un fantasme qu'une réalité ; à l'inverse, il a fallu les violences de 1991 pour que l'on découvre réellement qu'en une trentaine d'années la France avait enfermé les harkis dans des poches d'exclusion les constituant en communauté, ethnicisant cette population dont la définition initiale était administrative et historique. Toujours est-il qu'en contrepartie de ces transformations s'est développé, sur fond de crise économique et de mutation urbaine, un nationalisme français populiste et xénophobe, sombre et crispé, tendant souvent au racisme, et complété, avec d'innombrables variations, par des références à d'autres identités non sociales — religieuses (catholique), régionales, localistes — et par des appels à l'ordre, à un État plus ferme, à une reconstitution de la famille et de l'éducation.

Cette crispation a été d'autant plus vive que, à bien des égards, la nation française peut paraître menacée. L'influence culturelle et politique de la France dans le monde n'est plus celle d'une puissance de premier plan, la pénétration de la culture nord-américaine (et même de la langue anglaise) est croissante, la construction de l'Europe est souvent vécue comme une perte de souveraineté nationale, et l'économie du pays est de plus en plus subordonnée à des logiques internationales, en particulier financières. La nation française est ainsi mise en cause du dehors, et pas seulement du dedans, et la hantise de l'immigration correspond à un phénomène classique de bouc émissaire.

La société industrielle valorisait l'effort, la satisfaction différée, l'épargne, la préparation, pour les ouvriers, de « lendemains qui chantent », ou, pour les entrepreneurs (du moins selon Max Weber), du salut *post-mortem* ; avec sa déstructuration, le changement culturel ne se traduit pas seulement par diverses formes d'action collective. Il passe aussi par un individualisme accru, précisément parce qu'il n'y a plus les stratégies globales qu'impliquait l'existence d'un mouvement ouvrier, et parce que chacun se tourne très directement vers un État qui peut de moins en moins tenir ses promesses d'une « démocratisation des comportements individualistes[24] ». Déçu ou frustré, cet individualisme peut s'abolir dans le surendettement et la consommation, ou dans l'autodestruction, la drogue, l'alcool, le suicide ; il peut aussi se retourner contre ceux qui viennent signifier l'échec et la chute, réelle ou virtuelle : les immigrés.

Disons-le en un mot : la société industrielle a constitué un puissant facteur d'intégration qui, en disparaissant, crée un appel d'air où se profilent d'abord des identités culturelles plus ou moins renouvelées, nationales, communautaires, religieuses, puis, derrière elles, des identités biologiques qui sont la marque du racisme proprement dit.

6. La crise de l'État républicain

Agent de gestion et de changement de la collectivité nationale, l'État français, lorsqu'il était critiqué dans les années soixante-dix, se voyait surtout reprocher son rôle répressif, ou sa supposée subordination à une classe dirigeante.

Mais, depuis une quinzaine d'années, d'autres critiques sont montées, en même temps que les analystes oscillaient entre deux perspectives. Les uns, en effet, ont plutôt insisté sur la crise de l'État-providence, ou sur le déclin de l'État républicain[25] ; d'autres, plus optimistes, ont préféré parler de nouveau type d'intervention de l'État[26].

Deux aspects de l'ébranlement de l'État français, quelle que soit la perspective adoptée, méritent ici plus particulièrement notre intérêt. Le premier renvoie, précisément, aux difficultés de l'État-providence, prévu pour pallier un chômage limité et provisoire, et non pas structurel et inscrit dans la longue durée ; organisé pour soutenir à la marge les résidus peu nombreux de la société industrielle, et non pour maintenir la tête hors de l'eau d'une population massivement précarisée, exclue et déstructurée à tous égards. La crise de l'État-providence a aussi suscité indirectement un surcroît de ressentiment de la part des Français « de souche ». Souvent, ceux-ci ont la conviction — qui repose sur des observations partielles et partiales — que les immigrés non seulement bénéficient des aides de l'administration, mais aussi en abusent, et à une échelle démesurée. Les propos tenus par le maire de Paris en juin 1991 pour dénoncer ce type d'abus, en avançant des chiffres fantaisistes, très grossis, à propos des allocations familiales perçues par les immigrés, ne sont qu'une expression parmi beaucoup d'autres de cette conviction. En même temps, ces Français « de souche » ont le sentiment, non moins convaincu, de n'avoir accès que difficilement et partiellement à l'aide publique, et, dans le décalage entre ce qu'ils perçoivent et ce qu'ils attribuent aux immigrés, se profilent des préjugés et une exaspération xénophobes et racistes.

Un deuxième aspect de la crise de l'État français renvoie au modèle républicain de l'école et à la formule de la laïcité. Cette crise a pris un tour spectaculaire, médiatique et politique, avec l'affaire dite « du foulard », lorsque, à l'automne 1989, le principal d'un collège de Creil prit la décision de ne plus accepter en classe trois jeunes filles portant le voile islamique. On comprit soudain que l'époque du silence des intellectuels était révolue et qu'un nouvel espace de débats était ouvert, mettant en cause le modèle français de l'intégration et son noyau dur, l'école républicaine. Les uns, par corporatisme enseignant ou par laïcisme intransigeant, dénoncèrent le

« Munich de l'école républicaine » que constituait l'attitude simplement prudente ou indécise du ministre de l'Éducation; d'autres mirent en avant le thème du droit à la différence; d'autres encore cherchèrent à concilier l'universalisme de la raison et le particularisme des convictions — et, surtout, il devint clair que le modèle issu de la loi de séparation de l'Église et de l'État en 1905 appelait discussion et peut-être renouvellement : un troisième « pacte laïque », demanda par exemple Jean Baubérot[27].

Dans les quartiers, dans les écoles, ce n'est pas tant sur ce mode idéologico-politique que s'est jouée la crise de l'école publique, mais selon d'autres processus, beaucoup plus concrets.

Dans de nombreux établissements scolaires, en effet, la direction et les enseignants avaient appris depuis quelques années à gérer la venue d'élèves portant le voile islamique, et celui-ci n'avait jamais posé de problèmes majeurs. Par contre, deux types de pratique, depuis le début des années quatre-vingt, ont contribué à renforcer les tensions autour de l'immigration, toutes deux avec la même fonction : assurer aux enfants de Français « de souche » une éducation convenable, qui passe, aux yeux des parents, par l'inscription dans des écoles à faible taux d'immigrés.

C'est ainsi qu'on a vu se multiplier les passages du public au privé, apportant aux parents l'assurance d'un encadrement que l'école laïque est supposée ne plus offrir, et celle d'une homogénéité sociale et ethnique; c'est ainsi, également, que des dérogations à la carte scolaire ont souvent été demandées par des parents soucieux, là encore, de placer leurs enfants dans des écoles « bien » fréquentées.

Ces phénomènes n'ont pas été massifs, et varient d'une ville à une autre; ils n'ont même joué parfois qu'à la marge, comme Robert Ballion l'a établi[28] ; de plus, le principe de la dérogation, après avoir été toléré pendant quelques années, a souvent été combattu par les autorités concernées, municipales ou relevant de l'Éducation nationale. Mais ils ont exercé des effets ravageurs, prolongeant et renforçant les logiques de ségrégation urbaine, en contribuant à augmenter le taux des enfants d'immigrés dans certaines écoles et à accroître l'inquiétude ou le ressentiment des parents, Français « de souche », qui n'avaient pas d'autres choix que ces écoles pour leurs enfants.

7. Changements politiques

Une mutation aussi importante ne pouvait qu'exercer des effets considérables au niveau politique. Le plus spectaculaire a résidé dans la perte de représentativité des partis classiques, à commencer par le Parti communiste, affaibli tout à la fois par le déclin du mouvement ouvrier et par l'épuisement, bien au-delà de la seule France, des idéologies dont il se réclame. Non moins spectaculaire a été, à partir de 1983, l'ascension du Front national, capable de gérer sur un mode populiste diverses demandes sociales non traitées socialement, ni politiquement.

Mais ces phénomènes majeurs ne doivent pas en masquer d'autres, qui s'observent sur des scènes locales avant de prendre la forme, nationale, de la crise du système politique.

Partout en France, en effet, les modes de gestion municipale traditionnels ont été profondément ébranlés et modifiés. Dans certains cas, le pouvoir a changé non seulement de main, mais aussi, dans ses principes mêmes, de fonctionnement. Il en a été ainsi, notamment, dans les banlieues rouges, quand une municipalité communiste a laissé la place à une équipe de droite, avec alors des tensions, des règlements de compte et des excès idéologiques dont une ville comme Montfermeil a donné l'exemple.

Quand le pouvoir en place s'est maintenu, est passé dans les mains d'une équipe du même bord politique — ou d'un bord opposé, mais soucieux d'éviter certaines ruptures —, l'inflexion a généralement été moins tranchée. Parfois le mode de gestion municipale a continué à procéder d'une formule anciennement établie, sociale-démocrate, démocrate-chrétienne, ou encore clientéliste ; parfois il s'est infléchi, dans le sens d'un pluralisme assurant une certaine représentativité à divers groupes définis par leur origine ethnique. Et dans tous les cas on constate que l'espace local des débats politiques ne peut plus faire abstraction des problèmes de l'immigration, de son logement, de son insertion, de ses difficultés de scolarisation, et pas davantage de la pression de Français « de souche », tentés par la xénophobie et le racisme.

Cette nouvelle donne politique, au niveau local, a elle-même été, tout au long des années quatre-vingt, plus ou moins marquée par les politiques sociales élaborées au niveau national. Certaines de ces politiques ont eu des effets catastrophiques, vraisemblablement parce qu'elles n'avaient pas été élaborées en fonction des problèmes que posent l'exclusion sociale et la crise urbaine. C'est ainsi, en particulier, que le principe de l'aide personnalisée au logement (APL) a contribué à accélérer la dégradation de quartiers entiers, y compris, on le verra plus loin à propos de la ville nouvelle de Cergy-Pontoise, dans des opérations bien pensées et réussies au plan urbanistique et architectural.

Mais les politiques de la Ville ont surtout voulu pallier l'exclusion sociale et spatiale, la dégradation des quartiers, la déstructuration de leur vie sociale. Des opérations de développement social des quartiers (DSQ) s'efforcent de rénover l'habitat, d'aider à la reconstitution d'une action collective locale, de promouvoir des emplois de proximité, de mettre en relation des acteurs institutionnels qui interviennent d'ordinaire en ordre dispersé ; des zones d'éducation prioritaire (ZEP) sont délimitées, à l'intérieur desquelles des moyens supplémentaires sont accordés aux établissements d'enseignement ; des conseils communaux de prévention de la délinquance (CCPD) assurent la coordination et le développement des efforts ; des missions locales pour les jeunes se mettent en place ; et la politique du revenu minimum d'insertion (RMI) essaie d'associer, dans un même effort, aide sociale et réinsertion professionnelle[29].

On peut penser que ces politiques devraient, à terme, contribuer à enrayer la progression du racisme. Mais peut-on y voir un développement nouveau de la démocratie, passant en particulier par l'implication des acteurs locaux ? Ne serait-ce pas plutôt un palliatif dérisoire ou insuffisant à l'absence d'acteurs sociaux collectifs ? Il est trop tôt pour trancher, et, surtout, ce n'est pas notre objet. L'essentiel est pour nous de noter que ces politiques, même si ce n'est pas leur vocation directe ou explicite, ne peuvent, si elles réussissent, qu'aller dans le sens de la régression du racisme.

Les lignes qui précèdent décrivent une mutation, et pas seulement une crise. Elles évoquent la fin d'une société nationale intégrée, mais aussi l'entrée dans un autre type de société perceptible à travers les changements culturels et les poussées identitaires qui ont été évoquées, plus peut-être que dans les phénomènes de dualisation — dont on peut penser et surtout souhaiter qu'ils ne constituent qu'un moment dans notre histoire sociale. Elles invitent par conséquent à envisager le racisme non seulement dans ses liens avec l'épuisement de l'ancienne société, mais aussi dans ceux qu'il entretient avec la nouvelle.

Encore convient-il ici d'être extrêmement prudent. *La mutation sociale qui vient d'être dessinée n'apporte en aucune manière une explication du racisme, elle n'en est pas la cause. Elle nous indique, ce qui est différent, que des conditions inédites, favorables à la poussée d'un racisme renouvelé, en ont ouvert ou étendu l'espace.*

Dans la France contemporaine, les formes élémentaires du racisme semblent disjointes. La violence meurtrière est exceptionnelle quand elle est organisée, comme ce fut le cas avec les attentats contre des foyers Sonacotra du sud-est de la France, qui aboutirent à l'arrestation d'activistes du Parti nationaliste français et européen (PNFE) en janvier 1989. Elle demeure relativement rare quand il s'agit d'actions plus spontanées, de la violence sauvage des skinheads, d'actes individuels. Pour l'année 1990, la direction générale de la Police nationale a recensé 52 actions violentes (attentats, agressions physiques, incendies criminels, déprédations, coups de feu) contre des Maghrébins en tant que tels, et 20 contre des Juifs[30]. Les doctrines et idéologies racistes se rencontrent au sein de nombreux groupes d'extrême droite — comme Troisième Voie, le Groupe union défense (GUD), les Faisceaux nationalistes européens (FNE), l'Œuvre française — ou sous des formes moins directement politiques, dans les courants « révisionnistes » négateurs du génocide des Juifs et de l'existence des chambres à gaz[31]. La discrimination, notamment dans l'emploi et le logement, est, paradoxalement, bien plus connue et bien moins étudiée, point aveugle sur lequel les connaissances disponibles demeurent parcellaires. Il est vrai qu'elle est particulièrement difficile à établir. Un employeur qui refuse un emploi peut toujours se prévaloir, avec plus ou moins de bonne foi, de critères comme la maîtrise de la langue ou la qualification ; un propriétaire immobilier, ou son agent, peut préférer louer un appartement à un fonctionnaire solvable plutôt qu'à un immigré dont l'emploi lui semble moins stable, à une famille française peu nombreuse plutôt qu'à une famille étrangère dont il craint qu'elle ne suroccupe vite l'appartement. La question est plus complexe encore s'il s'agit des pratiques des responsables de logements sociaux, qui peuvent fort bien avoir une politique assimilable à de la discrimination, mais qui visent à éviter des regroupements de populations eux-mêmes générateurs de tensions intercommunautaires et, à la limite, de racisme[32]. Enfin, le racisme s'élève plus ou moins explicitement au niveau politique, avec le Front national — dont les projets et le discours ne se réduisent pas à cette seule composante, mais l'incluent, donnant l'image de la capacité, tout à la fois, à capitaliser les tendances au racisme qui travaillent le pays, à les mettre en forme, et à les orienter en les stimulant.

Ainsi brossé, le paysage du racisme ne semble guère avoir d'unité : le retraité qui sort son fusil pour abattre un jeune Maghrébin n'a rien à voir avec les doctrines des groupuscules d'extrême droite ou avec la rage des skinheads ; l'employeur qui discrimine à l'embauche tout ce qui porte un nom ou un faciès qui l'inquiète, encore moins. Le discours raciste, tel qu'il a été restitué au début de ce livre, est certes, malgré toutes sortes de variantes, une expression déjà unifiée qui rassemble à bien des égards les divers acteurs qui viennent d'être évoqués. Mais son unité témoigne de la force du racisme, de sa capacité à amalgamer des éléments disparates, à assurer une synthèse dont la vertu, pour ceux qui s'y reconnaissent, est d'apporter une explication et des solutions à un ensemble hétérogène de difficultés sociales, de craintes et de projets. Le racisme n'est pas un système d'action à l'intérieur duquel circuleraient des acteurs oscillant en permanence entre des orientations désarticulées, comme dans la « galère » des jeunes, si bien décrite par François Dubet[33] ; il n'est pas organisé en fonction de principes qui maintiennent chacun sa spécificité : la désorganisation, l'exclusion et la rage dans le cas de la galère. Au contraire, le racisme fusionne en une même totalité des éléments qui procèdent, au départ, de points d'ancrage comparables à ceux repérés par Dubet. C'est pourquoi le moment est venu, pour le comprendre, d'aller au-delà des conditions générales qui en ont ouvert l'espace, de plonger au cœur de réalités qui procèdent bien de la même mutation de notre société, mais correspondent à toutes sortes de parcours sociaux, à des logiques d'action distinctes, qui se façonnent, dans leur diversité, au fil des grands changements dans lesquels notre société se post-industrialise.

DEUXIÈME PARTIE

Au cœur du racisme populaire

Introduction

Quels sont les ressorts du racisme, à quoi tiennent sa dynamique, sa capacité d'extension ? Pour le savoir, nous avons enquêté sur place, dans les quartiers, dans les banlieues, nous avons rassemblé une documentation aussi complète que possible et multiplié les entretiens avec des personnes bien informées des réalités locales, ainsi qu'avec des habitants plus ou moins racistes.

Et surtout, pour serrer le phénomène au plus près, nous avons mis sur pied, à Roubaix, Mulhouse et Marseille, des groupes d'habitants (un par ville) et engagé avec eux un long processus de recherche — une intervention sociologique.

Chaque groupe, fort d'une dizaine de participants, s'est réuni pendant trente ou quarante heures, réparties sur plusieurs semaines. Il a d'abord rencontré, successivement, des interlocuteurs bien choisis : un magistrat, puisque la justice serait défaillante ; un commissaire de police, puisque la police serait impuissante ; un ou deux jeunes issus de l'immigration, puisqu'ils seraient au cœur de la délinquance ; le maire de la ville, ou un de ses adjoints ; un parlementaire ; un élu du Front national, etc.

A l'issue de ces rencontres, les chercheurs ont présenté à chaque groupe une analyse de son expérience de recherche, et du racisme qu'elle a permis de mettre en évidence, et cette présentation a elle-même été l'objet de débats. Le lecteur intéressé par la démarche qui a été ainsi développée pourra se reporter à l'annexe méthodologique de ce livre. Mais ce détour n'est pas indispensable : rendons-nous donc plutôt, très directement, dans les trois villes retenues par notre équipe de recherche.

2

Une intervention sociologique à Roubaix

1. Roubaix

La ville de Roubaix a connu un développement ininterrompu du début du XIXe siècle aux années soixante-dix, et c'est de son appartenance à l'ère industrielle qu'il faut partir pour prendre la mesure des difficultés qu'elle traverse aujourd'hui[34].

Jusqu'à la fin des années soixante, en effet, chaque usine construite à Roubaix, en pleine ville, quelle que soit sa taille, abrite sur ses flancs sa main-d'œuvre, dans de petits logements en courée dont certaines en regroupent plusieurs centaines[35], alors que la bourgeoisie locale habite volontiers en périphérie, à proximité d'un espace de loisirs et de promenade, le parc Barbieux.

Mais le tissu industriel de Roubaix se décompose, de la même manière qu'il s'était composé : par saccades. Ateliers, usines, entrepôts ferment les uns après les autres depuis le début des années soixante-dix, et la ville s'affaiblit, comme frappée d'hémorragie. La concurrence internationale, la reconversion du patronat, le manque d'investissement, l'absence de qualification professionnelle sont autant d'éléments qui laissent dans le désœuvrement et le désarroi une population qui, bien que ne s'étant jamais sentie à l'abri de la misère, commençait à participer à la société de consommation.

Les syndicats ne parviennent plus à relayer dans les quartiers ou les associations les enjeux du monde du travail, l'image d'un processus de déclin inéluctable s'impose à toute la population —

ouvriers ou employés, commerçants ou fonctionnaires. La grandeur de la ville devient passé.

Tous les indicateurs de pauvreté — y compris les plus récents, comme le nombre des bénéficiaires du RMI — donnent des informations concordantes : Roubaix concentre en France le plus fort taux de personnes en dessous du seuil de pauvreté européen, et la ville ne parvient pas à enrayer le cycle de la pauvreté et de la désocialisation [36].

Le modèle d'intégration roubaisien reposait sur la participation au monde du travail ; il se définit désormais à partir de l'exclusion, et en termes d'accès aux dispositifs de l'aide sociale.

Dans le seul secteur privé, la part des emplois est passée de 47 569 en 1979 à 36 037 en 1987 (source : Assedic), soit une perte de 11 532 emplois sur la ville (– 24 %) en moins de huit ans. Le taux de chômage s'élève à 23,3 % [37]. Sur 50 776 emplois (tous secteurs confondus), 30 744 sont occupés par des non-Roubaisiens, alors que la ville compte plusieurs milliers de chômeurs. Ces chiffres renvoient à l'inadéquation flagrante de la main-d'œuvre disponible, peu formée et peu qualifiée, face aux exigences de qualification liées aux emplois nouveaux. Ils recouvrent un autre phénomène, majeur : l'exclusion et la discrimination croissantes qui pénalisent les populations immigrées et rendent difficile l'intégration des plus jeunes, y compris pour les plus diplômés [38]. Or Roubaix est une ville de jeunes : près de 50 % de la population a moins de 25 ans. Perçue comme délinquante [39], souvent désœuvrée, la jeunesse roubaisienne vit plus durement que le reste de la population les conséquences de la décomposition d'un modèle industriel auquel elle n'a pas participé.

La fin de la guerre d'Algérie d'abord, le début de l'immigration économique des populations maghrébines ensuite, le regroupement familial enfin, sans parler des migrations internes à la métropole lilloise, ont jeté ces vingt dernières années dans Roubaix en crise des centaines de familles affaiblies, déjà rejetées d'ailleurs et ayant souvent définitivement renoncé à leur rêve d'intégration ou d'enrichissement par le travail. Les Belges, les Polonais, les Italiens, les Portugais et les Espagnols font figure de Roubaisiens « de souche », face à une population maghrébine divisée par la diversité de ses origines nationales

(Algériens, Marocains), culturelles (Kabyles), ou historiques (harkis), et qui représente près de 50 % de la population[40].

Si l'immigration est massive à Roubaix, si les immigrés sont nombreux dans les courées ouvrières, les maisons bourgeoises à l'abandon ou le parc de logements sociaux[41], c'est aussi parce qu'un phénomène de désertion, non moins massif, s'est opéré avec le départ des habitants les moins démunis — fonctionnaires, cadres moyens, ouvriers qualifiés notamment. Ce phénomène s'est accéléré depuis la construction de la ville nouvelle de Villeneuve-d'Ascq[42] et la réussite, au début des années quatre-vingt, de sa politique attractive et séductrice à l'égard des classes moyennes de la métropole lilloise. De plus, Lille, ville dynamique culturellement, attire les jeunes de Roubaix[43].

La fuite des uns précipite le déclassement des autres et provoque l'affaissement du marché immobilier roubaisien ; seuls quelques rues ou quartiers se maintiennent, comme ceux avoisinant le parc Barbieux.

Le processus de reproduction de l'habitat insalubre ne s'enraye que difficilement, malgré la destruction de 7950 logements depuis 1958[44]. Au phénomène de vacance des logements sociaux publics[45], qui accroît l'impression de désertion de la ville et de chute des quartiers, s'ajoute l'insalubrité de milliers de logements privés dont les bailleurs quittent Roubaix en abandonnant leur capital immobilier, ou dont les propriétaires occupants sont insolvables.

Le logement HLM qui durant les années soixante était une promotion pour bon nombre de catégories sociales, notamment immigrées, se transforme en logement résiduel. Le mauvais entretien du bâti et l'absence de solidarité intercommunale, le manque de cohérence des politiques de peuplement — qui parfois regroupent les immigrés, parfois les évitent[46] — ont réduit ces dix dernières années à néant les espoirs de promotion et d'insertion sociales, voire d'intégration, par l'accès au logement. Dès lors, il devient sur Roubaix plus commode pour un grand nombre d'habitants, et notamment les immigrés, de se lancer dans l'achat d'un logement[47]. C'est alors sur le parc privé, et dans des relations de voisinage rendues difficiles, que se gèrent à Roubaix les problèmes sociaux non traités par les organismes publics de la métropole.

Un conflit traditionnel a toujours opposé à Roubaix école laïque et école privée, école républicaine et école des curés, école des pauvres et école des riches. Le secteur privé couvre toute l'échelle de la scolarité, et il a toujours su s'adapter aux différentes réformes de l'Éducation nationale, notamment en assurant un enseignement de qualité. Ainsi, sur un effectif de 6070 lycéens, 3368 relèvent du public et 2702 du privé (soit 44 %). L'école publique accueille plus d'élèves de milieux défavorisés que l'école privée : 26 % des élèves qui prennent leur repas dans la restauration scolaire de l'école primaire bénéficient d'une aide municipale, qui repose sur des critères de pauvreté ; ce chiffre descend à 5 % pour l'école privée. Et, aujourd'hui, la répartition des populations scolaires entre le privé et le public se joue sur des critères nouveaux : sociale ou éthique, la distinction scolaire devient de surcroît ethnique.

La part des élèves étrangers dans les écoles maternelles et primaires est de 25 % pour le secteur public, et de 15 % pour le secteur privé[48]. Dans les écoles primaires, la tendance se renforce[49].

Les enseignants ne sont pas les derniers à tenter de fuir les écoles dites « difficiles », en demandant une nomination rapide dans d'autres établissements ou en entretenant le moins de rapports possible avec leur établissement scolaire, et parfois avec la ville[50].

Au niveau des collèges, la situation est contrastée d'un établissement public à un autre. 85 % des élèves du collège Anne-Frank, par exemple, sont d'une origine culturelle autre que française, tout en étant éventuellement français, alors que ce chiffre est de 28 % pour le collège Baudelaire. Les ségrégations repérées dans l'espace urbain à propos du logement, et qui se retrouvent dans la fréquentation des collèges[51], se prolongent par une discrimination dans l'emploi — qui affecte avant tout les garçons d'origine maghrébine[52].

Le patronat local ne disparaît pas nécessairement ; souvent il se reconvertit et, notamment, passe de la production à la distribution de services ou de produits finis. Mais dans l'ensemble, qu'il disparaisse ou poursuive une nouvelle logique d'investissement, il laisse derrière lui une ville en friche et une population abandonnée, et se désintéresse dorénavant du développement local. Le syndicalisme s'en trouve d'autant plus ébranlé que ses principales actions, qui mobilisent peu les habitants, s'opposent aux fermetures d'usines. Les conflits du travail n'informent plus la dynamique générale de la ville, et, des grands acteurs passés, il ne reste que la mairie, elle-même affaiblie.

Tout au long des années soixante-dix, les habitants du quartier populaire de l'Alma-Gare ont lutté contre des projets de rénovation qui risquaient de vider leur quartier de sa population traditionnelle : l'époque des luttes urbaines est elle aussi révolue. Tout au plus constate-t-on une mobilisation timide, et très limitée, lorsqu'en 1988 le ministre de l'Intérieur (PS) choisit un site à cheval sur Roubaix (CDS) et sur Hem (RPR) pour construire une école de police, initialement prévue par le gouvernement de Jacques Chirac (1986) en Corrèze : seules les populations du quartier concerné, notamment les plus jeunes, font entendre leur désaccord. Le différend porte sur le choix du site, mais aussi sur les conditions dans lesquelles les décisions ont été prises, car l'emplacement prévu pour l'école était réservé, dans le cadre d'une opération DSQ, à la construction d'un terrain de sport. Mais si la revendication populaire en appelle à des équipements collectifs, elle traduit surtout le désarroi d'une population d'origine immigrée qui voit dans l'école de police une volonté accrue de répression, une marque supplémentaire d'hostilité à son égard.

La capacité d'action collective est désormais bien faible dans les quartiers populaires de Roubaix, et il faut la rage ou l'exaspération de jeunes, la plupart du temps issus de l'immigration, pour qu'elle trouve un vague dynamisme, conditionné par l'intervention d'acteurs extérieurs pour la plupart au quartier et à la ville.

Le vide social est propice aux conduites de repli communautaire, et à Roubaix, comme ailleurs, l'appel à une identité locale connaît çà et là, dans les quartiers, un écho : le léger retour du parler ancien (mélange de patois et de picard) et l'affirmation d'un folklore (dont le théâtre de marionnettes est l'expression la plus populaire) témoignent du désir de recomposer des repères qui se perdent. Mais tout cela est très modeste.

Si quelques expériences esquissent une timide reconstitution du tissu associatif, qu'attestent notamment le succès du club de badmington de l'Alma et la réussite de l'association Dans la rue la danse — qui tous deux permettent la rencontre entre des jeunes, généralement d'origine immigrée, et la population plus ancienne —, la plupart des entreprises s'essoufflent vite et bien souvent ne fonctionnent que le temps d'une équipe, sans parvenir à se renouveler. En fait, la possibilité d'une recomposition de la dynamique de la ville repose sur la mairie, seul acteur traditionnel à avoir résisté à la déstructuration.

Ainsi, à Roubaix, les populations en voie de précarisation sont nombreuses, le taux de chômage reste élevé, et la restructuration urbaine n'aboutit pas. Les dispositifs comme le DSQ, le CCPD, les ZEP, ou l'action du FAS, ne sont pas en mesure de garantir la relance économique, même s'ils y contribuent, et la ville n'est pas assurée de maintenir sa présence dans la communauté urbaine de Lille, ni de participer pleinement au projet européen de la métropole lilloise[53].

Beaucoup d'espoirs sont mis dans l'Établissement public d'aménagement roubaisien (EPAR), le contrat État-Ville, la récente loi sur la solidarité intercommunale, la constitution du versant nord-est de la métropole, l'arrivée du métro au centre de Roubaix, la perspective du TGV dans la communauté urbaine.

L'épuisement d'un système local à trois acteurs principaux, nés de l'ère industrielle (le patronat, les syndicats, le pouvoir municipal), le départ d'une part importante de la population parmi la plus dynamique, l'afflux corrélatif d'immigrés en quête de logements bon marché et d'aide sociale, le déclin des luttes sociales, la montée du Front national et les limites de l'action de la mairie n'expliquent pas à eux seuls le racisme. Mais nous connaissons maintenant les conditions qui, à Roubaix, en ont favorisé l'expansion.

2. Une intervention sociologique

A Roubaix, parmi les habitants susceptibles de verser dans un racisme croissant, deux sous-groupes méritent tout particulièrement notre attention. Le premier est composé de ceux que le chômage et les difficultés économiques ont conduits ou rivés dans des logements de type HLM dépréciées, à forte présence d'immigrés, dont ils tendent à se démarquer par la référence à la culture, voire à la race, à défaut d'une quelconque différence sociale. Le second est constitué par les couches moyennes quand elles voient leur ville, mais aussi leur quartier, s'affaisser et qu'elles s'inquiètent d'une dégradation sur laquelle elles n'ont guère d'emprise.

Le quartier des Hauts-Champs répond très largement au premier cas de figure ; celui de l'Épeule, au second. A l'Épeule, quartier beaucoup plus central, la situation est d'autant plus intéressante pour notre recherche que la présence récente de « Roumains », c'est-à-dire de Tziganes d'origine roumaine, est perçue comme synonyme de saleté, de bruit, d'insécurité, d'agressivité et d'envahissement. Dans les deux cas, il existe un comité de quartier, dont les animateurs ont bien voulu encourager notre recherche en nous facilitant le contact avec les habitants et, plus précisément, avec d'éventuels participants à notre intervention sociologique, qui s'est tenue dans les locaux du comité de quartier de l'Épeule. C'est ainsi qu'un groupe a pu être mis sur pied, composé pour moitié d'habitants des Hauts-Champs et pour l'autre moitié d'habitants de l'Épeule, tous soucieux de réfléchir aux problèmes de l'immigration, de l'intégration et des relations interculturelles. Il serait injuste de qualifier d'emblée cette dizaine de personnes de « racistes » ; mais la plupart d'entre elles, nous l'avons constaté dans des rencontres préliminaires, sont susceptibles de tenir des propos plus ou moins exaspérés, plus ou moins explicitement racistes. Le propre du groupe de Roubaix est précisément qu'on le sent capable aussi bien de se diriger vers des attitudes et des propos explicitement racistes que de s'en éloigner : la recherche va nous permettre de voir comment s'opèrent ces oscillations[54].

1. Cinq réponses aux problèmes de la population

Dans le groupe, les problèmes vécus par les uns et les autres ne sont pas tous du même ordre. Aux Hauts-Champs, où les bénéficiaires du RMI sont nombreux, priment le chômage, le logement de qualité médiocre et, surtout, les difficultés de la cohabitation avec les immigrés — d'origine maghrébine, mais pas seulement.

Cécile est une jeune femme de 25 ans, qui élève ses deux enfants à l'aide de ses allocations de mère célibataire. Elle vient d'une famille aisée et souffre d'habiter dans un quartier et un immeuble qui lui renvoient l'image de sa dégradation sociale. Son comportement est souvent agressif, elle cherche l'affrontement avec les jeunes du voisinage — ou en tout cas elle le suscite —, elle s'en prend aux responsables de l'aide sociale, elle parle des Noirs ou des immigrés avec haine, il y a chez elle une véritable rage, un sentiment très vif d'impuissance et d'exclusion.

Françoise a le même âge que Cécile. Elle vit avec son mari, chômeur comme elle, et sa préoccupation principale est l'avenir de sa fille, âgée de 2 ans. Elle se plaint beaucoup de son immeuble et de ses voisins, immigrés. Son propos peut être violemment raciste, il est toujours lourd de références à l'injustice sociale dont elle pâtit.

M. et Mme Schmidt semblent à bien des égards écrasés par leur situation — trois enfants, le RMI, aucune perspective d'emploi. Ce couple encore jeune soigne son intérieur et a trouvé dans la religion un sens à son existence. L'un et l'autre s'expriment peu, et ce qu'ils disent des immigrés, des mass *media* et de la classe politique est toujours très critique.

Mme Lucas exerce une certaine autorité morale dans le quartier des Hauts-Champs et dans son comité. Cette femme d'âge respectable a une expérience de la vie à l'étranger, ainsi que de l'action militante. Son propos peut être humaniste, il est aussi très sévère dès qu'il s'agit de l'ordre, des conduites des jeunes, de la propreté des immeubles. Ses ressources sont certainement un peu supérieures à celles des autres participants venus du même quartier.

Paul est un homme jeune, chômeur de longue durée, père de famille nombreuse. Il s'exprime difficilement et semble parfois perturbé par l'alcool.

A l'Épeule, un thème l'emporte sur tous les autres : celui des « Roumains », dont les membres du groupe disent qu'ils « ne connaissent ni nos coutumes ni notre langue », « ont transformé Roubaix en camp gitan », « balancent tous leurs besoins par la fenêtre », « sont tout le temps en train de casser », pratiquent une « mendicité agressive » et vont et viennent sans qu'on sache très bien pourquoi — « ils disparaissent, puis ils reviennent ». Arrivés à Roubaix à partir de la fin 1988, les « Roumains » sont peut-être quatre cents ou six cents. Au moment où s'effectue la recherche, la situation est confuse : sont-ils ou non des réfugiés politiques ? Le pouvoir municipal a-t-il ou non la possibilité de débarrasser la ville de cette population qui, manifestement, apporte à son voisinage des troubles réels, très concrets, et que personne ne conteste ? Les « Roumains » constituent le *leitmotiv* des participants du groupe lorsqu'ils viennent de l'Épeule.

M. Walter est un homme d'une quarantaine d'années, qui travaille dans une entreprise de la ville. Il a l'habitude de l'action militante et a joué un rôle important dans la mobilisation à propos des « Roumains ». Il a été candidat en 1983, sur une liste d'inspiration populiste (« Roubaix aux Roubaisiens »). Il aime présenter ses idées en les assortissant d'anecdotes et de plaisanteries.

M. et Mme Lamy forment un couple âgé de petits artisans. Plutôt effacés, ils sont toujours très précis dès qu'il s'agit de décrire les « Roumains ».

M. Fabre est un enseignant, qui se dit prêt à quitter Roubaix si la situation ne s'améliore pas — et notamment à propos des gitans.

M. Smet est un militant engagé dans la défense des locataires. Ce jeune communiste intervient toujours très précautionneusement dans la recherche.

Les autres participants venus de l'Épeule se caractérisent avant tout par leur exaspération à l'égard des « Roumains » et par leur grande retenue dès qu'il s'agit des immigrés ou des Noirs, dont parlent beaucoup plus souvent les habitants des Hauts-Champs.

Notre groupe de recherche est socialement hétérogène, puisque s'y côtoient des sous-prolétaires et des petits-bourgeois ; mais tous souhaitent des réponses concrètes à leurs difficultés. C'est sur ce terrain qu'ils attendent chacun des interlocuteurs venus participer à une rencontre avec eux.

a) La réponse politique du Front national

Les scores de l'extrême droite sont particulièrement élevés à Roubaix. Le Front national a obtenu 17,68 % au premier tour des élections municipales de 1989, et un autre candidat d'extrême droite, 4,43 %. Mais le Front national ne parvient pas à s'implanter à Roubaix. Il n'a rassemblé que quelques personnes sur les marches de la mairie pour contester la politique du maire (1989), alors qu'il annonçait une grande manifestation, et les associations, les relais sociaux ou les figures locales résistent à sa pénétration — qui est d'ailleurs à peine tentée. Seule l'élection de conseillers municipaux lui donne une existence. A ce jour, la dissociation demeure considérable à Roubaix entre un vote xénophobe et populiste et une quelconque capacité d'ancrage sur le terrain.

Le premier invité du groupe est précisément un député européen du Front national, dont les attaches locales sont bien connues de la plupart des membres du groupe. Très vite, il installe le débat sur le thème de l'immigration : « ou bien ils s'assimilent, ou sinon de très fortes minorités feront de gros problèmes ». La réaction du groupe est impressionnante, elle prend la forme de multiples déclarations racistes ou xénophobes. L'une évoque son immeuble : « c'est horrible, on nous crache dans les escaliers, on nous pisse devant la porte, et ce sont toujours des négros. C'est insupportable, tout est infect, et puis on devient raciste » ; un autre explique : « les immigrés, vus de haut, c'est bien, mais personne ne veut les avoir chez eux » ; un troisième note : « si on avait une famille par bâtiment, et pas dix, cette famille se tiendrait mieux » ; un autre surenchérit : « on ne voit que des étrangers. Nous sommes français, on est malheureux... et ils augmentent, se reproduisent... ».

Au départ, l'interlocuteur et le groupe sont en symbiose : il y a trop d'immigrés, qui abusent, font trop d'enfants, ont d'autres valeurs, refusent de s'intégrer — « s'ils s'assimilent, tant mieux, sinon, qu'ils s'en aillent, qu'ils aillent tuer leurs moutons chez eux ». Françoise trouve même que Jean-Marie Le Pen manque de cohérence : elle l'a vu à la télévision, en Algérie, danser avec des Arabes. Mais, s'il y a un tel accord, comment se fait-il que le Front national n'enregistre pas, à Roubaix, des scores encore plus massifs ? L'invité dénonce la « diabolisation », orchestrée par les *media*, d'autres parlent d'un dégoût général pour la politique, mais surtout, progressivement, la distance se creuse entre le groupe et son interlocuteur.

Ce dernier, en effet, ne croit pas en une action de base, sur le terrain, qui permettrait de régler les problèmes localement. Il faut, explique-t-il, « arrêter de façon absolue l'entrée de nouveaux immigrés », changer de gouvernement, cesser de voter pour le PS, l'UDF ou le RPR. Mais si on peut être d'accord avec lui quand il déclare que « le pays devient un merdier », ou sur le thème de la trahison du PS, on voudrait aussi des réponses concrètes au chômage, à la difficulté de trouver un logement décent ou de se faire inscrire à un stage. Et plus la rencontre progresse, plus les eaux se séparent entre cet interlocuteur qui en appelle à des changements radicaux — au sommet, en matière d'immigration, de systèmes d'allocations familiales, d'aide sociale —, qui souhaite « couper les pompes aspirantes » et les avantages donnés aux immigrés, promouvoir la « préférence nationale » en matière de logement, changer le système fiscal, et les membres du groupe, qui pensent que « sur le plan de la ville, il y a quelque chose à faire, à changer ».

La cause est entendue, en fin de rencontre, quand l'interlocuteur est interpellé par M. Smet.

M. Smet : Imaginons que vous soyez élu maire de Roubaix, que faites-vous ?

L'INVITÉ : Il n'y a pas de solution à Roubaix s'il n'y a pas un changement complet de la politique du gouvernement. Vous pouvez faire des comités de quartier, des amicales, etc., vous pouvez régler le problème de tel immeuble, après ça va se détériorer dans l'immeuble suivant.

Le groupe n'accepte pas cette image d'un changement qui ne peut être que global, par le haut, et constate que la réponse donnée par l'interlocuteur du Front national n'apporte pas la solution à ses problèmes. Il est attaché à l'idée d'une action locale, au niveau du quartier ou de la ville, et se sépare de l'invité sur fond de grand scepticisme quant à la capacité de son parti à prendre en charge les demandes concrètes émanant du terrain.

b) Une autre réponse : le Parti socialiste

Le Parti socialiste peut-il apporter une réponse plus satisfaisante ? La venue d'un député de ce parti, qui est aussi une figure locale importante, n'entraîne pas, comme avec l'élu du Front national, de flambée immédiate de type xénophobe ou raciste au sein du groupe. Elle est plutôt l'occasion de rappeler les problèmes sociaux dans lesquels beaucoup se débattent. On revient sur le thème de l'emploi, en évoquant notamment l'implantation d'une usine dans le quartier des Hauts-Champs, dont les dirigeants avaient promis d'embaucher sur place une partie de son personnel — ce qui ne semble pas devoir se faire ; on critique la façon dont les logements sociaux sont attribués, qui aboutirait à des ghettos de pauvres, tandis que « la catégorie des riches, on fait tout pour elle ». L'interlocuteur est ici à son aise, puisque son parti est dans l'opposition municipale, et il s'en prend lui aussi à la politique de la mairie, qui créerait « une ville à deux vitesses ».

Pourtant, le courant passe mal. D'abord parce que l'invité défend l'image d'une France ouverte à toutes les religions, y compris à l'islam.

M. WALTER : Que pensez-vous, s'il y avait un carré musulman au cimetière de Roubaix ? Vous ne pensez pas que ça créerait un

ghetto, même pour les morts ? Vous ne direz pas que c'est une terre islamiste sur le territoire français ?
L'INVITÉ : Faites le tour de France, ce ne serait pas une première. Je réponds à la question, et je dis que j'y suis tout à fait favorable.

Cette réponse est d'autant plus mal acceptée par le groupe que l'interlocuteur la prolonge en évoquant le racisme dont sont victimes les Maghrébins, par exemple en matière d'attribution de logements, alors que, dans l'ensemble, le groupe a le sentiment que ce sont les Français « de souche » qui sont le plus mal traités. Ensuite aussi parce qu'il accompagne sa position sur l'affaire des « Roumains » — « la seule réponse, c'est le harcèlement policier » — de remarques qui ne sont pas celles qu'on attend d'un homme de gauche, en s'interrogeant sur l'origine des caravanes et autres Mercedes de cette population — thème qui n'est guère présent dans le discours de ceux qui la côtoient et dénoncent plus la saleté, l'agressivité ou le refus de s'intégrer que le vol ou la nature de ses ressources financières. Enfin et surtout parce que son discours semble général et mal informé — « il ne connaît pas son terrain », dit-on après son départ, en même temps qu'on affirme avoir entendu du « baratin » et des « idées socialistes » auxquelles on ne croit pas, ou plus.

La venue de cet invité n'a pas empêché que s'exprime, mais très faiblement, un discours raciste, par exemple à propos des habitants d'un immeuble qui ne respectent rien — « sans parti pris, il faut le dire, ce sont des Noirs, et tous des Noirs » —, ou encore au sujet de la ville tout entière — « Roubaix est devenue la poubelle de la métropole ». Mais elle a pour l'essentiel indiqué qu'aux yeux du groupe le Parti socialiste n'apporte aucun espoir et que son discours, même amendé çà et là — comme à propos des « Roumains » —, est usé, sans aucun pouvoir de séduction.

c) Les Chevaliers de Roubaix

Créés en 1983, les Chevaliers de Roubaix comptent une poignée de permanents pour de nombreux adhérents.

Au départ, il s'agit du regroupement de quelques personnes qui souhaitent lutter contre l'insécurité, et notamment des commerçants et des notables qui soutiennent par ailleurs l'initiative politique de Marcel Lecluse et sa liste « Roubaix aux Roubaisiens » aux municipales de 1983. Bernard Dewaele, un chauffeur de taxi connu pour ses animations de fêtes de quartier, est sollicité pour mettre sur pied une brigade de surveillance nocturne des rues commerçantes, dont les vitrines sont souvent détruites. Constitution d'une milice ? La première réunion, dans l'ambiance de révolte et de mise en cause des pouvoirs publics d'une salle de café, aboutit à la naissance non d'une milice, mais d'une association d'aide aux victimes assurant la surveillance des biens privés grâce à des systèmes d'alarme et de protection électronique des commerces et des maisons, ainsi qu'un service d'aide aux personnes âgées reposant sur l'électronique du « Bip-Sauve ». Les échecs de Bernard Dewaele aux élections cantonales successives auxquelles il se présente montrent la difficulté qu'il rencontre à traduire en action politique ce qui se révèle un succès sur le terrain de l'action associative.

Souvent mis en cause par la presse locale ou par les associations antiracistes, les Chevaliers de Roubaix ne sont pas un groupuscule de militants d'extrême droite, même si, comme bon nombre de Roubaisiens, ils laissent entendre, dans leur journal, que l'immigration est une des causes du désordre de la ville. En fait, leur action entend s'opposer à la montée de la délinquance en poursuivant systématiquement les agresseurs ou les délinquants, quelle que soit leur origine culturelle, et recréer une relation de confiance entre les institutions (police et justice notamment) et les habitants. Militants civiques plus que stratèges idéologiques, les Chevaliers de Roubaix interviennent sur des situations conflictuelles, entre des particuliers généralement, en faisant valoir les règles du droit français — qu'ils respectent eux-mêmes scrupuleusement. Aucune de leurs interventions ne se fait en dehors ou en marge de la loi. Ainsi, en cas de cambriolage dans un commerce dont ils assurent la sécurité, ils ne font finalement que prévenir la police rapidement, en donnant des informations sur les circonstances du délit. Au besoin, ils assurent une réparation immédiate de la vitrine ou de la porte détruites.

Soucieux de l'image de leur ville, les Chevaliers de Roubaix ont la nostalgie d'une époque perdue, d'un passé glorieux où Roubaix participait à la modernité, qui passait alors par l'industrialisation de la France. Ils en appellent, certes, à l'ordre, mais surtout à la recomposition d'un tissu de relations sociales dans lequel ils auraient à nouveau le sentiment d'avoir part, en tant que Roubaisiens, à la vie moderne qui exclut leur ville d'abord, eux ensuite.

Si la mise en cause de l'immigration n'est pas à ignorer, elle n'est pas non plus l'obsession des Chevaliers de Roubaix. Là est peut-être le plus intéressant. Cette association aurait très bien pu être une milice privée, ou encore constituer un sas vers une action politique d'extrême droite — vers le Front national notamment. Son succès l'a totalement écartée de ces deux tentations et des thématiques racistes et xénophobes qu'elle y aurait certainement rencontrées. D'une certaine façon, son ancrage dans des problèmes concrets, son souci aussi de coopérer le plus possible avec les acteurs institutionnels de la ville — à commencer par le maire, André Diligent, qui a eu l'intelligence de jouer ce jeu — l'ont protégée de la politisation outrancière et des dérives parapolicières. Ce qui indique que, même inspirée par une idéologie sécuritaire, l'action sociale, lorsqu'elle sait traiter comme telles les difficultés pratiques d'une population, apporte un contre-feu face aux dérapages du racisme.

Bernard Dewaele est maintenant reçu par le groupe. Il explique d'abord le fonctionnement de son association. En relation avec la municipalité et la police nationale, il apporte services et aide, sur toute la ville, aux particuliers qui font appel à lui : personnes âgées, commerçants, artisans, victimes actuelles ou potentielles de l'insécurité. C'est lui qui a eu l'idée d'installer des caméras vidéo dans certaines rues, et il tient à bien marquer les limites de son action. Il s'agit de fonctionner dans la plus stricte légalité, en accord avec les autorités, en apportant des solutions concrètes aux difficultés individuelles de ses adhérents, et sans se subordonner aux politiciens. Le Front national, qui a fait de la sécurité un de ses chevaux de bataille, n'est d'ailleurs pas pour lui un soutien ou un relais : « les gens du FN ont un beau parler mais ils ne font rien ».

Convaincu, parlant clair et bien, il est prolixe dès qu'il s'agit d'examiner très pratiquement les problèmes dont il a choisi de s'occuper, et il montre au groupe comment, dans des situations très variées, il a su prendre à bras-le-corps une difficulté et contribué à la régler en même temps qu'à apaiser des tensions. Manifestement, il sait y faire, et, avec lui, le courant passe.

Dans le groupe, les questions fusent : comment arrive-t-il à faire se déplacer la police ? Que fait-il si des jeunes agressifs créent des problèmes ? Est-il intervenu dans l'affaire des « Roumains » ? Et chaque fois vient la réponse, concrète, assortie souvent de propositions plus générales, qui pourraient intéresser les responsables politiques nationaux — d'ailleurs, il lui est arrivé d'avoir des contacts au plus haut niveau, par exemple avec M. Pasqua lorsque ce dernier était ministre de l'Intérieur. Le plus impressionnant, dans cette rencontre, n'est pas seulement l'intérêt que son action suscite, et que les gens venus des Hauts-Champs connaissent mal, au point qu'ils lui demandent son adresse en cours de réunion. Il est dans la quasi-disparition non seulement des propos racistes ou xénophobes, mais aussi du thème de l'immigration, qui se rétrécit au fur et à mesure que l'interlocuteur avance des propositions concrètes en matière de règlement de la délinquance ou de l'insécurité, avec une multiplicité d'illustrations très précises. Cet homme indique que l'action est possible, que les limites de l'intervention de l'État, de la police ou du pouvoir politique local ne sont pas rédhibitoires, en même temps qu'il sait reconnaître, lorsque le thème est mis sur la table, les problèmes réels que peuvent poser certains immigrés ou encore les « Roumains ». Son discours comme sa pratique aboutissent plutôt à faire retomber les tensions ou les peurs qui se cristallisent d'ordinaire sur les immigrés. Grâce à lui, le groupe retrouve l'espoir de voir apporter des solutions pratiques à certains de ses problèmes, et, par là, l'espace du racisme se rétracte, au point qu'en fin de rencontre, lorsqu'on discute du drame des enfants battus, personne ne dissocie le cas des enfants maghrébins, dont il vient d'être question, de celui des enfants en général.

d) L'action collective

Ce que propose Bernard Dewaele, et qui passe bien, est une médiation qui est en même temps une prestation de service. Il ne s'agit pas, pour les adhérents de son association, de se prendre eux-mêmes en charge, mais de disposer d'un relais efficace, et privé.

N'y a-t-il pas une autre voie à explorer : celle de l'action collective, de la pression sur le pouvoir, de la mobilisation ? C'est en tout cas ce que vient proposer au groupe un couple qui a derrière lui un impressionnant passé militant : M. et Mme Leman, figures historiques de la lutte de l'Alma-Gare, et aujourd'hui encore acteurs importants de ce quartier, comme de la ville.

La lutte de l'Alma-Gare a commencé par des manifestations de rue dans le courant de l'année 1969. Les habitants de ce quartier populaire et insalubre demandaient la résorption des courées et le relogement des plus pauvres. En 1971, la contestation populaire s'est transformée en refus de quitter le quartier et en rejet du projet de réhabilitation de la mairie [55].

Puis les habitants ont multiplié leurs actions. Ils ont empêché le travail des bulldozers et se sont opposés aux mesures d'expulsion tout au long des années 1972, 1973, 1974, dans un contexte de manque de cohésion dans les rangs du socialisme local au pouvoir [56]. Des acteurs politiques, de tendance maoïste, les ont rejoints, et ont su se faire admettre en créant en 1973 l'Atelier populaire d'urbanisme (APU). En élaborant un projet de réhabilitation du quartier avec les habitants, et en rassemblant autour de lui les forces contestataires de l'Alma-Gare — et notamment les militants chrétiens de l'Association populaire familiale (APF) —, l'APU s'est imposé comme l'interlocuteur de la mairie, avec laquelle fut négociée la transformation du quartier.

Mais le découragement des propriétaires, la crainte constante des expulsions pour les locataires n'ont fait qu'accélérer les départs — plus de 3 000 habitants entre 1975 et 1977 —, rendant irréalistes les propositions de l'APU relatives au logement de 1 800 familles alors que le quartier n'en comptait déjà plus que

1450. La lutte s'est soldée par une rénovation et des constructions qui répondent en fin de compte aux désirs des populations, même si elle n'a pas empêché l'abandon du quartier par les habitants les plus traditionnels et si les réalisations architecturales et urbanistiques n'ont pas attiré les classes moyennes.

Hautes figures de la lutte de l'Alma-Gare, M. et Mme Leman incarnent bien, aux yeux de notre groupe de recherche, une importante tradition de conflits, et c'est dans ce registre qu'ils s'installent, d'emblée. Ils ne voient pas d'autres réponses aux difficultés sociales que celles qu'apporte l'action collective, et ils utilisent de nombreuses illustrations pour étayer leur démarche. Leur message est clair : réunir les gens concernés, informer, s'informer, savoir aller à la rencontre des professionnels, des travailleurs sociaux, des autorités, contester, mobiliser, c'est ainsi que l'on progresse. Dans le groupe, ce discours à la fois tente et semble irréaliste. D'une part, explique-t-on aux Leman, un quartier comme les Hauts-Champs résiste à toute tentative de mobilisation, et cette résistance est d'autant plus vive que les immigrés refusent le dialogue — même au plus bas niveau, dans les cages d'escalier.

> MME LEMAN : Il faut du culot, de l'audace, il faut aller frapper aux portes, et dire aux gens que c'est important. S'ils ne sont pas à la réunion, il faut aller les chercher.
> FRANÇOISE : J'y suis allée, frapper aux portes, pour leur dire qu'il fallait nettoyer. Mais ils disent que c'est pas leurs gosses qui pissent !

Et, d'autre part, on y est démuni, très vulnérable, ne serait-ce qu'en face des organismes de HLM — « on est des mouches et ils peuvent nous écraser ».

Les Leman reconnaissent que dans un tel contexte la mobilisation est difficile ; mais elle est toujours possible, il faut forcer le dialogue avec les habitants, faire du porte-à-porte, il faut aussi savoir qu'on a des droits et des moyens de pression sur l'adversaire. Par ailleurs, dans un quartier, il y a toujours des virtualités à explorer : il faut repérer les compétences, leur donner une chance de s'exprimer — par exemple en matière sportive ; et, face au chômage, des expériences montrent qu'il est possible de créer des emplois de proximité, par exemple à travers des régies de quartier... Ce mélange d'optimisme et d'esprit militant ne laisse pas le groupe indifférent et entraîne deux réactions, toutes deux pourtant limitées. D'une part, on reconnaît qu'il est possible de faire quelque chose à partir du quartier, et Françoise raconte comment, à travers la Maison de quartier, elle a découvert qu'elle pouvait fabriquer des animaux en peluche, ou avoir l'idée d'organiser des vacances à plusieurs en Bretagne. D'autre part, le thème de l'impuissance se précise, et se polarise sur ceux qui feraient le plus obstacle à la mobilisation : les immigrés, accusés non seulement de refuser le dialogue, la concertation, la participation à des tâches ménagères pourtant prévues dans le règlement des immeubles, mais aussi de ne rien respecter, de tout détruire — « les parents comme les enfants, ils cassent tout » : les jeux, les arbres, les pelouses.

L'action collective est désirée, mais semble inaccessible, et, en révélant à la fois ce désir et cette impossibilité, les Leman ont donné à un ou deux participants l'envie de se mobiliser — « il faut s'organiser » —, mais, à deux ou trois autres aussi, l'occasion renouvelée de s'en prendre aux immigrés et de donner libre cours à des propos qui confinent au racisme anti-Noirs et anti-Maghrébins.

e) Rencontre avec le maire de Roubaix

Élu maire une première fois en 1983, André Diligent (CDS) a mis un terme, en un seul tour d'élection, à près d'un siècle de pouvoir socialiste. Sa victoire fut moins une surprise que la défaite du socialisme, tant cette figure politique du centre droit était bien connue des Roubaisiens pour ses multiples mandats à la mairie auprès de Victor Provo.

La politique d'André Diligent depuis son élection a constamment été de relancer la ville à partir du traitement de ses problèmes sociaux. Elle a été favorisée par les orientations générales de l'État, renforçant les pouvoirs régionaux et communaux par la décentralisation et mettant en place au niveau national diverses procédures de lutte contre la marginalisation, l'exclusion sociale ou la dégradation des quartiers.

Dans le milieu des années quatre-vingt, l'aide financière de l'État (notamment par les procédures DSQ, immédiatement mises en œuvre à Roubaix) a donné des moyens financiers au maire, au moment où le tissu associatif roubaisien se ressaisissait quelque peu en laissant une part plus grande aux jeunes issus de l'immigration. Au patronat disparu, le maire a su substituer l'État et ses subventions ; à la dynamique d'action syndicale affaiblie, sa propre volonté d'intégration des plus jeunes. André Diligent, qui revendique par ailleurs sa pratique catholique, a su renouveler et renforcer la mairie et le rôle traditionnel qu'elle a toujours joué. Sa nomination au Haut Conseil de l'intégration en 1989 et son maintien à la vice-présidence du Conseil national des villes, qui confortent son autorité locale, consacrent un projet politique qui passe d'un côté par l'appel à l'aide massive de l'État, et d'un autre côté par l'effort pour jouer à fond la carte de l'intégration des jeunes, qu'ils soient ou non issus de l'immigration.

Il est attendu par le groupe avec bien plus d'intérêt que n'importe quel autre interlocuteur. Tous en espèrent beaucoup, et sa venue est d'abord l'occasion de le lui dire : il constitue le recours, la mairie est le lieu fondamental où se règlent bien des difficultés, et si l'affaire des « Roumains » a été vécue avec une telle intensité par les habitants de l'Épeule, c'est qu'ils ont craint de ne pas être entendus : « on avait le sentiment qu'on était abandonnés, dit M. Walter, c'est pour ça qu'on avait fini par faire des pétitions » — et il précise : « d'ailleurs, toutes les communautés avaient signé : des Italiens, des Maghrébins... », ce qui montre bien qu'il n'y avait là aucun racisme, mais l'appel désespéré à une intervention permettant d'en finir avec la saleté, l'insalubrité, la dégradation spectaculaire de la vie dans le quartier. Sur ce terrain, André Diligent, que personne ne songerait à soupçonner de racisme, de xénophobie et de populisme, a été ferme, à l'écoute de sa population, et a fait ce qu'il pouvait : « moi je défends d'abord la ville [...] je dois tenir compte de l'intérêt général, éviter, dans une ville où il y a de gros risques de racisme, d'alimenter encore ce racisme par des phénomènes comme celui de l'arrivée des " Roumains " ».

André Diligent sait faire comprendre qu'il est « égoïste » pour sa ville, pour les Roubaisiens, et la rencontre prend d'abord le tour d'un échange de vues plutôt générales : sur l'éducation et l'instruction civique, sur l'urbanisme aussi, qu'il s'agisse de la destruction nécessaire des courées ou de l'échec de certaines opérations de logement social, les « courées verticales », que constituent quelques grands ensembles. Le maire de Roubaix attire aussi l'attention du groupe sur la complexité de certains dossiers : s'il est d'accord, par exemple, pour que cesse l'immigration clandestine, il note que le travail semi-clandestin, qui est apparu à Roubaix récemment, alimente l'économie locale et peut même générer de l'emploi. Mais surtout, André Diligent se dit attentif aux demandes des uns et des autres, à qui il prodigue quelques conseils : « apprenez, leur dit-il par exemple, à tenir compte des agendas très chargés des personnes que vous sollicitez pour une rencontre, à connaître les attributions des responsables municipaux, le mode de fonctionnement des services ».

Et, progressivement, la rencontre cesse d'être un débat pour acquérir un tout autre statut : celui d'une réunion entre un maire et des électeurs qui lui font part de demandes très précises.

> FRANÇOISE : Moi on m'a dit au CCAS que si je m'appelais Ben Kacem, j'aurais davantage d'aide sociale, alors que je ne pouvais pas donner à manger à ma fille.
> A. DILIGENT : On vous a dit ça parce que vous ne vous appelez pas Ben Kacem. Il y a des fonctionnaires qui disent ça ? ! Si je connaissais son nom, je vous certifie que je la convoquerais dans mon bureau.
> RÉJANE : On nous a construit une usine en face de chez nous, et c'est pas beau, mais on nous a dit qu'en échange il y aurait des emplois. On a appris l'autre jour qu'en fait ils n'embaucheraient pas de Roubaisiens.
> A. DILIGENT : La construction est en retard, mais ils doivent employer des jeunes de Roubaix, c'est une clause que l'on a avec eux. Là, je suis prêt à... vous n'avez pas un bout de papier, que je le note.

Et, effectivement, l'invité prend des notes. Le stage refusé à tel membre du groupe ? Il en fait son affaire. Le mari au chômage ? Il s'en occupera dans les tout prochains jours. La passerelle au-dessus d'une voie ferrée, urgente si on ne veut pas que des enfants se fassent un jour écraser par un train ? Il connaît bien le dossier et va intervenir au niveau le plus élevé de la SNCF pour faire accélérer les choses. Le jardin ouvrier dont rêve M. Walter ? C'est plus délicat, pour des raisons qu'il précise. Etc. Les demandes fusent, les réponses viennent — la plupart positives —, André Diligent s'engage personnellement à prendre en charge les problèmes qui émergent.

Dans une telle situation, l'objectif même de la rencontre — parler de l'immigration, des tensions interculturelles, du racisme — disparaît, il n'y a plus qu'un élu local à l'écoute de demandes sociales, un élu en qui on a confiance, dont on pense qu'il apportera satisfaction, et devant qui aucun propos à connotation raciste n'apparaît. La perspective de voir régler les difficultés les plus urgentes, y compris si elles sont personnelles, l'emporte sur tout autre discours, il n'y a aucun espace pour des propos xénophobes, anti-immigrés.

2. *Le renversement*

La rencontre avec trois jeunes « beurs » est un tournant capital, et l'occasion d'opérer un véritable renversement. Sliman Tir est le responsable d'une radio beur et élu municipal écologiste. Messaoud Bourras est animateur de cette même radio ; tous deux ont des responsabilités dans le développement social des quartiers, et sont connus localement comme des figures actives de l'antiracisme. Ils sont accompagnés par un de leurs amis, Ismaël, lui aussi issu de l'immigration maghrébine.

a) Premier affaiblissement du discours raciste

Dès les premiers échanges, il est clair qu'un débat décisif va s'engager. Les invités racontent leur enfance — difficile —, la galère, les papiers nécessaires pour être en règle — qu'on ne se procure pas aisément —, l'attitude hostile de la police.

MME LUCAS : Étant nés ici, vous avez d'autres objectifs, peut-être, que vos parents, vos ancêtres, vous n'avez pas les mêmes principes ?
MESSAOUD BOURRAS : Mes parents sont comme tous les parents du monde, ils essaient d'abord de survivre, et d'assurer l'avenir de leurs enfants... Je suis jeune, j'essaie de bosser, de trouver un boulot qui m'intéresse, comme vous quoi, j'essaie tout simplement de m'en sortir.
MME LUCAS : Il vaut mieux avoir sa famille, ça donne un appui.

Ces trois jeunes gens respectent leurs parents, ne rejettent en aucune façon leur culture d'origine, ne critiquent pas ceux qui pratiquent la religion islamique dont ils semblent s'être détachés, et, en même temps, ils se disent intégrés. Ils ont su s'en sortir — deux dans le domaine culturel, le troisième, Ismaël, avec les mains, dans le travail du cuir — et la présentation qu'ils donnent d'eux-mêmes entraîne estime et même admiration de la part du groupe. « C'est très bien », dit Mme Lucas. M. Walter, qui signale au passage ses origines anglaises, se félicite de voir ces jeunes « plus qu'intégrés, ils sont assimilés, ils se sentent français ».

L'adjectif « assimilés » passe mal, certes, et les invités répondent à M. Walter qu'ils savent parler berbère, qu'ils ne nient pas leurs parents ou leurs origines. Mais le climat est excellent et une étape supplémentaire est franchie à l'initiative des interlocuteurs, qui s'y sentent encouragés : « je construis quelque chose, et si vous me dites : “ pas vous, parce que vous êtes bronzé, frisé ”, etc., je dis : le type, il me nie, et il me dit que je n'existe pas ». La critique du racisme est directe, et on précise : « c'est pas parce qu'on est arabe qu'on est délinquant ».

La réponse de Françoise s'opère en deux temps. Dans un premier élan, cette jeune mère de famille des Hauts-Champs se défend d'être raciste à l'égard des Maghrébins : « oui, mais moi, c'est les Noirs, comme on dit, c'est les blacks », et elle revient à la description de sa cage d'escalier — les Cap-Verdiens et leur « quinzaine de gosses dans l'entrée, ils pissent dans les escaliers, ils nous crachent dessus ». Mais elle prolonge son propos sur un autre registre : si elle parle ainsi, c'est pour crier sa révolte. Elle est au chômage depuis un an et demi, avec ce que cela implique de rejet « parce que vous perdez votre emploi » et d'inquiétude pour l'avenir de son enfant. C'est l'injustice qui la fait s'exprimer de la sorte, et, d'ailleurs, elle a elle-même souffert de l'intolérance et de la xénophobie, et indique qu'à l'école ses origines allemandes l'ont fait traiter de « sale boche ». En présence des jeunes beurs, elle s'écarte par moments de son propos habituel, sur les Noirs, pour évoquer son propre malheur.

b) L'éclatement du discours raciste

Mais nous n'en sommes encore qu'aux prémisses d'un phénomène beaucoup plus large, qui va être l'éclatement du discours raciste sous la pression des jeunes beurs. Cet éclatement met en vedette deux jeunes femmes, toutes deux venues des Hauts-Champs : Cécile et surtout Françoise, qui vient d'être évoquée. Il est rapide, impressionnant, et se joue d'abord dans l'effondrement des positions de Françoise.

A plusieurs reprises, lors de rencontres précédentes, Françoise avait alimenté la thématique anti-immigrés en accusant, notamment, les Arabes d'abuser de l'aide sociale. Une anecdote lui avait servi à illustrer son propos : au centre social, on lui avait expliqué que, si elle s'était appelée Ben Kacem, elle aurait été mieux traitée. Elle raconte à nouveau cette histoire et indique, à propos du centre social :

> FRANÇOISE : Moi je vois les gens, ils arrivent, « moi, pas de sous, moi avoir faim », et ils ont tout, et nous on a rien.
> MESSAOUD BOURRAS : Tu ne vas pas me dire qu'il y a une loi pour les Arabes et une pour les Français, enfin ? !
> FRANÇOISE : Non, mais on m'a répondu au centre social : « on aide les Arabes parce qu'ils ont plus besoin que vous », et j'avais rien à donner à manger à ma fille, elle n'avait plus qu'une couche.
> ISMAËL : On vous disait ça parce que c'était vrai, ou pour vous provoquer ?
> FRANÇOISE : Pour me provoquer. Parce que je ne suis pas raciste.

Et elle précise à nouveau qu'elle n'a pas de problèmes avec les Arabes. Mais avec les Noirs : « la nourriture d'un Noir, c'est infect » — et, une fois de plus, elle évoque l'odeur, le « vomi des enfants dans les escaliers », le « comportement qu'ils ont avec nous ».

Un premier point a donc été précisé, et est acquis : l'anecdote du centre social montre qu'il y a des fonctionnaires qui jettent de l'huile sur le feu, et non que les immigrés abusent. Et deux autres thèmes ont été introduits : celui des odeurs des Noirs et celui de la cohabitation avec eux dans un immeuble. Et sur ces deux thèmes, là aussi, Françoise va être amenée à réviser ses positions.

Sur le registre des odeurs, les invités n'ont pas de difficulté à montrer que le problème n'a rien à voir avec les Noirs : tout le monde a peine à supporter certaines odeurs, et Messaoud Bourras, en racontant à quel point il a souffert, en résidence universitaire, d'une odeur entêtée de lait chaud, sait emporter la conviction. Françoise bat en retraite : « c'est depuis que j'ai perdu mon travail que je me suis un peu révoltée sur... ». Quant à la cohabitation difficile, n'est-elle pas imputable au système du logement ? Après tout, les Africains ont les mêmes problèmes de logement, et si elle est au chômage, ou si sa fille ne supporte pas le chauffage au sol de son immeuble, « ce n'est pas la faute des Africains ».

Françoise, ici, résiste avec plus d'énergie. Elle revient sur la saleté de ses voisins, qui refusent d'assurer leur part du nettoyage collectif : « ils vous voient, ils chient devant vous et vous demandez à la mère de nettoyer les escaliers : “ moi pas nettoyer les escaliers, moi pas savoir faire ! ” » ; elle évoque la détérioration de l'immeuble — il a fallu « quatre fois refaire la porte électrique » —, les murs à peine repeints — « ils vont écrire des trucs dessus ». Françoise reçoit le soutien de Cécile, qui soupçonne les invités : « ça veut dire que nous, on va se rabaisser » ; celui de Mme Lucas aussi, qui raconte comment les mères de famille immigrées, débordées par des enfants « non tenus », cassent les interphones et démolissent les portes d'entrée des immeubles « pour que les enfants puissent aller et venir ». Mais si aucun des trois invités ne conteste l'authenticité de ces descriptions, tous proposent d'adopter un autre point de vue : les gens aisés, dans d'autres quartiers de la ville, savent bien se protéger du bruit, des familles nombreuses, de la circulation automobile, leurs espaces verts sont entretenus, leur environnement est agréable... Ce discours de classe passe bien. Françoise note que, en effet, « on n'est pas assez bien », et Cécile accuse maintenant l'Office de HLM : « c'est dû à l'organisme », à la façon dont sont attribués les logements, ne serait-ce qu'en fonction de l'emploi — « on va nous classer par catégories ».

Une tout autre image du problème s'impose dès lors, largement acceptée par Françoise et Cécile : il n'y a pas à s'opposer entre Français de souche et immigrés, mais il faut reconnaître l'existence d'une société duale et d'une ségrégation sociale qui se traduit très directement dans l'habitat. Et ceux qui se retrouvent du même côté (le mauvais), qu'ils soient ou non français d'origine, ont tout intérêt, suggèrent les invités, à dialoguer entre eux, dans les immeubles, dans les quartiers ; à se mobiliser ensemble pour obtenir des améliorations ; à exercer une pression sur la façon dont est élaboré l'urbanisme et dont sont pensés, gérés et attribués les logements. Le discours raciste, dans cette perspective, perd tout sens, et il semble bien, à ce stade de la recherche, qu'un renversement se soit opéré, chez Françoise et Cécile qui ont mené le bal, mais aussi dans l'ensemble du groupe, qui, par de très brèves remarques, a marqué qu'il suivait dans l'ensemble le chemin incarné par celles qui ont joué un rôle si central.

c) De l'exaspération raciste à la construction d'un rapport social

Ce qu'ont obtenu les trois jeunes beurs est de la plus haute importance. Avec eux, en effet, le groupe a simultanément délaissé toute proposition racisante et esquissé l'image d'un rapport avec des adversaires sociaux. Ceux-ci ne sont certes pas très clairement identifiés. S'agit-il des riches, de ceux qui ont les moyens de vivre du bon côté ? Des petits bureaucrates, qui attisent la haine en se disant au service prioritaire des Arabes ? Des Offices de HLM, qui attribuent les logements de façon jugée injuste ? Des technocrates et des politiques de l'urbanisme ? Toujours est-il que l'espace du racisme, c'est-à-dire de la polarisation sur l'immigré, s'est rétréci en même temps que se construisait la représentation d'un rapport social conflictuel. Les problèmes concrets de voisinage et de cohabitation n'ont certes pas disparu, comme par enchantement, et, jusqu'au bout, Françoise tient à en rappeler le caractère insupportable. Mais il ne s'agit plus d'en faire l'unique horizon, le seul objet de l'exaspération, et de se laisser emporter par le ressentiment — ce que dit encore Françoise à sa manière : « écoutez, on ne veut pas trop d'histoires non plus, parce qu'après, ça va être une guerre sans fin ».

A ce stade de la recherche, on peut donc penser qu'une inflexion décisive s'est opérée au sein du groupe. Ce n'est pas l'immigration qui, pour l'essentiel, est la source du malheur des plus démunis ; c'est un rapport social difficile à établir, l'exclusion, l'incapacité (ou le cynisme) des plus aisés à leur assurer des conditions décentes d'existence. Un processus tendu, un débat soutenu semblent avoir mis à mal le discours de la haine, et ouvert de nouvelles perspectives. Mais ce renversement est-il bien établi, les nouvelles orientations sont-elles clairement stabilisées ?

3. La retombée du groupe de Roubaix

La dernière réunion du groupe est destinée non seulement à lui restituer un bilan de son expérience de recherche, mais aussi à lui présenter une analyse de cette expérience, de façon à stimuler son auto-analyse. Elle occupe une soirée entière, sans interlocuteur. Dans un premier temps, les chercheurs reviennent sur le contenu des rencontres précédentes et s'efforcent d'organiser un tour de table à partir d'un résumé qu'ils soumettent au groupe.

a) L'effort de M. Walter

Les premières remarques sont de l'ordre de la dénégation. Il n'y a pas de racisme anti-Maghrébins, explique un habitant de l'Épeule, « ils sont adaptés » ; le seul problème est celui des « Roumains », et, sur ce registre, tout a été dit au début, sans excès ni dérapage raciste – « on a dit ce qu'on avait à dire au début, on n'allait pas recommencer à chaque fois ». L'absence de racisme anti-Maghrébins vaudrait aussi pour les Hauts-Champs : « on n'a jamais mis en cause les Maghrébins », dit Françoise. Mais, malgré les efforts des chercheurs, le ton est tout sauf celui de l'analyse, et le groupe semble même disposé à régresser vers des propos à nouveau racistes.

FRANÇOISE : Moi, j'ai pas d'Arabes dans mon entrée.
CÉCILE : T'as des Noirs, c'est pas mieux.

Les chercheurs s'étonnent de voir refleurir de tels propos, et Françoise précise alors : « le jour qu'un Algérien ou qu'un Noir tape ma fille, là, je serai raciste jusqu'au bout des ongles ».

Pourtant, la recherche a exercé ses effets sur le groupe. Paul, un jeune habitant des Hauts-Champs qui jusque-là n'était guère intervenu, indique : « j'ai changé de raisonnement. C'est vrai, la France est une poubelle. Mais je me suis dit : Si toi, tu vivais en Algérie ou en Afrique, il faudrait quand même que tu t'accommodes aux coutumes, ou aux odeurs ». Ces propos déclenchent l'hilarité de Françoise et de Cécile, et une certaine confusion dans le groupe. Paul, s'il a changé, semble en fait avoir fait sienne la thèse du refus d'adaptation culturelle des immigrés.

C'est alors que M. Walter prend la parole. Cet habitant de l'Épeule a préparé soigneusement son intervention, par écrit, et lit un texte auquel il a manifestement beaucoup réfléchi.

M. Walter : « le Français n'est pas raciste, mais les circonstances poussent quelquefois les gens à certains excès... » – Paul *(l'interrompant)* : « ... nous obligent » ; M. Walter reprend le fil de son exposé et développe alors le thème de la jalousie : dénoncer « un tas de bougnoules qui roulent avec une BMW ou une Mercedes », c'est ignorer qu'ils ont peut-être travaillé cent heures par semaine, c'est être jaloux – ce que reconnaît Françoise : « c'est vrai, on est jaloux sur eux ». Il continue, évoquant le manque d'espace vital dans les HLM, le système inégalitaire d'éducation, l'absence de perspective pour beaucoup d'enfants. Son effort est celui d'un homme qui entend expliquer, analyser le racisme, où il voit un mélange d'exclusion sociale et de sentiment d'invasion — c'est « nous qui vivons chez eux, et non plus eux chez nous ».

Les chercheurs demandent au groupe de suivre la voie ouverte par M. Walter, d'adopter le point de vue de l'analyse, ils insistent sur les liens entre la « jalousie » telle qu'elle vient d'être décrite et les phénomènes d'exclusion et de chute sociale. Mais ils ne sont guère entendus, et l'intervention de M. Walter tout comme celles des chercheurs produisent un effet inverse de ce à quoi on aurait pu s'attendre : elles déclenchent dans le groupe des rires, des tensions et, surtout, une flambée de propos racistes comme on n'en avait pas même entendu au début de la recherche, lors de la rencontre avec le député européen du Front national.

b) La flambée raciste

Plusieurs voix se font entendre, en effet, pour dénoncer à nouveau l'immigration en des termes inquiétants : « ils » abusent de l'aide sociale, n'hésitent pas à « pleurnicher » pour obtenir plus. « Ils » sont riches, disposent de 10 000, 15 000 francs pour aller en Algérie. On évoque une famille turque qui possède trois voitures, on revient sur les enfants d'immigrés et tous leurs défauts, sur les différences culturelles irréductibles. Et plus les chercheurs s'efforcent de renverser la vapeur, plus montent les propos les plus excessifs. Cécile explique maintenant qu'« ils ne veulent pas s'intégrer », « ils ne nous acceptent pas comme on est » ; Paul attend de « ceux qui sont nés en France qu'ils n'amènent pas leur saloperie de ramadan », mais « ils ne veulent pas s'européaniser ». Il précise : « je ne suis pas méchant, mais pourquoi est-ce qu'il y a des mosquées à Roubaix ? ».

Paul et Cécile sont déchaînés. Les Maghrébins, affirme Cécile, « on leur donne des choses, des bons, de tout... ils mettent ça dans la poubelle. C'est pour ça qu'on est obligés de s'y répugner ». On accuse de plus en plus les immigrés, et surtout ceux qui touchent l'aide sociale, d'être riches, de « se montrer supérieurs par rapport à toi, et montrer qu'ils sont riches ».

La décomposition du groupe est telle qu'il se déchire. Françoise laisse entendre que Cécile n'est pas si française qu'on pourrait le croire, et la réponse fuse : « moi, je sors de Français, moi, je te le dis franchement, moi, je ne suis pas de la merde, je sors de Français, et fière de l'être ». Paul enfonce le clou : « on est obligés, tôt ou tard, d'avoir des idées raciales ». Les chercheurs, consternés, essaient d'endiguer cette vague raciste, qui ne concerne que les participants venus des Hauts-Champs et laisse les autres silencieux. Ils rappellent l'expérience passée, comment, notamment, le groupe n'a pas accepté le discours du représentant du Front national et son refus de traiter localement les problèmes locaux : on en vient maintenant à accepter le point de vue de cet interlocuteur — « nous ne sommes pas assez puissants », déclare Mme Lucas, « ça concerne la mairie, l'État, Paris » ; on en appelle à une politique nationale de l'immigration, à une autre politique d'éducation ; on refuse de suivre M. Walter, qui croit que les immigrés peuvent s'assimiler. Cécile non seulement affirme qu'« ils ne veulent pas s'accepter à nous », mais pense qu'« il est trop tard maintenant ». Mme Lucas, d'ordinaire plutôt retenue, dénonce les privilèges des immigrés : « c'est eux qui passent en premier », et il est question de mettre tous les immigrés dans un bateau, puis d'y déposer une bombe.

L'exaspération, la confusion aussi sont à leur comble, le refus de l'analyse est total, on entend des rires gras. Françoise répète qu'elle n'est pas raciste mais que Cécile l'est « jusqu'au bout des pieds », M. Schmidt, jusqu'ici silencieux, prend la parole pour dire qu'il a les mêmes idées que Cécile, et la séance s'achève autour d'un thème, ou plutôt d'un mot, introduit par les chercheurs, qui remarquent qu'au moins, dans toute cette haine, les Juifs n'ont pas été évoqués. Ce qui entraîne de nouveaux rires, et quelques remarques complémentaires. De Françoise, qui dit avoir voulu parler des Juifs, « mais je n'ai rien dit », et qui précise : « c'est pas un problème, mais si on savait que c'est un Juif, peut-être que les gens ne réagiraient pas de la même façon » ; et de M. Walter, qui les dit « très marchands » et prétend que « pour reconnaître un Juif, il faut le déculotter ». La réunion se termine dans la plus grande tension, le chahut, les rires nerveux. Les chercheurs, sauf au moment où ils ont lâché le mot « Juifs », ont sans cesse essayé d'introduire un débat raisonné, une réflexion, des analyses : ils ont non seulement échoué, mais contribué par leurs efforts à une régression terrible, qui leur coûte d'autant plus que, deux semaines auparavant, le groupe avait effectué un parcours en sens inverse, avec les jeunes beurs, qui laissait augurer une bien différente conclusion de cette intervention sociologique.

Le racisme a triomphé. Certes, rien n'interdit de penser que des réunions supplémentaires auraient ramené le pendule du balancier à l'autre extrémité de sa course, du côté des analyses esquissées lors de la venue des jeunes beurs. Mais que s'est-il passé lors de cette ultime rencontre ?

Les participants ont-ils eu l'assurance, compte tenu du comportement des chercheurs pendant les réunions précédentes, de pouvoir, simplement, dire tout ce qu'ils avaient à dire, sans craindre la moindre retombée négative ? Ont-ils voulu, inconsciemment, faire payer aux chercheurs, en quelque sorte, la montée vers l'analyse qu'ils avaient entamée lors de la rencontre avec les jeunes beurs, ou même, tout simplement, les propos qu'ils avaient tenus ce soir-là ? Ceux des Hauts-Champs, qui ont mené la danse, ont-ils voulu renverser la distance sociale qui les démarque des petits-bourgeois de l'Épeule, plus capables de théorisation et toujours retenus, rarement tentés par un dérapage raciste ? De telles interprétations sont plausibles, mais il faut en risquer une autre, qui ne les exclut nullement.

Le racisme n'a jamais été aussi virulent, dans le groupe, qu'en fin de parcours. Il s'est renforcé après qu'une recherche eut été tentée pour traiter des difficultés qu'apportent le chômage, la pauvreté, le mépris, la chute sociale et la cohabitation pluriculturelle. Cette recherche a permis aux participants de mettre le doigt sur les sources sociales de leur malheur, mais elle n'a guère apporté l'espoir de véritables solutions ; elle a enfermé les plus démunis dans leur sentiment d'exclusion et d'impuissance. L'analyse, même si elle n'a été qu'ébauchée, ne pouvait pas être prolongée par des perspectives d'action. C'est peut-être pourquoi le groupe — ou du moins sa moitié la plus active, celle venue des Hauts-Champs — est retombé encore plus bas qu'à son point de départ, ne trouvant que dans un racisme exacerbé l'exutoire de son mal. Le succès de la recherche, paradoxalement, est dans cette activation du racisme, qui est le prix à payer pour une esquisse d'analyse débouchant sur une perception plus aiguë de l'incapacité à se constituer en acteur de sa propre existence. La chute du groupe, nous semble-t-il, est la confirmation que l'espace du racisme s'ouvre dans la décomposition ou la non-structuration de rapports sociaux ; elle suggère que cette ouverture s'opère avec plus de netteté lorsqu'un espoir de structuration a été aperçu, mais s'est révélé trop limité ou illusoire.

3

Une intervention sociologique à Mulhouse

1. Mulhouse

Ville frontière, Mulhouse a connu deux annexions allemandes (celle du Reichsland, de 1870 à 1914, et celle de la Seconde Guerre mondiale). L'expression du sentiment d'appartenance nationale y fait intervenir la mémoire de ces annexions, et le rapport à la France et à l'Allemagne y est certainement plus complexe qu'ailleurs, car fait d'attirance et de refus à l'égard des deux pays, de comparaisons constantes entre les situations de l'un et de l'autre, d'attachement prononcé à la France et d'emprunt à la culture germanique. D'où l'image d'une « dualité alsacienne » que développe Frédéric Hoffet dans un ouvrage de référence[57], et dont certains traits apparaissent dans la vie sociale — autant que dans la vie privée.

Ville frontière, Mulhouse l'est également avec la Suisse, et ses perspectives de redéploiement industriel passent par un triangle Mulhouse-Bâle-Fribourg (la Regio) qui tend à devenir une entité économique.

Mulhouse est aussi une ville alsacienne. Mais l'usage du dialecte y est plus faible (dans la vie publique du moins) qu'à Strasbourg, Colmar ou dans le milieu rural du Sundgau ; les coutumes y tiennent une moindre place — l'architecture même de la ville en témoigne à sa façon, les « formes alsaciennes » ayant été très peu préservées ou restaurées (contrairement, une fois encore, à Strasbourg et Colmar). Si les termes de « vieille France » ou de « Français de l'intérieur »[58] restent utilisés encore pour nommer ce qui n'est pas alsacien en France et établir une distinction entre la région et le reste du pays, l'identité alsacienne semble malgré tout affaiblie.

De fait, cette ville, qui compte aujourd'hui 109 000 habitants, se définit essentiellement par sa réalité industrielle — on l'a longtemps appelée le « Manchester français ». Mais les acteurs qui étaient au centre de la vie industrielle s'affaiblissent ou disparaissent [59].

1. Déclin et recomposition

Les capitaines d'industrie protestants (ce qu'on appelle la HSP : Haute Société protestante), avec leur culte du travail et de l'efficacité, ont longtemps fait preuve d'un exceptionnel dynamisme [60]. La Société industrielle de Mulhouse (SIM), créée en 1826 pour regrouper les industriels de la ville, a été, jusqu'à ces quinze ou vingt dernières années, l'un des acteurs principaux de la vie sociale. Aujourd'hui, la SIM n'est plus qu'une « vieille dame respectable » dont l'influence et la capacité d'action sont réduites. Mais, durant sa haute époque, elle est apparue comme une incarnation presque concrète de l'esprit des Lumières, encourageant la recherche et l'innovation technologique, intervenant dans l'éducation et dans la formation professionnelle, et multipliant les initiatives à caractère social (institutions de prévoyance, pouponnières, institutions pour mères célibataires, construction de logements ouvriers) [61].

Cette action, malgré son paternalisme puritain, est passée aussi, et jusque récemment, par des rapports de cohabitation constructive avec le mouvement ouvrier.

Le syndicalisme — où le courant catholique, puis CFDT, était majoritaire — a en effet animé des luttes sociales analogues à celles de la « France de l'intérieur ». Mais il a aussi, comme dit un ancien responsable syndical, accepté constamment « de faire un petit bout de chemin ensemble sur des problèmes concrets : faire taire un moment les clivages, ne pas les cacher, ne pas dire “ mes bons amis ” alors qu'on n'est pas nécessairement amis, mais reconnaître que, pour réussir un certain nombre d'opérations, il vaut mieux s'allier même avec des adversaires ».

Or cet ensemble d'orientations culturelles et de rapports sociaux se défait aujourd'hui. Le mouvement syndical, comme ailleurs, subit la crise militante et la désaffection des adhérents, et son emprise sur les problèmes sociaux devient faible. La SIM, de son côté, perd l'essentiel de sa capacité d'action, les industriels protestants disparaissent de la scène locale — avec l'éparpillement des héritiers qui ont quitté Mulhouse pour Paris ou les USA, mais aussi avec la restructuration industrielle et son cortège de disparitions, de fusions et de concentrations d'entreprises[62]. Il faut dire qu'à partir des années soixante-dix le textile a perdu la moitié de ses effectifs sur l'ensemble du département, que Dollfuss-Mieg et Cie (DMC) a licencié près d'un tiers de ses salariés et que Glück, la dernière filature de laine du Haut-Rhin, a fermé ses portes en 1983. Dans le secteur mécanique, la Société alsacienne de construction mécanique (SACM) et Manurhin ont supprimé des départements entiers de leurs activités : la SACM, qui employait 6 000 salariés en 1950 et 3 000 encore en 1983, n'en compte plus aujourd'hui que 1 800. L'automobile, industrie plus récente mais qui a dû faire face aux conséquences du premier choc pétrolier, est elle aussi touchée : Peugeot est passé de 16 000 à 12 000 personnes entre le milieu des années soixante-dix et aujourd'hui ; des entreprises sous-traitantes licencient également ou déposent leur bilan. Les Mines de potasse, enfin, dont la fermeture est programmée pour 2005, connaissent elles aussi une récession spectaculaire, passant de 12 000 salariés dans les années soixante à moins de 4 000 aujourd'hui. Le taux de chômeurs est passé, entre 1980 et 1985, de 8 à 13 % dans la ville et de 4 à 10 % dans l'agglomération[63]. Dans un premier temps, la crise l'a emporté.

A partir des années quatre-vingt, cependant, un processus de recomposition s'est dessiné. Certaines entreprises classiques parviennent à se moderniser, de nouvelles unités prennent forme dans l'espace ouvert par la création du Technopôle d'Alsace : spécialisées dans les automatismes, la communication ou l'informatique de pointe, fragiles, mais qui commencent à remodeler le paysage local. Le secteur tertiaire enfin s'affirme, avec, là encore, des activités liées aux technologies de pointe (comme le Centre de poursuite du satellite Télécom 1), des activités de service et un secteur commercial qui a connu une forte croissance depuis quinze ans[64].

Mulhouse se trouve ainsi au milieu du gué. Elle n'est plus la ville sinistrée industriellement dont on parlait il y a quelques années, elle n'a pas non plus dépassé la crise. La crise et le renouvellement, le déclin et la recomposition coexistent.

Ce qui crée une situation nouvelle en matière d'emploi. Le nombre de chômeurs diminue à partir de 1985, passant de 13 % à 9 % dans la ville et de 10 % à 7,4 % dans l'agglomération[65]. Et, simultanément, le décalage grandit entre l'offre et la demande : alors qu'il subsiste 7 à 9 % de chômeurs aux qualifications inadaptées, les entreprises sont confrontées à une pénurie de main-d'œuvre qualifiée[66] — accentuée par le phénomène du travail frontalier, 3 000 Mulhousiens choisissant de travailler en Suisse ou en Allemagne, attirés par les salaires qu'ils y trouvent[67]. Derrière l'amélioration réelle de l'emploi, une dualisation se dessine, entre un monde qualifié qui prend sa place dans le mouvement de restructuration industrielle et des catégories sous-formées qui restent à ses marges et basculent dans la précarité[68]. Ce phénomène s'observe particulièrement bien dans le paysage urbain et dans l'habitat.

2. *La crise urbaine et l'immigration*

Sur les 47 000 logements existants en 1982, un peu plus de la moitié seulement étaient équipés des trois « indices de confort » définis par l'INSEE (chauffage central, salle d'eau, w.-c. à l'intérieur du logement), 20 000 manquaient d'au moins l'un d'entre eux, 6 700 n'en avaient aucun. La dégradation vaut aussi pour l'état du logement (taille, isolation thermique, insonorisation, etc.), pour l'environnement (état des immeubles et cadre de vie, équipements de quartier, etc.)[69]. Les situations critiques se concentrent dans une large boucle entourant le centre ville, constituée de logements appartenant à des propriétaires privés, et dans le parc de logements sociaux situés à l'est et au nord de la ville.

Dans ces situations, on note une tendance accrue à la

précarisation, ainsi qu'à la déstructuration de la famille : le nombre de personnes seules a considérablement augmenté (+ 69 % en vingt ans), le nombre de familles monoparentales a connu lui aussi une poussée très forte (+ 50 %), de même que le nombre de divorces (+ 30 % sur cinq ans).

On observe également d'importantes transformations concernant la composante immigrée de la population, qui a fortement progressé dans un premier temps (entre 1968 et 1975), avant de se stabiliser puis de diminuer légèrement ces quinze dernières années, le nombre d'immigrés recensés étant d'un peu plus de 20 000 personnes aujourd'hui [70].

Les trois communautés les plus nombreuses actuellement sont les communautés algérienne, marocaine et turque. Les deux premières correspondent à une immigration relativement ancienne : celle des années soixante surtout, constituée avec (et autour de) Peugeot. La présence de la communauté turque, plus récente, représente un changement dont la réalité tient moins au nombre (elle représente 2 % environ de la population totale) qu'à sa forte visibilité. Par ailleurs, les mouvements internes à la population immigrée (départs et arrivées souvent liés au regroupement familial) se traduisent par une progression sensible de la population jeune. En quinze ans, la population scolaire immigrée est passée de 15 à 30 % alors que, dans le même temps, la population scolaire totale a diminué de 15 %.

La ville a perdu 4,2 % de sa population en huit ans, la périphérie, elle, a progressé de près de 6 % [71]. Pour la première fois de son histoire, la population de la ville-centre devient moins importante que celle de l'ensemble qui logiquement devrait en être satellite, et qui compte en tout 115 000 habitants. Ce qui donne un relief particulier au phénomène et frappe les imaginations. Cette évolution est essentiellement le fait de couches moyennes ou supérieures à la recherche d'un meilleur cadre de vie. La périphérie devient résidentielle et tend à s'homogénéiser socialement, alors que la ville-centre rassemble les catégories les plus populaires ou les plus démunies, et notamment 80 % de la population immigrée vivant dans l'agglomération.

Les populations les plus défavorisées restent en effet dans la ville et tendent à se regrouper dans certains quartiers ou secteurs, îlots parfois, caractérisés par la pauvreté et la dégradation urbaine et sociale. Il en est ainsi, notamment, avec le quartier de Bourtzwiller, un village rattaché à la ville dans les années trente et dont une partie a été constituée d'emblée en ghetto – ethnique et social. Le vieux Bourtzwiller est resté en l'état, habité exclusivement par d'anciennes populations mulhousiennes. Mais une autre partie du quartier a été constituée comme telle avec la construction de logements sociaux, à l'emplacement de forêts qui ont été arasées pour l'occasion : une cité d'urgence tout d'abord (l'Armistice), construite pour loger des ferrailleurs et des vanniers qui occupaient un secteur proche du centre ville et que la municipalité voulait déplacer, puis des cités HLM (Brossolette), construites dans les années soixante pour accueillir des harkis rapatriés d'Algérie et, plus tard, les ouvriers maghrébins recrutés par Peugeot. Dégradation matérielle, forte proportion de chômeurs, de familles vivant uniquement de l'aide sociale, précarité des jeunes, formation de bandes décrites comme très agressives (qui adoptent le nom de leur rue : il y a la « Brossolette », la « Rochelle », la « Bordeaux ») : la déstructuration sociale, combattue depuis 1989 par des mesures sociales accompagnant une opération de DSQ, tend ici à prendre un caractère endémique — elle rejaillit sur la scolarité des enfants, les commerces ferment en raison du climat social et des faibles ressources des habitants, les cafés sont très peu nombreux, les équipements qui ne fonctionnent plus ne sont pas remplacés, etc.

En dehors de Bourtzwiller, on constate la formation de « poches » dans les quartiers anciens ou dans certaines HLM[72].

C'est une sorte de spirale qui se dessine ici. La mauvaise qualité du logement et de l'environnement urbain et les premiers signes de dégradation sociale incitent en effet au départ ceux qui en ont la possibilité matérielle ou qui en imaginent la possibilité. Restent sur place ceux qui n'ont pas les moyens de chercher mieux, tandis que le quartier attire les populations les plus démunies, françaises et immigrées, parce que les loyers y sont très faibles. La présence de ces populations incite les propriétaires privés à refuser d'investir dans la rénovation ou la remise aux normes des immeubles, de sorte que la dégradation du logement s'accentue et, avec elle, les phénomènes de fuite hors du quartier « pourri », etc.

Au bout de cette spirale, la population est mélangée sur le plan ethnique, selon des modalités variables : dans les HLM de la cité Jean-Wagner, par exemple, la population immigrée d'origine maghrébine constitue 20 % de la population totale ; dans celles du Nouveau-Drouot, 50 % ; dans le quartier Papin, où l'immigration est d'origine turque, le mouvement de regroupement par nationalité est en cours depuis quelques années. Le chômage est fréquent, le niveau de formation est très faible, l'illettrisme n'est pas exceptionnel, le nombre de familles monoparentales est élevé. Simultanément, la vie collective disparaît de ces quartiers — la vie associative, notamment, qui se défait avec le départ des couches moyennes qui en étaient souvent les animateurs.

Ces changements et les problèmes sociaux qui leur sont liés se retrouvent dans le domaine scolaire [73].

La particularité, ici, est qu'à Mulhouse la ségrégation passe essentiellement par l'inscription dans le secteur privé, dont la composition ethnique est quasi homogène, les enfants de l'immigration n'y accédant que de façon exceptionnelle [74]. Le choix du secteur privé revêt par ailleurs une signification particulière en Alsace dans la mesure où le Concordat fait une place aux cours de religions dans les écoles publiques : ce choix ne peut s'expliquer par la volonté de donner une éducation religieuse aux enfants, et s'il intègre, comme ailleurs, des considérations relatives à la qualité de l'enseignement et à ses résultats, il apparaît de fait comme le lieu privilégié de la partition scolaire.

Sur chacun de ces problèmes, la municipalité élue en 1989 a engagé un travail d'ampleur : politique volontaire en matière industrielle ; politique de réhabilitation urbaine qui passe par un élargissement des opérations DSQ et par la création de régies de quartier ; dialogue avec les partenaires, publics et privés, du système scolaire afin de remédier à la situation existante ; mesures aussi visant à favoriser l'intégration. Mais ces politiques sont trop récentes encore pour avoir inversé les tendances existantes et, paradoxalement, elles accentuent parfois le sentiment d'instabilité que font naître les changements actuels et l'aspect d'une ville aujourd'hui en chantier.

3. L'instabilité

Pour de nombreux Mulhousiens, le quartier était un « village », organisé autour de l'usine et du travail, et caractérisé surtout par des formes de solidarité, d'entraide, de relations au jour le jour qui procédaient de sa réalité ouvrière et qui disparaissent. Le mouvement associatif, issu ou non de l'action syndicale, avait une influence et une capacité d'action importantes, qui s'affaiblissent aujourd'hui, disparaissant même de certains quartiers. Les « villages » s'organisaient également autour de la paroisse — autre pôle, tant pour la pratique religieuse que pour diverses activités qui prenaient forme dans sa mouvance (associations de théâtre, de musique, de sport, etc.). La paroisse cesse de jouer ce rôle et, plus largement, les identifications confessionnelles tendent à s'estomper, de même que les clivages religieux où se distinguaient notamment le monde ouvrier, catholique, et les chefs d'entreprise, protestants[75]. Dans le même sens, la crise de la famille et les évolutions de la jeunesse sont ressenties de façon d'autant plus vives qu'elles représentent un ébranlement de modes de vie très structurés antérieurement, caractérisés parfois par l'image des trois K germaniques *(Küche, Kirch, Kinder)* et par les relations familiales qu'ils décrivent.

Dès lors, on rend compte avec nostalgie de la qualité de la vie sociale antérieure dans des quartiers où « les gens vivent maintenant enfermés chez eux avec leur chien » ou « dans l'isolement, repliés sur eux-mêmes » ; on constate qu'il est impossible de s'entendre pour faire quelque chose en commun. L'effacement des repères issus de la combinaison d'une culture industrielle et d'une identité communautaire produit un déficit accentué des capacités de communication.

Les rassemblements de jeunes dans le secteur piétonnier du centre ou le renouvellement des bandes qui ne se cantonnent plus à certains quartiers périphériques mais circulent désormais dans l'ensemble de la ville, et sous des formes elles-mêmes renouvelées (présence de filles — ce qui n'était pas le cas auparavant — ou apparition de punks), inquiètent et font naître un sentiment de brouillage, de flou. Des réactions contradictoires sont provoquées par les initiatives de réhabilitation, qui peuvent être dans un même mouvement réclamées ou jugées positives et décriées en raison de la gêne qu'elles produisent ou de la modification des habitudes qu'elles impliquent. Des tensions ou des conflits entre habitants apparaissent dans les secteurs qui sont l'objet de rénovation ou à l'issue de celle-ci. Enfin, le thème du bruit est omniprésent, « alors qu'il n'y a pas plus de bruit qu'avant, relève un responsable de centre social, mais probablement plus de sensibilité au bruit ».

Certes, Mulhouse n'a jamais cessé d'être en transformation ni même en chantier, depuis l'après-guerre en particulier. Émile Muller, le maire qui a dirigé la ville pendant vingt-cinq ans, était surnommé « le Bétonneur », en raison des travaux successifs d'aménagement et de réaménagement qu'il a réalisés. Mais ces transformations se déroulaient dans le climat d'optimisme et de confiance dans le progrès qui était celui des « trente glorieuses », alors qu'elles s'opèrent aujourd'hui dans un climat d'inquiétude, stimulé par la présence et la visibilité de l'immigration.

Jusqu'à ces dernières années, les populations immigrées vivaient pour l'essentiel aux frontières de Mulhouse, leur présence à l'intérieur de la ville restait limitée. Depuis quelque temps, les difficultés qu'elles rencontrent dans l'accès aux HLM[76] les conduisent à se déplacer vers certains quartiers proches du centre, ce qui leur confère une visibilité plus grande et nourrit les fantasmes d'« invasion » qui se font régulièrement entendre.

Deux lieux de culte musulman existent à Mulhouse, où le ramadan et la Fête du mouton sont deux moments forts, et le port du voile par des femmes de la communauté turque frappe d'autant plus qu'il apparaît au quotidien, et dans l'espace public. Par ailleurs, la communauté turque, plus que d'autres, donne une impression de dynamisme économique, avec ses entreprises (dans le bâtiment en particulier) qui emploient de façon quasi exclusive des membres de la communauté, ses commerces (magasins d'alimentation ou cafés). Les stands de commerçants maghrébins au marché central de Mulhouse — que les habitants désignent désormais par le terme de « souk » — ajoutent à l'inquiétude. L'image d'un monde étranger en train de se construire et de s'installer à Mulhouse est d'autant plus prégnante qu'elle se diffuse au moment où se défont les formes de relations sociales qui caractérisaient la ville jusqu'alors.

Depuis l'instauration du suffrage universel, la municipalité a toujours été dirigée par des laïcs et gouvernée le plus souvent sur un mode de gestion social-démocrate caractérisé surtout par la place accordée aux réalisations sociales. Une relative continuité marque la ville de ce point de vue, de même que le style des maires que l'on décrit comme « simples et proches des gens ».

Dans le passé, l'organisation socio-politique de la ville se constituait autour de trois pôles : des industriels protestants, un mouvement ouvrier catholique, un pouvoir municipal laïc. Le déclin du pouvoir économique protestant a modifié cette structuration et incité la municipalité à de plus en plus intervenir dans le champ du développement économique. Cette modification est intervenue dès l'époque d'Émile Muller, qui fut le principal artisan de l'installation des usines Peugeot à Mulhouse et d'une politique visant à attirer de nouvelles entreprises dans l'agglomération. Elle s'est poursuivie avec Joseph Klifa, son successeur, qui a favorisé notamment la création du Technopôle, puis avec Jean-Marie Bockel, élu en 1989.

La montée du Front national coïncide avec ces changements, dont elle est l'une des expressions. La poussée électorale apparaît aux européennes de 1984, et le FN atteint déjà un score de 19 % sur l'ensemble de la ville, chiffre plus important que sa moyenne nationale ; elle se confirme, sans plus, aux législatives de 1986, où il obtient 18 %, mais progresse de façon assez spectaculaire par la suite. Le FN atteint une moyenne de 25 % (entre 20 et 30 % selon les différents bureaux de vote) aux présidentielles de 1989[77], entre 20 et 25 % au premier tour des législatives de la même année et 15 % au second tour, entre 20 et 30 % à nouveau aux municipales de 1989.

Le Front national à Mulhouse ne constitue pas seulement une

réalité électorale, il compte dans la vie locale. Son audience provient manifestement de sa capacité à saisir et à orienter les différentes formes de malaise ou de peur qui s'expriment aujourd'hui. Le discours joue sur les registres habituels du lepénisme (l'invasion arabe, l'insécurité, la délinquance), il est outrancièrement raciste, et ce racisme cherche toujours à s'expliciter par des réalités locales. Le tract reproduit ci-après illustre bien le caractère extrême que prend la propagande et la façon dont elle se concrétise à travers des éléments qui forment le quotidien de la ville — en l'occurrence, le thème classique et efficace de l'aide sociale qui ne serait réservée qu'aux immigrés, et l'image surtout d'un conseil municipal où ne siégeraient, autour du maire Joseph Klifa, que des Maghrébins ou des Noirs, seuls l'huissier, c'est-à-dire le « subalterne », et les « survivants » étant blancs. De même, les événements ou les faits qui peuvent servir à étayer la propagande sont systématiquement utilisés. Ainsi, lors du carnaval de 1989, un groupe d'adolescents avait mis le feu à un char et un carnavalier allemand avait été gravement brûlé : dans ce groupe figurait un jeune Maghrébin dont le nom, comme celui de tout mineur concerné par une procédure judiciaire, ne devait pas être rendu public, et qui l'a été cependant par Gérard Freulet, le leader local du FN, ce qui donnait matière au discours sur l'insécurité liée à l'immigration — le tout s'énonçant au nom d'une identité mulhousienne à défendre.

Parallèlement, le FN paraît très présent sur le terrain. Il organise des réunions de quartier sous forme de « stammtisch » (terme qui désigne la table d'habitués dans le café du village), forme qui combine une connotation alsacienne et l'usage d'un relais d'information efficace. Il structure des réseaux informels qui permettent de faire circuler le discours et donnent par ailleurs à des gens isolés une possibilité de contacts et de relations. Il intervient sur des événements de la vie locale qui lui permettent, là encore, de saisir et d'orienter les peurs ou les frustrations qui s'expriment — par exemple en rendant visite aux populations concernées par les faits de délinquance, les vols, les incidents de voisinage relatés dans la presse locale. Ainsi, lorsqu'il s'est dit qu'un centre culturel et cultuel islamique allait s'ouvrir dans le quartier de la Cité, les militants du FN, à travers

Du côté... de l'Algérie

Madame Adjani, grande vedette du cinéma français, a dit sur des tréteaux à Alger en haranguant la foule au lendemain des massacres d'enfants par l'armée algérienne : «Je veux que la jeunesse française vous soutienne et qu'elle soit indifférente aux intérêts économiques français, dont je n'ai rien à faire».

Elle oublie, Madame Adjani, que «les intérêts de l'Etat français» sont peut-être les intérêts du peuple français, de ce peuple français dont elle fait partie par accident et qui la fait somptueusement bouffer

Alors, si elle se souvient qu'elle est algérienne par son père, qu'elle se souvienne aussi qu'elle est française par sa mère. Cracher dans la soupe maternelle n'a jamais été estimable. Et si Madame Adjani se sent plus algérienne que française, qu'elle aille se battre à Alger pour défendre la Démocratie et qu'elle ne nous emmerde plus

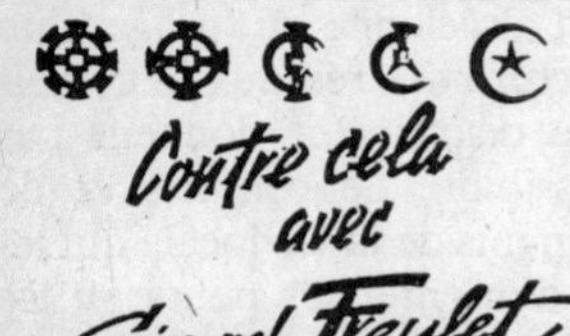

AVEC LE SOUTIEN DU FRONT NATIONAL 28 RUE DU SAUVAGE · 68100 MULHOUSE · Tél 89 46 68 90

RC Mulhouse B 317 [illegible]

les pétitions de protestation et les réunions d'habitants ou de commerçants du quartier, ont cherché non pas à faire monter, mais plutôt à organiser et à canaliser les fantasmes, la peur et le climat de haine raciale.

2. Une intervention sociologique

A Mulhouse, les chercheurs ont constitué un groupe où se rejoignent, au départ, une dizaine de participants venus de plusieurs quartiers et de milieux sociaux plutôt populaires.

Mme Schneider vient de Bourtzwiller. Catholique pratiquante, retraitée, elle collabore à différentes associations de quartier. Nous l'avons entendue, dans le passé, tenir des propos extrêmement violents où se mêlaient l'exaspération à l'égard des immigrés et le sentiment profond d'une crise de l'ordre et de la culture. Elle est accompagnée par son mari, qui n'interviendra pratiquement pas dans les débats du groupe.

Mme Brun vient du même quartier et est également retraitée. Elle habite à proximité immédiate d'un ensemble particulièrement dégradé.

Mme Dorf vient du quartier de la Cité, où elle vit en maison individuelle, avec son mari et leur fille unique. Elle est secrétaire dans une entreprise du secteur tertiaire, et oscille constamment entre un discours plutôt humaniste et une critique plutôt vive de l'immigration.

Mme Blin est mère de famille nombreuse ; cette femme de condition modeste habite dans un logement ancien du quartier Papin. Elle travaille à temps partiel pour une entreprise de nettoyage. Elle s'exprime en véritables explosions, où se conjuguent la description d'une injustice sociale et le ressentiment vis-à-vis des immigrés. Plus que d'autres dans le groupe, elle affiche son identité alsacienne.

Sa fille, qui a la langue bien pendue, est élève d'un lycée technique ; elle fait des heures de ménage le matin, dans la même entreprise, avant de se rendre en classe.

M. Barrot était travailleur social, il est maintenant retraité. Il anime un comité de quartier et est très lié à sa paroisse. C'est un homme qui tient beaucoup à faire vivre son quartier de la Porte-du-Miroir et à y intégrer les immigrés, et notamment les jeunes.

M. Vlasic est originaire d'Europe centrale. Cet ouvrier de chantier, marié et père de famille, est logé dans une HLM récente et de bonne qualité, mais dans un îlot particulièrement difficile, coincé entre des usines plus ou moins abandonnées et des chantiers en construction d'immeubles d'habitation. Son propos est ouvertement et consciemment raciste.

M. Martin est un ouvrier d'industrie. Syndiqué dans son entreprise, il est aussi présent dans la vie associative de son quartier. Il vit dans une maison individuelle, où ses parents habitaient déjà, à « deux pas » de la mosquée. Il souffre de la dégradation et des changements qui affectent son environnement et, quand il se livre, critique fortement l'immigration.

A la différence du groupe de Roubaix, formé à partir de deux pôles géographiques et sociaux et de leurs comités de quartier, il y a dans le groupe de Mulhouse une assez grande diversité d'attitudes face à l'immigration. Les participants à la recherche ont tous été invités à l'issue d'entretiens individuels ayant fait apparaître chez eux soit un sentiment d'inquiétude, soit une forte exaspération, soit des préjugés racistes à l'égard des immigrés, soit encore le souci de mener une action de quartier prenant en charge les difficultés nées de la cohabitation avec des immigrés — du type : pétition pour obtenir la fermeture d'un débit de boissons bruyant dont le gérant, immigré, est dans l'illégalité constante, et qui est aussi un lieu de rencontre pour des immigrés.

Comme à Roubaix, il serait malvenu d'étiqueter d'emblée les membres du groupe, de les catégoriser comme racistes ; il s'agit au contraire d'observer et d'analyser le jeu de ces différentes composantes. Les participants ont accepté de s'engager dans une recherche qui leur donnera l'occasion de rencontrer divers interlocuteurs, mais aussi de réfléchir sur eux-mêmes ; ils ne sont pas nécessairement enfermés dans des discours et des positions irréductibles, mais au contraire susceptibles de bouger, de se distancier par rapport à eux-mêmes. C'est précisément cette virtualité de changement, et donc de passage à l'auto-analyse, qui donne son sens à l'intervention sociologique[78]. Les positions des uns et des autres ne sont pas ici une caractéristique définitive, essentielle, elles sont largement conditionnées dans leur expression par l'expérience vécue dans les quartiers, le travail, la cité, par la trajectoire sociale ou par la déstabilisation du mode de vie.

Dans la phase de préparation de cette intervention, les chercheurs ont connu bien des difficultés. Plusieurs personnes, au discours raciste bien plus dur et structuré que celui de la plupart des membres du groupe, nous ont reçus, mais soit ont décliné l'invitation à participer à la recherche, dont elles ne voyaient pas l'utilité — « ça ne sert à rien, on connaît le problème, on ne peut rien y faire » —, soit l'ont acceptée pour finalement hésiter et ne pas venir aux premières réunions.

Ce n'est donc pas dans la zone où le racisme est structuré fortement, ou dans celle où il accompagne un vif sentiment de peur et d'isolement, que se situe notre groupe, mais dans l'espace qui peut y conduire. Pouvons-nous faire prévaloir, grâce à notre méthode d'intervention, le point de vue de l'analyse, jusqu'à voir régresser le racisme au sein du groupe ? Ne sommes-nous pas, au contraire, dans un contexte où sa poussée est devenue irrésistible ?

1. Deux pôles

Le premier interlocuteur du groupe est le délégué régional du FAS, le Fonds d'action sociale. Il retrace l'histoire de l'institution à laquelle il appartient et apporte des précisions sur la convention qu'elle a récemment signée avec la Ville de Mulhouse, notamment pour l'accompagner dans sa politique de réhabilitation des quartiers. Et, d'emblée, le ton est donné :

Mme Blin : Moi j'ai l'impression que quand ils partent en vacances, ils reviennent toujours de plus en plus nombreux. Je vous dis une chose, il faut avoir une fiche d'hébergement pour venir trois mois, mais eux, ils viennent pour un mois et après ils restent.

MME SCHNEIDER : Quand j'entends dans un sermon à l'église qu'il y a 80 % d'étrangers au collège, qu'un enfant sur quatre ne parle pas le français... Alors là, je suis soufflée.

MME BLIN : Ils n'acceptent rien du tout, ils ont toujours leur sale tête. Ils sont de sales bêtes. Ils veulent pas accepter ce qu'on leur montre de faire.

DÉLÉGUÉ FAS : Vous avez le sentiment qu'on fait plus pour eux ?

MME BLIN : C'est la vérité.

MME DORF : Trop, c'est trop, c'est ça le problème. Il n'y a que ça.

FILLE BLIN : Là où j'habite, il y a des écoles qui acceptent très facilement les étrangers. N'importe quelle racaille y entre [...]. Je trouve qu'en France on devrait avoir plus de droits que les étrangers. Allez à la mairie, ou à l'aide sociale, vous verrez comment c'est. Que des Arabes !

M. VLASIC : Il faut les mettre ensemble, comme ça ils s'entre-tuent ensemble. Et ils ne nous emmerdent pas ailleurs. Comme à Soweto.

Mais des progrès ne sont-ils pas apportés par la rénovation du quartier ? En fait, dit la fille Blin, la réhabilitation ne change rien, « les gens sont toujours les mêmes, ceux qui ont sali sont toujours là ».

L'interlocuteur n'accepte pas ces propos, il rappelle qu'au début du siècle il se disait et s'écrivait pis encore, à propos des Polonais et des Italiens, qui se sont finalement intégrés. Mais, s'il est écouté, il n'est pas entendu, et la tension monte en même temps que se déploie le discours de la haine. M. Vlasic prétend qu'il suffit d'une famille arabe avec huit gosses dans une cage d'escalier, « eh bien, vous êtes foutus », il se dit heureux de ne pas posséder d'arme à feu, « sinon j'en aurais déjà bousillé quelques-uns » ; la fille Blin affirme qu'avant de vouloir intégrer « il faudrait les civiliser ». Mme Dorf explique que « le ghetto, c'est eux-mêmes qui le font ». M. Martin note que, dans son quartier, le problème, c'est les Turcs, « des gens comme ça ne s'intégreront jamais », et s'en prend à « ceux qui laissent faire » : la mairie, la police, ceux « qui parlent de la société plurielle, de l'aide aux étrangers. Mais il y a déjà assez de pauvres chez nous ». On parle d'un Alsacien dont « les Arabes ont violé la fille, et l'ont tuée », on évoque les « islamiques », le nouveau secrétaire d'État — « il est noir, ce n'est pas sa faute » —, l'argent des Turcs — dont on aimerait savoir l'origine.

Pourtant, ce déferlement n'empêche pas l'expression d'autres positions. M. Barrot, qui anime une association de quartier, s'efforce d'argumenter : dans le passé, le reproche de faire trop d'enfants s'appliquait à des familles françaises, comme la sienne ; et, surtout, son association marche bien, et il a été très impressionné par le règlement intérieur élaboré par des jeunes d'origine immigrée, à qui un local a été confié. Il note que le maire « fait des choses », que « ça change », et invite les participants à une fête où il y aura « une véritable dynamique inter-ethnique ». Mme Schneider, que les chercheurs avaient rencontrée près de deux ans auparavant au centre social de Bourtzwiller, a considérablement évolué. Cette femme, qui avait alors tenu des propos d'une rare violence au sujet des immigrés, raconte maintenant comment une fête « s'est très, très bien passée », avec « des Noirs, carrément des Noirs, des Arabes, ils ont fait de la pâtisserie, nous on a fait la nôtre, ils ont fait leur musique, nous la nôtre, ils ont chanté, nous on a chanté *Que notre Alsace est belle*, ils ont applaudi ». Si elle a changé de point de vue, ce n'est pas par hasard, c'est qu'aujourd'hui « les jeunes sont encadrés », que la Régie de quartier fonctionne, « très dynamique », et que les curés de son quartier, dont elle disait pis que pendre, ont su la convaincre : « ils louent la salle paroissiale aux Arabes, il y a deux ans je ne comprenais pas, maintenant je comprends ».

Ainsi, dès la première rencontre, le groupe semble se départager entre ceux qui ne croient pas à l'intégration de l'immigration, et tendent à fonctionner sur un mode raciste, et d'autres, plus optimistes, qui évoquent des expériences réussies ainsi que des projets de contact, de dialogue, de convivialité et d'action collective commune. Mais cette image appelle précision.

Le pôle sceptique et tenté par le racisme est en effet

manifestement le plus fort. Mme Blin et sa fille lui apportent une charge prolétarienne, l'expression d'un vif sentiment d'injustice sociale qui se retourne contre les Arabes. Mme Dorf ne cesse d'évoquer l'envahissement par de nouveaux conquérants : « on a le sentiment qu'ils veulent tout faire pour eux, nous envahir ». M. Martin, plus accablé qu'exaspéré, donne l'image d'un homme réduit à l'impuissance, isolé dans un quartier où « tout est mort », où il est « impossible de faire quelque chose » et où « personne ne fait rien », tandis que les immigrés « veulent nous éduquer, nous envahir ». Et surtout, ce pôle possède avec M. Vlasic une figure dure, solide comme un roc, dont le discours est structuré autour d'un racisme explicite et revendiqué. M. Vlasic a réponse à tout, son propos, presque toujours violemment raciste, n'en est pas moins apparemment calme et pondéré, et non sans humour, pour décrire les jeunes immigrés, dont le bruit serait insupportable, les Turcs, inassimilables selon lui, les Arabes, indécrottables : « il a craché par terre pendant vingt ans en Algérie, il va cracher ici pendant cinquante ans ». Son racisme ne s'arrête pas à l'idée d'une différence culturelle, il passe par des comparaisons avec le monde animal : « les rats, quand ils n'ont plus d'espace vital, ne font pas de petits. Mais un nègre, ou un Noir, ou un Arabe, un Indien du Bangladesh, ou je ne sais pas quoi, ils en font des dizaines ». Il en appelle à l'autodéfense collective, parle de « se mettre ensemble si on veut taper sur la gueule des bougnoules », et, puisqu'il est isolé dans son immeuble, il agit seul, par exemple en répandant de la graisse sur la pelouse pour dissuader les jeunes beurs de venir y jouer, ou en s'engageant physiquement : « j'en ai pris un par les cheveux, je lui ai cogné la tête et je lui ai dit : “ écoute, petit bougnoule... ” ». En ce début de recherche, la haine, la peur, le sentiment d'isolement, d'abandon et d'impuissance se conjuguent, et ne laissent qu'un espace réduit à ceux qui ne sont pas installés sur ce registre.

2. *Fléchissement*

Pourtant, avec les réunions suivantes, le discours raciste est affaibli, en même temps que s'affirment les enjeux sociaux de la vie urbaine et moderne. Cet infléchissement n'est pas pour autant linéaire ; il est plutôt hésitant, ou chaotique.

La composition du groupe a changé légèrement quand arrivent deux curés du quartier de Bourtzwiller, ceux, précisément, qui ont contribué à l'évolution de Mme Schneider. Mme Blin et sa fille ne sont plus là, elles ont le sentiment que la recherche ne peut rien apporter à la résolution de problèmes qu'elles connaissent parfaitement. Mais par contre Mme Brun est présente, venue elle aussi de Bourtzwiller.

Les deux hommes d'Eglise sont de fervents partisans du dialogue entre chrétiens et musulmans. Ils sont aussi, et avant tout, préoccupés par la dualisation de la société française et par les phénomènes d'exclusion, ils participent activement à la politique de réhabilitation de leur quartier et en appellent aux chrétiens pour qu'ils « mettent la main à la pâte » et contribuent sur le terrain à la « coordination de tous les acteurs ». Leur attitude est ferme et, dès les premiers échanges, ils demandent à Mme Brun, qui vient de critiquer « les Maghrébins », de ne pas généraliser — « certains Maghrébins ». Il faut discuter, expliquent-ils, prendre sur soi, se responsabiliser. Ce qui donne confiance à M. Barrot, qui reparle de son association avec optimisme, indique que le problème n'est pas celui de l'immigration, mais la formation, l'emploi et la communication à établir entre Français et étrangers. Mme Dorf, dans ce climat, atténue ses propos antérieurs et note que les difficultés concernent aussi bien les immigrés que les Français. Elle n'est pas hostile à l'idée d'intégration, elle est même disposée à faire des efforts, mais « on a parfois l'impression que ce qu'on fait ne sert à rien, donc on se décourage et on dit : tant pis ». Les curés remettent à sa place M. Vlasic, qui reproche maintenant aux Arabes de pratiquer le rap, « alors qu'ils devraient se rassembler à nous » ; ils lui indiquent, exemples à l'appui, que la culture française doit beaucoup à la culture américaine, et ils savent apaiser Mme Dorf quand elle s'indigne non pas parce qu'ils prêtent la salle paroissiale aux Arabes, mais parce qu'ils tolèrent que les Arabes y fassent du bruit pendant la messe : « ils font *oah, oah, oah*, au milieu de la communion ». Certes, M. Vlasic est inébranlable et s'autorise même une critique du christianisme, qui a produit l'Inquisition, les croisades, une violence « comparable à celle du communisme » ; il ricane quand M. Barrot propose qu'on arrête l'immigration et qu'on aide les pays sous-développés, et évoque alors Bokassa et la croissance démographique au Nigeria. Mais le ton a changé dans le groupe, l'emprise du pôle raciste n'est plus si tranchée.

La rencontre suivante, avec quatre jeunes issus de l'immigration, confirme cette évolution. Ces invités décrivent d'abord le vide social dans leur quartier, le manque d'activités, d'argent pour sortir aussi, et l'un d'entre eux, non sans hésitation, évoque « des petits problèmes, par exemple avec monsieur ». Celui qui est ainsi désigné est précisément M. Vlasic, qui fait alors à nouveau état de ses griefs : le bruit, qui l'oblige à maintenir les fenêtres fermées en pleine chaleur, les portes de garage forcées, les vols de sacs à main, la transformation de l'espace vert en terrain de football, l'image de la drogue sous ses yeux, la saleté. Mais tout n'est pas si simple.

> UN JEUNE : Bien avant qu'il y ait l'espace vert, il y avait une grande place. Et qu'est-ce qu'il y avait sur cette place ? Eh bien, il y avait tous les jeunes du quartier qui se rencontraient. Et nous, on a toujours eu la coutume de jouer là dès qu'on était petits. Maintenant, qu'est-ce qu'ils vont faire, les jeunes ?
> M. VLASIC : Quand ils chuchotent la nuit, on les entend... On dirait qu'on est dans un amphithéâtre grec. Mais ils ne font pas que ça. Ils se piquent dans les garages. Moi j'ai appris à faire un joint parce qu'ils le font souvent devant ma fenêtre. Et quand le soir, il y a neuf jeunes qui hurlent et qui rigolent en même temps, bon, qu'est-ce qu'on fait ?
> 2e JEUNE : Sur ma rue, il y a un resto, avec une terrasse, tous les jours il y a du bruit.
> M. VLASIC : Le bruit, le bruit. Ils viennent jouer devant nous, et bien sûr, ils vont pas s'empêcher de pisser devant nous, dans les escaliers.

3e JEUNE : Écoutez, je vous rappelle que quand on jouait au foot devant vous, vous nous traitiez de “ sale race ”. Et pourtant, on était plusieurs, et il y avait des Français parmi nous. En plus, je pense que vous n’êtes pas français d’origine… vous êtes comme nous, quoi ! Et il y a des jeunes qui sont plus français que vous et qui jouent avec nous.
M. VLASIC : Moi, quand j’étais jeune, j’allais pas foutre la merde ailleurs. Je jouais chez moi.
3e JEUNE : Mais dès le premier contact, vous nous avez traité de “ sale race ” !
2e JEUNE : Je crois qu’en fait le bruit, c’est un prétexte. Le problème, c’est l’origine des jeunes.

L’image d’un dialogue impossible se précise, ce qui étonne Mme Schneider : « ce ne serait pas plus facile, demande-t-elle aux jeunes, d’aller voir ce monsieur ? », tandis que Mme Dorf, qui affirme connaître les mêmes difficultés que M. Vlasic, en appelle à plus de compréhension de la part de ces jeunes : « il faut que vous compreniez aussi les autres ». Mais la communication est impensable et les invités, tout en insistant sur le racisme premier de M. Vlasic, reconnaissent qu’ils ont leur rôle dans la spirale des tensions : « vraiment, moi, j’étais content de faire le bruit devant lui ».

Les jeunes d’origine immigrée n’ont pas isolé M. Vlasic. Mais ils ont marqué ce qui le distingue de ceux qui en sont proches. Chez lui, le racisme apporte un cadre idéologique d’interprétation de l’expérience vécue, alors que, chez d’autres, il vient, plus ou moins instable, conclure un processus d’exaspération, de peur ou de sentiment d’impuissance. C’est pourquoi Mme Dorf est capable d’étonnement ; elle sait tenir compte d’informations nouvelles — comme celles sur l’islam, qui sont fournies par les jeunes invités en fin de réunion lorsqu’ils signalent que « dans notre quartier, il n’y a personne qui prie, et juste quelques camarades qui font le ramadan » : « donc ce n’est pas vraiment un problème », dit-elle alors. M. Vlasic ne bouge pas, rien ne l’ébranle dans ses positions, alors que d’autres sont susceptibles de modifier leurs opinions.

Ce constat est fait par Mme Dorf elle-même à l’occasion de la rencontre suivante, avec un journaliste de la télévision régionale qui, après avoir décrit les conditions de travail dans sa chaîne, regrette le manque de « retour » et plus généralement le fait que « les gens ont peur de s'exprimer ». M. Vlasic, en effet, déclare ne pas avoir ce « complexe », et se dit prêt à parler publiquement des Turcs ou des Arabes, et Mme Dorf note qu'« il reste toujours sur ses positions. Ce n'est peut-être pas ce qu'il faut, mais au moins, il croit à son truc ». Beaucoup pensent comme lui, précise-t-elle, bien peu ont son courage.

Mais le débat avec le journaliste la conduit, une fois de plus, à prendre une certaine distance. Elle est sensible à ce qu'explique l'invité, qui montre comment certains reportages, par exemple sur l'islam en France, donnent une image excessive de la réalité, l'impression qu'« on n'est plus en France », elle comprend bien que cela crée une excitation ou des tensions non fondées. Et si, au cours de cette rencontre, Mme Brun s'affirme proche des positions de M. Vlasic, en dénonçant notamment le soutien unilatéral des *media* à l'antiracisme, incarné à ses yeux par Harlem Désir, Mme Dorf, par contre, s'en écarte à plusieurs reprises, affirmant même qu'« ici, personne n'est raciste », et racontant comment, en dialoguant avec un jeune « Maghrébien » qui lançait des pierres, elle a su le faire évoluer, éviter la montée aux extrêmes qui s'esquissait près de chez elle.

A ce stade de la recherche, il semble bien qu'un début de différenciation interne se soit produit dans le groupe. Le pôle dominant, lourd d'une thématique raciste, est en fait composé d'un noyau dur : M. Vlasic, que d'autres participants (notamment Mme Brun et M. Martin) rejoignent à bien des égards, mais dont ils peuvent aussi s'écarter plus ou moins. Quant à ceux qui croient l'intégration des immigrés possible (M. Barrot, Mme Schneider), ils ont pu affermir leurs positions, en appeler à plus de dialogue avec les immigrés, ou à plus de prudence de la part des *media* — qui trop souvent selon eux jettent de l'huile sur le feu, ne serait-ce qu'en donnant la parole à chaud à des gens « qui disent n'importe quoi sous le coup de la colère ».

3. *L'instabilité des discours*

Le groupe de recherche est maintenant à mi-parcours et les chercheurs, prenant acte d'une défection supplémentaire — celle de Mme Schneider —, le renforcent en invitant quatre nouveaux membres. M. Meyer vient de Wolf, M. et Mme Muller et Mme Lasserre participent à l'action de quartier animée par M. Barrot, et tous quatre, compte tenu du contenu d'entretiens individuels antérieurs, devraient donner plus de poids aux positions les plus éloignées du racisme, telles que les incarne M. Vlasic, et relancer la dynamique du groupe.

La rencontre avec un élu municipal, M. Freyburger, en charge de la politique des quartiers, va-t-elle favoriser ce rééquilibrage ? L'interlocuteur est un homme de conviction autant qu'un responsable particulièrement actif et présent sur le terrain. Il décrit l'action municipale, et en particulier les efforts fournis pour aider les immigrés à s'intégrer sans broyer leurs particularismes culturels, mais au contraire en s'appuyant dessus : mettre des livres turcs dans une bibliothèque publique, explique-t-il, c'est habituer la population turque à fréquenter les bibliothèques ; faciliter l'ouverture d'une mosquée, c'est couper l'herbe sous les pieds des islamistes intégristes, etc.

Le propos est ferme, cohérent, et pourtant il exerce sur le groupe des effets surprenants. Dans un premier temps, l'interlocuteur n'entraîne que le plus grand scepticisme. Il décrit les projets relatifs au quartier de Mme Brun, qui s'inquiète de « tout voir sans cesse détruit par les immigrés » : un bâtiment va accueillir des salles de réunion, un lieu de rencontre pour les jeunes en quête d'emploi, un salon de thé, une blanchisserie, une épicerie — il n'y aura pas de boucherie pour ne pas avoir à trancher entre les partisans de la viande *hallal* et les autres. « C'est un pari, l'important, c'est que le quartier s'y retrouve. » De même, à Wolf, un projet prévoit une bibliothèque de quartier, et surtout des commerces. Mais Mme Brun n'est pas satisfaite. D'une part, elle craint « que ce soit à nouveau surtout des immigrés qui vont en profiter, les autres vont rester en retrait ». Et, d'autre part, elle rappelle que le magasin SUMA et une buvette ont dû fermer : « c'est toujours le même problème, ils cassaient tout », et il n'y a aucune raison pour que cela cesse. Le scepticisme monte dans le groupe, et en même temps l'exaspération.

> MME DORF : Il faut limiter l'immigration. Moi, j'ai rien contre les Turcs, mais bon, ils se regroupent... A la Cité, on fait un tas de choses, eh bien, ils ne viennent pas, ça ne les intéresse pas. Leur culture, c'est la leur, mais la nôtre, elle ne les intéresse pas. C'est bien beau d'essayer de toujours les défendre, de dire que nous, il faut qu'on fasse des efforts, mais eux aussi ils doivent en faire.
> M. FREYBURGER : Parce que vous avez l'impression qu'on passe notre temps à les défendre ?
> MME DORF : Je ne parle pas de vous, je parle en général, de la France.
> MME MULLER : C'est vrai que les populations turques ne cherchent pas du tout à s'intégrer. Je crois que je suis la seule du quartier à pouvoir rentrer dans le milieu kurde. Leur souci principal, c'est d'amasser un maximum d'argent, un pécule pour le jour où ils rentreront sur le plateau d'Anatolie.
> MME DORF : En plus, les Turcs, l'argent, ça tourne entre eux, ça ne tourne pas ailleurs.

Plus on avance vers des descriptions concrètes, et plus les projets de l'interlocuteur semblent fragiles. M. Barrot critique les statistiques des étrangers — « on ne compte pas les gens qui ont eu la nationalité française, et il y en a beaucoup, et ils ne sont absolument pas intégrés » —, il voudrait maintenant des critères plus exigeants en matière de nationalité, « un minimum de connaissance de la langue, mais aussi de l'histoire » ; il s'étonne : on autorise certains à faire leur service militaire ailleurs, même après qu'ils eurent pris la nationalité française.

Mme Muller critique le regroupement familial, et M. Martin affirme à l'invité : « vous n'intégrerez jamais les Turcs ». Longtemps silencieux, M. Martin est maintenant prolixe et se fixe sur un problème très précis que lui pose un boulanger turc venant livrer son pain le dimanche, au mépris de la loi — « il vous regarde d'un air dédaigneux. Ils nous font chier toute la journée. La loi en France, c'est pour tout le monde, ou alors on prend sa mitraillette et on fait sa loi. Parce que si eux, ils veulent casser des quartiers, nous, on peut défendre nos quartiers ».

Dans cette atmosphère, M. Barrot, mal à l'aise, oscille et s'éloigne de ses positions antérieures. Lui qui prônait la rencontre entre Français et immigrés, le « dynamisme inter-ethnique », s'interroge maintenant sur la compatibilité de l'islam et de l'intégration — « l'islam ne colle pas à l'époque actuelle » —, il est inquiet : « le problème, c'est le mélange religion-politique, c'est la mosquée, et j'ai peur de ce mélange pour échauffer les gens ».

M. Meyer, auparavant homme de dialogue et d'ouverture, fait savoir que son beau-père est musulman et dénonce la fermeture de l'islam : « Essayez d'aller à La Mecque ! »

Un climat populiste s'instaure ainsi, montrant la fragilité du pôle favorable à l'intégration. L'invité choisit alors de prendre le taureau par les cornes. Il est faux, dit-il, de dire qu'on en fait plus, ou trop, pour les immigrés, c'est faux s'il s'agit du logement social, c'est faux en matière d'aide sociale — et il aligne quelques chiffres qui étayent ces affirmations. M. Vlasic sent bien qu'il lui faut intervenir, contrer l'interlocuteur.

> M. Freyburger : Il faut dire que les enfants issus de l'immigration constituent le renouvellement des générations. Sans ces enfants-là, la ville serait beaucoup plus vieille.
> *(Brouhaha).*
> M. Vlasic : De l'autre côté de la mer, il y a encore de la réserve qui va venir.
> M. Meyer : Moi aussi, je peux faire des gosses ! Mais qu'ils me donnent la bouffe qui va avec, l'argent.
> M. Vlasic : Je ne sais pas si je peux compter sur le jeune Maghrébin pour payer ma retraite. Lui, il va être chômeur professionnel, et soi-disant, il va me payer ma retraite ! C'est comme tous ceux qui cassent dans la banlieue parisienne, on peut pas compter sur eux, ce sont des Français, bon, déguisés.

M. Vlasic ne s'arrête pas là. Il ridiculise un exemple de réussite dans l'intégration cité par l'interlocuteur : « c'est quel pourcentage, 1 %, 2 % ? ». Mais son entrée en scène ne suffit pas à enrayer le léger mouvement induit dans le groupe par les propos fermes et démonstratifs de son invité. Mme Dorf, en effet, fait machine arrière, reconnaît des immigrés qu'« on ne les traite pas mieux... ». Mme Muller affirme maintenant qu'il faut éduquer les parents, expliquer. M. Barrot parle d'assurer la formation professionnelle des jeunes et de créer des passerelles avec les musulmans. M. Meyer suggère de prévoir des textes en arabe dans la presse. Mme Dorf dit qu'elle « veut bien faire quelque chose ». M. Martin propose de « commencer par les femmes, leur enlever le voile ». Et si ses propos sont musclés — « faut pas y aller par quatre chemins, ces gens-là, plus on leur fait du bien, plus ils se foutent de notre gueule » —, ils n'en expriment pas moins la reconnaissance, nouvelle chez lui, d'une possibilité d'intégrer l'immigration : « c'est l'éducation des parents qu'il faut faire, dit-il lui aussi, avec d'abord les femmes. L'intégration, elle ne se fera que comme ça ».

Le climat a changé dans le groupe. Non seulement les plus optimistes, les plus ouverts à l'intégration se sont ressaisis après un dérapage vers des positions xénophobes, inquiètes ou vaguement racisantes, mais les plus pessimistes, les plus prompts à tenir le discours de la haine et de l'exaspération ont considérablement modifié leurs positions. M. Vlasic est isolé, ce qui ne l'empêche pas de maintenir le cap, de conclure qu'« avec du chien, on ne fait pas du lard », d'indiquer qu'il a déjà « été convoqué parce que je fais la chasse aux bougnoules », et de demander qu'on regroupe les Arabes autour d'une caserne de CRS, qu'on les dresse à coups de matraque, et... « tout le surplus, allez, on jette ».

Une telle séance est importante. Elle confirme la stabilité du discours raciste une fois qu'il est constitué en système idéologique, comme c'est le cas avec M. Vlasic. Elle indique aussi la relative instabilité des positions racistes, aussi longtemps qu'elles ne se sont pas cristallisées au niveau politico-idéologique et qu'elles demeurent informées par une expérience concrète au lieu de servir à l'interpréter. Elle indique, symétriquement, l'instabilité des positions de ceux qui, parce qu'ils ont quelque emprise sur le réel, une certaine capacité ou volonté d'action collective ou de dialogue, échappent aux tentations du populisme, voire du racisme, tout en se situant sur le fil du rasoir. Le racisme populaire est instable, susceptible de constantes variations conjoncturelles. Mais cette instabilité ne doit pas masquer la ligne de pente générale.

4. Nouvelle poussée

Le groupe n'a plus que deux invités à recevoir avant la séance finale où les chercheurs l'engageront à s'auto-analyser. L'avant-dernier interlocuteur est un gradé de la police nationale, qui rend compte d'une étude statistique. Les chiffres qu'il indique marquent une diminution de la délinquance sur Mulhouse, mais aussi un fort pourcentage d'immigrés et d'étrangers. Selon lui, les Maghrébins sont plus « chahuteurs, agressifs » que proprement délinquants, « ils créent à leur encontre ce sentiment sans fait de délinquance ». Ce qui entraîne dans le groupe diverses considérations sur la différence culturelle, l'agressivité des Turcs et des Maghrébins, ou la « discrétion » des Asiatiques, et l'appel à l'instauration d'un rapport de force : « il semble que ce soit inscrit dans la culture ou dans la génétique de ces populations : lorsqu'on a réussi à instaurer la domination, il n'y a plus de problème et ça, je crois que le beur cherche cela ».

De façon inattendue, le groupe ne se plaint pas des défaillances de la police ou de sa lenteur à intervenir ; il profite plutôt de la présence de l'interlocuteur pour commencer à mieux se réinstaller, à nouveau, sur des positions de rejet. M. Martin signale que les Turcs et les Arabes sont racistes, Mme Dorf revient sur l'idée qu'« ils » n'ont aucune envie de faire des efforts. Ce mouvement se précise avec la venue du dernier invité, M. Klifa, ancien maire de Mulhouse.

Joseph Klifa est véritablement apparu sur la scène politique mulhousienne en 1981, lorsque Émile Muller a démissionné et l'a désigné pour lui succéder. Dès la réunion du conseil municipal qui devait élire le nouveau maire, des réactions racistes sont apparues, l'un des conseillers estimant qu'il fallait opposer une « candidature alsacienne » à celle de Joseph Klifa, juif, pied-noir et originaire de Mascara. Aux élections municipales suivantes (1983), la composante la plus à droite de l'« entente municipale » a formé une liste séparée, s'est présentée contre lui et a mené une campagne haineuse et ouvertement raciste, s'affirmant comme « la vraie voix de Mulhouse », faisant placarder des autocollants où, en alsacien, son candidat se posait en « Mulhousien authentique », etc. Cette liste n'est pas parvenue à devancer Joseph Klifa, qui fut confortablement élu — en raison, estiment beaucoup, du caractère outrancier de la campagne menée contre lui, et qui aurait finalement joué en sa faveur. Durant son mandat, Joseph Klifa a réalisé la plupart des projets qu'il avait annoncés : la mise en place du Technopôle, la restructuration du centre ville, le développement de l'université de Haute-Alsace, le début de réhabilitation des quartiers dégradés. Mais il a contre lui sa personnalité : « un côté dur, cassant », dit-on, qui a, dans un premier temps, milité en sa faveur (« c'était l'idée qu'il allait serrer les vis et les boulons ») et va de pair avec un côté « homme de dossiers, gestionnaire efficace mais enfermé dans sa tour d'ivoire » ; il a peu de relations directes avec la population et a rompu, de fait, avec le style des maires précédents. Les attaques racistes n'ont pas cessé durant son mandat et, la montée du Front national aidant, ont rencontré en 1988 plus d'écho qu'en 1983. Ces attaques n'étaient pas antisémites, ou du moins pas ouvertement : elles le désignaient comme arabe et non comme juif, et ont fait de lui Ahmed ben Klifa, personnage qui serait à la fois juif et arabe, sémite au sens strict du terme.

Battu par Jean-Marie Bockel aux législatives de 1988 où le candidat du FN s'est maintenu au second tour, Joseph Klifa l'a été une seconde fois lors des municipales de 1989. Le « moment Klifa » correspond à un moment de passage pour la ville, et de conscience des changements qui la traversent, y compris sous la forme de manifestations de racisme. Il n'est pas possible d'évaluer la part exacte de ces manifestations dans sa défaite, mais il est clair qu'elles en sont partie prenante.

Avec lui, les membres du groupe tombent rapidement d'accord sur le fait qu'il y a trop d'immigrés à Mulhouse, mais qu'« on n'a pas le courage de le dire » — en dehors du Front national, dont l'invité considère qu'il n'apporte aucune solution.

Et, face à cet homme pourtant raisonnable qui décrit comment, quand il était maire, « on mettait les gens en observation avant de leur fournir un logement », et qui ne peut être soupçonné de la moindre tentation raciste, le discours de la peur et du ressentiment l'emporte chez la plupart des participants. M. Barrot se dit gêné par les immigrés « qui viennent en France avec des visas touristiques » et restent en France, il parle de « seuil d'assimilation » pour les classes à trop fort taux d'enfants immigrés. M. Muller évoque avec envie la Suisse voisine, qui « jette en France » ceux dont elle n'a pas besoin. Mme Dorf s'oppose à M. Klifa, qui se réjouit de l'apport d'autres cultures à la culture locale : « mais eux [les immigrés], ils ne viennent pas manger alsacien, ils ne participent pas aux activités, ils viennent ici pour gagner leurs sous, le reste ne les intéresse pas ». M. Martin, qui s'est déjà plaint d'un boulanger turc ne respectant pas la réglementation, ajoute un élément supplémentaire : « chez ces Turcs, il n'y a pas de contrôle d'hygiène, on a peur de les contrôler... ». Quant à M. Vlasic, il demeure égal à lui-même.

Oscillation, nouvelle expression de l'instabilité générale du groupe ? En fait, il semble bien que non, car, désormais, le groupe ne bouge plus guère, et la dernière séance, malgré tous les efforts des chercheurs, marque bien une affirmation ou une stabilisation du discours raciste.

Cette séance fermée, sans interlocuteur, est d'abord l'occasion d'un retour sur l'expérience passée du groupe. Manifestement, la rencontre décisive a été celle avec M. Freyburger. Cet invité est maintenant décrit comme un naïf, et on est au plus loin des positions relativement ouvertes qu'il avait su renforcer ou faire accepter. Le scepticisme est massif — « il aura beaucoup de déconvenues » — et, après quelques remarques sur les hommes politiques qui « ne vivent pas sur place, ils ne peuvent pas voir ce qui ne va pas », le discours de la haine, de l'exaspération et de l'impuissance refait son apparition autour des thèmes devenus plus ou moins classiques — le bruit, les enfants non éduqués, les ressources mystérieuses des Kurdes, etc.

Mais les chercheurs ne l'entendent pas ainsi, et ils proposent au groupe de réfléchir plutôt sur lui-même, à partir d'une image assez simple. Le groupe n'est-il pas composé, en définitive, de trois types de participants : ceux qui croient que l'intégration des immigrés est possible, ceux qui sont perplexes, et ceux qui, n'y croyant pas, sont aussi les plus tentés par le racisme ? La question est de savoir comment on en arrive à ce dernier point de vue ; et les chercheurs avancent l'idée qu'il s'impose d'autant plus qu'on a le sentiment d'une décomposition de la vie sociale. Le rejet, expliquent-ils, ne procède pas tant de la nature ou de l'importance relative de l'immigration que de la déstructuration sociale et de la crise des modes de vie.

Cette idée suscite peu d'échos de la part du groupe, qui préfère perpétuer ses débats antérieurs, le pôle raciste revenant à la charge avec assurance. M. Vlasic, très en verve, évoque un immeuble en construction : « ça s'appelle Les Trois Fontaines, j'entends déjà les petites crevures clapoter dans les fontaines ». Il ne veut entendre parler ni d'apport culturel — « qu'est-ce qu'ils nous ont apporté, les Arabes, à part le couscous, les merguez et la marmaille ? » — ni de dialogue — « que les Arabes se mettent entre eux ». Il veut faire taire M. Barrot, qui n'aurait en fait aucun Maghrébin au comité de son association : « un, répond M. Barrot. — Oui, rétorque M. Vlasic, un commerçant qui y a intérêt matériel ». Mme Lasserre trouve intolérables les positions de M. Vlasic, mais sa voix ne porte pas. Mme Dorf refait part de son scepticisme. M. Martin annonce : « de toute façon, je ne ferai plus rien, je peux vous le dire, ils les ont fait venir, ils n'ont qu'à s'en occuper maintenant. Vous croyez qu'on va se mettre à genoux devant des gens comme ça ? ». Et la rencontre s'achève au plus loin de l'analyse, sur fond de doute et d'inquiétude pour la plupart, et dans le triomphe de M. Vlasic qui entraîne dans son sillage M. Martin, convaincu qu'« ils ne s'intégrent pas » et qu'« il faut les voir quand ils s'adressent à vous, ils sont comme des panthères ». « Revenez la prochaine fois, lance aux chercheurs M. Vlasic, il n'y aura plus de problèmes parce qu'on les aura tous exterminés. »

Par les thèmes qui alimentent son discours, le groupe de Mulhouse ressemble fort à celui de Roubaix. Mais cette ressemblance est superficielle. Les oscillations des participants, à Mulhouse, leur instabilité sont moins spectaculaires qu'à Roubaix, le renversement même provisoire des positions racisantes ou xénophobes n'est qu'esquissé, et le travail du racisme correspond dans l'ensemble à une poussée continue, puissante, sur laquelle les interlocuteurs, pourtant aussi démonstratifs qu'à Roubaix, n'exercent une influence que très provisoire et encore plus limitée. Cette caractéristique principale du groupe est indissociable d'un autre élément marquant de son histoire, qui fait appel, bien moins qu'à Roubaix, à des thèmes proprement sociaux. Le groupe de Mulhouse, une fois parties Mme Blin et sa fille, ne parle pas beaucoup de ses propres difficultés sociales. L'injustice, la misère, l'exclusion sont des catégories peu présentes, bien moins que l'invasion, la peur et le ressentiment. Le groupe de Mulhouse ne comporte ni la charge prolétarienne qu'apportaient à Roubaix les habitants des Hauts-Champs, ni la polarisation des couches moyennes autour de l'enjeu circonscrit et soluble que signifient les « Roumains », implantés dans le quartier de l'Épeule. Il rassemble une population hétérogène définie par la chute, ou par la déstructuration d'un mode de vie, bien plus que par l'exclusion ou la fixation sur une difficulté particulière. Ce monde en déclin se réfère comme il peut à des réseaux traditionnels — la paroisse à laquelle se rattache M. Barrot, les curés de Bourtzwiller, la culture alsacienne, dont quelques-uns ont la nostalgie — ou à des modes d'action collective plus communautaires que contestataires et sociaux. Il transcrit ses difficultés en termes avant tout culturels, à partir desquels il dérive vers le racisme. Les réponses politiques, et en particulier les efforts, pourtant considérables, de la municipalité, le laissent en définitive sceptique, la chute des uns et des autres étant réinterprétée en termes d'envahissement et de crise de l'ordre, de la culture et de la famille. Le racisme qui s'étend ici devient une combinaison d'exaspération et de peur qui se cristallise sur des phénomènes précis — le boulanger turc de M. Martin, par exemple — et se solde par la généralisation à toute l'immigration d'observations ou de faits ponctuels

Ce racisme de communauté menacée, de chute, et de sentiment d'être expulsé de la modernité, résiste plus à l'analyse que le racisme des exclus, dont l'hétéronomie politique est plus grande et qui sont plus sensibles aux espoirs qu'apporte l'action contestataire et aux réponses concrètes que peut offrir le pouvoir local ; il y résiste beaucoup plus encore que l'exaspération racisante de ceux qui n'ont, pour l'essentiel, qu'une difficulté précise à résoudre, et pour qui la chute sociale n'est pas véritablement une menace ou une réalité massive. Il est plus soutenu dans le temps, il a moins besoin d'une présence concrète de l'immigration, il est aussi plus susceptible d'attendre d'une force politique comme le Front national qu'elle vienne l'exprimer ou le relayer.

4

Une intervention sociologique à Marseille

L'image de Marseille que nous renvoient souvent les *media* est celle d'une ville raciste, et les scores du Front national à l'élection présidentielle de 1988 semblent là pour l'indiquer[79]. Il est vrai aussi qu'à Marseille les préjugés racistes s'expriment facilement, dans les milieux les plus divers. Mais n'y a-t-il pas là un jeu verbal qui pousse à aller plus loin, à « rouler des mécaniques » ? Les chauffeurs de taxi, par exemple, « savent tellement que ceux qui viennent à Marseille s'attendent à des propos racistes de leur part qu'ils ne se sentiront pas comme de vrais chauffeurs de taxi marseillais s'ils ne répondent pas à cette attente[80] » — explication difficilement acceptable, mais qui a le mérite de nous rappeler le caractère particulier de la culture locale, culture du verbe où circulent très librement les opinions, les bruits ou les rumeurs.

Visant en priorité des populations maghrébines, et avant tout verbal, le racisme à Marseille ne débouche pas plus qu'ailleurs sur d'importantes violences criminelles ; il n'y a rien de comparable, aujourd'hui, aux événements de 1973, lorsqu'un attentat contre le consulat d'Algérie fit quatre morts et qu'au cours d'une seule semaine douze Algériens furent assassinés.

La discrimination ethnique, par contre, est une réalité massive. Les jeunes de la deuxième génération maghrébine en font les frais dès leur première recherche d'un emploi[81]. Le secteur privé n'en a pas le monopole, elle existe également dans l'emploi public — municipal surtout —, grâce à la nature protégée de certaines fonctions — les éboueurs sont souvent cités — et à l'absence d'une politique active de déblocage. Le problème est d'autant moins négligeable que le premier employeur de la ville est la Ville elle-même, qui compte environ 13 000 employés municipaux.

Même avec les ressources nécessaires, de nombreux jeunes d'origine maghrébine ne parviennent pas à trouver un logement. Là aussi, la discrimination n'est pas uniquement le fait du secteur privé ; elle se joue également dans le secteur public, gestionnaire du parc de logements sociaux.

Les obstacles sont particulièrement importants pour les jeunes issus des cités les plus difficiles, les organismes logeurs ayant pour souci d'éviter d'amener dans certaines cités des familles « lourdes » — c'est l'expression utilisée.

A Marseille, la discrimination dans le logement atteint de façon particulièrement aiguë les gitans. Ne pouvant guère accéder au parc social, ils occupent souvent illégalement des appartements désaffectés ou se regroupent dans des aires de stationnement pour caravanes, transformées en véritables bidonvilles[82].

Nous pourrions multiplier à l'infini la liste des discriminations qui nous ont été rapportées verbalement par de nombreux interlocuteurs bien placés, par exemple dans les institutions concernées : à l'école, dans les services de santé ou d'aide sociale, dans la charité même, où certains donneurs demandent que leur don soit attribué à Pierre, mais surtout pas à Fatima. La prison des Baumettes est directement gérée sur le mode de la différenciation ethnique, les détenus y étant répartis dans les cellules en fonction de découpages très fins qui tiennent compte de leurs origines respectives[83].

A quoi tient cet ensemble électoral, verbal et institutionnel ? A la crise économique ?

L'économie marseillaise, jusqu'à la moitié des années soixante, reposait sur le commerce, en imbrication avec l'activité portuaire et en relation avec les colonies. Elle possédait aussi une assise industrielle propre, avec son tissu d'entreprises de taille petite ou moyenne, souvent familiales et fondées sur une main-d'œuvre abondante et peu qualifiée, en bonne part d'origine immigrée[84].

L'effondrement de ce système tient à la crise économique générale, à partir du milieu des années soixante-dix, mais aussi, bien avant, à la fin de l'ère coloniale et à la difficulté à engager une politique de modernisation[85] qui s'est jouée, avant tout, autour du projet de Fos-sur-Mer[86]. Aujourd'hui, l'avenir économique marseillais n'apparaît pas particulièrement brillant[87]. Le taux de chômage dépasse de près de six points la moyenne nationale et un type particulier de dualisation oppose une ville de Marseille appauvrie, vieillie et en chute démographique, à une périphérie en développement et en expansion démographique.

Le recensement de 1975 comptabilisait sur Marseille 912 130 habitants. En 1982, la ville avait perdu 4,4 % de sa population, en 1988, encore 3 %[88], et le recensement de 1990 a confirmé ce que beaucoup craignaient : Marseille est descendue en dessous de la barre des 800 000 habitants. Ce qui est vécu comme une expression du déclin de la ville[89].

Celle-ci ne parvient pas, ou pas encore, à jouer, un rôle de capitale métropolitaine. En même temps, les Marseillais ont le sentiment d'une disparition du centre ville, d'une dépossession opérée par l'étranger, et plus précisément par les Maghrébins. Pourtant, la crise économique n'explique pas, à elle seule, beaucoup s'en faut, les formes que revêt le racisme à Marseille.

1. La crise urbaine

Le paysage urbain traditionnel de la ville a été bouleversé dans les années soixante par une politique du logement social qui concerne essentiellement le Nord[90]. Aujourd'hui, ce qu'on appelle les « quartiers nord » à Marseille est défini avant tout par l'univers en béton des HLM qui s'étendent en bandes régulières sur plusieurs kilomètres.

Entre 1962 et 1975, les XIIIe, XIVe et XVe arrondissements ont vu leur population augmenter d'environ 60 000 personnes, ce qui, note Michel Anselme, « représente près de la moitié de la croissance démographique de la ville (126 000 habitants de plus)[91] ».

En 1960, le parc social marseillais disposait de 15 000 logements pour une population de 750 000 habitants. Des opérations d'urbanisme en centre ville créent alors de nouvelles demandes d'habitation pour des milliers de personnes auxquelles s'ajoute le flux massif des rapatriés d'Afrique du Nord. L'urgence en matière de logement social est d'autant plus grande que 16 000 personnes vivent en bidonville. Progressivement, les bidonvilles sont rasés, leur population est transportée dans des cités d'urgence, puis dans les constructions en dur des HLM.

Quatorze ans après, le nombre de logements HLM avait triplé par rapport à celui de 1960, atteignant 47 608 unités, tandis que la ville n'avait gagné que 135 000 habitants[92]. Les cités absorbent alors des flux hétérogènes de peuplement, essentiellement des Marseillais « de souche », issus souvent d'anciennes vagues migratoires ; des rapatriés d'Afrique du Nord, qui englobent eux-mêmes à la fois des populations d'origine européenne et d'origine gitane ; et, finalement, des étrangers, surtout maghrébins, qui forment 9,6 % de la population totale des XIIIe, XIVe et XVe arrondissements en 1968 et 12,5 % en 1982. « Dans certaines cités paupérisées du parc social marseillais, il n'est pas rare de trouver dans les années soixante-dix la moitié, voire les deux tiers des habitants, issus d'Afrique du Nord (pieds-noirs, gitans, Maghrébins...)[93]. »

Les ouvriers et les employés dominent alors dans les cités. Au milieu de cette population au profil social fortement dessiné, en transite une autre, minoritaire mais qui introduit, par sa seule présence, à la fois de la fluidité et l'image d'une mobilité possible : des enseignants, des professions paramédicales, des techniciens, des fonctionnaires. Les y amène parfois un brin de militantisme — l'idée d'être près du peuple —, mais aussi et surtout la possibilité d'un logement meilleur.

Vingt ans plus tard, force est de constater le départ massif de ces catégories. Ce départ a été favorisé par une modification de la politique nationale en matière de logement (loi Barre de 1975) qui orientait le public vers l'habitat pavillonnaire. Dans l'agglomération marseillaise, la moitié des 24 000 logements mis en chantier depuis 1982 sont des maisons individuelles. Les terrains dans les communes de la périphérie sont beaucoup plus abordables qu'à Marseille et y induisent une progression extrêmement rapide du nombre des résidences principales. Le taux de croissance annuel, entre 1975 et 1982, est de l'ordre de 9 à 10 % par an pour beaucoup de ces communes[94].

Le départ des populations les plus dynamiques, ou les moins démunies, coïncide avec la montée du chômage dans la ville et a pour corollaire un appauvrissement relatif des habitants des grands ensembles — ceux qui restent sont les plus pauvres, les chômeurs et les étrangers. Dès lors, la dégradation du bâti, divers modes d'exclusion, la délinquance et la drogue, l'immigration aussi et surtout composent le scénario des « quartiers nord » dans l'imaginaire marseillais. Ceux-ci constituent pourtant aussi un véritable laboratoire, où, dès le début des années soixante-dix, sont inventées diverses initiatives qui inspireront plus tard, avec d'autres, la politique de « développement social des quartiers » : décloisonnement des grands ensembles, création de liens, à l'intérieur de la cité, entre les habitants eux-mêmes, clubs de football, aide à la formation d'associations et de centres sociaux, prises en charge culturelles diverses. Ces expériences atténuent sans pour autant le combler le vide laissé par le manque d'emplois et la déstructuration de la vie sociale dans les cités.

Aujourd'hui, l'insécurité au quotidien est réelle dans ces cités populaires, mais sa gravité est moindre que l'image qu'on en donne. Dans une monographie sur l'un des plus anciens ensembles HLM de Marseille, Nicole Amphoux constate, chiffres à l'appui, que les taux de délinquance y sont bien plus faibles que la moyenne marseillaise[95].

La visibilité du phénomène, par contre, semble particulièrement accrue dans ces quartiers, en fonction du chômage et de la déscolarisation des jeunes. Car si, dans l'ensemble, on observe un vieillissement de la population marseillaise, la part des moins de 20 ans reste, dans les cités, extrêmement importante. A Frais-Vallon — 1 500 appartements, gérés par l'OPHLM, l'une des plus massives concentrations de logements sociaux dans la ville —, cette tranche d'âge représentait, en 1982, 42 % de la population, alors qu'elle n'était que de 26 % sur Marseille dans son ensemble, et de 33 % dans le XIIIe arrondissement[96].

On craint la délinquance en général, à Marseille, on y craint aussi beaucoup la drogue. La réalité ne correspond pas nécessairement à la représentation populaire, qui, vraisemblablement, surévalue le phénomène. Il n'empêche que la consommation d'héroïne est forte dans les milieux les plus pauvres et s'associe, chez les jeunes, à des actes directs de provocation. C'est ainsi que le ramassage de seringues est devenu habituel dans les cités HLM.

Il est également vrai que certaines familles préfèrent ne pas voir le trafic auquel se livrent leurs propres enfants. « Et, du coup, le minimum d'interdits qui peut être appelé au niveau familial n'existe même plus parce qu'il y a de fait une complicité entre les gamins dealers et les parents[97]. »

Depuis quelques années, la forte médiatisation du phénomène induit une montée de la peur confortée par la conviction fortement répandue de la non-présence de la police et de la défaillance de la justice.

En l'espace de quelques mois, plusieurs quartiers ont fait la « une » de la presse locale grâce à l'action déployée pour protester contre la drogue, ou, encore plus directement, pour en contrecarrer le trafic et la consommation. A côté de la protestation des mères du Panier, à la suite du décès d'un jeune par overdose, dans d'autres lieux de Marseille — comme la cité Leduc, à Frais-Vallon ou au Castellas — les habitants préfèrent « faire la police eux-mêmes, plutôt que de dénoncer les trafiquants qui sont parfois des voisins ou des parents[98] ».

De telles actions ne sont pas dépourvues d'ambiguïtés, elles se prêtent à l'hétéronomie ou à la manipulation politique. Le Parti communiste était présent dans certaines manifestations, mais aussi la droite dure. De même, il semble — mais on se rapproche ici de la rumeur — que des associations volontaires, et en particulier la Ligue contre la drogue (une structure émanant de Nice, dirigée à Marseille par un ancien commissaire de police), s'appuient sur la dénonciation de la toxicomanie pour faire monter des idées du type : « il faut rétablir la peine de mort », « on connaît la couleur des dealers »[99].

Le dossier scolaire prolonge très directement celui de l'habitat. Vandalisation ou vols pratiqués contre les bâtiments, prise à partie d'enseignants par de « grands frères » d'élèves ou, au contraire, insultes et agressions physiques pratiquées par des enseignants à l'encontre d'enfants sous leur responsabilité nous ont été décrits comme des événements pas tout à fait exceptionnels et témoignent, dans les quartiers populaires, d'une dégradation des relations interpersonnelles que l'école n'arrive pas à résorber.

La violence latente est loin de favoriser la stabilité des équipes pédagogiques. Les demandes fréquentes de mutation engendrent, pour certaines écoles plus particulièrement, des difficultés à peine contournables, la tendance étant à ce qu'y soient affectés des enseignants très jeunes et inexpérimentés, dès leur sortie de l'école normale.

Les difficultés qui touchent l'école se définissent souvent en termes ethniques, faisant, là aussi, jouer ces deux phénomènes complémentaires que sont la discrimination et la ségrégation, et ce avec la complaisance de la Ville et de l'Éducation nationale. L'opposition entre l'enseignement public et l'enseignement privé, dont nous avons vu l'importance à Roubaix et à Mulhouse, ne pèse pas lourd à Marseille tant l'absence de carte scolaire, justifiée au nom de valeurs libérales, ouvre la voie à la ségrégation à l'intérieur même de l'école publique.

« Les élus marseillais, explique l'un d'entre eux, ne tiennent pas à ce que soit imposée aux citoyens marseillais telle école et non pas telle autre. Nous sommes partisans qu'il y ait une certaine liberté de choix. » Cependant, précise ce même élu, « la liberté de choix, pour parler franchement, est très souvent liée à cette question du peuplement de certaines écoles par des immigrés, alors que d'autres sont davantage occupées par des Français et des Européens ».

Les critères ethniques interviennent dans la répartition des effectifs entre les différentes écoles, au gré des demandes des parents, des décisions des directeurs et des instructions de certains inspecteurs de l'Éducation nationale (IDEN) concernant les secteurs sous leur responsabilité[100]. Une directrice d'école publique, très républicaine, nous a expliqué par exemple que si elle-même n'acceptait pas d'inscrire de petits Maghrébins, c'était dans un souci de défense de l'école publique : ses élèves français partiraient sinon vers l'école privée installée en face de la sienne.

D'une manière générale, de très nombreux parents refusent l'école multi-ethnique et aspirent à faire entrer leurs enfants dans une école « blanche ». Même des familles maghrébines refusent l'école « maghrébine », et des familles gitanes l'école « gitane ». A Marseille règne le phénomène caricatural d'une demande incessante de dérogations à l'égard d'une carte scolaire inexistante, ou dont l'existence *de facto*, comme le rappelle une autre directrice, ne concerne que les ethnies « subalternes ».

Les enseignants sont directement affectés par ces phénomènes de fuite qui créent des rivalités entre écoles d'un même quartier, les uns reprochant aux autres de leur prendre toujours leurs meilleurs élèves, leurs « locomotives ». Parfois aussi s'observe une discrimination qui s'exerce directement à l'égard de certaines populations. « Il y a beaucoup de façons de refuser les enfants. Un petit gitan qui se présente : “ Tu es vacciné ? Non ? Allez le faire vacciner. ” La maman cherchera une autre école. Et si, par la suite, le niveau est trop élevé, parce qu'il n'y a pas un système de soutien, l'enfant s'exclut lui-même. On peut jouer sur les exigences de propreté, sur l'absentéisme excessif, et faire en sorte qu'il ne se présente plus. Chez les ferrailleurs gitans, tous les enfants ne sont pas scolarisés. Ils sont inscrits quelque part... »

La ségrégation ne s'arrête pas à l'entrée du collège. Pour endiguer la pression ségrégative de parents d'élèves du cours élémentaire, l'inspection peut réserver un « bon » collège à une « mauvaise » école. Mais ce n'est pas toujours la meilleure solution. « Mes élèves, les envoyer à un “ bon ” collège, observe une directrice, c'est les envoyer à la boucherie. Ils sont mieux ailleurs. »

A Marseille peut-être plus qu'ailleurs, il semble difficile de renverser l'image négative des écoles-ghettos, y compris chez les enseignants eux-mêmes.

2. L'épuisement d'une formule politique

Marseille n'a jamais été le lieu d'un mouvement ouvrier puissant. Dans cette ville portuaire, plus populaire qu'industrielle, la force électorale et politique ne provenait pas d'un conflit social et de luttes proprement ouvrières. L'affrontement avec le Parti communiste a permis à Gaston Defferre de rassembler derrière lui une gauche modérée et la droite centriste et de dominer la scène marseillaise pendant près de trente ans.

Dans la conjoncture de relance économique des années cinquante, il a entrepris la modernisation de la ville, mise en chantier pendant une très longue période. Mais surtout Gaston Defferre a mis en place une formule politique originale capable de rallier des forces politiques dissemblables en constituant pour elles un point d'équilibre et un passage obligé, avec tout ce que cela signifie de contrôle strict et personnel des appareils de pouvoir : la mairie, la presse — *Le Provençal*, d'abord, plus tard aussi *Le Méridional* — et le Parti socialiste. Dans de telles conditions, le clientélisme n'a rien d'étonnant[101].

Le système mis en place par Defferre implique des relais, dont Force ouvrière a longtemps été une figure nodale[102]. Même si FO n'a jamais réussi à s'implanter de manière importante et durable dans le port, elle est devenue par contre, et jusqu'à aujourd'hui, *le* syndicat des employés municipaux. « On est embauché par les élus et, bien évidemment, dans le contrat on prend la carte. Ensuite, on a besoin d'un HLM — pof ! le syndicat... »

Deuxième relais : les comités d'intérêt de quartier, les CIQ, qui existaient avant Defferre, mais ont gagné avec lui une très forte impulsion. « C'était la structure de l'équipe municipale dans les quartiers. Notamment, comme les militants communistes étaient là, pour les surveiller », nous explique un ancien des CIQ.

Troisième relais de Gaston Defferre auprès de la population : les réseaux communautaires — surtout corses, juifs et arméniens, à qui des quasi-quotas ont souvent assuré l'emploi dans les secteurs contrôlés par la municipalité. L'Union de la gauche, en rapprochant le Parti communiste du Parti socialiste, a porté un coup mortel au defferrisme. Avec elle, il n'était plus possible de rallier la droite derrière le PS, mais il demeurait difficile de faire appel à l'électorat du PC, trop longtemps habitué à faire opposition au maire.

Ces fissures politiques ont ouvert la brèche au scandale et à la dénonciation des abus d'un appareil rongé par la corruption. En même temps, les problèmes dérivés de la crise économique et touchant dans les quartiers nord les populations immigrées n'entraient pas dans les schémas d'une administration clientéliste dépourvue des compétences techniques pour intervenir sur le terrain, et se refusant à traiter l'immigration maghrébine selon les normes appliquées aux communautés plus anciennes de la ville.

Le modèle Defferre s'est effondré avant la disparition de son inspirateur. Lancé dans une tentative de réforme de la machine administrative et de l'appareil local du Parti socialiste, Gaston Defferre, en fin de parcours, n'est pas parvenu à rétablir les bases d'un pouvoir personnel qu'il a exercé pendant près de trente ans.

Le maire actuel a été élu dans un contexte de fortes dissensions à l'intérieur du Parti socialiste. Robert Vigouroux veut surtout assurer la relance économique de la ville, en y ramenant des entreprises orientées vers le tertiaire moderne. Aussi semble-t-il plus sensible à des nécessités de développement économique qu'à l'action sociale, plus porté vers le libéralisme que vers la social-démocratie. Divers responsables de dispositifs municipaux se sont plaints d'un ralentissement de la politique sociale de la Ville; d'autres, à la mairie, se permettent de dire, *off record*, que les pauvres sont de trop à Marseille et qu'une politique sociale active en attirerait davantage. Mais ne réduisons pas à la personnalité du maire, ou aux propos de ses critiques, ce qui tient avant tout à l'épuisement du modèle politique dont il a hérité.

Cet épuisement se traduit par le déclin inexorable des relais qui ont autrefois soutenu les pratiques clientélistes. La capacité d'encadrement de Force ouvrière n'est plus la même : « sur les femmes qui travaillent dans les écoles, FO a perdu 800 voix en deux ans ». Devant l'incapacité du pouvoir municipal à apporter des réponses claires aux problèmes sociaux des quartiers, mais aussi aux conflits inter-ethniques qui se cristallisent au niveau local, les comités d'intérêt de quartier se distancient de la mairie, s'affaiblissent, ou s'ouvrent çà et là au populisme du Front national.

Face à la perte de représentativité de Force ouvrière et à l'incapacité croissante des CIQ à fonctionner comme courroie de transmission du pouvoir municipal, et ce malgré la décentralisation qui donne un semblant d'importance aux mairies de secteur à nouveau, le système municipal accorde un poids de plus en plus sensible aux communautés — ou du moins à certaines d'entre elles —, et l'effort d'enracinement politique du maire semble aujourd'hui passer, en priorité, par le rapport avec elles.

Ville d'immigration, Marseille se prête bien à ce modèle pluraliste assez éloigné du modèle national français d'intégration, où le dialogue avec le pouvoir passe par les représentants supposés d'un certain nombre de communautés ethniques. Alors que le modèle national français évite de transcrire politiquement les différences culturelles, à Marseille, au contraire, on semble plutôt porté à s'appuyer sur elles. Encore faut-il préciser lesquelles.

Chaque flux migratoire a construit à Marseille un rapport particulier à la ville. La migration italienne est, probablement, celle qui manifeste la plus faible spécificité identitaire dans l'espace local, et il est excessif pour elle de faire appel à la notion de communauté. L'intégration des Italiens a eu lieu directement par le travail, et dans les luttes syndicales et politiques, conformément aux principes du modèle national[103].

La migration corse a aussi des causes économiques. Mais les anciennes solidarités se sont reconstituées dans la ville d'accueil, favorisant l'installation et l'insertion professionnelle. « Des données d'un recensement de 1926 montrent qu'il y avait dans le Panier des milliers de Corses dans chaque rue. Il y a encore des vieux qui sont restés. Ils ont une espèce de vision idyllique de ce quartier où ils s'entassaient de façon abominable. Ils avaient des animaux — poules, lapins, des fois même une vache dans une courette, où on achetait le lait. C'était la société villageoise reconstituée. » Dans l'entre-deux-guerres, on dénombrait soixante-dix amicales corses. Elles fonctionnaient comme groupes de pression ou agents de pratiques clientélistes [104]. Et si le monde corse semble aujourd'hui moins structuré ou homogène que par le passé, il n'en constitue pas moins une puissante communauté, disposant d'une forte influence sur les réseaux du pouvoir municipal.

Fuyant les massacres turcs, les Arméniens étaient 60 000 à débarquer à Marseille comme réfugiés politiques, entre 1920 et 1928. En 1935, ils n'étaient plus que 21 000 sur l'ensemble du département des Bouches-du-Rhône, et on estime à 14 000 ceux qui auraient élu domicile dans la ville [105].

Les débuts ont été extrêmement difficiles pour cette population. Entassée dans des camps de l'armée, en proie à une grande détresse, elle a été souvent accusée de basculer vers la délinquance. L'accueil dans les camps ayant été maintenu pendant plusieurs années, l'organisation communautaire a réussi peu à peu à redresser les conditions de vie. En dehors des camps, l'Église orthodoxe a joué un rôle dans la cohésion de la communauté et dans la coordination de diverses associations, créées dans un but d'entraide autour de l'espoir mythique du retour dans une patrie arménienne refondée et avec la mémoire de l'horreur de 1915. « Une seule obsession demeure pour ceux qui connaissent les vertus de la transmission orale : c'est que les leurs continuent à raconter. Et pour continuer, il faut devenir avocat, médecin, commerçant en gros. Faites même des petits métiers, comme là-bas, mais gagnez-vous surtout le droit de marcher la tête haute, de ne gêner personne afin qu'on ne vous regarde pas de travers [106]. »

Aujourd'hui, les Arméniens de Marseille sont entièrement francisés, mais les solidarités communautaires demeurent.

Dans la vague des années soixante, le rapatriement d'Afrique du Nord a doublé le nombre des Juifs à Marseille. Ils seraient actuellement près de 60 000. Là encore, pour les nouveaux venus, les débuts ont été difficiles.

Les premiers logements ont été très précaires : hôtels autour de la place de la Bourse, meublés souvent sordides, avant l'installation organisée par le service des rapatriés, surtout dans les quartiers nord.

Les identités ont commencé alors à s'affirmer. « Le centre ville était loin et il n'y avait pas de synagogue. Ils ont tout de suite essayé de recréer au niveau du quartier quelque chose qui pouvait justement permettre de revoir quelque part la communauté juive — des synagogues, des boucheries *kasher*, des mouvements de jeunesse. »

Aujourd'hui, dans l'ensemble, l'intégration économique, urbaine et politique est faite pour les Corses, les Arméniens et les Juifs qui ont pourtant gardé, contrairement aux Italiens, une forte spécificité identitaire, et ces communautés sont au cœur d'un *modèle politique de pluralisme limité*, qui tient compte de leurs demandes et de leurs spécificités culturelles.

Pourquoi limité ? D'une part, parce que ce modèle ne fonctionne pas seulement sur le modèle du pluralisme, mais, d'autre part, parce qu'en vérité tous les groupes ethniques n'y participent pas, et surtout pas les gitans. Population traditionnelle, à structure clanique, qui n'existe que par la communauté mais où la communauté ne joue pas forcément comme ressource d'intégration, son rapport à la société d'accueil demande des intermédiaires externes — rôle généralement joué par des associations bien plus que par l'administration. Il n'y a pas, comme dans le cas des autres communautés, une élite gitane, qui serait appelée à parler au nom des siens.

Selon l'AREAT, sur 1 800 familles gitanes installées à Marseille, 1 400 sont considérées par leur voisinage comme « espagnoles » et non « gitanes », bien qu'elles préservent du point de vue culturel et à tous égards une réalité « gitane ». Les 400 autres poseraient diverses difficultés, liées à leurs activités économiques inadaptées à l'habitat classique, conditionnées par leur type de logement (bidonvilles, cités de transit, cités HLM très dégradées), et à leur profil social qui cumule une triple marginalité : culturelle, d'habitat et économique[107].

Les gitans ne sont pas les seuls exclus du modèle politique marseillais, ni les plus nombreux, et le cas des populations d'origine maghrébine, à Marseille majoritairement algériennes, est à cet égard particulièrement complexe et intéressant.

Immigration de travail, l'immigration maghrébine s'apparente pendant vingt ans à la migration italienne, marquant une faible spécificité identitaire. Puis la crise économique et le chômage frappent, et elle commence, çà et là, à apparaître dans ses spécificités communautaires. La communauté ici n'existe pas au départ, elle se crée à partir d'un repli sur soi et d'une situation qui tend de plus en plus à l'exclusion sociale.

La première génération, en effet, n'a pas manifesté de différence dans l'espace public. Ce n'est que depuis le début des années quatre-vingt que se sont multipliées des demandes de salles de prière sur les cités de résidence — ce ne qui veut pas dire qu'il n'y avait pas auparavant de pratique religieuse.

Les acteurs de ce retournement sont « en majeure partie des hommes, âgés de plus de 50 ans, installés dans la ville depuis près de vingt ans et dont les enfants y sont nés ou y ont été scolarisés [108] ». Seuls 15 % des pratiquants installés sont des personnes plus jeunes, âgées de 25 à 35 ans, qui sont nées ou ont grandi à Marseille et qui constituent en quelque sorte un type de « nouveaux croyants ». « Leur pratique correspond à une reconstruction de leur identité sur des bases plus traditionnelles. L'islam apparaît ainsi comme une alternative crédible dans la définition et la reconnaissance sociale de soi après quelques années d'errance où le chômage, la petite délinquance, quelquefois la drogue furent leur lot quotidien [109]. »

Dans cette stratégie identitaire, on décèle deux logiques bien différentes qui traduisent un éclatement générationnel. La logique des plus âgés est bien celle d'un repli sur l'islam. Mais elle œuvre avec beaucoup de difficultés. « L'autorité du père de famille est en crise pour la double raison de l'émancipation des jeunes et des rôles nouveaux de la femme dans un environnement social qu'il ne maîtrise pas. En définitive, la mosquée fournit au groupe des hommes adultes (et souvent au chômage), dont le rôle traditionnel est en crise, une aire préservée d'affirmation de soi [110]. »

Les plus jeunes peuvent jouer sur l'islam comme composante de leurs registres identitaires (les deux autres étant la maghrébinité et l'arabité), mais, fondamentalement, ils s'inscrivent dans une logique laïque. « Dans les négociations que le maire entame à propos de l'islam, il n'y a pas d'association de jeunes ou d'association cultuelle où la majorité serait de jeunes franco-maghrébins. Par contre, sur tous les problèmes liés à l'antiracisme, on va les trouver très présents. » Aussi ont-ils leur propre réseau associatif. « Ils sont sur un autre discours, qui est très laïc, et se battent pour la reconnaissance et l'égalité des droits et des conditions. »

La vie collective qui naît alors à l'intérieur de la communauté maghrébine est soumise aux influences extérieures des pays d'origine et très dépendante, surtout pour le réseau associatif jeune, des lignes budgétaires autorisées par les divers dispositifs de l'État ou de la commune.

Tout cela place les populations d'origine maghrébine dans une situation très particulière par rapport aux autres communautés ethniques à Marseille.

D'un côté les Maghrébins, proie massive du chômage et de l'exclusion, sont rejetés du système politique marseillais, de ce pluralisme politique qui ne les avait pas prévus. Et d'un autre, mais encore de façon limitée, la présence d'élites maghrébines dans l'espace public est une réalité. Mais, très souvent, on dénie simplement à ces élites le droit de parler au nom d'une communauté d'origine — l'expression un peu méprisante de *beurgeoisie* est un signe même de ce refus. Et, entre les élites et le reste d'une population immigrée, se creuse le fossé qui éloigne l'univers des *in* d'un monde de laissés-pour-compte et d'exclus.

L'histoire de la ville, la faiblesse même du monde industriel, la force du tout politique limitent la pertinence, à Marseille, de ce qu'on a pu désigner comme le modèle national français d'intégration, au profit d'un modèle pluraliste qui s'est renforcé avec l'épuisement du système politique mis en place par Gaston Defferre. Si l'on définit le modèle américain d'intégration par le pluralisme qu'il réserve à certains groupes (Irlandais, Italiens, Polonais, Juifs, etc.) et qu'il refuse, en particulier, aux Noirs, et si l'on s'inquiète de voir la France glisser vers le modèle américain avec tout ce qu'il implique de racisme, il faut considérer qu'à Marseille, plus qu'ailleurs, ce dérapage est esquissé.

3. Une intervention sociologique

Les quartiers nord de Marseille n'ont pas tous été affectés de la même façon par l'urbanisation effrénée des années soixante et soixante-dix, et l'image d'immenses cités à fort taux de population d'origine maghrébine ne s'applique qu'à certains d'entre eux.

Le quartier Saint-Jérôme, précisément, échappe à cette représentation. Le parc de logements HLM y est moins massif, toutes proportions gardées, que dans les quartiers voisins, l'identité villageoise n'y a pas totalement été détruite. L'habitat pavillonnaire prédomine, un ensemble résidentiel, le Val-d'Azur, y comporte tennis et piscine, et la marque de l'ancienne vie rurale y est encore visible. Une importante communauté arménienne y est installée de longue date, sans avoir jamais posé de problème particulier. Enfin, la faculté des sciences qui y est implantée est appelée à devenir un important centre universitaire, et le technopôle de Château-Gombert montre que le quartier n'est pas à l'écart du développement moderne de la ville et de la région. Pourtant, ce quartier va constituer le terrain d'une troisième intervention sociologique.

A Saint-Jérôme, de nombreux habitants sont partis, parmi les plus aisés, les plus dynamiques, et d'autres souhaiteraient en faire autant. Mais les cours de l'immobilier ont chuté, rendant problématique le départ de ceux qui y possèdent maison ou logement. Le sentiment d'insécurité y est particulièrement vif, fondé sur une expérience concrète que chacun est disposé à illustrer de mille et un exemples : on ne prend plus le métro en soirée, de peur de l'agression, et les mesures de protection sont devenues la règle — portes blindées, grilles renforcées, systèmes d'alarme électronique, appel à des sociétés de gardiennage. La drogue exerce ses ravages, apparemment sans vergogne puisque le curé aurait cessé de mettre de l'eau dans le bénitier de l'église, où les toxicomanes n'étaient pas gênés de venir rincer leurs seringues. Et, surtout, un abcès de fixation exaspère la population de vieille souche locale : les gitans de la Renaude, un petit ensemble HLM qui comporte une centaine de logements collectifs — « les plus beaux de Marseille en 1963-1964 », aujourd'hui très dégradés —, et quelques dizaines de petites villas construites pour offrir aux gitans un habitat tenant compte de certains de leurs besoins spécifiques.

Comme ailleurs à Marseille, il existe à Saint-Jérôme un comité d'intérêt de quartier (CIQ), dont les principaux animateurs ont été intéressés lorsque les chercheurs leur ont proposé de mener une recherche sur les problèmes de tension interculturelle et de racisme dans leur quartier. Cette demande s'est traduite par la mise sur pied d'un groupe d'intervention, dont le noyau large était formé de huit membres du CIQ, auxquels ont été adjoints un commerçant, particulièrement actif dans les efforts pour dynamiser la vie du quartier, et deux femmes venues du quartier voisin de la Rose, où elles animent un autre CIQ dans un contexte dominé par la présence de grands ensembles à forte population d'origine immigrée.

Là encore, il n'est pas question de qualifier d'emblée les participants à la recherche de « racistes ». Il y a chez eux de l'inquiétude, du ressentiment à l'égard de la classe politique, un sentiment de dégradation du quartier, de l'exaspération à l'égard des gitans de la Renaude et, de manière plus surprenante, nous le verrons, des Arméniens. Mais dire qu'ils sont racistes serait, pour la plupart d'entre eux, injuste ou excessif. Ces hommes et ces femmes sont dans la force de l'âge ou retraités ; leurs ressources sont décentes : l'un est professeur à la faculté voisine, un autre dans un établissement secondaire, un troisième est chef d'entreprise, les autres disposent tous manifestement de revenus ou d'une retraite convenable et d'un habitat qui, dans un autre contexte, leur apporterait toute satisfaction[111].

1. Gitans et Arméniens

Les gitans de la Renaude sont l'objet d'un discours entièrement négatif. Les témoignages fusent au sein du groupe : ils vivent du ferraillage et, en fait, du vol de voitures dont ils détruisent divers éléments par le feu — « quarante-quatre entre Noël et le jour de l'An » —, ce qui dégage des odeurs « infectes ». Sales « comme des peignes », ils ne paient ni l'eau, ni l'électricité, ni leur loyer, mais roulent dans des Mercedes « impeccables », qu'ils ont réglées comptant, en espèces. Ils méprisent les autres de manière intolérable — « j'encaisse un tas de trucs, mais quand on commence à cracher... Cela part du morveux de 4 ans, jusqu'au type de 30 ans ». Ce sont des « voleurs dans le sang », prêts à « manier le couteau », et ils sont intouchables dans leur cité, véritable bastion où la police n'entre qu'exceptionnellement, et en force, et où le docteur ou les pompiers ne pénétreraient pas ; l'école où vont leurs enfants, « c'est l'enfer », « il n'y a plus un seul Européen », la directrice y aurait été matraquée, elle a démissionné, et aucun instituteur n'accepterait plus d'y aller.

M. et Mme Bartoli vivent, avec les gitans, un véritable drame. Leur « campagne », une belle maison provençale avec un jardin magnifique, est mitoyenne de la Renaude. Leur garage a été partiellement détruit et les tuiles du toit brisées à coups de pierres, ils subissent un vandalisme constant de la part d'enfants gitans « qui ont tous les droits », les insultent, sont « méchants » et d'une grossièreté inouïe : « ils mettent la main au sexe, que c'est pas croyable ». Mme Bartoli a déjà retrouvé dans son jardin quarante sacs à main volés, et « balancés » derrière son mur — un mur qui a été cassé sur quarante mètres, avec un fourgon de location volé par des jeunes qui, au lendemain de la chute du mur de Berlin, ont été manifestement inspirés par les images qu'ils avaient vues à la télévision. Son chien a été tué par eux, sauvagement, elle ne part plus en vacances en même temps que son mari pour ne pas laisser vide leur maison, et, lorsqu'ils sortent ensemble, elle se cache dans la voiture, pour qu'on croie qu'elle est restée chez elle. Le couple est en état de siège, mais parle pourtant avec plus de retenue que d'autres membres du groupe lorsque le thème des gitans est mis sur la table — peut-être parce que Mme Bartoli, dont les parents ont fui l'Italie fasciste, se souvient de ses origines.

« On vous disait l'an dernier qu'on n'avait pas de problèmes avec les Arméniens, rappelle Mme Fabre aux chercheurs lors de la première réunion du groupe, eh bien, on commence à en avoir. » M. Mestre, sur ce thème, est intarissable, et, tout au long de la recherche, il parle d'« arménisation » et s'inquiète de voir les Arméniens « relever la tête ». Un événement, en fait mineur, mais qui a largement alimenté la chronique du CIQ et du quartier, est à l'origine de cette inquiétude : en plein été 1990, la place de la Rotonde a été rebaptisée du nom d'un héros arménien. « A Saint-Jérôme, ils se mettent à arméniser des noms de rue, mais on n'a jamais vu ça avant ! Que tous les Arméniens habitent dans un coin, moi, je veux bien. Mais pas qu'ils prennent les noms de rue ! » L'épisode, M. Mestre le dit lui-même, a pris un petit tour « clochemerlesque ». Mais il est lourd de sens : « cette population totalement intégrée commence à montrer le bout de son nez, note M. Gasquet, c'est comme avec le problème corse, c'est l'éclatement de la France ». Une comparaison avec les Juifs s'esquisse même, et plusieurs reprochent aux Arméniens d'exagérer leur propre génocide — « ils ont été poussés sur le plateau de l'Anatolie, où ils sont morts parce qu'il faisait – 20°. Il y en a sûrement qui ont été abattus, mais pas tous ! », affirme M. Lerner. De plus, constate M. Mestre, les Arméniens manipulent leur malheur historique comme les Juifs, interdisant tout débat, toute critique : « vous attaquez un Arménien et il vous envoie le génocide dans les narines, c'est gratuit, et vous faites ça avec un Juif vous y avez droit de la même façon. Non, non, mais il y en a partout des Indiens d'Amérique » — et même, après tout, des « génocides de Français, et c'est pas pour ça que lorsqu'il m'arrive quelque chose je dis : “ oui mais moi, vous comprenez... ” ».

Gitans et Arméniens : ces deux thèmes bien précis polarisent l'exaspération et l'inquiétude du groupe, ce qui n'exclut pas d'autres préoccupations, relatives par exemple aux Maghrébins et à l'islam. Cette polarisation est-elle fondamentalement raciste, le groupe va-t-il tendre à s'enfermer dans la haine de populations racisées ou dans la recherche des sources sociales, politiques et culturelles de ses difficultés ?

2. *Le racisme à l'envers*

Dans d'autres situations, nous le savons, le sentiment d'être envahi est vif, et les immigrés sont avant tout perçus comme de nouveaux Barbares, menaçant la culture et la nation françaises. Au sein du groupe de Saint-Jérôme, ce sentiment émerge par moments. « Notre bloc national est en train de s'effriter au détriment de certains étrangers qui sont les plus forts et qui parviendront à diriger soit une région, soit une moitié de la France », dit Mme Girard ; « on est submergé par les étrangers de culture islamiste », précise M. Lerner, et plusieurs rapportent des propos dans lesquels un immigré aurait affirmé explicitement vouloir dominer le pays, ou la ville — « on est à Marseille, aurait par exemple dit une gamine, beur, à Mme Faure, c'est à nous, ça nous appartient ».

Pourtant, l'image de l'invasion, et de territoires qui seraient perdus, comme la Canebière (« on ne peut plus y aller, on est étouffé »), n'est pas centrale dans le discours du groupe, qui se présente bien plus en victime de discrimination et de ségrégation qu'en situation d'envahissement.

a) Des Français discriminés

Quand la France était une société nationale intégrée, une République égalitaire, quand Marseille était une ville prospère, quand Saint-Jérôme n'était qu'un noyau villageois où il faisait bon vivre, tout allait bien. Mais l'âge d'or est révolu et la discrimination aurait pris la place de l'égalité. Désormais, les gens « du cru » seraient constamment victimes d'un traitement inégal qui les inférioriserait, au profit des immigrés. Ce traitement serait inscrit au cœur même du fonctionnement des institutions, et le reproche en est fait, massivement, au représentant de la police lorsqu'il est reçu par le groupe :

MME BARTOLI : Encore dans la nuit de samedi à dimanche, ils ont volé une autre voiture, et même plus, ils ont mis le feu devant le portail, heureusement que la maison n'est pas à côté, sinon je crois qu'on aurait sauté. J'ai donné l'adresse à la police, mais la police n'est pas venue... Moi, je suis dans la gueule du loup !

MME GIRARD : Qu'est-ce qui fait cette grosse différence de chez nous par rapport à d'autres secteurs plus privilégiés ?

M. PÉLISSIER : Ça m'est arrivé personnellement de me garer sur le passage clouté pour aller chercher des cigarettes, un dimanche, et que les flics de Police-Secours viennent me dire que ça vaut neuf cents balles, alors que dans le même temps, il y a un camion des gitans sur l'arrêt du bus où ça bouche de tous les côtés, et à eux, on ne leur dit rien.

M. GARCIN : En ce qui concerne les populations gitane et maghrébine, moi, j'ai des exemples à vous donner. Souvent, j'ai téléphoné au commissariat pour signaler qu'à deux heures du matin, c'était anormal que les haut-parleurs balancent, mais alors, avec une puissance énorme, des conneries sans pareilles, excusez-moi... Alors nous, honnêtes gens, comment voulez-vous qu'on réagisse ? Ça exaspère le sentiment au racisme, ça pousse les gens les uns contre les autres. Vous n'êtes pas capables de faire respecter la loi française par tout le monde !

M. PÉLISSIER : Ce que je trouve anormal, c'est qu'un individu soit enfermé quatre fois dans la même journée dans vos services. S'il a été appréhendé quatre fois, ça fait qu'il a été relâché trois fois.

M. GARCIN : Je me demande s'il n'y a pas un certain « laissez-les faire » pour voir jusqu'où ça peut...

Le commissaire de police note que les policiers sont pris entre deux feux. Les immigrés et les gitans les accusent de racisme, les autres leur disent : « Vous n'oseriez pas faire ça à un gitan. » Il a de solides arguments pour contrer les reproches qui proviennent du groupe : mais la conviction est ancrée, et demeure inébranlable, d'une police à deux vitesses, elle-même indissociable d'une justice qui fonctionnerait de la même façon.

En effet, avec le substitut du procureur de la République, venu juste à la suite du commissaire de police, les mêmes thèmes sont agités.

M. MESTRE : J'ai une question un peu chaude... Je m'explique, l'exemple le plus simple. La voiture du quidam Dupont gêne, elle aura un PV, tandis que dans notre quartier, la voiture du gitan Sanchez Rodriguez... Est-ce qu'on retrouve ce genre de différenciation à votre niveau ?
LE SUBSTITUT : Là, je ne suis pas... ça me paraît vraiment étonnant que...
M. BARTOLI : C'est exactement ce qui se passe.
M. MESTRE : Je me posais la question de savoir si précisément dans un plateau de la justice, on ne mettrait pas un certain nombre de droits supplémentaires... En fait, je me suis dit tout crûment : Est-ce que la balance de la justice n'est pas faussée ?

M. Mestre voit un « hiatus » — « on n'applique pas les mêmes critères à un délit commis par quelqu'un de l'extérieur, ou par quelqu'un du cru » — et, malgré les dénégations bien argumentées de l'interlocuteur, le ton monte. La justice, prétend Mme Faure, laisse trop de liberté aux immigrés, qui ne respectent pas sa liberté à « vivre tranquille ». Mais « s'ils ne sont pas contents, ils peuvent partir, rentrer chez eux. Sous prétexte de liberté, il faudrait tout laisser ! Non, non, non ! ». Certes, comme le redit l'invité, la loi existe. Mais Mme Faure considère qu'elle n'est pas appliquée, et explose : « on paye de plus en plus d'impôts, on commence à en avoir assez ! Pour une minorité qui démolit ! Les gitans, il leur fallait des villas, il leur fallait de l'air, on ne l'a pas fait pour des Français, mais on l'a fait pour des gitans ».

La critique de la justice entraîne ainsi celle du système municipal, avec l'idée — que beaucoup partagent dans le groupe — que des efforts excessifs sont produits pour favoriser les gitans ou les étrangers, au détriment des Français « de souche » ; les autres usent et abusent, ne paient pas leur loyer, leur eau, leur électricité, impunément — « et moi si j'ai huit jours de retard, j'ai un tas d'histoires », ils « mettent le feu à longueur d'année, moi, si je brûle quelques herbes sèches, il y a des hélicoptères ! ». La loi, la règle ne s'appliquent qu'à certains, ce qui dessine une discrimination bien particulière puisque les victimes sont les personnes qui entrent dans le champ de leur application. Et le plus grave peut-être, aux yeux de plusieurs participants, est que cette discrimination va jusqu'à concerner la nationalité française : « mes deux grands-pères sont morts pour la France, déclare M. Pélissier, qui est né outre-mer, et il faut que je justifie ma nationalité française lorsque je vais au commissariat. Et vous avez un Tunisien à côté, il est français de droit et on ne lui demande rien ! ».

Le substitut du procureur de la République s'inscrit en faux, et ses explications, longues et précises, sont pertinentes, certes. Mais elles n'ôtent là aussi guère de poids à la conviction des membres du groupe : un insupportable renversement s'est opéré, la France traiterait moins bien les siens que ceux qu'elle accueille.

b) Quartiers nord, quartiers sud

Discrimination ? Pas seulement : ces habitants des quartiers nord, en effet, se disent de surcroît victimes d'une ségrégation qui les tient à distance des quartiers sud. Ils ont subi les méfaits de l'urbanisation effrénée de la ville, puis le choc de la crise économique. Marseille est désormais coupée en deux, le sud « pour nous, c'est presque l'étranger », et leurs quartiers sont désormais d'une nature profondément différente de ceux qui sont de l'autre côté de la Canebière. Au sud, s'insurgent Mme Faure et M. Mestre, les gitans, « on les a fait partir, croyez-moi, on a débarrassé le coin, c'est fini, il n'y en a plus », et on est satisfait de les savoir bloqués à la Renaude : « il vaut mieux pour eux un quartier qui sera emmerdé jusqu'aux narines, plutôt que tout Marseille ». M. Mestre l'a « sur le cœur. Ces gens des quartiers sud de Marseille, on ne les voit jamais », et ils savent se défendre, se protéger des immigrés ou des gitans, ils ont « une paix royale », quitte à utiliser des procédés étonnants. Ainsi, M. Mestre évoque les deux sœurs qui ont choisi de partager le sort des gitans de la Renaude, de les aider, et soupçonne — mais « c'est un bruit simplement » — un financement de leur activité « par des gens de Marseille en situation aisée, pour éviter justement que ce noyau-là se disperse... on maintient une espèce de cordon sanitaire autour d'une situation déterminée ». Certes, les habitants des quartiers sud partagent le sentiment général d'insécurité, « mais faites un test, suggère

M. Aubert, demandez-leur d'où ils tirent leurs informations : du journal, des on-dit, tandis qu'ici vous verrez que nous avons été tous touchés dans notre chair personnelle, nous on l'a vécu, c'est ça la différence ».

Les quartiers sud, ainsi vus du nord, manquent totalement de solidarité et utilisent leurs ressources, économiques mais aussi politiques, pour ségréger non pas seulement les immigrés et autres indésirables, mais aussi les Marseillais de souche, sur qui seraient rejetées les pires difficultés de la ville.

Se combinent dès lors l'exaspération, le ressentiment et la peur, qui tendent à se fixer, à Saint-Jérôme, sur des populations qui soit apportent leur lot de nuisances — les gitans —, soit « commencent à relever la tête » — les Arméniens —, soit encore se détesteraient mais seraient capables de s'unir, tels les Arabes et les gitans, accusés « de se soutenir les uns les autres dans les mauvais coups » et auxquels on reproche leur affirmation identitaire et leur comportement, favorisés par l'attitude des autorités, le fonctionnement des institutions et l'égoïsme des habitants des quartiers sud. Le racisme qui se profile est là, dans la représentation d'un couple menaçant : d'un côté, le gitan, l'Arménien, l'Arabe, qui fait que « par sa façon d'agir, on devient raciste », comme dit Mme Bartoli ; d'un autre côté, ceux qui se déchargent des problèmes sur Saint-Jérôme et autorisent les minorités à user de « leurs droits sans accepter de devoirs » — « à force de les protéger, s'écrie Mme Faure, sous prétexte de racisme ou d'autre chose, on a le racisme à l'envers ». Dans le groupe, on construit une image racisante de l'autre, que l'on accuse d'égoïsme et d'abus, pour mieux l'inférioriser. Tel M. Lerner quand il raconte : « il y a un gars qui me croise, un frisé gentil, il me dit : “ Missieu, ti sais où il est la Caisse d'allocations familiales ? ” Ah, je dis non ! Je savais où elle était mais... je sais qu'ils ont la filière pour trouver la Caisse. Si moi je vais quelque part et je demande un stylo, on ne me le prêtera pas. Il y a quand même un problème en France ». Mais cette image est elle-même subordonnée à une autre, qui est celle de la discrimination et de la ségrégation imposées à ces Français par d'autres Français et par les institutions nationales.

3. *Les responsables*

a) Le déclin

Les membres du groupe vivent un profond sentiment d'abandon, comme s'ils étaient tenus à l'écart de changements qui s'opèrent sans eux, et dont ils font les frais. Ils imputent cette évolution à l'histoire de l'urbanisation de la ville, qui se serait opérée sur leur dos ; à des contraintes économiques internationales, qui interdisent aux gouvernants, quels qu'ils soient, de régler les problèmes de l'immigration. Et, surtout, ils associent leur propre déclin à une décadence généralisée, à une crise globale qui est à bien des égards la projection, au niveau national, de ce qu'ils vivent au plan local. On parle de « fin d'une civilisation », de « perte de l'identité nationale », en même temps qu'on décrit une crise morale, le déclin de la famille, l'épuisement des grandes valeurs auxquelles on s'est toujours identifié : le respect des parents et des enseignants, la valorisation du travail, de l'épargne, de l'effort. Un ordre, une culture disparaissent, en même temps que s'affirment les appels à la différence, qui témoignent, selon M. Aubert, non pas d'une tolérance propre à notre civilisation, mais d'une faiblesse débouchant sur les pires excès : « le vandalisme, des exactions ». Pourtant, ces images partagées du déclin ou de la crise amalgament divers éléments.

D'un côté, en effet, elles correspondent à la disparition de liens communautaires, définis en termes très traditionnels, au niveau du quartier et, plus précisément, de son noyau villageois. M. Mestre, notamment, associe ainsi, très directement, la famille et le village, qui en était une « extension ». Chez lui, la tradition est bousculée par la modernité, « ce qui se passe, c'est le déchirement par le commerce, la consommation », et désormais, à ses yeux, « le train roule sans nous ».

D'un autre côté, ce qui est rejeté n'est pas tant un monde préindustriel qu'une société déjà moderne, dont on se sent exclu en même temps que se précise une véritable mutation sociétale. C'est ainsi que le groupe est particulièrement attentif aux propos de deux dockers CGT qu'il reçoit quand ceux-ci expliquent comment, au temps de la splendeur du port et de ses industries, l'intégration des couches populaires par le travail se prolongeait, très naturellement, dans les quartiers. Ce qui est détruit, dans cette perspective, n'est plus le village traditionnel, mais des communautés vivantes et inscrites dans une société industrielle, avec des solidarités nées dans l'usine, ou le port, une certaine intégrité, une capacité aussi à résister au racisme. Et cette destruction, elle aussi par moments imputée aux « besoins artificiels » générés par la société de consommation, ou à la télévision qui corrompt la jeunesse, signifie la fin d'une époque où l'on circulait avec bonheur dans toute la ville — « on faisait la Canebière, une fois, deux fois, quinze fois, on se retrouvait, on montait, on descendait, on se parlait » — et où l'on participait aux changements généraux de la société — « en 1936, on était dans les écoles, c'était formidable », se souvient Mme Faure.

Dès lors, on en appelle à l'ordre, à la morale, au retour à l'instruction civique dans les écoles ; on dénonce l'argent facile, celui des députés, des journalistes, des joueurs de l'OM ; on regrette la permissivité généralisée, et l'on s'inquiète d'une évolution qui conduit, corrélativement, vers une société multiraciale et multiculturelle : « La France que nous représentons, affirme M. Mestre, elle est en train de disparaître. »

b) Face aux élus

Ce déclin, cette décadence que vivent les membres du groupe ne se jouent pas dans le vide politique ; bien au contraire, ils sont constamment traités en des termes qui imputent aux responsables politiques nationaux et, surtout, locaux une immense responsabilité dans la situation présente. Les élus, les pouvoirs publics sont, au niveau de la nation, perçus comme impuissants, incapables en particulier de gérer le lourd dossier de l'immigration, coupables, surtout à gauche, d'avoir assuré la promotion du droit à la différence et de ne pas se situer clairement du côté de la loi et de l'ordre — comment accepter, s'exclame M. Pélissier, qu'un ministre ait désavoué ses gendarmes en Nouvelle-Calédonie, ou qu'un autre ne soutienne pas ses policiers lorsqu'ils sont le point de mire des *media* et de l'opinion publique ? Mais la scène politique locale est bien plus souvent évoquée, et en des termes qui expriment, tout à la fois, des attentes considérables et une vive déception.

A Marseille, explique M. Mestre, les responsables politiques « font une espèce de saupoudrage. On met dans chaque foyer potentiel en difficulté juste ce qu'il faut pour que le point d'ébullition ne soit pas atteint. La marmite est toujours chaude, mais elle n'explose pas ». Et dans les quartiers nord, c'est bien simple, quand il y a un problème, « on nous passe un maximum de pommade pour nous calmer », mais en réalité on ne tient pas compte des demandes de la population, « on ne cherche pas à avoir nos voix, dit M. Aubert, alors que dans les quartiers sud, c'est différent ».

Avec le premier député qu'il reçoit, le groupe commence par se plaindre :

> MME FAURE : Vous savez ce qu'il m'a dit, le maire, quand il est venu ici ? Il m'a dit : « mais comment vous faites, vous, madame, pour vivre ici ? ».
> M. MESTRE : Les cinq voisins que nous sommes, nous avons tous un système d'alarme, plus les volets blindés.
> M. LERNER : On blinde les portes, on blinde les volets.
> M. MESTRE : On ne peut pas partir de chez soi. A partir du moment où j'ai tourné le coin du boulevard, je commence à avoir les jetons. Je me dis : Qu'est-ce qui se passe derrière ? Alors, on n'en est pas encore à la milice, mais le voisin sait où je suis...
> LE DÉPUTÉ : C'est important.

Et cet élu marseillais, qui appartient à l'UDF, critique la façon dont l'urbanisation a été conduite à Marseille, affirmant que l'intégration n'est pas le remède « aux problèmes posés par l'immigration ». Il en appelle à un urbanisme plus humain, plus proche des gens, il parle de « tout reprendre à zéro », d'éduquer et de former les jeunes, et introduit le calme dans le débat qui s'échauffe à propos de l'islam ou du droit de vote aux immigrés : l'intégration se fera, s'il n'y a pas trop d'immigrés, si on leur demande de respecter les règles du jeu, si on sait être accueillant et exigeant. Il faut créer des mosquées, mais ne pas construire une mosquée cathédrale « qui serait une provocation » ; il faut aussi savoir que le thème du droit de vote aux immigrés est un serpent de mer agité en période électorale, rien de plus. Mais, s'il est entendu par le groupe, il ne lui apporte aucune réponse concrète et le laisse sur un sentiment de scepticisme et de « ras-le-bol » par rapport aux immigrés.

Avec le deuxième député, socialiste et lui aussi marseillais, la déception est plus vive encore. Cet élu est en effet favorable au respect de la différence culturelle, du moins s'il s'agit des gitans, pour lesquels il se réjouit des progrès apportés par les petites villas de la Renaude, avec leurs jardinets et leurs poulaillers qui tiennent compte de leurs habitudes spécifiques.

> M. LERNER : Y a qu'une chose qui me chagrine dans ces propos, c'est que le discours actuel, de dire, en fin de compte, le poulailler...
> LE DÉPUTÉ : Oh, c'est des images...
> M. LERNER : Leur petit jardin, et tout... cette population-là a une façon de vivre qui ne ressemble pas à la nôtre. Mais si on poursuit ce raisonnement là en posant le problème des Maghrébins, où va-t-on ? A ce moment-là, les Arméniens peuvent très bien dire : « dans le temps, en Arménie, c'était comme ça, faites-nous... ». Voilà, je pense que votre raisonnement me chagrine un peu.

L'invité souhaite d'abord s'en tenir au problème des gitans. Il ne peut que constater que, en dehors de Saint-Jérôme, personne n'est disposé à accueillir les gitans, il ne voit pas d'autre solution que leur intégration graduelle, sur place, en les acceptant pour ce qu'ils sont tout en leur demandant de savoir qu'ils ont des droits, mais aussi des devoirs. Ce propos ne passe pas, l'invité le constate, et il s'en sort en en appelant à la « fierté » de vivre à Marseille, d'être marseillais, en critiquant les *media* « qui font un tort atroce à Marseille » et en plaçant ses espoirs de solution aux problèmes de la ville et du pays dans la construction de l'Europe. On le suit s'il s'agit de s'en prendre aux journalistes, et en particulier à ceux de la télévision, ou de se revendiquer comme marseillais, mais on doute de ses idées sur l'Europe —

« il y aura encore plus de problèmes, “ ils ” vont passer plus facilement » — et on se sépare de lui, là encore, dans le plus grand scepticisme : « on a reçu des hommes politiques, constate lors d’une réunion ultérieure M. Lerner, et ils n’ont pas de réponse » ; ce qui conforte M. Aubert dans l’idée qu’en politique « pour durer, il faut ne rien faire », en dehors d’une mise en forme médiatique n’ayant aucun lien avec les problèmes de fond.

On attend beaucoup des hommes politiques, pourtant, surtout dans ce CIQ qui a été créé, dans l’entre-deux-guerres, pour assurer la relation entre le pouvoir municipal et le quartier. Mais ceux-ci ne sont pas, ou plus, à l’écoute des quartiers — et du moins de Saint-Jérôme —, ils n’apportent que des paroles « lénifiantes », le « retour n’a pour eux aucun intérêt », comme si Saint-Jérôme était sans importance, condamné à vivre avec ses gitans et à voir partir ses éléments les plus dynamiques. Ce sentiment d’abandon est d’autant plus amer qu’on a l’habitude de rechercher le contact avec le pouvoir et que, dans le passé, cela semblait se faire davantage. Aujourd’hui, les responsables se renvoient la balle lorsqu’on tente de les joindre — le maire aux maires de secteur, les maires de secteur au président de l’Office HLM, etc. En fin de recherche, les deux dossiers des gitans et des Arméniens, si constamment présents dans les doléances du groupe, sont réinterprétés à la lumière de cette représentation négative du fonctionnement du système politique local.

La question des gitans, tout d’abord, devient la preuve que les acteurs politiques, toutes tendances confondues, ont fait le choix de sacrifier Saint-Jérôme, une fois pour toutes, de façon à ne pas inquiéter l’électorat marseillais. Les commerçants du quartier apporteraient d’ailleurs un alibi : ce sont les seuls à tirer profit de cette population, et il suffit que deux ou trois d’entre eux le fassent savoir en haut lieu pour que les pouvoirs publics et les hommes politiques aient bonne conscience. Quant à la question des Arméniens, dont on reconnaît qu’elle ne doit pas être surestimée, elle apporte la démonstration de la crise du système politique local. D’une part, elle indique que le principe de la décentralisation et des mairies de secteur, théoriquement en prise directe sur les quartiers et leurs CIQ, ne fonctionne pas, puisqu'une affaire comme celle du changement de nom de la place de la Rotonde aurait dû être traitée sur le mode de la concertation locale et qu'il y a eu contournement ; et, d'autre part, elle suggère qu'au niveau central le pouvoir municipal est incapable de gérer sans heurts une machine tenant compte du poids des diverses communautés de la ville, et qu'il a sa responsabilité dans le fait que les Arméniens, désormais, « relèvent la tête ». Le modèle Defferre, amendé par M. Vigouroux, semble grippé — « le chapeau de Defferre lui couvre les yeux et les oreilles », dit M. Mestre dans son langage imagé —, et ces acteurs de CIQ, qui ont « besoin des pouvoirs publics pour avancer », s'en méfient et souffrent de ce qu'ils vivent comme un mélange de crise institutionnelle locale et d'abandon.

4. La crise du discours populiste

a) Rencontre avec le Front national

C'est pourquoi le groupe est sensible, mais dans un premier temps seulement, à certains arguments que lui présente un interlocuteur du Front national, élu régional et municipal et dirigeant économique important. L'interlocuteur critique posément la politique d'intégration du gouvernement, à laquelle il ne croit pas : « on est différent ou on est intégré » ; il voudrait que soit freinée l'immigration sauvage, dénonce le laxisme universel, distingue les immigrés du passé, les Arméniens, les Espagnols, les Italiens, de ceux d'aujourd'hui, et affirme que le changement passe, localement, par d'autres conceptions de l'urbanisme. Le groupe, sur divers registres, est disposé à le suivre — M. Aubert dénonce lui aussi la classe politique et pense comme lui que l'urbanisme est un thème décisif ; M. Pélissier est lui aussi indigné par la façon dont les étrangers acquièrent la nationalité française ; Mme Meyer lui déclare que, s'il tient ses promesses, son parti a « toutes ses chances » ; et quelques propos extrêmes sont tenus, notamment à propos des Arabes « qui ont tout cassé » pour fêter une victoire importante de l'OM. Pourtant, le groupe résiste : M. Mestre, tout en voulant

« rendre hommage » à l'interlocuteur, lui reproche de singuliers raccourcis historiques — l'oubli, par exemple, de la façon dont les recruteurs allaient pêcher la main-d'œuvre en Afrique du Nord, à coups de promesses sur l'Eldorado français.

> M. Garcin : Ce qui me surprend dans vos propos, c'est cet aspect simplificateur de la vue que vous donnez de la France et des Français. Je crois qu'on est actuellement dans une conjoncture où il y a des problèmes, un déclin de la République, etc. Alors là, vous arrivez et vous dites : « voilà, c'est comme ça... ». Vous simplifiez au maximum... ça me fait très peur.
> L'invité : Je simplifie volontairement pour plusieurs motifs. *(Il s'explique.)* [...] Je dis que la politique d'intégration est un leurre. Jusqu'à présent, on ne nous a présenté comme recette que ce qu'on appelle l'« intégration ». Et c'est un faux problème, elle n'est pas souhaitée par les intéressés eux-mêmes, d'ailleurs, ils appellent « intégration » l'accès aux droits sociaux et aux avantages que donne la nationalité française.
> M. Casado : Qu'est-ce que vous pensez de la poignée de main de M. Le Pen à Saddam Hussein ?
> L'invité : Écoutez, c'est hors du sujet. J'observerai que tous les chefs d'État du monde lui ont fait la bise de façon plus ou moins spectaculaire dans des circonstances variées.

Le groupe, en fin de compte, prend ses distances, alors qu'il est, à bien des égards, proche de cet interlocuteur sur le fond. Celui-ci, comme il le suggère lui-même, est-il victime du « barrage des *media* », du fait que l'on ne veut connaître le Front national qu'à travers « ce qu'en disent les communistes, les socialistes, les RPR, etc. » ? Pas seulement : après son départ, on explique que le vote FN est un vote de protestation, mais qu'on reste attaché aux représentants politiques traditionnels. Et, surtout, Mme Meyer et M. Mestre expliquent, à mi-mot, qu'ils ne supportent pas l'antisémitisme de Jean-Marie Le Pen et son adhésion au « révisionnisme » — les chambres à gaz ont existé, et on n'aime pas qu'il « joue avec ça ».

Le groupe circule constamment dans une thématique populiste, et celle-ci non seulement ne le conduit pas à un racisme effréné, mais semble même y constituer un obstacle. Il est à l'aise dans la critique du système et du pouvoir, mais ne s'aventure pas trop loin dans la fixation sur des boucs émissaires. Avec lui, populisme et racisme s'opposent plus qu'ils ne se complètent, en même temps qu'il semble bien installé dans une dénonciation qui confine à l'impuissance.

Ce populisme ne se transforme guère en action, ou très faiblement. C'est un discours sans prolongements pratiques, un ensemble de représentations qui apportent une vision du monde dans laquelle l'Autre — l'Arménien, le gitan, l'Arabe — n'est qu'un élément, non déterminant. On peut, certes, se satisfaire d'un tel discours, qui anime bien des conversations privées, bien des propos de salon ou de bistro. Mais les participants à notre intervention sont membres de CIQ, ce sont des acteurs, et, même si leurs ambitions sont limitées, ils ne peuvent se contenter de la rhétorique populiste.

b) A nouveau, les gitans

Que faire, en particulier, qui permettrait de régler concrètement le problème des gitans de la Renaude ? Le dernier invité du groupe, le doyen de l'université voisine, refuse les images dramatiques qui entourent cette population.

A ses yeux, les progrès sont incontestables : « la Renaude a été pire que ce qu'elle est, elle a changé en bien ». Il en appelle à une action soutenue, à des efforts dont les deux sœurs déjà évoquées montrent qu'ils sont possibles, il se félicite que des étudiants de sa faculté viennent aider les jeunes gitans et contribuent à ce qu'ils ne soient pas totalement marginalisés scolairement.

De tels propos exercent sur le groupe des effets spectaculaires, entraînant des réactions qui s'écartent de la thématique populiste générale pour opposer, brutalement, le dedans et le dehors, les gitans et les autres ; la haine et l'exaspération se précisent, en même temps que l'image d'une opposition irréductible. On parle alors de former une milice — « c'est une idée qui est en train de naître », indique M. Lerner —, on revient sur les descriptions déjà faites — la saleté, la richesse aussi, les odeurs, la façon dont les gitans abusent, etc. —, on affirme qu'« on est foutu », on est bouleversé, on imagine tout le quartier envahi, infesté, on s'en prend non plus à l'urbanisme ou à la politique, mais « aux types qu'on a mis dans ces logements », on demande un grand nettoyage et on envisage des solutions extrêmes : « leur rendre la vie intenable », suggère M. Mestre, les « dégoûter d'être dans ce coin-là, faire en sorte qu'ils ne puissent plus vivre selon leurs critères ». Ou bien quitter Marseille, comme ne l'exclut pas Mme Faure, qui par ailleurs n'y va pas par quatre chemins : « les gitans, explique-t-elle au doyen, on a l'air d'en faire de petits saints... Ils ne vont pas à l'école pour apprendre, mais pour les allocations familiales. Il y a une différence entre ce qu'on essaye de faire à l'extérieur de la Renaude, et ce qui se passe à l'intérieur. Nous, c'est l'extérieur qui nous intéresse. S'ils veulent se tuer entre eux, eh bien, qu'ils se tuent, on ne veut pas le savoir ».

Et si certains dans le groupe se raidissent, Mme Bartoli, dont nous savons à quel point elle souffre, quotidiennement, de sa mitoyenneté avec la Renaude, entend ce que dit le doyen. Elle a des idées concrètes, et positives : faire venir des animateurs, des travailleurs sociaux, désenclaver la cité des gitans, y loger des étudiants. Sa voix est minoritaire, et elle-même n'est pas optimiste. Mais elle s'écarte, elle aussi, du discours populiste jusque-là dominant, de la critique un peu facile du système, de la société de consommation ou de la classe politique, en s'intéressant pratiquement aux solutions raisonnables qui pourraient régler à terme un problème qui est pour elle lancinant.

Ainsi, la rhétorique populiste se désagrège pour laisser la place à deux orientations. L'une, majoritaire, oppose radicalement l'intérieur et l'extérieur, entérine le principe d'une séparation absolue et prend la forme d'une haine intercommunautaire où le racisme trouve sa place. L'autre, minoritaire, accepte l'idée de considérer l'intérieur de la Renaude, de ne pas la réduire à l'image d'un pur foyer de nuisances et d'envisager des changements progressifs, une cohabitation supportable. Mise au pied du mur par l'appel à l'action, la thématique populiste se déstructure, et, dans cette déstructuration, s'opèrent des clivages où le racisme vient s'affirmer plus nettement qu'avant. Le racisme, ici, sort du populisme, bien plus qu'il ne l'anime ; il en est une des voies de sortie, bien plus qu'une composante majeure ; il y est virtuel, bien plus que central. Mais la désagrégation du discours populiste peut aussi dégager une autre orientation, exempte de haine et d'exaspération raciste : le groupe n'est-il pas capable de lui donner plus de force ?

c) Construire une action offensive ?

Cette question est au cœur de l'intervention des chercheurs en fin de recherche. Ils présentent au groupe leur analyse de ses problèmes, en s'appuyant sur l'histoire des réunions antérieures, et dessinent l'image d'une action hésitant entre deux orientations. D'une part, une orientation qu'ils appellent « contre-offensive » et qui peut se traduire par un triple objectif : renforcer la capacité de pression institutionnelle du CIQ en persuadant les Arméniens du quartier d'y participer, alors qu'ils l'ignorent et, on l'a vu avec l'« affaire de la place de la Rotonde », le court-circuitent pour faire valoir leurs intérêts spécifiques ; aider les gitans de la Renaude à évoluer, en s'efforçant par exemple de développer le contact avec eux ou de promouvoir, directement ou indirectement, l'éducation et la formation des plus jeunes ; jouer la carte du développement universitaire et technologique qu'offrent la faculté de Saint-Jérôme et le technopôle de Château-Gombert, en y voyant une chance pour le quartier — par exemple en favorisant l'ouverture du noyau villageois aux étudiants, en demandant pour eux des équipements collectifs, des logements adéquats.

Et, d'autre part, les chercheurs indiquent que l'action peut prendre un tour défensif : rejet des Arméniens, considérés comme une menace ; approche quasi militaire des gitans, définis comme un ennemi dont il faut se protéger et dont il faudrait détruire le bastion ; ignorance ou méfiance à l'égard de la modernité que symbolisent la faculté et le technopôle, avec leurs étudiants, leurs enseignants, leurs chercheurs qui forment une population susceptible d'affaiblir encore plus la vie traditionnelle du quartier.

Le choix est là, entre ces deux orientations, et les chercheurs plaident pour la première, contre la seconde dont ils montrent qu'elle fabrique une mentalité d'assiégés, favorise le discours de la haine et du racisme, et ne peut à terme que se solder par l'échec, l'impuissance et la dégradation continue du quartier.

Cette intervention des chercheurs déclenche d'abord des propos amers sur l'impuissance du CIQ, sur son incapacité à mobiliser le quartier : les gens ne s'investissent pas, sont pris dans un individualisme généralisé, refusent de prendre des initiatives, et même si les adhérents étaient plus nombreux — comme à la Rose, d'où vient Mme Meyer — les démarches des pouvoirs publics en ignoreraient les demandes ou les propositions. Ne faut-il pas réagir, suggère M. Pélissier, qui dans un passé récent a tenté de mobiliser les commerçants du quartier, démultiplier les initiatives, les assemblées, les rencontres avec divers intervenants ? La suggestion entraîne le plus grand scepticisme. En fait, le CIQ ne peut envisager d'action que limitée à de maigres enjeux urbains : demander un passage clouté ou un feu tricolore ; il lui a fallu vingt ans pour obtenir l'ouverture d'un bureau de poste à Saint-Jérôme, et, malgré l'insistance des chercheurs, le groupe s'enferme dans le discours de l'impuissance et, corrélativement, de l'exaspération. Les Arméniens ne viendront pas participer à une action de quartier, car « ils sont très courtisés par les politiques », dit M. Gasquet, et Mme Faure ajoute qu'ils sont « commerçants jusqu'au bout des ongles ». L'université, le pôle technologique ne peuvent guère avoir d'incidence positive, on n'y croit guère, on se sent non concerné. Et, surtout, une dernière fois, on en revient aux gitans, en des termes extrêmes : « ces gens-là sont différents », dit M. Mestre, qui les compare à du gibier qu'il faudrait faire déguerpir ; « le problème est politique, tout le reste, c'est de la littérature, je ne tolère plus de différence, je n'en veux plus en France, je ne suis pas un extrémiste, je suis français, je veux être français », s'écrit M. Lerner, à qui Mme Faure répond aussitôt : « mais on arrive à l'extrême ». La tentative des chercheurs est un échec, ils ne sont pas suivis dans leur suggestion de construire une action contre-offensive, et ce qui l'emporte est l'image de l'*impuissance*, traversée par des flambées d'exaspération.

Le groupe de Marseille ne ressemble guère à ceux de Mulhouse et Roubaix. L'exaspération n'y a rien à voir avec la rage des exclus ou la colère prolétarienne, et les tendances au racisme n'y sont pas alimentées par des problèmes de cohabitation directe, dans des cités ou des immeubles. Ce qui prime n'est pas tant un racisme explicite qu'un sentiment d'abandon et d'impuissance politique. Dans le passé, Saint-Jérôme permettait à des couches moyennes, ou populaires, d'associer une vie de village à la participation au progrès et à la modernité ; cette association s'est défaite, et, si les ressources économiques des membres du groupe ne semblent pas s'être nettement réduites, leur environnement se dégrade, l'espace du quartier se fissure, il leur faut s'y constituer des territoires protégés, se barricader, construire des digues ou en rêver. On en veut aux hommes politiques, on déplore la coupure de la ville entre le nord et le sud, accusée de maintenir une ségrégation spatiale, et on a l'impression d'être les laissés-pour-compte du changement social et culturel, les derniers survivants d'une France révolue.

Le village, la ville, la nation : ces trois niveaux de leur inscription sur le territoire semblent à leurs yeux se dissocier, en même temps qu'ils se désagrègent ou se dualisent, et cette déstructuration n'est pas tant vécue en termes économiques ou sociaux qu'en termes culturels et politiques. Le discours populiste apporte alors la réintégration mythique de ce qui se défait, avec l'appel à l'ordre républicain, à la nation, à l'identité marseillaise, la dénonciation des *media*, de la classe politique et des élus locaux, la nostalgie d'un passé harmonieux. Ce discours dominant est pré-raciste, ou infra-raciste, et ce n'est que passagèrement, en réaction à des propos tenus par certains interlocuteurs, ou à l'intervention des chercheurs, qu'il se dégrade en un racisme lui-même très limité, ou encore contenu. Les gitans, en particulier, sont décrits pour leurs nuisances — elles-mêmes très réelles, même si elles sont certainement exagérées — et fort peu comme une race biologiquement différente ; les Arméniens sont définis par leur culture, leur affirmation nationale, sans référence à de quelconques attributs génétiques ou physiques, et l'on circule constamment, dans le groupe, entre le niveau des problèmes locaux et celui de la République, de la nation et des institutions.

Les participants au groupe ne sont pas exclus de la modernité, mais ils paient le prix fort pour continuer d'y participer : il leur faut mettre en place toutes sortes de protections, supporter la délinquance au quotidien, encaisser la présence des gitans. Ils ne sont pas non plus adossés à tout crin à des traditions menacées par la modernité ; mais le noyau villageois, les réseaux communautaires, la quiétude de l'habitat pavillonnaire ou des résidences sont mis en cause par l'évolution récente du quartier. S'ils étaient purement et simplement des exclus, s'ils étaient entièrement emportés par la chute sociale, s'ils se vivaient uniquement comme l'expression de traditions résistant à la modernité, ils seraient certainement beaucoup plus radicaux, et tentés par un racisme nettement plus affirmé. Mais ils sont plutôt des figures intermédiaires, où ces différentes logiques s'amalgament sans être parvenues à leur terme. Ils peuvent encore résister, et trouvent dans une rhétorique populiste la formulation de leur mal-vivre. Mais l'avenir leur semble sombre, le système politique local fonctionne mal, les Arméniens ne participent guère à leurs activités, les gitans sont installés là pour longtemps, la capacité d'action est faible et s'amenuise. Le populisme ne définit qu'un moment, avant le passage à une exaspération plus grande, à des tensions plus fortes, à une montée aux extrêmes dans lesquelles le racisme a sa place toute trouvée.

Conclusion

Chacun des trois groupes dont l'histoire a été retracée dans les chapitres précédents apporte un éclairage partiel, non pas tant sur une ville ou un quartier que sur les processus de production du racisme. Ces processus relèvent en fait de quatre grandes logiques qui peuvent se lire à partir de l'opposition classique entre tradition et modernité.

Une première logique, illustrée par les prolétaires du quartier des Hauts-Champs à Roubaix, est celle de l'exclusion et du non-traitement social de difficultés sociales. Défini par la pauvreté, le chômage, le logement dégradé, le sentiment d'injustice, l'exclu attend des hommes politiques qu'ils apportent des réponses concrètes à des problèmes précis ; il ne parvient pas à s'engager dans une réponse autonome, qu'il n'envisage guère. Son racisme procède de cette incapacité, autant que des limites des réponses hétéronomes qu'il trouve du côté des forces politiques. Ce racisme est très instable, à la limite inexistant si le débat peut s'installer sur un terrain proprement social ; il sature au contraire tout le propos si les perspectives d'une action sociale ou d'un traitement politique des difficultés locales s'éloignent ou apparaissent artificielles.

Une deuxième logique, mineure, correspond aux situations dans lesquelles une population petite-bourgeoise ou populaire, mais non prolétarisée, se heurte à un problème précis, référé à une communauté bien identifiée, et souffre, sans contestation possible, des troubles qu'elle apporte à son voisinage immédiat. Les habitants de l'Épeule qui ont participé à notre intervention à Roubaix, M. et Mme Bartoli à Marseille, dont la « campagne » est mitoyenne de la cité de la Renaude, illustrent cette logique où l'on attend des autorités locales un règlement du problème et où l'on dénonce en termes très concrets les nuisances subies, avec inquiétude et un peu de mépris, mais sans s'engager dans un racisme outrancier. L'expérience vécue des « Roumains » et des gitans renvoie, certes, à l'idée d'une forte différence culturelle ; mais pour ceux qui la côtoient vraiment de très près, quotidiennement, cette population se réduit à une gêne insupportable et est traitée, dans l'ensemble, pour ce qu'elle est, sans dérapages excessifs, sans haine particulière, sans référence spécifique à la race. Paradoxalement, le fait d'être du côté de la modernité, et de souffrir de troubles pourtant constants de la part d'une minorité ethnique, ne se solde pas par une débauche de propos racistes mais, au plus, par un discours vaguement racisant.

Une troisième logique est celle de la chute sociale, qui peut revêtir elle-même plusieurs significations : prolétarisation, enfermement dans un quartier qui se dégrade, expulsion plus ou moins prononcée de la modernité à laquelle on pouvait auparavant s'identifier. Quelques participants de nos groupes — M. Martin à Mulhouse, Mme Faure à Marseille notamment — correspondent à ce cas de figure. Le racisme est ici d'autant plus radical et stable que la chute elle-même semble irrémédiable, que l'on se sent poussé par une évolution irrésistible qui vous éjecte. Il est faible si la chute est limitée, ou perçue comme provisoire, ou encore si elle atteint plus la capacité d'action politique que les ressources proprement économiques. C'est ainsi que certains participants, dans le groupe de Marseille, se définissent avant tout par la marginalisation de leur quartier au sein du système politique de la ville, se sentent délaissés par un pouvoir qui ne fera rien pour les débarrasser des gitans de la Renaude — au contraire — et qui semble prêter une écoute démesurée à la communauté arménienne. Dans ce cas précis, le racisme est limité, il est plus une composante mineure d'un populisme qu'une force agissante.

Ces trois premières logiques sont avant tout sociales, et le racisme y apparaît comme commandé par un rapport à la modernité, qu'il s'agisse de ceux qui s'en trouvent exclus, de ceux qui y sont installés mais souffrent d'une gêne imputable réellement à une minorité ethnique, ou de ceux qui en sont plus ou moins expulsés.

Une quatrième logique renvoie, elle, à la tradition et, plus précisément, au déclin d'un mode de vie traditionnel, que celui-ci soit pré-industriel — comme c'est à certains égards le cas avec Saint-Jérôme et son noyau villageois — ou qu'il ait été façonné, dans un passé révolu, par l'étroite association de la ville et de l'industrie — comme c'est le cas dans certains quartiers de Mulhouse.

Les gens ici ne se définissent guère socialement, et plutôt culturellement. Ils se réfèrent à une culture locale ou régionale — marseillaise, mulhousienne, provençale, alsacienne —, à la nation, à la religion — catholique — doublement menacées : par la crise, par la déstructuration que viennent signifier les immigrés décrits comme des envahisseurs barbares, et par le changement, la modernité, dont ils sont exclus. Lorsque cette double menace est fortement ressentie, que le mode de vie est profondément affecté, qu'on se sent à la fois extérieur à l'évolution moderne et massivement cerné par l'immigration, l'exaspération et la haine, confondues avec la perte des repères traditionnels, sont susceptibles de façonner un racisme intense et, surtout, relativement stable.

Ces quatre logiques, dans la pratique, se complètent, s'amalgament et s'exacerbent mutuellement, parfois chez une même personne. Elles n'épuisent peut-être pas le registre des composantes principales du racisme ; nos interventions sociologiques, en effet, n'ont pas porté sur le racisme des quartiers protégés et sur les logiques de ségrégation qui y trouvent place. Mais nous disposons maintenant d'une image plus claire du racisme populaire. Celui-ci se construit soit plutôt à partir d'un versant social, celui de l'exclusion et de la chute, ou de situations définies par les nuisances qu'apporte une communauté nettement définie ; soit plutôt à partir d'un versant culturel, d'un mode de vie déstructuré, d'une identité menacée. Le racisme est plus stable lorsqu'il procède du second versant que du premier. Dans tous les cas, ce que nous avons observé est la distance par rapport à l'idée de l'installer au niveau idéologico-politique. Le vote Front national, auquel la plupart des participants à nos trois groupes ont certainement apporté une ou plusieurs fois leur suffrage, ne signifie pas l'adhésion à une idéologie raciste, et constitue bien davantage un réflexe populiste. Lorsque le thème des Juifs a été introduit, cela a entraîné quelques remarques stéréotypées, et surtout une grande retenue. L'antisémitisme a à peine affleuré, ce qui ne signifie pas qu'il n'existe pas, mais qu'il est sans relation avec les logiques principales du racisme et que les acteurs ne sont pas disposés à accepter le discours politique qui façonne cette relation. Ce qui semble confirmer le caractère limité, infrapolitique, du racisme populaire.

TROISIÈME PARTIE

Le racisme et la ville

5

La ségrégation

Selon des modalités extrêmement variables, et avec des résultats plus ou moins spectaculaires, d'importants mouvements de population ont contribué en une vingtaine d'années à modifier le paysage urbain de la France. Ils ont surtout dissocié des couches moyennes et populaires, capables de maintenir une participation active à la vie moderne, d'être ou de rester *in*, et des personnes plus démunies, relativement âgées, ou des familles en plus ou moins grande difficulté, appelées souvent malgré elles à cohabiter avec des populations issues de l'immigration, ou qu'elles leur assimilent (gitans, Français originaires des DOM-TOM en particulier).

La ségrégation sociale et ethnique inscrite dans l'espace urbain se retrouve dans la ségrégation scolaire. Elle repose sur des logiques de marché (marché du logement, marché scolaire), mais aussi sur des fonctionnements institutionnels, dans la gestion du logement social notamment. Elle doit beaucoup au comportement de certaines municipalités, par exemple lorsque celles-ci évitent l'implantation de logements sociaux sur le territoire communal. Elle a été rendue possible par des politiques nationales, comme celle de l'aide personnalisée au logement (APL), et il est beaucoup trop tôt pour savoir si la loi sur la ville votée en juin 1991 permettra de pallier les différences les plus criantes entre communes, obligera les plus réticentes à accueillir davantage de logements sociaux, et enrayera les processus qui mènent à la ségrégation spatiale.

1. La spirale

Mais n'établissons pas trop rapidement un lien entre la mobilité sociale et spatiale et le racisme, ne soupçonnons pas trop vite du pire ceux qui choisissent de quitter un environnement urbain pour un autre qui leur convient mieux.

En réalité, l'image qui décrirait le mieux le processus menant à la ségrégation est celle d'une spirale, où le racisme est totalement absent au départ et se profile de plus en plus au fil du temps. Les premiers à quitter un logement HLM qui avait constitué un progrès lorsqu'ils s'y étaient installés, à partir d'un quartier où ils pouvaient avoir des attaches familiales ou affectives, d'une banlieue qui à leurs yeux n'avait rien de « pourrie », sont en mobilité ascendante, ou du moins non descendante ; leur décision repose sur des critères familiaux, économiques et sociaux, où la question ethnique n'a généralement aucune place. Ils se déplacent pour un habitat qu'ils jugent mieux adapté à leur situation familiale, à leur position sociale, à la localisation de leur emploi, pour un cadre de vie plus agréable, un accès plus direct à la vie culturelle d'un centre ville, à l'université ou aux facilités que leur offre une banlieue résidentielle. Le phénomène, comme l'a établi Michel Peraldi, participe largement d'un mythe dès lors qu'il est réduit à la seule catégorie fourre-tout des classes moyennes [112]. Celles-ci n'ont jamais peuplé massivement le logement social, où la population a généralement été à forte majorité composée d'ouvriers et d'employés, et les départs ont été, d'après plusieurs études citées par Peraldi, occasionnés surtout par des modifications de la taille et de la situation de la famille (mariages, naissances, décès, divorces). Ceux qui sont partis des cités et des grands ensembles ne se réduisent pas aux seules couches ou classes moyennes, dont le mouvement est loin à lui seul d'avoir causé une « hémorragie massive », mais relèvent plutôt d'un profil, qui les déborde vers le bas et qui correspond, comme dit Catherine Foret dans son étude sur les Minguettes, à des

« ménages d'abord économiquement plus forts que les autres. Ils ont un revenu plus élevé, mais vraisemblablement plus sûr [...] ; le projet a d'autant plus de chance d'aboutir que le ménage est jeune[113] ».

Le processus qu'ils enclenchent n'est pas un jeu à somme nulle, car ceux qui les remplacent progressivement ne relèvent pas, ou de moins en moins, d'une trajectoire comparable. Les logements d'où ils déménagent accueillent au contraire des populations en mobilité de plus en plus descendante et, surtout, des immigrés qui, s'ils ne sont pas en chute, n'en demeurent pas moins aux plus bas échelons de la hiérarchie sociale et sont statistiquement peu nombreux à être susceptibles de quitter la cité ou le grand ensemble où ils aboutissent. Le résultat est parfois impressionnant, comme nous le constaterons plus loin, par exemple à Montfermeil, avec l'évolution de la *résidence* des Bosquets, devenue en quelques années une *cité* emblématique de la crise des banlieues.

Au fur et à mesure de ce processus, la part de l'immigration augmente donc dans l'îlot ou le bâtiment, et, avec elle, les tensions, le ressentiment, l'impression, souvent fondée, de vivre une dégradation qui est de plus en plus imputée non pas à ce processus lui-même, mais à ceux qui viennent l'incarner : les voisins, avec qui il est de plus en plus difficile de s'entendre et qui apportent leur lot de bruit, d'odeurs, de saleté, leur différence culturelle, en même temps qu'une stigmatisation du lieu où on habite. Ceux qui se décident alors à partir le font sur des bases où entre en ligne de compte une exaspération qui peut confiner au racisme : « je me sentais terriblement seule », raconte une assistante sociale qui a vécu dans une ZUP ; la coupe a débordé quand elle a surpris un enfant, fils d'immigrés, « en train de détraquer l'ascenseur qui venait d'être réparé. J'ai eu une réaction violente, je lui ai d'abord envoyé une énorme claque, j'ai senti qu'il fallait partir, ça risquait de dégénérer » et « je devenais raciste » — ce qui manifestement est intolérable à ses yeux et contraire à toutes ses convictions.

Le racisme, dans la mesure où il intervient comme cause du départ, est une construction qui se joue dans la réalité de l'expérience vécue. Fruit d'un écœurement, d'une lassitude, il peut être de faible portée, dans la mesure où les difficultés qui l'alimentent trouvent leur résolution dans le départ pour un environnement plus supportable. C'est pourquoi, même s'il apparaît de plus en plus au fur et à mesure que se développe la spirale de la dégradation, il n'est pas nécessairement l'élément central du processus qui mène à la ségrégation spatiale. Il en est plutôt un produit, d'intensité variable, parfois puissant, parfois à l'inverse — par exemple dans le cas de cette assistante sociale —, ne constituant qu'un risque ou un état passager, dont on s'inquiète pour soi-même : partir, à la limite, c'est éviter de s'installer dans la haine ou de déraper vers des conduites violentes.

Ce qui vaut pour le logement vaut également pour l'école. L'examen de demandes de dérogations à la carte scolaire montre une évolution tout au long des années quatre-vingt [114]. Elles sont en effet de plus en plus explicitement racistes, la justification avancée étant de plus en plus directement le fort taux d'enfants étrangers dans l'école que l'on souhaite éviter à sa progéniture. Cette évolution peut s'interpréter aussi comme l'expression de la fin d'un tabou ou la levée d'un interdit, mais n'ôte rien à l'hypothèse d'une spirale comparable à celle du logement. Elle aboutit même à des conduites étonnantes, comme celle de ces parents d'élèves dont certains, dans la ville nouvelle de Cergy-Pontoise, ont tout fait pour éviter à leurs enfants l'école à fort pourcentage d'élèves issus de l'immigration, et qui se mobilisent pour demander l'ouverture d'un lycée international qui assurera la rencontre interculturelle, indispensable à leurs yeux pour une formation moderne et ouverte sur le monde.

Tournons-nous maintenant vers ceux qui sont du « bon côté », soit qu'ils y aient toujours vécu, soit qu'ils y aient abouti à l'issue du processus qui vient d'être précisé. Deux cas de figure se présentent ici, même si la distinction n'est pas toujours très nette, et même s'il existe bien des situations intermédiaires.

2. Les grands clivages

Dans certaines configurations urbaines, la ségrégation se lit à l'échelle de vastes territoires. Il peut s'agir d'une ville entière, fracturée par une césure nette — comme Montfermeil, où tout distingue la cité des Bosquets du reste de la ville, ou comme Marseille, où il est banal d'opposer les quartiers nord et les quartiers sud. Il peut s'agir aussi d'un clivage entre villes voisines, et notamment entre une métropole vieillie et affaiblie par la mutation générale de la société et une, voire plusieurs communes périphériques, ayant su drainer vers elles une population aisée et dynamique, et minimiser la présence de l'immigration. Des espaces aussi considérables ne sont évidemment pas homogènes, et l'image d'une ségrégation à leur échelle ne doit pas masquer leur diversité interne — par exemple la présence de quartiers résidentiels dans une zone globalement dominée par la dégradation et l'exclusion ou, inversement, l'existence de poches de misère dans un contexte plus large d'aisance et d'environnement bien connoté socialement.

A une telle échelle, le discours raciste qui a été reconstitué dans l'avant-propos de ce livre ne diffère pas, à première vue, d'un territoire à un autre ; la thématique est sensiblement la même, et si l'on veut faire du vote pour le Front national un indicateur de racisme, celui-ci peut être aussi massif de part et d'autre de la ligne qui les sépare.

Pourtant, il repose sur des affects et des réalités différentes, il exprime et façonne une situation distincte selon qu'on est d'un côté ou de l'autre de cette ligne.

1. La peur et le statut

Il ne suffit pas, en effet, d'être du « bon côté » de la barrière sociale et ethnique pour être indemne de toute tentation raciste, bien au contraire. Pour certains, le coût est considérable : il a fallu faire des sacrifices économiques pour accéder à un quartier jugé décent, il en faut pour s'y maintenir — ce qui peut aller de pair avec des difficultés financières, un important surendettement, la hantise des traites à payer, de la scolarité des enfants à assurer. Le risque de voir mise en cause la marque d'un statut social acquis ou préservé est alors couramment projeté sur les immigrés, susceptibles sinon d'« envahir » le quartier, du moins de venir le « souiller ». Comme dit un habitant des quartiers sud de Marseille, avec le plus vif sentiment d'avoir pu fuir les quartiers nord : « j'y suis arrivé, c'est chez moi, je veux que ce soit propre ». L'immigré est ici synonyme d'une dévalorisation à laquelle on est résolument disposé à s'opposer, on n'en veut pas. On croit savoir que « quand il se passe quelque chose, c'est toujours des noms arabes. Mais c'est surtout de l'autre côté que ça se passe, tout Marseille n'est pas investi » ; il s'agit de se protéger, de se prémunir, sans aucun souci de solidarité avec ceux qui demeurent « de l'autre côté ».

La préservation du statut n'est pas la seule source du discours raciste. Celui-ci repose aussi sur le sentiment de payer bien trop cher la tranquillité et les avantages du quartier, au profit, dans certains propos, d'une immigration qui abuserait — « on a ici des impôts très élevés, on nous a pris pour des vaches à lait », alors que les immigrés, eux, « ne payent pas d'impôts locaux ».

Bien plus largement, la peur et la hantise de l'insécurité relèvent d'une expérience vécue qui n'est pas liée à la présence de ceux sur qui elles se fixent. Les habitants de territoires où les immigrés sont peu nombreux développent en des proportions non négligeables, dont le score du Front national constitue certainement un indicateur approximatif, un « syndrome[115] » qui ne repose ni sur la cohabitation ou la rencontre quotidienne avec ceux qui inquiètent, ni même sur une insécurité objective, sur un danger significatif et statistiquement réel de vol, d'agression ou de délinquance. Ils appartiennent à un univers extrêmement diversifié, mais partagent un vif sentiment de crise de l'ordre social et culturel, de défaillance des institutions ; ils relèvent d'un monde dépourvu de grands projets, faiblement structuré par la vie associative et les conflits auxquels elle se rattachait peu ou prou dans le passé. On a souvent insisté sur les carences, dans les quartiers difficiles, du tissu associatif ou militant, et associé ces carences au départ des couches moyennes : il faut bien voir que, là où ces couches se retrouvent, elles n'ont guère reconstitué les réseaux communautaires, culturels ou conflictuels qu'elles avaient su promouvoir jusque vers le milieu des années soixante-dix. Il est juste de souligner le paradoxe de ces populations qui surévaluent les dangers de la vie quotidienne, alors qu'elles en sont relativement épargnées, et tendent alors au repli sur la famille, à l'appel à l'ordre, au vote Front national et au racisme anti-immigrés[116].

Mais si le sentiment d'insécurité se polarise sur la délinquance et l'immigration de façon irrationnelle, cela n'indique pas qu'il n'a pas ses sources dans la réalité sociale : cela signifie plutôt une disjonction entre le vécu où se fabrique la peur et les cibles sur lesquelles elle se concentre. Habiter un territoire protégé ne veut pas dire qu'on participe pleinement aux changements culturels et sociaux, qu'on incarne une modernité triomphante, une société en expansion, un optimisme dans la capacité du système politique et institutionnel à assurer le progrès général. Cela peut au contraire aller de pair avec le doute, la crispation sur un statut social et spatial menacé, la vulnérabilité économique, l'effort pour se protéger de changements qui menacent par le bas — avec le risque de la chute — et par le haut — avec l'apparition d'une culture et d'une modernité renouvelées dont on n'est pas nécessairement partie prenante et qui constituent une menace pour l'identité nationale.

Récits et rumeurs sont ici particulièrement parlants. C'est ainsi que, dans les quartiers sud de Marseille, un même récit revient constamment pour illustrer les méfaits de l'immigration : il s'agit du meurtre d'un banquier par des immigrés dans une salle de cinéma, il y a déjà plusieurs années, dont nous avons eu à entendre des versions légèrement différentes et qui est présenté comme le summum du danger — danger qui guette les classes supérieures (le banquier), qui interdit de profiter de la vie, de se livrer à un loisir (le cinéma), et qui surgit dans le noir d'une salle obscure, traîtreusement, et avec une extrême violence.

2. *La ségrégation active*

Le racisme de la peur et du statut n'est pas seulement un discours. Il est aussi actif, et assure une distance concrète avec les immigrés. Il construit la différence sur un mode expressif, verbal, mais aussi pratique, apportant une protection au quartier, au statut, à l'image de soi-même, indiquant des limites infranchissables, marquant des repères identitaires et renforçant une distinction sociale dont la solidité n'est pas assurée — ou en tenant lieu.

Il opère alors à trois niveaux. Le premier est celui des comportements individuels, dont l'agrégation peut confiner au boycott spontané. Les travailleurs sociaux des quartiers sud de Marseille observent ainsi, couramment, que « si un animateur s'appelle Youssef, il y a des parents qui retirent leurs enfants », ou que s'ils mentionnent « une activité jumelée nord-sud, au niveau d'un centre aéré par exemple, c'est clair, ce jour-là, on a 80 % d'absentéisme. Ils ne nous diront rien mais il y aura 80 % d'absentéisme ». Ils notent d'ailleurs qu'un phénomène identique s'observe si des enfants handicapés, notamment des trisomiques 21, participent à une activité. De façon plus générale, les parents s'informent avant d'inscrire leurs enfants dans un centre, demandent « qui fréquente » et, si le responsable joue la fausse naïveté et semble ne pas comprendre la question, ils précisent : « mais est-ce qu'il y a des Arabes ? ». De même, des adultes, français « de souche », exercent une pression diffuse à partir du moment où ils ont le sentiment que la Maison pour tous ou le centre social qu'ils pratiquent s'ouvre trop, à leur gré, à l'immigration : « les dames qui font de la danse classique font des réflexions quand elles voient les Arabes : " qu'est-ce que c'est que ces gens ? " ».

Ces pressions légères, ces conduites de retrait entravent l'action ou les projets de ceux qui n'acceptent pas la ségrégation interne au quartier, comme par exemple cette initiative d'une responsable de centre social, dans les quartiers sud de Marseille là aussi, qui organise la mise en relation entre l'offre et la demande de femmes de ménage : « si le nom est arabe, " oh là là... c'est pas moi, mais mon mari... ", si elle est noire ou arabe, on n'en veut pas ». Mais, surtout, ce climat paralyse l'effort pour mettre en relation des espaces qui sont disjoints, des acteurs qui pourraient mener des pratiques conjointes — par exemple entre le nord et le sud de Marseille, dont les enseignants ou les travailleurs sociaux évitent de prendre le risque d'aller à l'échec en promouvant des rencontres de leurs élèves ou des jeunes dont ils ont la charge. Ce qui ne signifie pas que tout soit un échec dans ce paysage : certains efforts parviennent à créer une certaine fluidité, ce dont témoigne le succès du théâtre du Merlan, installé dans le XIVe arrondissement de Marseille et visant la fréquentation de toute la ville.

A un deuxième niveau, la pression se politise, les préjugés, la peur, le mépris alimentent le discours des acteurs politiques, et pas seulement du Front national ; ils deviennent des revendications, plus ou moins précises, qui se soldent par des promesses de soutien aux associations les plus fermées aux immigrés, par des annonces relatives à la politique du logement qui proscrira les constructions susceptibles d'accueillir des populations qui inquiètent — par exemple, un projet d'HLM dans les quartiers sud de Marseille : « on m'a dit qu'ils allaient les faire venir [les immigrés] du XIVe et du XVe arrondissement, mon Dieu, quel malheur, qu'est-ce qu'on va devenir dans la maison ! ». Les anecdotes fusent ici, relatives en particulier aux élus marseillais, dont on rapporte les propos — tel ce projet, esquissé verbalement, de bâtir de toutes pièces, dans un site appartenant à la Ville, un véritable ghetto, avec des logements, des entreprises, des écoles, « tout un programme — comme ça on n'entendrait plus parler d'eux, au moins on serait tranquille. Moi je dis ça, je ne suis pas contre les Arabes, mais vous comprenez, avec nous ça ne va pas du tout. Vous les mettez tous là haut et ça va très bien ». La politique scolaire est elle aussi concernée, par exemple avec des projets qui refouleront ou maintiendront les enfants d'immigrés dans les écoles de zones bien circonscrites. C'est ainsi qu'une des rares poches où ils sont massivement présents dans les quartiers sud de Marseille, à la Cayolle, devrait voir se rouvrir une école, fermée depuis plusieurs années, pour accueillir des élèves, souvent gitans ou d'origine maghrébine, qui cesseront ainsi, disent des parents d'élèves de l'établissement qu'ils ont fréquenté entre-temps, d'« amener les poux ». A l'échelon local, la vie politique et municipale est constamment informée non seulement par un discours général hostile à l'immigration, mais par des demandes très concrètes qui, émanant d'un électorat important, sont largement susceptibles d'être prises en considération.

Enfin, à un troisième niveau, c'est l'action collective des habitants qui prend un tour plus ou moins raciste et assure directement l'exclusion et la mise à distance. Un comité de quartier « cesse de faire des fêtes populaires, comme on en faisait il y a de nombreuses années déjà, parce qu'on craint toujours que la fête attire tous les jeunes immigrés délinquants » ; une mobilisation populaire lutte à coups de pétitions pour le départ de gitans qui avaient installé leur camp dans le quartier, obtient que l'eau leur soit coupée, que le prix du camping soit augmenté.

Le racisme, à ces trois niveaux, n'est pas nécessairement virulent. Il s'en prend à l'immigration, ou assimilable, sur deux registres qui se confondent parfois. D'une part, il exerce une pression pour assurer l'homogénéité ethnique du territoire, refoulant les populations indésirables ou rendant difficile la pénétration, même épisodique, de ceux qui sont supposés apporter nuisance et insécurité. Les bus mis à la disposition des habitants des quartiers nord de Marseille pour qu'ils puissent se rendre gratuitement sur les plages du Prado sont ainsi l'objet de récriminations constantes dans les quartiers sud, et les jeunes qui les empruntent se plaignent : « quand on va à la mer, ils sont dix contre un ». D'autre part, le racisme s'apparente à une barrière, qui entérine une distance voulue et se déploie sur fond d'ignorance pratique et de méconnaissance à l'égard de ceux qui sont situés de l'autre côté. Dès lors, il devient un discours largement imaginaire, informé non plus par la connaissance pratique et l'expérience vécue de l'Autre, mais par des rumeurs, par des présentations fantasmatiques, ou à travers le prisme des *media;* il procède, comme dit Pascal Perrineau, d'un effet de halo.

Nous n'avons pas observé d'expressions paroxystiques du

phénomène lorsqu'il fonctionne sur ce registre imaginaire. Pour l'essentiel, nous semble-t-il, il se prolonge, au-delà des propos parfois radicaux des acteurs et des conduites du type de celles que nous venons d'évoquer, par un vote populiste — pour le Front national notamment. Mais il faut savoir que, dans l'histoire, les expressions les plus spectaculaires du racisme n'excluent pas qu'il se déploie en dehors de toute cohabitation ou de tout voisinage concret avec ses victimes. L'ignorance n'interdit pas la construction imaginaire de la différence et, à partir de là, le passage à des conduites de haine et de violence qui sont, elles, bien réelles.

3. Enclaves

Un deuxième cas de figure est donné non plus par les vastes territoires protégés que constituent des espaces comme les quartiers sud de Marseille, mais par des zones plus petites et dont les habitants se sentent bien plus directement menacés d'envahissement.

Là, l'inquiétude est plus vive, le danger semble plus présent, le voisinage plus pressant, plus susceptible aussi de pénétrer le quartier ou l'îlot, qui appellent alors des pratiques défensives beaucoup plus agissantes.

Il peut s'agir d'anciennes villas localisées à proximité de logements HLM qui se sont construits par la suite ou, symétriquement, d'un lotissement pavillonnaire qui s'est peuplé de petits propriétaires se dégageant, pour certains, du grand ensemble voisin, d'un noyau villageois qui se retrouve entouré par une masse plus ou moins imposante de logements sociaux ; d'une résidence avec tennis et piscine qu'un promoteur immobilier a cru pouvoir construire dans un quartier qui s'est densifié par la suite ; d'un îlot central populaire encore non affecté par la dégradation de son environnement immédiat, etc. Les uns vivent l'inquiétude et la frustration d'une mobilité spatiale compromise, d'autres voient planer le danger de la déstructuration d'un mode de vie plus ancien, et beaucoup ont comme premier réflexe, au-delà du discours, d'assurer leur protection. Blindages, alarmes en tout genre se démultiplient, complétés, pour ceux qui vivent dans des ensembles d'une certaine dimension, par l'appel à des sociétés de gardiennage qui transforment l'immeuble ou la résidence en camp retranché : « l'assemblée générale des copropriétaires », raconte un peu gêné cet enseignant qui a quitté une HLM devenue insupportable pour une résidence agréable, mais invivable au niveau de l'environnement, « a accepté le principe de cette surveillance qui était devenue indispensable ». De telles mesures ne signifient pas nécessairement une hostilité visant particulièrement les immigrés, mais elles s'en accompagnent fréquemment, ainsi que d'un discours qui confine çà et là au racisme.

Souvent aussi, on s'arme, et la crise du Golfe, en 1990-1991, a été une période de grande inquiétude vis-à-vis des Arabes et des musulmans, au cours de laquelle certains ont stocké des produits de base et acquis un armement. Le ressentiment ou l'amertume peuvent aller avec la peur, surtout pour ceux qui ont cru s'extraire d'une situation antérieure les plaçant du mauvais côté et qui se croient à nouveau menacés d'y retomber. Ils constatent la dévalorisation de leur patrimoine immobilier et dépensent des sommes importantes pour se protéger pendant qu'en face, ou à côté, les immigrés bénéficieraient de toute la sollicitude des pouvoirs publics ou de réhabilitations coûteuses pour le contribuable.

Dans de telles situations, il n'est pas rare que monte la tentation de former une milice privée. Et surtout, au-delà des diverses mesures de protection physique qui sont prises ou esquissées, on exerce une action qui vise à repousser les « envahisseurs », à les tenir à l'écart, alors qu'ils sont très proches — « il faut, explique un habitant d'une résidence, payer un gardien, protéger la piscine où on est bombardé de bouteilles de bière », ou encore dire aux parents d'« imposer aux enfants des chaussures à semelle épaisse, car les espaces verts de l'environnement immédiat sont pleins de seringues abandonnées par les drogués du voisinage ».

Là encore, il convient de distinguer trois niveaux dans

l'action : les mêmes que ceux évoqués plus haut, mais avec un caractère beaucoup plus marqué — les conduites individuelles de retrait et de boycott des activités auxquelles les immigrés sont susceptibles de participer se transforment plus vite en pression institutionnelle et en action collective de base.

Ainsi, à Bourtzwiller, ce quartier de Mulhouse excentré et populaire, les habitants français « de souche » des parties les plus proches du ghetto, qui se définissent aussi très largement comme alsaciens, cherchent avant tout à se protéger de toute pénétration de personnes extérieures aux îlots où ils vivent. La construction d'équipements de jeux pour enfants dans un square situé dans un de ces îlots a suscité une mobilisation contre la venue d'enfants maghrébins et la rédaction de pétitions adressées, avec succès, à la municipalité pour que ces équipements soient démontés. Le projet de rachat d'une Supérette pour en faire une Maison de quartier que fréquenteraient à nouveau de jeunes Maghrébins a donné lieu à protestations et pétitions, et a été abandonné par la municipalité : « je lui ai dit [à l'agent du maire] : “ pourquoi vous dites toujours *Maisons pour tous* ? Y a pas de Français qui y vont, on va être envahi, maintenant qu'on commence à être un peu débarrassé... ” ». L'action collective aboutit parfois à la construction de barrières bien réelles. La « cité SNCF » à Marseille jouxte, avec sa population de Français « de souche » plutôt en chute, le ghetto maghrébin de Fontvert, et l'opposition des deux ensembles a défrayé récemment la chronique. Ceux du ghetto, en effet, gênent : « sans arrêt, il y a des gamins qui rentrent dans la cité SNCF, dans les bas étages, et qui vont piquer ». Fontvert étant relativement isolé, il y a un problème réel d'accès à certains services du quartier, les enfants sont obligés de traverser la cité SNCF pour aller au collège. Exaspération, assemblée générale des locataires de la cité SNCF qui décident de bloquer le seul passage, de monter un mur pour obliger ceux de Fontvert à passer ailleurs. Et, au fur et à mesure que les uns montaient le mur, les autres le défaisaient. L'affaire s'est envenimée jusqu'à ce qu'intervienne la mairie du secteur et qu'un projet de réaménagement du passage, protégeant quelque peu les immeubles riverains, soit mis à l'étude. L'épisode est d'autant plus significatif qu'il relance un conflit plus ancien (1983), entre les deux mêmes cités : la directrice de l'école du quartier, raconte un témoin de l'époque, « voulait se protéger contre l'invasion ; pendant une année, elle a fait du porte-à-porte dans les quartiers voisins, où il y avait moins d'Arabes, pour que les gens viennent, et en même temps elle s'était arrangée pour faire boucher le seul passage piéton souterrain, qui allait d'un quartier à l'autre, par des associations de locataires qui disaient que c'était épouvantable, qu'on se faisait agresser ».

Et, même lorsqu'il n'y a pas de barrière physique, un mur symbolique est mis en place, éventuellement à l'intérieur d'un même ensemble de logements. Ainsi dans cette cité HLM des quartiers nord de Marseille, coupée en deux par une avenue qui séparait il y a peu Français de souche et habitat entretenu d'un côté, Arabes et habitat dégradé de l'autre, au terme d'une action de l'amicale des locataires dont un observateur nous dit qu'« elle collaborait avec le logeur et était associée à l'attribution des logements, et toutes les améliorations se faisaient d'un seul côté — ce qu'expliquait très bien la présidente de l'amicale, une dame qui m'avait dit au bout de dix minutes : “ on a une amicale de locataires qui s'en occupe, donc les cages d'escalier sont repeintes, c'est nettoyé, c'est propre, avec des espaces verts. Les bougnoules, eux, ne s'occupent de rien, ils ne savent pas s'organiser ” ».

Et dans de nombreuses situations analogues on observe les mêmes pratiques de retrait des enfants du cru là où apparaissent des immigrés, de pression pour que des locaux publics, associatifs ou autres, ne soient pas loués à des Maghrébins pour leurs fêtes ou leurs réunions : « je participe au comité du foyer X. On est peut-être raciste, mais on n'a pas loué de salles aux Maghrébins et aux Turcs. Il y a eu des demandes qui ont été refusées par peur des dégradations, par peur aussi qu'il y ait des redemandes après, un peu l'idée de l'invasion ».

L'importance de ces phénomènes ne doit pas être exagérée. Souvent, des propos raisonnables se font entendre aussi, et les attitudes radicales sont tempérées par un climat plus général qui oscille entre la résignation et l'autolimitation. Plus les habitants disposent d'une capacité à s'adresser au pouvoir politique local, plus il existe, sur place, des intermédiaires avisés — enseignants, militants du secteur associatif, travailleurs sociaux par exemple —, et moins la tension monte.

Il n'en demeure pas moins des tendances spontanées à la ségrégation, qui accompagnent un discours raciste dont nous avons pu constater, çà et là, qu'il peut prendre un tour débridé.

6

Chute et exclusion

Quittons maintenant les banlieues agréables, les quartiers protégés, les îlots, les villes même où la peur de l'Autre correspond pour l'essentiel à la hantise d'une menace externe, et entrons dans les banlieues difficiles, les quartiers dégradés et, plus généralement, les espaces où la présence de l'Autre relève de l'expérience quotidienne des habitants. Le discours raciste qui s'y entend, avec ses thèmes classiques, ne semble pas, à première vue, profondément différent.

Pourtant, son substrat est d'une autre nature, et une écoute attentive montre qu'il est commandé par d'autres sentiments, alimenté par d'autres difficultés, informé par un vécu où l'Autre n'est pas seulement un danger imaginaire, une représentation construite à distance.

1. Trajectoires

Les uns vivent avant tout l'effondrement d'un monde auquel ils s'étaient fortement identifiés, la fin de solidarités, de rapports de voisinage et d'un mode de vie qui s'étaient structurés, très directement, autour du travail industriel ; ils ont conscience d'appartenir à une modernité désormais périmée, ou très menacée, dans laquelle les immigrés étaient des travailleurs, tout comme eux, qu'il était possible tout à la fois d'intégrer et d'inférioriser. « Avant, raconte un ancien syndicaliste de Mulhouse, vu notre force syndicale, on pouvait, avec les

Maghrébins, je ne dirais pas : les remettre dans le droit chemin, mais au moins leur faire comprendre qu'ils étaient chez nous, et que chez nous, on n'est pas chez eux. Les Maghrébins travaillaient tous dans l'entreprise, et tous avaient des relations journalières avec moi, avec les gens qui habitaient à côté de chez eux, ça allait. »

Mais le discours syndical passe de moins en moins bien, et la crispation sur le thème de la défense de l'emploi ouvre la voie, ou l'élargit, à des dérives xénophobes et racistes, au moins verbales : « il faut entendre dans les bistrots de dockers, décrit un sociologue qui connaît bien le terrain. Si vous n'êtes pas de Marseille, vous vous dites qu'ils vont sortir avec une carabine et demain ils vont en abattre, comme ça. Heureusement, ça ne se fait pas, parce qu'il y a un décalage entre un discours épouvantable et la réalité, qui l'est moins. C'est un défoulement verbal et une dépolitisation totale ». Mais, souvent, la crispation que l'on observe dans des quartiers ouvriers fait plus que prolonger la crise des rapports sociaux dans l'industrie, elle la démultiplie. Ce phénomène peut être illustré avec l'expérience du quartier de l'Estaque, à Marseille [117], où l'appartenance à des réseaux de métier et, plus encore, à l'entreprise, ainsi que l'action syndicale (de la CGT) et politique (du Parti communiste) ont en effet assuré dans le passé l'intégration de populations d'origines diverses : migrants italiens, espagnols, notamment, et, plus récemment, algériens (dont de nombreux Kabyles).

La décomposition de ce modèle où le logement prolonge l'usine et les entreprises portuaires a produit une fragmentation où reparaissent des oppositions ethniques. Avec la crise industrielle, la deuxième génération kabyle, en particulier, se trouve en situation de fragilité sur le marché de l'emploi et du logement. L'« étranger » devient alors, selon Gilles Ascaride [118], l'« absent omniprésent », le bouc émissaire, et notre collègue précise que l'exaspération peut atteindre des degrés impressionnants : « quand je dis que j'ai entendu des discours exaspérés, c'est une litote, j'ai entendu des discours de guerre civile. Et souvent chez des gens qui étaient, disons, de gauche, on m'a ouvert des armoires où il y avait des arsenaux ». Lorsqu'elle est affectée directement par la crise industrielle et ses prolongements urbains, l'école peut devenir elle aussi le théâtre de tensions où s'ébauche le discours de l'exaspération. Ainsi, à Roubaix, le lycée Turgot a connu une dégradation spectaculaire. Réduit à 400 élèves pour 1 500 dans le passé, et à ses seules filières professionnelles, cet établissement compte une large majorité d'enfants d'origine maghrébine et, secondairement, asiatique. Certaines spécialités ont dû y être supprimées (la soudure, la tôlerie, par exemple), les ressources qu'apportait la taxe d'apprentissage ont chuté avec les effectifs des élèves, pour qui il est difficile de trouver un stage ou un emploi à la sortie, et le climat s'est alourdi. Les enseignants se démobilisent et certains d'entre eux se plaignent d'une part de la démission des parents (et, surtout, de celle de l'administration), d'autre part du comportement des élèves — qui viendraient « pour les allocations familiales et la bourse, le reste, *mouff !* », dont le niveau est très faible, et qui leur posent des problèmes considérables de discipline : « il y a eu trois incendies l'an passé, dont une voiture, on a fermé le parking, comme ça le problème a été résolu », « ils mettent des excréments dans les couloirs ». Surtout, régneraient la « dictature des élèves », le manque total de respect à l'égard des enseignants et l'accusation constante de racisme pour ceux d'entre eux qui s'efforcent de maintenir un minimum d'ordre et de travail dans la classe : « si je mets une mauvaise note à un Maghrébin, et une bonne note à un Français, dit l'un, je me fais traiter de raciste » ; « on est confronté tous les jours, surenchérit un autre, à des provocations et à des élèves qui essaient de vous coincer sur le racisme ». Bref, « on est écœuré », « il y a un régime de terreur ».

Ailleurs prime davantage la décomposition communautaire d'un petit peuple urbain qui se définissait par une culture locale ou régionale, assise depuis longtemps ou apportée par d'anciennes migrations. Même affaiblie, la conscience alsacienne se rencontre encore dans les quartiers populaires de Mulhouse, où ce qui se défait est alors un mélange de références à l'industrie et à un ordre, mais aussi à la région, à la langue, aux traditions. A Marseille, un des plus anciens quartiers de la ville, le Panier, a longtemps accueilli une importante communauté corse, dont il ne reste que des éléments souvent vieillis, et la nostalgie du passé chaud et vivant. Les vieilles ethnicités, lorsqu'elles essaiment à partir d'un quartier central, ne laissent pas nécessairement la place à de nouvelles qui fonctionneraient sur le même principe du ghetto servant plus ou moins de sas, de porte d'entrée vers la modernité, comme c'est le cas avec le ghetto juif tel qu'il a été décrit, aux États-Unis, par Louis Wirth[119].

Les espaces qu'elles quittent, partiellement ou massivement, ne sont pas non plus forcément « gentrifiés », comme on l'a vu avec le Marais à Paris, et les équilibres qui s'y reconstituent donnent libre cours à la poussée raciste ou xénophobe.

Mais les phénomènes les plus massifs se jouent surtout dans les quartiers périphériques et les banlieues urbanisées au cours des années cinquante, soixante, soixante-dix, là où cités et grands ensembles ont accueilli des populations encore portées par la croissance et l'expansion, avant le départ des couches les moins affectées par la crise, les plus dynamiques, les plus aisées, les plus actives aussi, politiquement et culturellement. Là, pour les Français « de souche » qui sont restés, ou qui sont arrivés par la suite, tout se conjugue pour signifier l'exclusion : la pauvreté, le chômage, la famille déstructurée, l'échec, pour beaucoup, d'une mobilité frustrée, et la présence concrète d'une immigration qui apporte son lot de « nuisances » — souvent surestimées, mais aussi bien réelles. Certains ont quitté le monde rural et ont abouti là après des déménagements en cascade qui les laissent, en fin de compte, sans repères — ni anciens ni nouveaux —, intensément déçus par un parcours épuisant ; ils sont parmi les plus radicaux dans la haine de l'immigré. D'autres ont eu le sentiment d'être entrés dans la vie moderne, d'avoir participé à l'expansion, puis d'en être expulsés. D'autres encore se retrouvent, aujourd'hui comme hier, aux plus bas échelons de la vie sociale, et de surcroît obligés de partager leur situation avec des immigrés qu'ils accusent de mieux s'en sortir. Ils n'ont connu que les vicissitudes de la vie et, s'ils sont là, c'est parce qu'ils ont été « repoussés de partout, c'est dégueulasse, c'est dégoûtant », ils n'ont assurément pas choisi : « je ne voulais pas venir ici parce qu'on disait que c'était plein d'Arabes, mais j'ai dû prendre tout de même ce logement ». Certains ont été floués par des promoteurs immobiliers, qui ne leur ont pas dit toute la vérité sur l'environnement, et n'ont pas les moyens de revendre un logement qui se déprécie ; d'autres, venus d'assez loin, n'ont vu, dans le logement qu'ils achetaient ou qu'un organisme HLM leur remettait, que l'intérieur, un certain confort, sans prêter attention à la déchéance du quartier. Quelques-uns ont fait d'énormes sacrifices pour quitter la cité HLM ou le grand ensemble, ont accédé à la propriété d'un pavillon voisin, et n'échappent pas pour autant à la chute sociale et urbaine ni à l'amertume ; beaucoup ont le sentiment que « les Français sont plus bas que les étrangers ».

Les trajectoires, ici, sont diverses, mais trouvent leur unité dans le point d'arrivée. Celui-ci n'est pas identique d'un quartier dégradé à un autre, d'une cité HLM à une autre, d'une banlieue « pourrie » à une autre. Mais, partout, le discours raciste est sous-tendu par la même conviction d'être obligé de vivre une situation insupportable, dont les difficultés souvent bien réelles sont imputées à l'immigration, ou du moins projetées sur elles.

2. L'exaspération

Malgré d'innombrables variations, ce qui prime est de l'ordre de l'exaspération et confine souvent à la rage — plus rentrée, peut-être, que celle observée par François Dubet chez les jeunes de la galère [120]. Les mêmes mots reviennent partout : on en a « marre », on est « écœuré », et la haine semble d'autant plus vive que l'immigration est dense, l'« invasion » massive dans le quartier, et la cohabitation inégale dans l'immeuble ou l'îlot, avec un petit pourcentage de Français « de souche » pour un taux élevé d'étrangers — « on hait ces gens-là, moi, je les hais » dit l'un ; « je les hais, j'ai trop de haine envers eux, je ne peux plus les supporter, je ne peux plus parler avec ces gens-là », dit un autre ; « on est obligé d'être raciste, et ça va devenir de pire en pire, on va être dominé », dit un troisième.

1. Vers la violence

L'exaspération est d'abord fonction de difficultés concrètes : le « bruit », les « odeurs », la « saleté » imputés à l'Autre, aux enfants, aux parents qui ne les éduqueraient pas, la délinquance et la drogue, qui concernent plutôt les jeunes. « La haine vient quand on a des problèmes, on n'est pas raciste sur la couleur de la peau mais parce qu'on vous emmerde constamment. Cette haine, c'est que je ne peux plus les voir. » Elle se résout pour les uns par le retrait, pour les autres par la tentation de la violence — qu'on réprime, mais de moins en moins facilement. Le retrait : « à un moment, j'en ai eu assez, je voulais tout laisser tomber, ne plus rien entendre » — ce qui signifie qu'on se calfeutre chez soi, qu'on sort le moins possible, qu'on s'enferme sur soi-même, avec ses rancœurs ou son écœurement, son impuissance —, « ça ne sert à rien d'aller chercher des histoires pour avoir quelque chose de cassé ou quoi que ce soit, d'avoir peur pour nos enfants et tout... Autant rester là à vivre comme ça ». La violence : certains en parlent pour eux-mêmes, beaucoup disent la comprendre chez les autres.

La violence est d'abord verbale, ce qui constitue un premier saut dont on a parfois conscience : « mon mari a perdu les nerfs, il a traité un des enfants de " sale Arabe " ». Elle apparaît alors dans des situations concrètes, à l'occasion par exemple d'un conflit de voisinage ou d'un incident où le dialogue semble impossible, où l'Autre abuserait et obligerait à monter aux extrêmes : « je leur ai demandé de se taire, merci, c'était des insultes ! Je suis descendu, j'avais un nerf de bœuf derrière moi, pour faire valser le couteau s'il y en avait un, je sais comment les Arabes... ».

La violence peut devenir meurtrière, et quelques-uns s'y préparent, sans pour autant passer à l'acte. Une habitante d'un immeuble HLM de Roubaix évoque son voisin, « qui avait un revolver et qui est descendu dans les caves, et il m'a dit en me montrant les balles dans le barillet : " vous voyez, j'ai les balles, et moi, je tire, je vide mon chargeur " ». La cible théorique n'est pas ici l'immigré en tant que tel, mais le voleur, le délinquant, ou celui qui persiste à crever vos pneus de voiture ou à lancer des pierres sur vos fenêtres ; mais qu'advienne un drame, que des coups de feu soient tirés, et la compréhension, voire le soutien iront du côté du meurtrier et prendront, malgré d'éventuelles dénégations, un tour raciste : « dans ce qui s'est passé à Bel-Air avec René Maire [121], il n'y avait pas de racisme. J'estime seulement que ces gens-là n'ont pas à emmerder la République, ils n'ont qu'à rester chez eux, et laisser les gens tranquilles ». On n'est pas disposé à passer soi-même à l'acte, mais on reconstitue facilement le chemin de ceux qui saisissent leur arme, tel ce marchand de cycles « qui a tiré sur des gosses venus cambrioler son magasin pour la quatrième fois. Il arrive un moment où les gens perdent la boule, les gens ont les nerfs en boule, et puis c'est fini ».

Et au-delà d'une violence réelle, qui se déclenche à l'occasion d'un incident précis et dont le caractère raciste n'est pas toujours avéré, l'exaspération se solde aussi par des fantasmes de violence. Il peut s'agir de régler un problème localisé, comme chez cet homme qui n'en peut plus de subir le bruit et le manque de respect d'enfants issus de l'immigration, et « ne trouve qu'une solution : les matraquer, leur faire une grosse tête, taper, les matraquer pour les entretenir un peu dans la peur ». Le fantasme peut aussi s'écarter d'une définition précise de la situation pour s'apparenter à une « solution » plus générale : « la solution que je vois, c'est de prendre un pétard et de tirer dans le tas ». Il peut enfin, à la limite, s'élever au niveau d'une proposition extrême appelant des moyens et une volonté politique : rouvrir les chambres à gaz pour les Arabes ; ou encore, à Mulhouse : « moi je dis : ces gens-là, on les castre, et après on leur donne le droit de vivre en France ».

On parle aussi de s'organiser, dans certains quartiers où la délinquance irait de pair avec l'absence ou l'impuissance de la police et laisse la presse et l'opinion publique indifférentes tant elle s'est banalisée — « un accident grave, c'est un entrefilet de trois lignes », constate-t-on, désabusé, à propos d'un échange nourri de coups de feu entre policiers et « dealers » —, on envisage éventuellement de mettre sur pied une milice — « pas pour frapper ou tuer, mais pour faire une petite loi dans le quartier, dire aux gamins ce qui ne va pas, pourquoi pas ? », ou pour se protéger plus activement, comme à Roubaix, où l'idée s'est transformée pour donner naissance aux Chevaliers de Roubaix. Bernard Dewaele, leur principal animateur, nous a décrit l'ambiance de ce café où « il y avait un monde fou, cinquante personnes, il y avait un chirurgien, un médecin, un pharmacien, il y avait aussi des personnes virulentes, j'ai dit : " ce que je vous propose c'est de faire une association, et puisque vous voulez tous des patrouilles, on va voir comment on va les faire, mais je vous préviens, en accord avec la police " ». Il précise : « on a fait au total quatre patrouilles, pour calmer les esprits. On était quatre, toujours des gens posés. Et très vite on s'est aperçu que ça ne servait à rien ».

2. *Injustice et déchéance*

Il y a souvent aussi, dans l'exaspération populaire de ces quartiers, une forte charge de rancœur prolétarienne, l'explosion verbale d'un intense sentiment d'injustice. Être relégué au plus bas de la hiérarchie sociale, relever d'un quart monde misérable, ou s'en approcher, c'est aussi, couramment, ne pas comprendre sa propre expérience, vivre un enfermement dans une condition sans issue, devoir entériner une dévalorisation sociale qui vous est constamment signifiée, devenir indifférent à l'éducation des enfants ou se convaincre qu'elle est sans espoir ou sans utilité. C'est être démuni non seulement économiquement, mais aussi, bien plus largement, en matière d'instruction et de formation, être exclu de fait de la participation politique et, dans le contexte de la fin de la société industrielle, n'avoir plus rien à attendre d'organisations ouvrières avec qui la relation, même lointaine ou idéologique, n'a plus aucun sens. C'est, pour beaucoup, être menacé de ne plus pouvoir compter que sur l'aide sociale et sur l'intervention de mouvements d'entraide ou d'œuvres charitables et philanthropiques. C'est n'avoir aussi ni identité sociale, autre que négative, ni représentation[122].

Une telle condition, si elle doit être partagée avec des

étrangers ou des immigrés, peut mener à de véritables bouffées de colère verbale, à une rage instable qui s'en prend aux pouvoirs publics, à la classe politique, à la société tout entière, en même temps qu'à ceux dont il faut supporter une présence qui est perçue comme ravalant encore plus bas. Voilà comment, par exemple, avec une indignation non contenue, une mère de famille décrit sa voisine, algérienne, et sa propre condition : « Celle-là, elle a jamais payé l'eau, elle a jamais payé l'électricité du corridor, c'est moi toute seule qui la paye. Elle a son chéri, il a 8 000 francs de paye, elle a un fils qui est vendeur, un autre qui est comptable. Elle touche le RMI, l'assistante sociale vient payer 4 000 francs de courant, elle emprunte chez tout le monde l'argent. Ils viennent se venger chez nous, ils nous ont cassé les vitres de la porte de devant, ils nous ont cassé les serrures, ils viennent nous voler le linge dans la cour [...]. Elle tue des moutons devant la cour, elle laisse la merde, elle balaye jamais l'escalier. Et elle nous insulte encore. Je suis allée à la Ville de Mulhouse, on m'a repoussée ; je suis allée chez une assistante sociale, ils ont dit : " Démerdez-vous ! " Alors pourquoi nous, on doit se démerder et ceux-là, ils reçoivent. Pourquoi ? »

La colère et l'incompréhension éclatent, ici, à partir d'une vie quotidienne qui est décrite sur le mode de l'injustice et où l'Autre revêt, même si leur présentation est unilatérale, les traits bien réels des voisins. Et les tendances au racisme viennent avant tout généraliser sur le dos des immigrés une expérience vécue où tout semble se conjuguer pour vous maintenir dans la pauvreté et l'exclusion.

Chez d'autres, pour qui la situation matérielle est moins précaire, ce n'est plus tant le sentiment d'une injustice profonde et incompréhensible qui prime que l'image d'une déchéance, liée à un abandon, et en particulier à la désertion du quartier par ceux avec qui, dans un proche passé, on partageait les valeurs, la culture, le statut social et mille et un réseaux de solidarité. « Je ne dis même plus où j'habite », dit l'un ; « on a honte », dit-on aussi, ou encore : « on me rigole au nez en raison de cette réputation : ce quartier, c'est Chicago ». Les habitants des maisons résidentielles proches de Brossolette — secteur dont le nom évoque à Mulhouse « la délinquance et les Arabes » —, qui bordent la rue du même nom, pensent à faire débaptiser le segment de la rue où ils habitent afin d'en finir avec la stigmatisation. Ailleurs, une mère de famille constate que, dans l'école privée où elle a placé sa fille, « les copines refusent de la fréquenter parce qu'elle habite un quartier à immigrés. Quand elle leur dit où elle habite, c'est fini, ils n'en veulent plus ». On signale que « les amis qu'on n'a pas vus de longue date demandent : " tu habites toujours là-bas ? ", et ils ont tout de suite la chair de poule. Ils sont étonnés que certains aient réussi à survivre dans ce quartier ». Les relations familiales ne résistent pas à la dissociation : « mon frère qui a longtemps habité ici et qui a déménagé ne descend même plus ici en voiture. Il me dit : " tu viens chez moi quand tu veux, mais je ne viens plus chez toi ". Il ne se mélange pas avec cette saloperie de race ».

Dans les cas extrêmes, la déchéance se combine avec l'isolement, ou son sentiment. Ce n'est plus tant alors les difficultés de la cohabitation qui sont mises en avant que l'image d'un quartier totalement envahi, déserté par les siens, et où ne subsistent que quelques personnes âgées, derniers vestiges d'un passé révolu : « vous ne pouvez plus parler avec personne... Si, il y a quelques vieilles Alsaciennes, là... ». La violence n'a plus guère sa place dans un tel contexte, ni même l'exaspération : on est au-delà, replié sur soi-même, résigné et accablé, plus ou moins envahi par la peur — « quand on sort, il y a plein d'étrangers, on se regarde les uns les autres comme si on allait se manger ».

Et souvent, que l'on soit porté plutôt par le sentiment de la chute ou par celui de l'injustice, que l'on s'oriente vers la violence, vers une révolte plus fantasmatique que réelle ou vers l'amertume et la résignation, s'expriment le rêve d'une autre société, ségrégée, l'image d'une autre organisation de la ville : « il n'y a qu'à faire des bus pour les Français et d'autres pour les immigrés, comme ça il n'y aurait plus de problèmes, en faisant conduire les bus français par des Français, et les bus immigrés par les immigrés », ou encore, ce qui est plus radical, « mettre les Arabes ensemble et qu'ils s'entre-tuent, c'est peut-être la seule solution. Avec des murs de dix mètres de haut pour qu'ils ne sortent pas ».

3. La construction de la différence

Tout n'est pas récent dans les phénomènes qui viennent d'être décrits. Dès leurs débuts, par exemple, les grands ensembles ont été critiqués, on a parlé de « sarcellite », dénoncé le manque d'équipements collectifs et la médiocrité du bâti ; on a montré que la proximité spatiale ne dissolvait pas, bien au contraire, la distance sociale[123]. Mais s'il faut nuancer nos analyses, c'est surtout parce qu'elles reposent sur l'examen de quartiers qui ne représentent qu'une partie de la réalité urbaine de la France — les pouvoirs publics, relayés par la presse, ont parlé, en 1990-1991, de quatre cents quartiers difficiles. C'est aussi parce que, dans ces situations, les tendances à la violence et à la radicalisation du discours ne doivent pas conduire à sous-estimer ou à nier des attitudes et des propos modérés, une cohabitation à peu près réussie, des tensions limitées ou bien gérées par les habitants. Les Français « de souche » peuvent aussi hésiter à franchir certaines limites, contenir leur expression, ne pas aller au-delà d'un racisme verbal qui demeure prudent, de la mise en circulation de rumeurs, de préjugés, de récits et de diverses variantes du discours qui a été présenté dans l'avant-propos de ce livre. L'exaspération les rend racistes par moments, par bouffées, à l'occasion, à la suite d'un incident ou d'un événement ; elle ne se transcrit guère en idéologie politique, elle se contente d'exploser ou de se diffuser dans les conversations de la vie quotidienne, ou encore d'alimenter l'abstention électorale ou le vote pour le Front national. La figure dominante est plus celle du populisme que celle du racisme proprement dit.

1. Entre la passivité et l'action

Dans ce contexte, il peut arriver qu'on apprenne à dialoguer avec l'Autre, telle cette mère de famille mulhousienne : « au début, quand je me montrais à la fenêtre, ils m'insultaient, voulaient me couper la gorge, avaient des gestes déplacés ; quand je suis descendue, j'ai commencé par leur dire : " surtout ne dites pas que je suis raciste ", et je leur ai parlé, ils m'ont écoutée, et ça allait parce qu'un contact avait été établi ». Quelques-uns mènent une guérilla incessante, mais bon enfant, tel cet artisan qui joue les gros bras avec les jeunes immigrés mais aussi les embauche à l'occasion, les menace s'ils s'en prennent à son périmètre mais leur parle sans animosité. D'autres oscillent entre la peur et le retrait et une attitude offensive, tel ce couple : « on a peur. — Moi je n'ai pas peur, je rentre dans le tas. — Oui, mais ils sont cinq ou six, qu'est-ce que tu vas faire ? Tu es comme tout le monde : on baisse l'abat-jour et on reste chez soi ».

La passivité est effectivement courante. Parfois, pourtant, l'action collective semble possible. Pour renverser par un geste l'infériorisation que l'on croit subir de la part des immigrés, leur redire la haine et le mépris qu'ils tendraient à oublier : dans un quartier de Mulhouse, quelqu'un a demandé un jour à l'employé qui nettoie la rue de déposer tous les détritus devant la porte d'un immigré, « il l'a fait, et tous les autres guettaient aux fenêtres pour voir les réactions de l'immigré quand il ouvrirait sa porte ». Mais surtout pour exercer une pression endiguant l'invasion, demander des mesures empêchant les immigrés d'abuser. Ici, on attend de la municipalité qu'elle expulse des gitans : « on a fait signer des gens du quartier, il y en avait de toutes nationalités, des Portugais, des Algériens » ; là, on boycotte sans le dire les lieux ou activités fréquentés par des immigrés — « si c'est des femmes maghrébines qui viennent, les Françaises ne viennent plus », nous explique-t-on dans un comité de quartier de Roubaix, « il faut dire que si elles se mettent à parler arabe, on ne comprend rien ». Là encore, on rédige pétition sur pétition au sujet des nuisances « provoquées par un café » (bruit, saleté, odeurs, non-respect de la loi), et même si les pétitions ne sont pas « contre les Algériens, ce sont uniquement des gens du cru qui ont signé ». Ailleurs, on appelle constamment la police pour qu'elle en finisse avec le tapage nocturne, et même on s'organise : « on s'est mis d'accord dans la maison, et on disait : " on téléphone l'un après l'autre à la police ", alors que si c'est une seule personne qui l'appelle, et toujours la même, ils disent : " elle commence à nous embêter " ». Ailleurs encore — et le thème est particulièrement mobilisateur —, on mène le combat contre l'ouverture d'une mosquée et, si elle existe déjà, contre les problèmes qu'elle a apportés au quartier : le bruit, les embarras de circulation et de stationnement, et, en filigrane, l'invasion qu'elle implique — « une mosquée, c'est en même temps des salles de réunion, des salles de cours, des restaurants, c'est le rassemblement, avec les nuisances, des gens qui sortent dans la rue pour faire leur prière [...]. C'est de cet environnement qu'on a peur, il y aurait encore plus de gens qui viendraient se mettre dans le quartier, et ce serait un quartier complètement musulman ou étranger ».

Dans ces pratiques, la place du racisme est extrêmement variable ; elle peut même être absente, ou à peine esquissée — on prend bien garde, par exemple, de ne pas donner prise au soupçon de racisme dans la rédaction d'une pétition, ou de faire signer des immigrés. Et, surtout, elle est instable, susceptible de gagner du terrain ou de reculer au gré, notamment, des réponses concrètes apportées par le pouvoir local aux demandes qui lui remontent.

2. *La différence*

Le racisme associe généralement, mais selon des modalités variables, deux principes : d'infériorité et de différence.

L'infériorisation correspond à des processus sociaux, elle vise à placer l'Autre en position d'être dominé ou discriminé. La différenciation procède de références identitaires, communautaires ou culturelles, elle rejette, exclut ou en appelle à la destruction de l'Autre.

Dans les situations qui nous intéressent ici, la production du racisme correspond pour une large part à une combinaison dans laquelle la différence culturelle est plus évidente, plus facile à établir pour l'acteur que l'infériorité, difficile à imposer tant on est proche socialement. A la limite, l'infériorité joue dans un sens inverse que celui auquel on a été habitué, à l'époque de la colonisation ou dans le travail et l'industrie, quand les immigrés occupaient les emplois les plus pénibles, les moins qualifiés, les plus dégradants. La mise en avant du racisme en appelle alors à un renversement, au retour à une hiérarchie qui, ne pouvant plus être sociale, devient raciale.

A bien des égards, en effet, les habitants français « de souche » des quartier dégradés vivent une véritable inversion des positions, dans laquelle tout n'est pas de l'ordre du fantasme et de l'excès. Ils exagèrent lorsqu'ils décrivent la richesse des Turcs, des Maghrébins ou des Africains, ce qui les positionne eux-mêmes en position d'infériorité économique, mais ils n'ont pas tort de construire l'image d'un différentiel jouant en leur défaveur sur d'autres registres, et d'opposer par exemple leur vieillissement, leur isolement et leur manque de dynamisme à la jeunesse relative des populations d'origine immigrée ou à leur capacité de constituer des solidarités culturelles. Si la montée de l'islam, mais aussi de nombreuses variantes d'un christianisme non catholique, les inquiète tant, c'est aussi parce qu'ils voient s'affaiblir le catholicisme ; si la jeunesse issue de l'immigration leur est si difficile à supporter, c'est aussi parce qu'ils ont moins d'enfants ; si les réseaux communautaires des Turcs, des Africains ou des Maghrébins représentent pour eux une menace, c'est aussi que leurs anciens tissus de relations se décomposent, qu'ils voient se défaire les associations du quartier, ou qu'ils n'ont jamais su leur apporter la moindre vitalité.

La différence procède pour eux *à la fois* de leurs propres chute ou exclusion, plus ou moins prononcées, et de ce que l'immigration donne à voir ; elle est une construction où se combinent leur propre malheur, dans lequel l'Autre n'a rien à voir, et l'expérience vécue d'un rapport à l'Autre. C'est pourquoi la notion de « seuil de tolérance » est dénuée de sens :

elle ne tient compte ni de la trajectoire et de la situation sociale des Français « de souche », ni de la façon dont ils gèrent la cohabitation et la présence de l'Autre, ni du caractère mi-objectif, mi-subjectif, de la différence telle qu'elle est construite par ceux qui tendent à l'exaspération ou à la haine.

Le racisme est ici dans cette construction complexe, dans cet amalgame où les difficultés sont en partie extérieures à l'Autre, en partie commandées par sa présence, dans l'effort pour s'en démarquer aussi bien que dans le constat d'une différence réelle. Il est sensible, dans ses variations, aussi bien à ce qui améliore ou empire les conditions sociales de sa propre existence qu'à ce qui affecte celle de l'Autre. Contrairement au racisme des quartiers protégés, il est informé par le contact avec les populations auxquelles il s'en prend et évolue en fonction des modalités de ce contact, mais aussi de ce qu'il vient signifier ou rappeler, et qui n'a rien à voir avec lui : l'exclusion, l'injustice, la déchéance. C'est pourquoi la haine se rencontre parfois chez des personnes issues de l'immigration maghrébine, mélange alors d'appel à l'ordre et à la justice et d'aliénation — « je les hais, dit une jeune femme, et pourtant mon père est un Arabe ».

Mais peut-on être plus précis, et proposer un raisonnement rendant compte des variations observables sur le terrain, entre des situations qui relèvent dans l'ensemble des processus qui viennent d'être évoqués et où pourtant le racisme semble varier d'intensité ?

3. *D'un quartier à l'autre*

Un tel raisonnement ne doit se centrer ni sur les racistes eux-mêmes ni sur ses victimes, mais sur la relation entre les deux, telle qu'elle est perçue par les premiers. A elle seule, une situation de chute sociale, plus ou moins nette, ou d'exclusion, plus ou moins tranchée, ne permet pas d'inférer une plus ou moins forte tendance au racisme ; de même, ce n'est pas le nombre des étrangers ou immigrés ni leur origine ethnique qui permettent d'appréhender l'expansion du phénomène. Même si elles diffèrent dans leur culture, leur religion, leur mode d'insertion urbaine ou d'intégration économique, les populations sur qui vient se cristalliser la haine sont, très souvent, interchangeables : être turc, algérien, africain ou autre ne change pas grand-chose, à quelques nuances près, à la thématique de la peur et de l'exaspération qui vous prend pour cible.

Ce qui est déterminant, par contre, tient à la facilité avec laquelle l'acteur raciste peut construire la différence. D'une façon générale, et à titre d'hypothèse, nous dirons que le racisme est d'autant plus intense que la population française croise, dans sa trajectoire sociale ou communautaire, une population immigrée vivant une trajectoire inverse, ou en donnant l'image. Il est donc, dans cette hypothèse, d'autant moins intense que les trajectoires fonctionnent dans le même sens, ou que l'on s'est considérablement écarté du moment où elles se sont croisées.

Nous n'avons pas le moyen de véritablement démontrer ce raisonnement général, mais nous pouvons l'illustrer avec quelques exemples, tirés de notre expérience de recherche à Mulhouse. Dans cette ville, les secteurs Wolf et Jean-Wagner offrent le spectacle d'une forte dégradation : conditions de vie particulièrement difficiles, équipements sociaux, culturels et commerciaux quasi inexistants, logements en très mauvais état, proportion de chômeurs et de familles monoparentales élevée, etc. Ces deux secteurs n'en sont pas exactement au même stade : le premier garde « la tête hors de l'eau », en particulier parce qu'y habitent de nombreux ouvriers de Peugeot ; le second est décrit comme « le dernier cercle avant l'enfer », avec ses vanniers et ferrailleurs, de graves problèmes d'alcoolisme, de drogue et de prostitution « au bouchon » — c'est-à-dire payée, dans plusieurs dizaines de bars de la ville, au nombre de bouteilles consommées par les clients. Mais ils ont un point commun : la même situation difficile, voire critique, des immigrés et des Français « de souche ». Il n'y a guère, en particulier, la marque visible de communautés étrangères, l'affirmation culturelle ou identitaire, le début d'ethnicisation qui rendraient tangible l'idée d'une forte différenciation. Tout se passe comme si la précarité, la pauvreté et la marginalisation partagées avaient atteint un tel degré qu'on serait au-delà des tensions interculturelles, de la peur réciproque, de la haine mutuelle ; au-delà du racisme aussi, du moins dans ses expressions les plus intenses, au-delà de la capacité, pour les Français « de souche » de ce quartier, de se rattacher à une définition raciale d'eux-mêmes et de ceux dont ils partagent la condition.

Au plus loin de cette situation, la ZUP offre une image différente. L'aménagement y a été bien conçu, les équipements sont nombreux, le logement est de bonne qualité. La proportion d'immigrés est celle de la moyenne de la ville, ce qui n'est pas négligeable. Mais ceux-ci ont la particularité, pour Mulhouse, de correspondre à une grande variété de nationalités (Maghrébins, Turcs, Asiatiques, Africains, Sri Lankais, etc.), et, à l'exception des « boat people » asiatiques regroupés dans deux barres extrêmement dégradées, de ne pas donner l'image de fortes communautés. Dans ce quartier, l'éventail des catégories socio-professionnelles est assez large, allant des ouvriers aux cadres moyens, et l'expression du racisme, là encore, nous est apparue bien moins aiguë qu'ailleurs en ville. La mosaïque des nationalités empêche le face-à-face des Français et d'une communauté nettement désignée, mais, surtout, le quartier n'est guère tendu vers le passé et la nostalgie d'un âge d'or révolu, la vie associative y est relativement active, couvrant des terrains diversifiés, et, si la vie quotidienne est agitée en raison des conduites violentes de groupes de jeunes — « un film policier, on pourrait faire un feuilleton pour la télévision », nous dit un gardien —, les tensions proprement racistes sont mineures. Français « de souche » et immigrés semblent à l'écart des secousses qui traversent la ville. Les modes de vie et les formes de relations sociales semblent ici avoir dépassé le moment de la plus forte crise qui caractérise d'autres quartiers.

Le racisme apparaît en effet plus nettement lorsqu'on se trouve à égale distance de ces deux situations, au moment où la mutation produit ses effets les plus aigus et où une population « de souche » vit soit l'affaissement de son mode de vie communautaire, et un vif sentiment d'« invasion étrangère », soit une exclusion sociale qui se solde par le retrait et l'absence de dynamisme, tranchant avec une grande vitalité des populations d'origine immigrée.

Il en est ainsi, tout d'abord, dans le quartier Papin et à la Cité ouvrière, deux quartiers profondément marqués par des modes de vie anciens procédant d'une double réalité : ouvrière et catholique. L'arrivée de l'immigration turque à Papin, la création d'une mosquée à l'intérieur de la Cité, la venue de nombreux commerçants immigrés sur le marché central (qualifié de « souk ») provoquent de fortes tensions, une exaspération intense, une peur chez les habitants qui n'ont pas pu, su ou voulu quitter un quartier auquel ils demeurent attachés : le climat est tendu, on parle d'acheter des fusils, ou de s'en servir, des rumeurs circulent à propos du « déversement » des immigrés du quartier de Bourtzwiller sur la Cité, le thème de l'insécurité est lancinant, on a peur de l'envahissement, de la dévalorisation inévitable du patrimoine immobilier, on se mobilise à propos du centre islamique. La perte des repères, l'affaiblissement des références (l'industrie et l'usine, la paroisse), le vieillissement et, plus largement, la déstructuration des modes de vie antérieurs créent une perception particulière de la présence immigrée, mais n'ont pas atteint un stade qui interdirait toute action défensive. A la Cité ouvrière, des habitants se sont réunis dans l'Association de sauvegarde et de conservation de la Cité, dont une fonction importante, du moins au moment de sa création, était, explique un de ses promoteurs, d'« éviter la concentration, éviter que les immigrés, les étrangers ne prennent le pas sur les Français, les Alsaciens » — par exemple en intervenant pour proposer un acheteur chaque fois qu'une maison est à vendre dans le quartier : « non pas en sélectionnant ou en interdisant, disons, comme pour être racial, mais en faisant attention à qui rachète. L'objectif est de contrôler qui vient racheter ».

Enfin, le racisme apparaît également plus aigu dans le secteur du Nouveau-Drouot, qui compte 51 % d'immigrés, essentiellement d'origine maghrébine. L'ampleur de la dégradation, ici, est impressionnante : cages d'escalier sans lumière, déprédations, logement lui-même très médiocre et aux équipements de plomberie et d'électricité défectueux. L'exclusion sociale, plus que le sentiment de la chute et de l'invasion, est renforcée ou nourrie par l'impression d'être abandonné par la Ville. Dans ce contexte, les habitants français vivent repliés sur eux-mêmes, dans un état de fort isolement, soumis au chômage, à la déstructuration de la famille, à la pauvreté. La résignation chez les uns a, chez d'autres, pour complément, une forte agressivité verbale, une mise en cause systématique des immigrés, dont la vie collective semble constituer l'envers de la médaille : on leur reproche, par exemple, de chasser les vieux des endroits où ils avaient l'habitude de se retrouver, de vouloir s'approprier le local collectif d'un immeuble pour en faire un lieu de culte, d'avoir constitué une association, Avenir Drouot, dont à elle seule la dénomination suffirait à indiquer les intentions d'hégémonie sur le quartier, on se dit exaspéré par leurs enfants bruyants, agressifs. Ces griefs prennent leur signification lorsqu'on les met en regard des échecs réitérés depuis dix ans pour donner vie à un comité de quartier : les habitants préfèrent agir seuls, effectuer des démarches personnelles en direction des HLM en cas de problème particulier dans leur appartement, ils communiquent peu entre eux ou « ne comprennent même pas ce qu'on leur dit quand on vient les voir pour le comité ». Quant aux immigrés, ils refusent de s'associer aux propositions d'activités communes : leurs relations communautaires, qui sont fortes, sont d'autant plus mal perçues qu'elles viennent signifier le manque de relations entre Français.

Papin et la Cité ouvrière sont plutôt dominés par le sentiment de chute et d'épuisement d'un ancien mode de vie, le Nouveau-Drouot par l'exclusion. Le dernier quartier de Mulhouse que nous évoquerons, Bourtzwiller, combine ces deux dimensions. Le vieux Bourtzwiller — qui occupe toute la partie ouest de l'ancien village et n'est habité, pratiquement, que par des Français — et certains îlots protégés du reste du quartier se caractérisent par des efforts pour maintenir une certaine distance avec l'immigration, et par une omniprésence du thème de l'insécurité — certains évoquent parfois l'hypothèse d'une milice. Dans les autres parties de ce qui est souvent désigné à Mulhouse comme le « quartier arabe » ou « Chicago », les tensions sont fréquentes, sur fond d'une dégradation enrayée par l'existence d'une ZEP, d'un DSQ, et aujourd'hui d'une

Régie de quartier, l'exaspération et la peur s'amalgament au sein de la population française où se côtoient un monde traditionnel en déclin et un monde d'exclus. Les femmes dont les propos ouvrent ce livre ont été rencontrées dans ce quartier et illustrent bien ce télescopage de trajectoires distinctes, qui se traduit par une radicalisation du discours.

4. Obstacles et limites du racisme

Restons un instant encore dans ce quartier de Bourtzwiller, mais cette fois-ci pour évoquer une expérience qui a une valeur paradigmatique.

A la suite d'une série d'incidents, la compagnie TRAM, qui assure les transports collectifs dans la ville, a invité en 1988 les parents d'élèves, des responsables d'associations, le responsable de la ZEP, des enseignants, pour leur expliquer que la desserte du quartier était compromise par la dégradation systématique des abribus et le comportement d'enfants, la plupart issus de l'immigration, qui restaient assis sur la chaussée à l'arrivée des bus, lançaient des œufs et, à l'intérieur, provoquaient les conducteurs, chahutaient, les empêchaient de faire leur travail, et en tout cas les retardaient. Les conducteurs souhaitaient abandonner cette desserte, les rencontres avec les habitants du quartier ont permis d'assainir la situation. Un an plus tard, le jet d'un projectile — peut-être une bille d'acier lancée par une fronde, et qui a traversé les vitres à proximité du conducteur — relançait la tension et le personnel de conduite, déjà exaspéré par une agression récente contre une conductrice, parlait de grève et de boycott du quartier. Dans un premier temps, la direction des TRAM a alors obtenu de la police nationale un accompagnement des bus, puis surtout, avec l'appui des élus, a organisé une série de réunions avec des responsables d'associations de parents d'élèves, des amicales algérienne, tunisienne et marocaine, des syndicalistes de l'entreprise, des îlotiers, le principal du collège de Bourtzwiller. De ces rencontres est née une action préventive : un groupe d'accompagnateurs bénévoles ayant chacun un certain poids dans le quartier circule sur les lignes à problèmes et intervient si nécessaire. En outre, une visite de l'entreprise a été organisée pour les enfants du quartier et un « baromètre » installé dans la cour du collège : les conducteurs remplissent jour après jour un formulaire permettant d'établir le climat sur la ligne, et leurs indications sont transmises au principal du collège qui les expose chaque semaine. Si le « baromètre » se maintient au beau, une séance de cinéma est offerte aux enfants au bout d'un trimestre.

Cette expérience, qui jusqu'ici s'avère une réussite, est intéressante à deux égards. D'abord, elle montre que, là où existent une capacité d'action, un tissu associatif, il est possible de faire tomber des tensions qui pourraient exacerber les passions. Ensuite, elle indique l'importance, dans les situations tendues ou difficiles, de la présence d'acteurs capables de créer l'interrelation entre eux-mêmes et divers autres acteurs concernés sur le terrain.

Lorsqu'un mode de vie se défait, le racisme se profile avant tout dans la rétraction de la communauté sur elle-même, le retrait, la crispation hyper-défensive sur des identités, l'appel à une différence qui tend à être raciale, l'incapacité à animer une vie collective, et notamment à faire fonctionner des associations de type culturel. Lorsqu'un quartier populaire devient une zone d'exclusion, le racisme se profile plutôt dans l'incapacité à conflictualiser les demandes sociales et à leur trouver un débouché institutionnel, à structurer une action inscrite dans des rapports sociaux, ou s'y référant — comme ce fut le cas, dans le passé, pour bien des acteurs urbains se réclamant, de près ou de loin, du mouvement ouvrier.

Dans de telles situations, les limites qui bornent l'espace du racisme sont avant tout définies par ce qui subsiste, ou qui se réinvente, comme action culturelle ou communautaire d'un côté, comme contestation et conflit de l'autre. Dans les cas extrêmes, la capacité d'action est inexistante. Le plus souvent, dans les quartiers difficiles, elle est extrêmement faible. Mais, bien conduite, elle peut suffire à enrayer les pires dérives. Quelques travailleurs sociaux compétents, un noyau de militants associatifs, les animateurs d'un comité de quartier, une poignée d'enseignants, un médiateur qui peut être aussi bien un commissaire de police qu'un prêtre, ou encore une figure aussi atypique que celle de Bernard Dewaele, l'animateur des Chevaliers de Roubaix [124], peuvent alors jouer un rôle d'autant plus déterminant qu'ils savent travailler de concert. Dès lors, la communication peut se substituer à la rupture, la montée aux extrêmes être évitée, le jeu être calmé après un incident, et même un travail en profondeur se développer, surtout si, au niveau institutionnel ou politique, le pouvoir local sait entendre et traiter comme tels les problèmes sociaux qu'un système d'action à la base, aussi modeste qu'il puisse être, a su prendre en charge.

Ce constat conduit à une dernière remarque : on ne fait pas reculer le racisme à coups de bons sentiments et d'antiracisme pur et dur. Disjoint de toute autre signification, l'antiracisme constitue une source d'exacerbation des problèmes qu'il entend combattre, bien plus qu'une réponse efficace ; sur le terrain, il stigmatise et culpabilise les moins radicaux, sans résoudre les problèmes à partir desquels ils tendent au racisme, et renforce les plus résolus dans la conviction qu'ils ont d'être délaissés, incompris ou trahis. Il n'y a pas à rejeter l'antiracisme, mais à lui demander de veiller constamment à s'inscrire, très concrètement, dans une action où son apport éthique et humaniste est indissociable d'une prise en charge des difficultés nées de la chute sociale, de la perte des repères et de l'exclusion.

7

Le racisme en ville nouvelle. L'action des travailleurs sociaux

Les processus analysés jusqu'ici semblent concerner en priorité une France urbaine qui vieillit mal, des quartiers et des banlieues dominés par la perte d'anciens repères sociaux et culturels, le déclin des industries traditionnelles, la crise des modes de vie. Ils semblent être portés, avant tout, par les laissés-pour-compte de la grande mutation qui transforme notre pays, et par ceux qu'elle inquiète et risque d'expulser de la vie moderne. Ils se comprennent d'autant mieux que l'on considère l'épaisseur historique de ce que le changement vient bousculer, les liens complexes qui se sont tissés pendant parfois plus d'un siècle — et au moins pendant vingt ou trente ans — entre les activités économiques, l'habitat, la culture locale ou régionale, le système politique municipal et national, l'identité nationale.

Pourtant, ces processus ne se réduisent pas à l'image d'une dislocation d'un ancien monde ; ils sont aussi au cœur de celui qui naît, ils appartiennent à la France qui se post-industrialise autant qu'à celle qui se débat encore dans l'agonie de l'ère industrielle.

Nous ne les avons pas seulement rencontrés à Roubaix, à Mulhouse et à Marseille : ils sont également à l'œuvre dans les villes nouvelles, et par exemple à Cergy-Pontoise.

Cergy-Pontoise fut, avec Évry, la première ville nouvelle officiellement lancée en France[125]. Issue du schéma directeur d'aménagement et d'urbanisme (SDAU) de la région parisienne publié en 1965, l'agglomération a célébré ses 20 ans en 1989. Programmées au cœur de la longue période de croissance démographique et économique qui a suivi la Seconde Guerre mondiale, et avec la plus vive conscience des insuffisances criantes des grands ensembles, les villes nouvelles répondaient au souci d'harmoniser une planification volontariste et de donner à leurs habitants une certaine liberté de choix en matière de logement et de mode de vie.

Dans leur développement, les villes nouvelles ont dû surmonter des difficultés considérables, à commencer par une chute de la fécondité, qui a entraîné des conséquences importantes pour les flux de migrations intérieures, et par la crise économique, qui a pesé sur le développement des entreprises et contribué au ralentissement de la construction.

Malgré ces obstacles, les villes nouvelles ont su aller de l'avant [126]. Cergy-Pontoise accueille, en 1990, plus de 150 000 habitants regroupés sur onze communes, dont seulement six quartiers au total composent la partie « nouvelle » de l'agglomération [127]. Ces quartiers mêlent habitations, équipements, commerces et emplois : Cergy-Préfecture, Éragny, Jouy-le-Moutier, Vauréal, Cergy-Saint-Christophe, Cergy-le-Haut — auquel s'ajoutera bientôt Courdimanche — sont des quartiers à forte intégration urbanistique, qui ont su chacun affirmer, au fil des années, une image propre. Et, parmi eux, Saint-Christophe, lourd d'une identité ambivalente, est devenu un espace sur lequel se concentrent et se fixent les quelques désillusions qui accompagnent l'essor et la réussite de la ville nouvelle. Mais entrons dans Saint-Christophe.

1. Saint-Christophe

La personnalité typée du quartier Saint-Christophe apparaît d'emblée dans ses caractéristiques architecturales. Les aménageurs se sont efforcés constamment de proposer des repères architecturaux ; de créer des rues et des places ponctuées par des monuments et édifices publics identifiables ; de conserver, malgré la grande diversité des îlots, une profonde cohésion esthétique ; de promouvoir une harmonisation de la circulation automobile et de celle des piétons [128]. Les atouts urbanistiques de Saint-Christophe sont considérables. Et l'observateur, même le plus superficiel, ne peut qu'être frappé par le décalage entre la qualité urbanistique du quartier et les images qu'il véhicule : les rumeurs, la peur, le désir avoué de partir.

1. La dégradation

Il faut dire que la réforme apportée à la politique nationale d'aide au logement à la fin des années soixante-dix, combinée au principe des quotas appliqué dans le logement social (15 % du locatif destiné aux étrangers depuis 1981), a exercé à Saint-Christophe des effets paradoxaux, puisque certains îlots de ce quartier, au lieu de se peupler majoritairement de couches moyennes, ont attiré massivement des populations relativement démunies et souvent issues de l'immigration [129].

A Saint-Christophe, les origines des immigrés sont diverses (plus de vingt-cinq nationalités sont identifiées), avec, cependant, un taux un peu plus élevé pour les ressortissants de l'Afrique noire. Pourtant, si les écarts entre les trois principales immigrations qui peuplent le quartier ne sont pas très grands (à peu près un tiers de Maghrébins, un tiers d'Africains, un tiers d'Asiatiques), son image est surtout « noircie » du fait de la présence conjointe de Noirs africains, d'Antillais et de Haïtiens.

La présence de l'Autre, qu'il soit ou non citoyen français, est d'abord perçue en termes de répartition spatiale particulière. « Elle est trop concentrée », dit-on souvent à propos du quartier, ou de ses îlots où effectivement la concentration des familles étrangères ou d'origine étrangère est plus élevée qu'ailleurs — ce qui est le cas, avant tout, de l'îlot central de la Bastide.

Pourtant, il faut élargir l'horizon des images négatives de Saint-Christophe. Le quartier a eu une mauvaise image avant même l'arrivée des étrangers, et diverses rumeurs ont accompagné sa construction. Ainsi, « on savait qu'il y aurait un grand nombre de logements sociaux », « on savait qu'on irait reloger à Saint-Christophe tout un ensemble de familles de la banlieue parisienne », enfin « on savait que le quartier serait un mélange d'étrangers et de cas sociaux ». Pourtant, les résidences antérieures de la population française du quartier sont des plus diverses.

La présence massive d'un quart monde ne fait qu'augmenter les problèmes de cohabitation, que pourtant on entend comme étant le seul fait des étrangers. Et la rencontre d'immigrés et de cas sociaux soude l'image d'un quartier à risques. C'est pourquoi les couches moyennes blanches tendent à le déserter, manifestement désillusionnées et inquiètes[130].

Un sentiment souvent exprimé est que le quartier est en voie de dégradation, comme si la précarisation sociale de ses habitants s'accompagnait de sa détérioration physique[131]. Beaucoup évoquent d'abord le cas d'un supermarché, placé au cœur de l'îlot central de la Bastide et perçu comme un commerce plutôt mal tenu. L'arrière-cour du magasin, sur laquelle donnent un certain nombre d'appartements, serait toujours sale, et les produits mis en vente trop souvent périmés. Ce laisser-aller est ressenti non pas comme le résultat d'une position de monopole, mais comme un comportement encouragé par la mauvaise réputation du quartier.

De même à propos de l'entretien des immeubles : les promoteurs ne tiendraient pas leurs engagements parce qu'ils savent que les immigrés seront moins exigeants. Ainsi, dans ce même îlot central, les dégradations sont toujours associées à la présence immigrée. Parfois, les discours se radicalisent, et on glisse d'une protestation contre la mauvaise foi du logeur à l'expression d'un malaise, quant à lui beaucoup plus insaisissable, face à l'invasion étrangère. Dans cette perspective, tout ce qui renforce le caractère exotique du quartier, et avant tout la montée (pourtant timide) de l'*ethnic business*, est plutôt mal vécu par les habitants non immigrés.

Dégradation plus ou moins réelle, imputée aux seuls immigrés, et sentiment de chute sociale progressive qu'ils symbolisent : les immigrés, de par leur seule présence, sont vus par les Français « de souche » comme un « problème ».

Aujourd'hui, le surendettement des ménages est presque structurel. Partout, les budgets familiaux explosent[132]. Et bien que ce phénomène, surtout sensible dans quelques îlots (la

Bastide, le Chat-Perché, la Belle-Épine), concerne l'ensemble des habitants, il touche avant tout les immigrés et, de ce fait, conforte l'image négative qui les entoure. Une conséquence indirecte de ce phénomène est qu'il renforce la déception et le sentiment que la ville nouvelle n'est pas le lieu d'une ascension sociale.

Le surendettement est plutôt lié au crédit à la consommation pour les Français, alors que les étrangers s'endettent avant tout pour leur logement. Dans le périmètre de Saint-Christophe, la surconsommation tient parfois lieu de compensation. Dans ce quartier où les statuts se brouillent, les attentes sont déçues, les couples se défont, la participation à la culture se manifeste alors par cette forme dégradée et somme toute précaire, véritable surenchère consommatrice qui témoigne, à sa façon, des carences de la vie sociale au quotidien. Bref, ici comme ailleurs, la consommation tient lieu de communication, mais, ici peut-être plus qu'ailleurs, la consommation est le moyen principal qui reste à certaines familles pour afficher un semblant de statut et leur appartenance culturelle à la société française.

2. *Face à l'immigration*

Ce qui conduit à souligner un nouveau paradoxe, lourd de conséquences. En effet, malgré leurs problèmes d'adaptation et de surendettement, les immigrés semblent mieux capables de s'adapter aux difficultés de leur situation que les Français.

C'est d'abord qu'ils témoignent d'une plus grande capacité à construire des réseaux de solidarité, atout considérable dans une ville nouvelle où les gens ne bénéficient pas d'un tissu de relations anciennes et où l'isolement est une réalité majeure. Ces réseaux de solidarité, qui ont une dimension religieuse et parfois, déjà, une vocation pour le lobby politique, sont principalement des mécanismes d'entraide au quotidien, le plus souvent intra-ethniques, ne débouchant pas pour autant, en tout cas pour l'instant, sur la constitution de communautés fermées. Dans les réseaux de solidarité des immigrés sur le quartier, la religion — et pas seulement l'islam — joue un rôle central[133].

Mais si la religion renouvelle ou renforce les liens au sein de la population immigrée, elle renforce corrélativement le sentiment de solitude des autres, leur sensation d'être exclus de la chaleur communautaire, leur crainte, aussi, de voir disparaître les traditions catholiques, et elle est toujours pour quelque chose dans l'ambiance d'exotisme du quartier qui déplaît si fortement à certains [134].

Face aux systèmes de solidarité que savent faire vivre les immigrés, les Français du quartier vivent avec plus d'acuité un certain sentiment de vide social, et développent à leur sujet des images plus ou moins fantaisistes. Ils insistent sur l'existence de filières puissantes et organisées qui auraient pour seul but de faire venir d'autres immigrés s'installer en France ; ils finissent par prêter aux immigrés des tendances exagérées à la fermeture communautaire. L'idée force qui jalonne bien des commentaires est que les étrangers « s'aident entre eux » et se donnent les moyens de contourner la loi, ou d'en tirer des avantages exorbitants.

Mais c'est à propos de l'aide sociale que se déploie un discours plus passionné, où l'on voit poindre le racisme. Les uns expriment un fort sentiment de déchéance, comme si les services sociaux étaient indignes d'eux, et résistent à l'idée de devoir les fréquenter. Les autres commencent à avoir le sentiment d'être abandonnés par ceux des Français qui, plus aisés, désertent le quartier, en même temps qu'ils acquièrent la conviction d'être délaissés par le système de l'aide sociale.

Ce sentiment se traduit par un renforcement de la ségrégation. En effet, ceux qui ont des moyens suffisants évitent de fréquenter les services d'aide sociale, ce qui ne fait que renforcer l'idée et la sensation que ces lieux sont effectivement faits pour les immigrés. La représentation initiale qu'ont les Français de ces services finit par en façonner la réalité même. Le mécanisme est d'autant plus fort que des solutions de remplacement sont faciles à trouver. Ainsi, il arrive que des Français ayant besoin de tel ou tel service demandent que les travailleurs sociaux se déplacent chez eux, justement pour ne pas « subir » la rencontre avec les étrangers. Pourtant, le problème majeur n'est pas cette ségrégation, au demeurant limitée. Il réside dans la montée en puissance du thème « on ne veut aider que les étrangers »[135].

3. *Tensions interculturelles*

Les tensions recensées sur Saint-Christophe, ou, plus précisément, sur son îlot central, sont d'abord imputées par les Français aux immigrés, mais aussi aux Antillais. En premier lieu, on parle de la nuisance causée par le bruit, surtout nocturne, que produisent des ménages entassés dans leur appartement ou des adolescents « qui font leur fête jusqu'à deux ou trois heures du matin ». On évoque également les odeurs d'une cuisine trop pimentée, les saletés (urine et ordures dans les cages d'escalier), l'encombrement de certains paliers, les chiens dont « ils » ne s'occupent pas, etc.

Ces problèmes concrets de cage d'escalier se greffent sur le sentiment qu'ils nourrissent d'être confrontés à d'autres cultures, à une diversité de réactions et de grammaires de vie face auxquelles on s'avoue démuni. Ici, la méconnaissance de l'Autre est plus le fruit d'une réalité différente qui choque que le résultat d'un préjugé ou de la volonté de plier les faits à une préconception du réel.

Mais, dans la mesure où il est commandé par des tensions inter-ethniques, le racisme anti-Noirs propre à Saint-Christophe hésite à se détacher des problèmes vécus sur le terrain et à s'emballer vers des formes aggravées de violence. Il ne se hisse guère au niveau supérieur où des idéologues pourraient l'organiser et le structurer, lui donner une forme politique stable. Il n'anime guère la pratique, en dehors de manifestations extrêmement limitées de violence verbale ; il est avant tout de l'ordre du ressentiment et de l'inquiétude, d'une exaspération qui s'exprime par bouffées — dans les conversations quotidiennes, les rumeurs, les anecdotes. Et cette méfiance a pour effet de renforcer les représentations négatives de Saint-Christophe et de freiner la venue de nouvelles familles françaises.

Disons-le autrement : à l'intérieur du quartier Saint-Christophe, là où il y a un vécu concret de cohabitation inter-ethnique, le racisme, naissant, ne se présente pour l'essentiel que sous une forme décomposée, comme si la réalité des relations de voisinage interdisait le dérapage vers des formes délirantes beaucoup plus graves. Ce qui donne à penser, de façon plus générale, qu'on ne passe pas directement, ou facilement, de tensions inter-ethniques dans l'ensemble plutôt régulées à un racisme l'emportant sur toute autre dimension de la situation.

Pourtant, la différence finit par générer la peur. Incompris, désœuvré, l'Autre inspire l'insécurité, la terreur même. A partir d'une différence vécue et réelle, naît l'idée qu'il constitue une menace, que tout regroupement des jeunes « autres » est une bande, que l'on vit dans un lieu où « ils terrorisent ». En effet, c'est surtout à propos des jeunes issus de l'immigration que le fantasme semble être le plus fort. Encore faut-il préciser ici que la peur des jeunes n'est pas spécifique au quartier, où elle n'est pas plus forte qu'ailleurs dans la ville.

La question des jeunes à Cergy commence dès la sortie de l'école[136] : autant celle-ci favorise une certaine assimilation culturelle, autant le sentiment d'abandon qu'ils ressentent à l'extérieur traduit l'échec de leur intégration sociale. Les difficultés sont plus pressantes pour les jeunes issus de l'immigration. Pour eux, les problèmes communs à toute la jeunesse cergyssoise (l'absence de lieux non institutionnels de rencontre, le manque d'animation nocturne, de vacances, etc.) sont aggravés par l'incapacité manifeste de certaines familles à les socialiser. Il faut, pour compléter notre vision de la situation réelle, ajouter à ce panorama les problèmes que posent une formation inadaptée et la discrimination. C'est ainsi qu'une frange de cette jeunesse est tentée par une délinquance qui, à cause de son caractère permanent, exaspère la population.

Cependant, pour l'instant, cette jeunesse est plus pré-délinquante que délinquante, plus expressive (« tags ») qu'instrumentale. Mais cette pré-délinquance ne fait qu'augmenter la perception de l'insécurité. Ainsi, la réalité d'une bande de « zoulous » (trente ou quarante membres) qui se replie de plus en plus dans les bornes d'une identité ethnique, noire, suffit pour semer la peur sur la commune. L'unité de cette bande est donnée par l'effort expressif dont témoignent ses signatures sur les murs de la ville : une façon de marquer son territoire. Elle est aussi produite de l'extérieur par la stigmatisation dont elle est l'objet, et pas seulement de la part des Français. Enfermés dans leurs traits ethniques, rejetés, les « zoulous » finissent par brandir des revendications à fort contenu ethnique.

Mais la peur et l'insécurité n'ont pas toujours besoin d'éléments réels pour se manifester. La drogue, problème encore mineur sur la ville nouvelle, est déjà présente, et de façon apocalyptique, dans l'imaginaire de quelques habitants.

Plus généralement, face à un sentiment d'insécurité, de menace, et bien au-delà de Saint-Christophe, c'est ce quartier qui est perçu et stigmatisé comme le lieu d'où procède le mal, d'où viennent les bandes de Noirs, la violence. De là le poids des rumeurs qui circulent dans toute la ville, bien qu'elles restent, encore, modestes dans leurs caractères, et même relativement peu abondantes.

Ainsi, à Cergy-Pontoise, et tout particulièrement à Saint-Christophe, les idées reçues volent en éclats, en même temps que s'effrite le rêve des urbanistes. Ce n'est pas à propos des Maghrébins ou des beurs, ou encore de l'islam, que se crispent les discours racistes et xénophobes, c'est à propos des Noirs ; ce n'est pas à propos d'une cité périphérique, mais d'une zone de la ville nouvelle, d'un espace conçu comme sa vitrine. C'est l'identité même de la ville nouvelle que vient mettre en cause, en creux, en noir, Saint-Christophe. La réussite générale que constitue cette ville nouvelle demeure incontestable. Mais elle est affectée par cet abcès de fixation, en fait très localisé. Les problèmes propres à quelques îlots, et, surtout, à celui de la Bastide, façonnent une image négative du quartier et informent des représentations négatives qui ternissent abusivement la ville tout entière.

2. Le travail social, l'immigration et la ville

Dans une telle situation, la dégradation sociale, mais aussi la montée des tensions interculturelles et la poussée du racisme ne pourraient-elles pas être enrayées par ceux qui, sur le terrain, sont en contact direct avec les habitants et disposent de moyens institutionnels pour agir : les travailleurs sociaux ?

Pour répondre à une telle question, nous avons proposé à une dizaine d'entre eux d'entrer avec nous dans un processus de recherche, une intervention sociologique, au cours de laquelle ils ont d'abord rencontré successivement une série d'interlocuteurs appartenant, d'une façon ou d'une autre, à leur champ d'action[137].

1. Une pensée éclatée

Le premier interlocuteur du groupe est un élu local du Front national, M. André, qui est aussi le principal animateur d'une association d'aide aux handicapés. Les positions de M. André sont robustes, et cohérentes. Pour lui, les handicapés doivent être insérés dans la société française, et non pas marginalisés ou enfermés dans leur spécificité ; et, de même, il attend des immigrés qu'ils s'adaptent à la culture et au droit français, qu'ils cessent de demander — et d'obtenir — des traitements de faveur et d'abuser du bon vouloir des institutions. Mais face à un discours homogène dans ses orientations, et qui vaut aussi bien sur le registre social (les handicapés) que sur celui de la nation (les immigrés et leur intégration), le groupe apparaît incapable de proposer une perspective intégrée ou unifiée. A l'inverse, il est déstabilisé.

La déstabilisation s'observe d'abord par le refus des travailleurs sociaux de se placer sur le terrain suggéré par l'interlocuteur, perçu avant tout comme un adversaire politique. Lorsque M. André parle « social », « handicap », « aveugles », le groupe lui répond en termes de différences culturelles et de droit à la différence, et a plutôt en tête les minorités issues de l'immigration ; et, symétriquement, lorsqu'il parle « nation », « étrangers », « immigrés », le groupe rétorque en termes strictement sociaux et économiques.

Non seulement le groupe circule à contretemps d'un registre à l'autre, mais aussi, et surtout, il est amené à s'écarter, plus ou moins largement, de valeurs universelles dont il est comme dépossédé par l'interlocuteur — et notamment lorsqu'il est question des handicapés, dont M. André voudrait qu'ils soient intégrés et qu'on ne les enferme pas dans leur particularité. M. André trouve inacceptables les ghettos pour aveugles ou pour sourds-muets, ce qui entraîne dans le groupe une différenciation interne et deux positions distinctes.

Pour une première ligne de pensée, il faudrait non pas soumettre les handicapés à la norme générale, mais valoriser leurs différences, accepter par exemple, à propos des sourds-muets, l'existence et la valeur d'un langage des signes. Bref, il s'agit de les aider à conserver leur « culture », gage de bien-être entre eux : « mais vous savez il y a beaucoup de handicapés sourds qui revendiquent le langage des signes. Donc la norme telle que vous la présentez... Au fond, vous voulez que tout le monde corresponde à un idéal d'homme », lui dit Colette, qui travaille à la Maison des femmes et pour qui cette image est particulièrement négative.

Une seconde position affirme qu'en réalité le souhait des handicapés est, avant tout, de se voir reconnaître en tant que sujets ; ce qui suppose une démarche autre dans le traitement du handicap : « pour moi, commente Jacques, animateur dans une Maison de quartier, M. André parle à la place des gens. Les handicapés, pour lui, ne sont pas des partenaires, il parle pour eux et il sait ce qui est bon pour eux, donc je pense qu'il fait ça avec tout le monde. Tandis que moi, dans mon travail de professionnel, j'essaye d'adopter une démarche où il y a un véritable dialogue et je traite les gens comme des partenaires ».

Il est vraisemblable que, dans le groupe, certains participants sont favorables à un point de vue universaliste, que défend à sa façon l'interlocuteur. Mais son appartenance au Front national interdit qu'on fasse le moindre pas vers lui, et sa seule venue occasionne l'expression de positions particularistes, qui entrent en tension avec des valeurs universelles et affaiblissent le groupe, tout comme, dans la pratique, la montée du thème du droit à la différence exerce depuis quelques années des effets de déstabilisation sur le travail social. Mais nous n'en sommes encore, dans le groupe, qu'à la découverte de cette tension.

2. *Racisme et ethnicité*

Sans être eux-mêmes le moins du monde racistes, les travailleurs sociaux ne jouent-ils pas un rôle, direct ou indirect, dans la production du racisme ? L'idée, au début de la recherche, n'effleure aucun membre du groupe. Le travail social gère des problèmes au jour le jour, il colle au vécu de ses « clients », et ce n'est pas parce qu'il valorise, ici ou là, telle ou telle culture minoritaire qu'il pèse sur la montée du racisme. A suivre le groupe, le phénomène est engendré par des acteurs politiques et par les *media*, à un niveau bien trop élevé pour pouvoir concerner les travailleurs sociaux : « ce racisme qui monte, qui croît, vient sûrement de beaucoup plus haut » ; « j'ai l'impression que le racisme est entretenu d'en haut, par les administrations, etc. ».

Les travailleurs sociaux se considèrent sans prise sur le racisme dont les sources leur seraient extérieures, sans prise aussi sur d'autres problèmes — par exemple ceux que posent les « bandes » ethniques et, plus précisément, les « zoulous », dont la presse vient de parler abondamment, à propos notamment de violences qui se sont produites à Cergy-Pontoise.

Au début, le groupe refuse carrément l'idée que les bandes soient liées à des manifestations ethniques ou à une ethnicisation de certains jeunes : « les enfants qui sont venus ici et qui ont tout cassé... Là, c'était un autre problème, pas du tout ethnique », et on tient à banaliser ce type d'incidents — « les bagarres de villages ont toujours existé. Écoutez, quand j'étais jeune avec d'autres enfants, on allait attaquer le village d'à côté ». Mais la perception du phénomène des bandes est bouleversée avec la venue d'interlocuteurs qui interdisent de s'en tenir là, deux jeunes « zoulous » de Saint-Denis.

Le premier retrace en détail l'histoire de leur mouvement, ses origines américaines, les années soixante-dix à New York, l'extension en Angleterre, puis en France. Le second, très détendu dans ses baskets et son K-Way, se présente en rappant, comme sur scène, et pendant une dizaine de minutes le groupe, médusé et ravi, assiste à un spectacle :

> Rapper, danser, c'est la même chose — que tu sois noir, blanc ou négro — il faut arriver à tenir — pas de violence, toujours rapper — c'est avec vous que j'essaye de communiquer — je suis pas violent, je parle simplement — je suis pas un menteur, j'ai du talent, je sais — mais tout simplement j'essaye de parler — improviser — j'espère que vous m'avez écouté — je ne suis pas le seul à pouvoir délirer, vous savez.

Puis les deux invités expliquent qu'ils constituent la face non violente du mouvement « zoulou » et se lancent, en réponse à des questions des chercheurs, dans un véritable cours : après leur passage, personne n'ignore plus la différence entre un « graff » et un « tag », chacun sait qu'il y a des femmes « rappeuses » mais pas de femmes « taggeuses », et l'on a bien compris la force expressive et culturelle du « rap » des banlieues.

Du côté du groupe, les réactions sont très peu nombreuses. Myriam, qui est assistante sociale dans un établissement scolaire, indique qu'« on a des échos parce que dans les collèges ces jeunes sont repérés et donc ils font leurs bêtises ailleurs. Mais nous, on n'arrive pas à avoir des éléments concrets. Le problème reste toujours diffus au niveau des collèges. Donc c'est difficile pour nous d'organiser un travail » ; et Colette constate qu'à la Maison des femmes, qui devrait être au courant et sensibilisée, ne serait-ce que parce qu'il y a eu viol, « on n'en a pas entendu parler » : « ces jeunes, c'est un monde à côté de nous ».

La distance est grande entre le groupe et les deux jeunes « zoulous », pourtant directs et très à leur aise, et la principale leçon de cette rencontre est le silence du groupe, le manque de dialogue avec ces interlocuteurs qui ne demandent qu'à se faire mieux connaître et qui expliquent que leur mouvement comporte deux faces : l'une violente, « pagailleuse », qu'ils rejettent, et l'autre non violente et culturelle, à laquelle ils s'identifient.

Est-ce à dire que les travailleurs sociaux peuvent être ignorants ou distants des populations lorsqu'elles se définissent en termes ethniques, ou sont définies comme telles, qu'ils peuvent fonctionner sans prendre en compte les identités autres que sociales de leurs « clients » ? Assurément non, et à plusieurs reprises on marque, dans le groupe, un réel attachement au droit à la différence ethnique, culturelle ou religieuse. Mais il n'est pas facile d'« aider [les gens] à s'en sortir en préservant leur identité ». Comment respecter l'Autre et sa culture, comment ne pas « lui reprocher le fait qu'il conserve sa coutume » tout en voulant, en même temps, qu'il trouve une « place dans une société qui a une autre culture que la sienne propre » ? La question traverse si souvent les débats du groupe qu'on peut affirmer qu'elle est structurelle.

Faut-il accepter à un poste d'assistante maternelle une candidate qui, dans sa demande, indique qu'elle entend ne pas cuisiner de porc chez elle ? Michel, directeur d'une résidence pour personnes âgées, doit-il imposer à ses pensionnaires la visite de lycéennes, envoyées dans le cadre de leurs études, si elles sont noires, ce qui entraîne un phénomène immédiat de rejet ? Et s'il s'agit de jeunes musulmanes portant le foulard islamique ? A de nombreuses reprises, le groupe s'enflamme sur de tels problèmes, et, chaque fois, le débat est vif, confus, sans qu'il soit jamais possible de dégager une position unique et ferme. Le paroxysme est atteint lors de la rencontre du groupe avec deux interlocuteurs venus en même temps représenter, l'un, une association regroupant des intellectuels zaïrois, l'autre, une association de femmes africaines. Il faut dire que la discussion est lancée sur le thème de l'excision et que les deux invités défendent des points de vue opposés qui ne peuvent que contribuer à déchirer le groupe[138]. Le premier, en effet, fait l'apologie de l'excision, et va jusqu'à mettre en question toute possibilité de communication entre les travailleurs sociaux et les populations immigrées — « les gens mettent vos conseils par terre pour prouver leur authenticité culturelle » —, alors que l'autre invitée parle intégration, et même assimilation, pour les femmes africaines qu'elle représente. Écartelé entre le discours culturaliste de l'un et les positions opposées de l'autre, qui lutte contre l'exclusion sociale des plus démunis, le groupe ne trouve pas de voie de sortie. S'il refuse l'excision au nom de « valeurs », s'il la juge « barbare », il n'est pas capable de tracer une frontière opérationnelle entre le droit à la différence et l'appel à des références universelles : la raison, le progrès, l'égalité sociale, les droits de l'homme.

3. *A la recherche d'un point d'équilibre*

Mais n'existe-t-il pas un raisonnement qui permettrait de définir une ligne générale de conduite ? Apparemment non. Tout se passe comme si, en effet, les travailleurs sociaux refusaient d'avoir à trancher et à se stabiliser sur l'un des deux pôles qui orientent leur pratique. Dans l'ensemble, ils sont hostiles à des politiques spécifiques, qui viseraient les immigrés en tant que tels, et ils affirment que les différences culturelles ou ethniques sont moins centrales que les inégalités sociales face au chômage, à l'éducation ou au logement. Mais à peine semblent-ils s'installer sur ce type de position qu'ils basculent de l'autre côté, et se disent sensibles aux particularismes des plus démunis. « Quand on entend les enfants noirs dire qu'à l'école, on n'entend pas leur oralité, et qu'ils disent : “ c'est parce que je suis noir ”, et qu'il y a là toute une agressivité, et bien, je ne sais pas quoi faire. »

Pour un immigré, ou pour ses enfants, l'identité n'est-elle pas un moyen d'exister, de s'affirmer, dans une société qui tend à les exclure et à les nier ? Ne faut-il pas aider ceux qui n'ont pas d'autres ressources, et qui même hésitent à mobiliser leur spécificité ? Après tout, « l'Américain n'aura pas honte d'être américain, le petit Maghrébin ne revendique pas sa culture, sauf de manière réactive... pour lui, ce n'est pas un modèle porteur » — et le travail social pourrait contribuer à rendre « porteur » ce modèle qui ne l'est pas.

Mais n'est-ce pas introduire un traitement inégalitaire, et le risque d'injustices plus grandes encore, au profit de ceux qui, parce que leur propre culture est dominante, sauront le mieux faire valoir leurs particularismes ? Les débats étaient jusque-là confus et embrouillés, l'analyse maintenant les éclaire : il y a bien un déchirement, une tension structurelle, qui n'existait pas dans le passé, quand le travail social n'avait guère à prendre en charge les spécificités culturelles, voire ethniques, de ses « clients ». Cette tension se solde par une grande instabilité des positions, par une intense circulation, jamais figée, sur un circuit bouclé, où chacun est susceptible de passer d'une position universaliste à une position différencialiste, et vice versa, sans qu'existe une ligne claire de conduite et d'attitude. Et, dans cette instabilité, le travail social subit un affaiblissement, un rétrécissement de sa capacité d'action : « je rencontre des problèmes sociaux qui sont aggravés par l'origine ethnique, et ça diminue notre espace d'action ».

Ce qui constitue une première conclusion de la recherche, menée avec, et non sur, des travailleurs sociaux. Hier encore, ils pouvaient s'en tenir à une définition précise et, au sens strict, sociale de leur pratique ; aujourd'hui, ce n'est plus possible, tant la présence de l'immigration et, corrélativement, le discours de la nation française, comme seule identité légitime, tel qu'il est développé notamment par le Front national, les obligent à fonctionner sur deux registres dont les coordonnées opposées les écartèlent et les mettent en position de faiblesse.

4. *Les travailleurs sociaux et la ville*

Il y a quinze ans, au début de la ville nouvelle, des réunions mensuelles entre travailleurs sociaux et urbanistes permettaient une circulation d'information, un va-et-vient constant entre attentes sociales et projets urbains. Les travailleurs sociaux pouvaient aider les gens à se repérer dans une ville en chantier. Aujourd'hui, les eaux se sont séparées et la logique du travail social non seulement s'écarte de celle de l'urbanisme, mais entre en conflit avec les intérêts de la ville, prise comme unité territoriale ou comme utopie.

Cette disjonction apparaît, spectaculaire, à l'occasion de la rencontre avec le maire de Cergy, Mme Massin, qui évoque la violence des bandes et la délinquance des jeunes, et fait part des projets de l'équipe municipale : renforcement de la prévention, sectorisation de la justice par une Maison de la justice, demande d'un foyer fermé pour les mineurs multirécidivistes.

Les autorités locales sont soucieuses de l'image de la ville nouvelle. Pour elles, il s'agit de réagir, d'enrayer le processus de dégradation du quartier Saint-Christophe et de son îlot central, la Bastide, de rompre avec la spirale où pauvreté et ethnicité se conjuguent dans un même processus de détérioration.

> LE MAIRE : Le problème de la Bastide, c'est qu'il y a cent soixante-huit logements qui sont en arriéré de loyers considérable, et que ces gens-là se trouvent bien parce qu'ils bénéficient de la situation. Il faut appeler un chat un chat. Et au fur et à mesure qu'il y aura des adjudications...
> BRIGITTE : Et nous, nous essayons justement d'éviter les adjudications [...]. Vous connaissez le problème du relogement : on ne peut plus reloger les étrangers en Val-d'Oise. Donc, qu'est-ce qu'elles vont devenir, ces populations-là ? [...] Est-ce qu'il ne s'agit pas de « blanchir » le quartier pour vendre après les appartements à 14 000 francs le mètre carré ?
> LE MAIRE : Ah non, madame, ce n'est pas du tout comme ça qu'on est en train de faire l'opération. [...] Ce qu'on essaye de faire, c'est d'avoir une négociation, de dire aux promoteurs : " vous nous rachetez tant de logements, vous relogez tant de familles, et vous aurez le droit de bâtir ailleurs dans la ville nouvelle ". Bon, ce n'est pas toujours possible...
> COLETTE : Et ça ne marche pas, pourquoi ?
> LE MAIRE : Parce qu'ils ne veulent pas se trouver avec ces personnes sur les bras.
> MICHEL : Personne n'en veut !
> JACQUELINE : Et c'est pour ça qu'on est contre les expulsions.
> BRIGITTE : Oui, parce que s'ils sont expulsés, on n'a plus de moyens. On sauve quelques situations quand même.
> MANUEL : Mais dans ce pourcentage de familles expulsées, il y a beaucoup d'Africains, donc c'est une ségrégation de fait.
> LE MAIRE : Non.

Même s'ils sont ébranlés par la ségrégation qui s'esquisse, et par le glissement progressif du quartier Saint-Christophe dans la marginalisation, les travailleurs sociaux se raidissent dans une logique purement sociale qui consiste strictement à s'opposer aux expulsions et à ne pas privilégier d'autres dimensions. « Je ne suis pas là pour vider les gens, dit Brigitte. On les maintient, dans la légalité, et si en faisant cela ça perturbe l'image de la ville nouvelle, tant pis. » Tout le groupe est avec elle : « il y a un droit au logement et c'est fondamental. Aujourd'hui, il est impossible de reloger les gens en Ile-de-France, et donc on se bat pour qu'ils gardent leur logement. Si les gens veulent rester, on les aide » ; « moi, j'aide les gens à rester chez eux. Je n'aiderai pas la mairie à expulser les gens : ça, c'est clair et net dans ma tête. En tant qu'assistante sociale, je me bats pour que les gens gardent leur maison ». Non seulement le groupe résiste à la gestion urbaine de la mairie, mais aussi il introduit le soupçon. N'y aurait-il pas, de la part de la municipalité, acceptation stratégique ou sournoise du racisme : « Mme le maire nous a dit que la valeur immobilière de la ville se détériore avec la Bastide. Elle n'a pas dit que c'est parce qu'il y a des Noirs, non, elle n'a pas dit ça, mais à mon avis, mon opinion à moi, c'est que là-bas, il y a le problème des Noirs. Tous les gens fuient le problème, on n'ose pas dire les choses par leur nom » ?

Mais les positions dominantes qui s'expriment ainsi n'entraînent-elles pas des conséquences dramatiques, pires encore que ce qui est reproché à l'équipe municipale ? Au fil de ses débats, le groupe est bien obligé de reconnaître qu'une logique purement sociale va dans le sens d'une « ghettoïsation » de la ville nouvelle et, à terme, d'un renforcement de la ségrégation et du racisme : « le problème se pose parce qu'il s'agit du centre ville qui était fait pour vendre la ville nouvelle, et c'est vrai que, quand on arrive, on voit qu'il y a beaucoup de Noirs : c'est ça la réaction des Français. C'est ça le problème ».

Mais le groupe ne se départit pas de ses positions initiales : « ce qu'on voit, c'est que les gens démunis sont toujours repoussés un peu plus loin. On a envie de dire : “ Stop ” ». Pour les travailleurs sociaux, au fond, le problème de la « ghettoïsation » de la ville, « c'est le problème de la mairie, pas le nôtre », « on s'en fout si on vend ou non les appartements. Notre problème est que les gens puissent donner à manger à leurs enfants le lendemain » ; « la mairie et l'EPA (Établissement public d'aménagement) peuvent exiger des gens qu'ils fassent autre chose, et par là éviter le ghetto : en rachetant, en faisant de l'insertion sociale, etc ». Dans le groupe, personne ne cherche vraiment à intégrer le social et l'urbain, même si certains de ses participants vivent personnellement le drame de cette dissociation : l'une voit son fils devenir sympathisant du Front national, tant il est excédé par les immigrés qui fréquentent son établissement scolaire ; l'autre sort sa fille d'une école défavorisée — « j'ai vécu dans un quartier défavorisé, disons de gens pauvres culturellement, eh bien, j'ai laissé ma fille en maternelle, la première année de primaire et après, c'est la directrice qui m'a dit : " attention, votre fille ne va pas réussir scolairement ". Et même si au départ je ne voulais pas, j'ai été obligée de changer d'école comme tout le monde. C'est ça, en tant que travailleur social, je maintiendrais les gens sur place, mais là... et je sais bien que du coup, ça a des effets pervers, ça crée des écoles-ghettos... Mais je n'ai pas de réponse ». Les travailleurs sociaux sont incapables, ou se refusent à entrer dans des problèmes qui excèdent la prise en charge des difficultés sociales de leurs « clients » et sont d'une nature différente. Ils en tirent par moments une mauvaise conscience, mais préfèrent s'arc-bouter sur des positions fortes, limitées à une thématique strictement sociale. Leur réponse, là aussi, les affaiblit considérablement, et tend même à les marginaliser par rapport aux enjeux du développement urbain, sur lesquels ils n'ont guère d'emprise.

5. *Sortir de la crise ?*

Le dernier interlocuteur, François Dubet, sociologue, apostrophe le groupe, lui reprochant de ne pas jouer de sa capacité à conflictualiser des problèmes sociaux, à dénoncer des scandales, à construire une parole collective. Dubet : « Qu'est-ce qui vous empêche, vous, de dénoncer le scandale ? Êtes-vous dans une définition si professionnelle de votre travail que vous avez cessé complètement d'être des acteurs ? » Soumis à forte pression, le groupe commence par refuser de se retrouver dans l'image que lui renvoie l'invité : « Je ne comprends pas cette histoire [d'action collective conflictuelle]. Je crois que l'individu tout seul peut se faire sa place et peut se passer des groupes. Je ne crois pas ne pas tenir compte des problèmes qui se posent » ; « moi, je fais de la permanence emploi, du travail de groupe donc et pas individuel. J'ai un projet sur un quartier. C'est vrai, je fais du travail individuel mais aussi autre chose ».

Mais, dans l'ensemble, on reconnaît qu'effectivement le travail social est aujourd'hui plus individualisé que naguère, et on souligne le caractère vague et éphémère des tentatives de mobilisation effectuées. On cite ainsi une action sur le logement menée à plusieurs partenaires, « visant à réfléchir à la manière d'associer les gens ensemble » ; on en évoque une autre sur l'emploi : « il y a quatre, cinq ans, quand on a commencé à parler de l'emploi, c'était mal vu. On ne recevait aucune subvention de la mairie. Et puis on a commencé à s'associer, essentiellement donc autour de la Maison de quartier, et puis on a reçu des petites subventions, et puis plus ça va, plus on s'organise ». On note que ce type d'initiative est susceptible d'extension rapide, sous la forme, par exemple, d'une « interassociation départementale » : « on s'était rendu compte que chaque association n'était pas assez forte pour faire prévaloir ses objectifs et, grâce à cette interassociation, on est devenu véritablement un interpellateur et un relais vers le politique ».

Mais l'évocation de ces expériences tourne court et, malgré l'insistance des chercheurs à suivre les propositions introduites par François Dubet, le groupe s'enferme dans le thème de la crise institutionnelle du travail social et retombe dans le découragement malgré les exhortations de Dubet : « c'est vrai, on n'a pas le réflexe du militant », dit l'un ; « si on déconne, dit un autre, on va nous sucrer les subventions. Et c'est étonnant de voir comment on peut arriver à s'écraser ». Il ne reste plus qu'à attendre des autres qu'ils se prennent eux-mêmes en charge : « je ne peux pas comme travailleur social devenir un acteur, je ne veux pas me substituer aux gens. Que les gens maîtrisent eux-mêmes leur mouvement ». En fin de compte, le groupe vit une crise profonde : « nous sommes des travailleurs sociaux épuisés ».

Plus les chercheurs interviennent, lors d'une ultime rencontre, pour essayer de construire l'image théorique ou virtuelle d'une action qui sortirait le travail social de sa crise, plus le groupe semble s'enfermer dans cette crise, comme si cette image rendait encore plus nets son malaise et son impuissance.

Ce qui apporte une dernière conclusion à notre intervention sociologique. Les travailleurs sociaux constituent un formidable levier de changements potentiels, ne serait-ce que par leurs effectifs et leur présence sur le terrain. Ils ont conscience de leurs responsabilités dans la société et savent reconnaître les enjeux généraux qui pourraient dessiner l'horizon de leurs interventions. Mais, pour l'instant, tout, dans l'évolution des dix ou vingt dernières années, semble les avoir affaiblis, voire paralysés. La fin du mouvement ouvrier les a privés d'un ensemble de repères, d'une référence apportant de hautes significations à leur action ; les valeurs universalistes, qui dans le passé informaient leur pratique, ne suffisent pas à répondre aux demandes de populations souvent d'origine immigrée et qui tendent çà et là à se comporter en minorités ethniques, quand elles ne sont pas désignées comme telles et racisées ; le contact avec les élus, quel que soit leur bord politique, s'opère pour eux dans un rapport croissant de subordination. Ils ont tendance à se réfugier dans une gestion limitée et individualisée de dossiers qui sont autant d'urgences et de cas sociaux. Ils sont désormais sans grands projets, sans utopie, infirmiers ou brancardiers d'une société qui se dualise sous leurs yeux impuissants, et rien n'indique que cette situation puisse évoluer rapidement.

Ce diagnostic sombre, et qui rend les travailleurs sociaux eux-mêmes malheureux, peut-il être généralisé à la France tout entière ?

Des entretiens complémentaires, menés à Roubaix puis à Mulhouse avec deux autres groupes de travailleurs sociaux, suggèrent que oui, à condition d'ajouter des précisions qui tiennent à deux variables : la présence, ou non, de réseaux militants ou associatifs implantés localement ; l'existence, ou non, d'une politique de la Ville, et en particulier d'efforts du type DSQ [139].

Là où les travailleurs sociaux peuvent participer, directement ou indirectement, à une action collective, s'adosser à elle, compter sur des rapports de force, là où ils peuvent échapper au repli dans un travail individuel — comme c'est le cas à l'Alma-Gare, à Roubaix —, ils résistent au malaise : « on a le moral parce qu'on a, dans l'Alma, une certaine dynamique avec les habitants », alors que « dans les autres quartiers, les collègues sont démobilisés parce que leur rapport de force est encore plus faible que le nôtre ».

L'existence d'une capacité d'action des habitants, et d'un esprit un peu militant chez les travailleurs sociaux, permet de peser, dans un sens positif, sur la montée de tensions qui pourraient déboucher sur des conduites racistes. Face à des accusations à l'égard d'une minorité — quand la délinquance, par exemple, est imputée systématiquement aux jeunes d'origine maghrébine —, tout change si le quartier « est capable d'exprimer ses conflits dans un lieu donné, d'une manière collective », de discuter et, « à travers la confrontation de tout le monde, de régler les problèmes ». Ceux des travailleurs sociaux qui fonctionnent dans le quartier de l'Alma sont plus à leur aise face à la tension, si déchirante à Cergy, entre universalisme et valeurs particulières, ils ont le sentiment d'exercer une certaine emprise sur des problèmes qui, ailleurs, se soldent par de la peur et de l'exaspération raciste.

Là où le tissu associatif est dense et actif, là où, en même temps, un DSQ ou une ZEP ont été élaborés de longue date, sans volontarisme excessif, les travailleurs sociaux — et par exemple ceux du quartier de Bourtzwiller, à Mulhouse — sont encore plus à leur aise. Ils participent d'un partenariat avec toutes sortes d'acteurs qui les autorise à s'occuper, comme ils disent, des « basanés », tout en tenant compte des « petits Blancs ». Ils peuvent plus facilement prendre en considération les différences ethniques sans heurter ceux qu'elles peuvent effrayer.

Dans ce type de situation, le travail social est capable de peser sur les critères et les mécanismes d'attribution du logement social, ou de promouvoir une intégration progressive qui ne broie pas les différences. Les travailleurs sociaux de Bourtzwiller, par exemple, ont favorisé l'installation d'un supermarché dans « une partie du quartier qui est moins basanée que d'autres... Ça permettra le mélange, que les gens se rencontrent ». Bref, le groupe réuni à Mulhouse confirme que, là où il y a capacité de mobilisation, « le côté ethnique ne complique pas les choses ».

Enfin, là où le travail social ne rencontre pas de capacité d'action militante, d'associations actives sur le quartier, les procédures de style DSQ exercent un effet de déstabilisation, d'une part en imposant aux travailleurs sociaux des modes d'intervention auxquels ils ne sont guère habitués, d'autre part en favorisant l'expression, chez les habitants des quartiers, de demandes et de revendications jusque-là non exprimées. Surgit ainsi « une espèce de recrudescence des demandes qui t'accable », et qui s'avère d'autant plus difficile à gérer qu'elle provient le plus souvent d'individus, sans mise en forme collective.

On rencontre çà et là une nouvelle figure du travailleur social, dont Jacques Ion a brossé le portrait type : « hommes [...] âgés de trente-cinq à quarante-cinq ans [qui] de par leur passé connaissent les moindres recoins du paysage institutionnel. Ils possèdent un important carnet d'adresses ; ils connaissent nombre de leurs collègues, la plupart des cadres dirigeants des organisations du social, et au moins quelques élus. Ils ont su conquérir une large marge d'autonomie par rapport à leur institution d'appartenance. Ils connaissent et pratiquent des tactiques de montage, tout autant décisionnel que financier, de toutes opérations ; ils sont passés maîtres dans la confection des dossiers ; enfin, ils maîtrisent au mieux l'art de la négociation[140] ». Cette figure, en ce qui concerne notre objet (le racisme), est capable d'exercer une influence déterminante, en gérant prudemment les tensions entre l'universel et le particulier, en pesant sur les processus producteurs de ségrégation spatiale, en dégonflant les excès dus à l'ethnicisation des rapports sociaux ou en s'appuyant sur les cultures des minorités non pas pour les valoriser, comme une fin en soi, mais pour en faire un moyen, un levier vers l'intégration.

Mais les travailleurs sociaux sont peu nombreux à incarner cette nouvelle figure.

Conclusion

La ségrégation spatiale, lorsqu'elle se met en place, aboutit à séparer immigrés et Français « de souche », mais ne répond pas nécessairement, au départ, à une logique de racisme. Elle est avant tout sociale. De même, les relations de voisinage ou de cohabitation, même les plus tendues ou les plus difficiles, ne signifient pas forcément l'introduction d'une haine ou d'une exaspération fondées sur l'idée de race. La différence culturelle, le choc des ethnicités, l'affaiblissement de l'identité nationale peuvent être mal vécus, et souvent pour des raisons objectives ; ils ne deviennent véritablement du racisme qu'à partir du moment où l'Autre est rejeté ou infériorisé à l'aide de catégories qui le naturalisent et attribuent à sa supposée race des caractéristiques générales, biologiques, qui fonderaient les comportements individuels qu'on observe, ou que l'on croit observer

Le racisme est inacceptable, et il est sain de le dénoncer là où on le constate ; mais la négation des tensions ou des différences culturelles est tout aussi inacceptable. Il existe certes une zone opaque, où les acteurs oscillent entre des propos et attitudes racistes et une exaspération fondée sur des difficultés bien réelles ; c'est même le plus souvent dans cette zone que se rencontre l'essentiel des discours et des conduites populaires que nous avons analysés jusqu'ici.

Il n'en faut pas moins distinguer analytiquement le racisme d'autres phénomènes, avec lesquels souvent il se conjugue, et marquer la plus grande prudence en ce qui concerne l'usage du qualificatif « raciste ».

Mais nous aurions tort de réduire le racisme à ses expressions populaires et à leur inscription dans l'espace. Il traverse aussi certaines institutions, et est toujours susceptible d'animer une action et des idéologies politiques : c'est pourquoi notre recherche n'est pas encore parvenue à son terme.

QUATRIÈME PARTIE

Institutions et racisme : la police

Introduction

Lorsqu'une société est massivement raciste, il n'est pas difficile de montrer comment le phénomène en traverse et en anime les institutions — le système éducatif, la justice, la police, etc. Mais lorsque le racisme est relativement faible, éclaté, ses expressions et sa pénétration institutionnelles sont moins nettes, plus délicates à cerner et à apprécier, plus ambiguës parfois aussi.

Ainsi, nous savons tous, ou nous croyons tous savoir, qu'il existe de la discrimination raciale dans les modes d'attribution du logement social. Mais aucune étude sérieuse n'en a jamais présenté le bilan et le diagnostic même de racisme n'est pas toujours évident. Par exemple, beaucoup ont été indignés, ou perplexes, d'apprendre en mars 1991 la condamnation pour racisme du président d'un important organisme d'HLM, la SCIC. Pour éviter la formation de ghettos, et faciliter l'intégration des étrangers, la SCIC pratiquait une politique de quotas qui pouvait la conduire à refuser de louer à un étranger un appartement libéré par un Français, ce qui est interdit par le Code pénal. Pour la justice, son président est raciste ; pour des témoins aussi peu suspects de racisme qu'Edmond Maire, Harlem Désir, Robert Lion, François Bloch-Lainé ou Gilbert Bonnemaison, c'est un honnête homme, dont les fins sont légitimes et la cause juste.

A partir du moment où le racisme est une donnée du paysage politique, où il est devenu un thème important des débats de société, il est sain d'interroger les institutions sur le rapport qu'elles entretiennent avec le phénomène.

Certaines, manifestement, lui sont plutôt propices. D'autres, à l'inverse, semblent jouer un rôle avant tout positif, en contribuant à y résister ou à le faire reculer. Mais toutes sont concernées.

Notre choix a été d'en étudier une, la police, de façon approfondie, plutôt que de nous livrer à un balayage plus large mais qui aurait été nécessairement plus superficiel. C'est un lieu commun que de parler de racisme à son sujet. Mais quelle en est la nature ? S'agit-il d'un phénomène qui condense et exprime des préjugés et attitudes qui dépassent en fait, et de très loin, la seule institution policière ; n'y a-t-il pas plutôt une spécificité et, si oui, à quoi tient-elle : au mode de recrutement et à la personnalité des policiers, à une sous-culture et à un métier, à l'histoire de leur organisation, à l'environnement dans lequel ils travaillent ?

Nous avons fait confiance aux acteurs eux-mêmes, les policiers, pour analyser avec nous ces problèmes, c'est-à-dire participer à un processus de recherche sur leur propre action, sur ses difficultés et, en fin de compte, sur la place qu'y trouve le racisme. Notre démarche présente de toute évidence ses limites, qui seront évoquées chemin faisant. Mais elle apporte aussi un éclairage, parfois étonnant, et permet, nous semble-t-il, d'éviter un écueil majeur, courant lorsqu'on étudie une institution, qui consiste à s'enfermer dans l'examen de son fonctionnement et de ses blocages.

Les policiers ne sont pas seulement des agents assurant plus ou moins bien le fonctionnement d'une organisation dont la logique les dépasserait. Ils se plaignent, certes, de la bureaucratie, des règles plus ou moins administratives qui fixent leur travail, du poids de la hiérarchie, ou de tout autre pouvoir ; mais ce sont aussi des acteurs, individuels et collectifs, qui expriment une subjectivité et disposent de degrés de liberté à l'intérieur desquels ils peuvent contribuer à définir, même si c'est très modestement, les orientations et les modalités de leur pratique. Ils ne sont ni les rouages d'une machine qui les façonnerait pour les rendre racistes ni de purs sujets, libres de tout déterminisme, de toute contrainte institutionnelle, et dont le racisme, ou l'impuissance face au racisme, tiendrait alors, en dehors de l'institution policière, à leur milieu social d'origine ou à leur éducation. Ce sont des acteurs définis par leur appartenance à des systèmes d'action, et c'est comme tels que nous les avons étudiés.

8

Police et racisme

Un lieu commun veut que la police soit raciste, qu'elle comporte une orientation générale au racisme, comme si celui-ci était inscrit dans sa culture, ou encore inhérent à son mode de recrutement et au type de personnalité qu'elle attire.

Mais qu'en savons-nous ? Aux États-Unis, au Royaume-Uni, au Canada, en Australie notamment, une abondante littérature traite du sujet, et pas seulement en termes militants ; la police est étudiée par les sciences humaines et le racisme occupe une place considérable dans des travaux qui dessinent un véritable domaine, avec ses chercheurs, ses débats, ses colloques ou ses publications spécialisées, avec aussi de nombreux rapports établis à la demande d'institutions publiques[141].

La France est longtemps restée à l'écart de ce domaine : il a fallu attendre le milieu des années quatre-vingt pour que soient publiés les premiers travaux et, surtout, les premières connaissances empiriques sur une police s'ouvrant elle-même à la recherche[142].

Dans cette ouverture, le thème du racisme policier n'a lui-même trouvé d'espace que très limité, et ce que nous en savons, aujourd'hui encore, demeure partiel et éclaté. Les organisations antiracistes collectent les informations qui leur parviennent et en proposent de temps à autre la synthèse, la presse se fait l'écho des « bavures » les plus graves, mais nous manquons d'une connaissance systématique, bien informée. C'est pourquoi il nous est apparu utile de montrer comment, dans la France contemporaine, le racisme policier, dont la nature spécifique sera dégagée, se construit sur fond de problèmes sociaux et à partir d'une expérience professionnelle qui en structure largement les principales expressions. Il ne s'agit pas de chiffrer le phénomène, d'établir le pourcentage de policiers racistes ou de recenser les actes et expressions de leur racisme — ce travail, qui n'est pas à notre portée, relève plutôt de la justice, de l'administration du ministère de l'Intérieur ou de la commission réunie par le Premier ministre précisément pour faire le point sur ces sujets. Il s'agit d'établir clairement le lien entre le racisme, dans ce qu'il a de spécifique chez les policiers, et les conditions sociales, institutionnelles et politiques dans lesquelles ils exercent leur métier.

D'où l'idée de mettre sur pied, là aussi, une intervention sociologique avec un groupe de onze policiers : deux de Gagny-Montfermeil, de Mulhouse, de Roubaix et de Cergy-Pontoise, et trois de Marseille. Notre groupe est le plus diversifié possible : « tenue » et civils, jeunes et moins jeunes, diplômés ou non. Il comporte une femme. Tous étaient désireux de participer à la recherche [143].

Dès sa première réunion, le groupe a commencé à rencontrer, l'un après l'autre, ses interlocuteurs : Denis Langlois, avocat bien connu pour ses positions d'extrême gauche et sa critique de la police ; un magistrat, pour discuter des rapports police-justice et des effets sur le travail policier de la crise de la justice ; un dirigeant de la police des polices, l'inspection générale de la police nationale (l'IGPN), pour examiner avec lui la façon dont les policiers sont éventuellement sanctionnés pour racisme ; le maire de Montfermeil, pour voir ce qui rapproche cet élu local, dont les positions oscillent entre la droite classique et le Front national, et la police, dès lors qu'il s'agit d'immigration ; les animateurs du CIQ de Saint-Jérôme, à Marseille, dont nous connaissons bien les problèmes (voir le chapitre 4) ; deux syndicalistes de la Fédération professionnelle indépendante de la police (FPIP), syndicat proche de l'extrême droite ; le grand patron, le directeur général de la police nationale (DGPN) ; Harlem Désir ; le secrétaire général de la Fédération autonome des syndicats de police (FASP), qui rassemble tous les corps et toutes les catégories de la police nationale, et qui est majoritaire dans la « tenue » ; un policier de la brigade du métro, dont il se disait qu'elle concentre beaucoup de racistes en raison des conditions particulières du travail policier dans le métro ; Alain Hamon, journaliste à RTL, auteur d'un ouvrage sur la police, pour parler du rapport entre journalistes et policiers.

Le groupe, entre ces rencontres et, surtout, au cours d'une journée et demie de séances « fermées », est entré ensuite dans la deuxième phase de son travail : l'analyse de son action et du racisme policier, introduite par les chercheurs, qui lui ont présenté un raisonnement d'ensemble. Le tout a duré six jours pleins, soit environ quarante-cinq heures de réunion. Les chercheurs ont ensuite rédigé une première version de ce texte, dont les grandes lignes ont été soumises au groupe trois mois plus tard, lors d'une rencontre qui a occupé une journée entière, à Paris.

1. La structure du discours policier

1. La police, la ville et l'immigration

Tous policiers de base, immergés dans le terrain, les membres du groupe travaillent dans des situations inégalement difficiles. Ainsi, la cité pourtant célèbre des Bosquets, à Montfermeil, ne devrait pas être comparée aux quartiers nord de Marseille, puisque dans l'une les enfants jusqu'à 12 ans seraient encore relativement calmes, alors qu'à Marseille, dès l'âge de 8 ans, ils lancent des pierres sur la police sans hésiter.

Et si la situation est relativement plus paisible à Cergy-Pontoise qu'à Marseille, par exemple, tous adoptent le même point de départ : c'est à partir du vécu sur le terrain, et en tout premier lieu dans les quartiers à forte densité d'immigrés, que le racisme apparaît ou s'exacerbe chez les policiers.

Les descriptions de la crise urbaine sont ici d'autant plus impressionnantes qu'elles reposent sur une pratique quotidienne, mise en forme en des termes souvent proches du discours qui a été reconstitué dans l'avant-propos de ce livre.

Dans le groupe, on évoque les immigrés, leur mode de vie, le bruit, les moutons égorgés à l'occasion du ramadan, les lapins dans les baignoires — « ils vivent comme dans leur pays ». On s'identifie alors aux Français qui voient que « les étrangers, ils sont avantagés par rapport à nous ». Ainsi, à propos des trente-neuf villas construites pour les gitans dans la cité de la Renaude, « j'aimerais bien en avoir une comme ça », dit un membre du groupe, qui précise : « mais pas dans ce quartier ». On signale aussi que, entre eux, ces immigrés, ou assimilables, s'entendent mal. A Marseille, par exemple, gitans et Maghrébins, « c'est chiens et chats » — sauf face à la police : « contre nous, ils sont unis ». De même, à Roubaix, « nous avons des Arabes qui font des pétitions contre les " Roumains " parce qu'ils sont sales ».

Mais l'essentiel est dans l'impossibilité qu'il y aurait à mener une action policière dans des quartiers ou des cités de plus en plus nombreuses, qui apparaissent parfois comme une véritable jungle où même les médecins sont dévalisés et les pompiers attaqués, et d'où sortent par moments des bandes ou des groupes susceptibles d'aller jusqu'à s'en prendre à des commissariats. A Marseille, il s'est avéré impossible de maintenir un poste de police : « ce poste a été fermé parce que le principal travail de la matinée était de nettoyer devant la porte, de dessouder des portes qu'ils avaient soudées le matin, ou d'aller la nuit, quatre ou cinq fois, pour l'alarme, parce qu'ils essaient de casser la porte ». Les policiers qui travaillent en région parisienne, ceux de Marseille aussi, évoquent les divers objets (corps de fonte, vide-ordures...) lancés par les fenêtres sur la police lorsqu'elle se manifeste dans certains secteurs. A Marseille, parfois, il faut pratiquement composer avec les délinquants, négocier des accords, ou les faire fonctionner tacitement — du genre : « on vous laisse trafiquer des voitures volées, mais vous ne touchez pas aux véhicules de police quand ils circulent dans le quartier ». D'ailleurs, il arrive que les « chefs nous interdisent — oralement — d'aller dans une cité, sauf si les leaders des jeunes de cette cité ont donné leur accord. Il ne faut pas les énerver ! ».

Certaines interventions ne sont possibles qu'en force — à Pontoise, pour certaines perquisitions, « on y va avec une compagnie de CRS » — ou menées avec une extrême brièveté.

Il n'est pas rare que les policiers vivent eux-mêmes sinon dans les quartiers les plus difficiles, du moins dans des secteurs à fort taux d'immigrés et de « petits Blancs » concernés ou menacés par des phénomènes d'exclusion ou de chute sociale. Alors, racontent-ils, non seulement ils partagent des conditions de vie pénibles (un environnement dégradé, la saleté, le bruit, la stigmatisation générale du quartier), mais en plus « nos femmes se font agresser, nos enfants en pâtissent ». Un policier de Gagny-Montfermeil fait circuler la photo de classe de sa fille, une des rares Françaises « de souche » au milieu de « bronzés » ; un autre s'indigne de l'apprentissage de l'arabe à l'école ; un troisième explique qu'aujourd'hui, en région parisienne, le policier ne peut plus se permettre de rentrer chez lui en tenue ; et un quatrième raconte comment un de ses collègues s'est fait suivre, sur le chemin du retour, par les « loubards qu'on avait faits dans l'après-midi » : ils sont montés avec lui dans le RER et l'ont fait descendre « gentiment » du train — ce qui se serait soldé pour lui par six mois d'hôpital.

Le racisme policier ne se réduit pas à cette expérience professionnelle et, pour certains, familiale des quartiers ou des populations difficiles ; mais il lui doit beaucoup. Immergé dans des situations où se côtoient immigrés et « petits Blancs », « le flic est au milieu de tout ça, et soit il capitule et il est raciste, soit il a moins capitulé, et reste très prudent » — mais au prix d'un désinvestissement ou d'un découragement sur lesquels nous reviendrons : « il y a des nuits, raconte un policier marseillais, où je dis à mes collègues : “ allez, on sort. — Non, nous, on joue aux cartes ” ». Dans sa ville, une bonne partie des policiers seraient « comme ça. Tu ne les fais pas travailler ».

Le racisme se joue là, bien plus que dans le prolongement nostalgique de la période coloniale ou même de celle, pourtant bien proche, où l'immigration se définissait surtout par sa position inférieure dans les rapports de production. Les policiers les moins racistes au départ le deviennent à force de « saturation... A la fin, on dit : “ les bougnoules nous emmerdent, c'est tous les mêmes et tous des voleurs ” » ; ils ont l'impression que la délinquance, « c'est à 90 % des immigrés », et il arrive un moment où « certains d'entre nous, sans penser être racistes et même sans en avoir l'acte ou l'attitude, vont malgré tout faire une discrimination » — « c'est vrai qu'on finit par être racistes ».

Une conséquence du lien qui est ainsi nettement établi entre racisme et expérience vécue sur le terrain, professionnelle et familiale, est que le racisme le plus évident est anti-Arabes, et anti-Noirs, anti-Turcs éventuellement, anti-gitans, mais qu'il ne comporte guère de dimension antisémite. Les Juifs ne constituent pas une population à problème aux yeux des policiers, ou très marginalement, et plus leur racisme s'enracine dans la pratique quotidienne du terrain, moins il est susceptible de se lester d'une thématique antisémite.

2. *La crise de la justice et de l'ordre social*

Les policiers ont la conviction d'être les derniers à tenir face à la montée des problèmes urbains et de la délinquance qui leur est associée. C'est d'ailleurs une constante du discours policier que de présenter la police comme le « dernier rempart » — et le groupe n'y déroge pas, soit qu'il dénonce la faillite d'autres institutions, soit qu'il entende marquer que la sienne est souvent la seule à être présente sur le terrain. C'est vrai dans la journée, à Marseille, et « plus encore la nuit, qui commence tôt. A sept heures du soir, il n'y a plus que nous ! ».

Les défaillances les plus criantes sont imputées à la justice, et la rencontre du groupe avec un magistrat semble apporter confirmation de l'image d'une justice inopérante à bien des égards. L'interlocuteur ajoute même de l'eau au moulin des policiers avec qui il débat. Si la police n'entre pratiquement pas dans certains quartiers, la justice elle aussi est confrontée à ces zones — les mêmes souvent — de « non-droit », où les huissiers ne pénètrent pas, où il n'est pas possible de remettre une convocation. Saturée elle aussi, manquant de moyens elle aussi, la justice est très lente : ne lui a-t-il pas fallu dix-sept ans pour régler un problème de mendicité et de délinquance de mineurs yougoslaves à Paris ? Il y a ineffectivité de la sanction pénale. Et, surtout, la justice est inadaptée à la petite délinquance, celle des jeunes des quartiers chauds, alors que, semble-t-il, elle ne se sort pas trop mal de la grande criminalité.

Le diagnostic, ici, est suffisamment net pour que les policiers et le magistrat qu'ils reçoivent le dressent ensemble. La justice ne sait pas quoi faire des mineurs. La prison, sauf cas exceptionnels, est exclue et constitue un remède pire que le mal ; les foyers n'apportent pas davantage une réponse satisfaisante. Les mineurs délinquants sont donc généralement relâchés sitôt arrêtés. De plus, la justice ne peut pas expulser un étranger en faute si elle ignore son pays d'origine, ce qui arrive d'autant plus fréquemment que cet aspect de la loi est bien connu des immigrés en situation irrégulière. S'ajoutant aux lenteurs et difficultés classiques de la justice, ce flou juridique face aux mineurs étrangers retombe sur la police. Et ce n'est pas en minimisant les problèmes que posent ces populations, en parlant pour elles de « sous-délinquance », comme le fait le magistrat reçu par le groupe, que l'on trouvera la solution — l'expression de « sous-délinquance » indigne plusieurs membres du groupe et les met en colère : « c'est la première fois que j'entends parler de ça ! ».

Les policiers sont dès lors triplement démoralisés. Ils consacrent un temps et une énergie considérables à interpeller des jeunes délinquants, ils « remplissent des papiers pendant des heures », pour constater que ces délinquants, rapidement relâchés, « traînent les rues ». Ils sont méprisés par cette jeunesse qui sait très bien qu'elle ne risque pas grand-chose et qui leur manque de respect. Et ils subissent les reproches de la population qui leur demande à quoi sert la police si les délinquants sont ainsi laissés libres d'agir et de recommencer.

Mais il ne faut pas tirer de l'image d'une crise de la justice rejaillissant sur le travail policier l'idée d'un ressentiment ou d'une animosité exacerbée de la part des policiers à l'égard des juges. La communication avec eux n'est pas nécessairement mauvaise : on échange couramment des informations, voire des conseils, comme ceux prodigués par un procureur de la République qui, en matière d'interpellation d'étrangers, « nous dit ce qu'il faut marquer sur les PV pour qu'ils tiennent ». L'essentiel est plutôt dans le sentiment, face aux jeunes immigrés, ou d'origine étrangère, d'être livré à soi-même, et que l'institution judiciaire, vitale, prend l'eau de toute part. Ce sentiment confine à l'impuissance, et celle-ci se retourne çà et là contre les immigrés, se résolvant alors par un discours raciste.

Mais la justice n'est pas seule en cause, tant l'ordre social et l'ensemble des institutions semblent déstructurés aux yeux des policiers. L'idée en est exprimée parfois en termes administratifs : lorsqu'on décrit, par exemple, le circuit d'un délinquant cap-verdien, en infraction vis-à-vis de la RATP, que diverses institutions (préfecture, Parquet, notamment) se renvoient l'une à l'autre, chacune se déchargeant de toute responsabilité. Mais, bien plus largement, les policiers ont la conviction que les « ciments » qui ont fait l'unité et la force de la société française s'effritent et que, au cœur du phénomène, il y aurait une figure centrale : les immigrés, et ceux qui les défendent. La police est « la dernière organisation, la dernière administration qui va traiter le problème. Quand la police intervient, ça veut dire que, quelque part, il y a des organisations qui n'ont pas fait leur travail, c'est la cellule familiale qui est éclatée, c'est l'école qui n'a pas marché, c'est la politique d'urbanisation et les ghettos... ».

La religion serait en régression chez les Français, catholiques, alors qu'en face, chez les immigrés, « chez eux, ça monte ». L'autorité parentale serait bafouée de toute part, dans le même temps où craquent l'école laïque et son mode d'intégration ; la famille classique serait en voie d'affaiblissement, avec d'un côté la déstructuration des familles françaises, de l'autre celle des familles étrangères, et les deux phénomènes se télescoperaient : « il y a une crise chez eux, une crise chez nous, et tout ça crée des problèmes ». Les enfants d'immigrés seraient soit livrés à eux-mêmes, à la rue et à la délinquance, soit tenus par la religion et la famille, et donc enfermés dans leur culture, irréductible à la culture française. L'excès et le défaut sont la règle — « un gosse qui fait une bêtise, soit c'est une raclée pas possible, soit c'est rien ». Et, dans ce contexte, les policiers éprouvent un vif sentiment de perte d'autorité, ce qui est intolérable[144]. Face aux jeunes en général, « on ne représente plus rien », « ils ne respectent plus rien, pas même l'uniforme » ; et tout ceci s'aggrave face aux jeunes immigrés, ou issus de l'immigration, qui « n'acceptent pas de devoirs » et oublient que leurs parents « en France, ont acquis des droits parce qu'ils avaient fait leur devoir avant », parce qu'ils « ont travaillé chez Renault ou fait les terrassiers ». Ceux qui méprisent leurs parents méprisent encore plus les policiers, qui regrettent « la fin de la peur du gendarme et d'une certaine éducation », et constatent qu'ils sont sans cesse injuriés par des immigrés. Mais il est exclu de poursuivre pour outrages : ce serait se donner des charges de travail supplémentaire et surcharger le Parquet — « 99 % des outrages, on laisse tomber ».

Ce discours unilatéral, oublieux de bien des comportements policiers, permet de mettre en relation le sentiment d'une crise de l'ordre et de la culture et des difficultés professionnelles qui donnent à la police l'impression que « tout fiche le camp ». Dans un tel contexte, où racisme et perte d'autorité vont de pair, les tensions les plus concrètes ne se résolvent plus et les petites difficultés que la police savait régler sur un mode conciliant se soldent par une montée aux extrêmes : comment, par exemple, demander aux organisateurs d'un bal ou d'un mariage d'immigrés trop bruyants de baisser le ton si la réaction est immédiatement agressive, lourde de mépris, d'insultes et de non-communication, alors que, dans le passé, les policiers auraient été invités à boire un verre et auraient réglé simplement le problème ?

3. *Racisme, antiracisme*

Devant des tiers, ou en présence de la hiérarchie, les policiers de base n'aiment pas afficher, ni même reconnaître, que des préjugés racistes traversent la police, et leur discours spontané postule généralement qu'il n'y a pas plus de policiers racistes qu'il n'y a de racistes dans l'ensemble de la population française.

Mieux même : les policiers demandent très spontanément un renversement complet de la perspective. A les suivre, en effet, les accusations de racisme à leur encontre sont excessives, et ce seraient elles qui produiraient le phénomène. Venus du dehors, le soupçon, l'accusation injuste ou la manipulation stigmatiseraient et déstabiliseraient la police. Ce seraient des mécanismes classiques apparentés à la réappropriation du stigmate ou au principe de la prophétie créatrice[145] qui rendraient la police raciste ou qui renforceraient ses préjugés à l'égard des Arabes, des Noirs ou des beurs.

Les policiers se disent constamment accusés injustement de racisme. Et d'abord par les délinquants, chaque fois qu'ils sont noirs ou d'origine maghrébine : « dès qu'on intervient, on nous menace de dire qu'on a un comportement raciste » ; « quand un gamin de 14 ans regarde, comme je l'ai vu faire, un inspecteur en face et l'insulte, s'il prend une claque dans la gueule, elle n'est pas raciste, la claque. Il ne faut pas tout ramener sous l'emblème du racisme », explique un membre du groupe. Un autre signale que parfois aussi, sur la voie publique, les Français empêchent les policiers d'interpeller un étranger, les insultent ou les agressent au nom de l'antiracisme sans avoir connaissance des raisons de l'interpellation. Cette accusation, ou le simple fait qu'elle soit possible, virtuelle, revient sans arrêt dans le discours du groupe. Elle a pour effet, selon lui, une véritable démobilisation, mais, aussi des conséquences plus inattendues.

Les policiers, en effet, n'entrent plus dans les cités à forte densité d'immigrés, ou classent des affaires qui devraient aller plus loin. Ils évitent d'intervenir sur des étrangers, ou ne le font qu'« avec des pincettes ». Un policier de Roubaix indique qu'il s'agit là d'un problème général : il évoque, documents à l'appui, une enquête menée auprès d'une quinzaine de policiers en tenue, sous forme de questionnaire écrit, d'où il ressort que la menace d'accusation de racisme est une préoccupation centrale et une hantise. Celle-ci concerne avant tout les policiers de base, la « piétaille », qui la résolvent en se retournant face aux Français « de souche », en pratiquant une sorte de discrimination à l'envers. Pour ne pas avoir d'ennui, tout en témoignant de son sérieux professionnel, on s'en prend à ceux qui n'accusent pas la police de racisme, aux Français « de souche » : « si vous mettez une bonne correction à un Blanc, vous n'aurez aucun problème, si vous en mettez une à un étranger ou à un individu de couleur, on vous demandera de vous expliquer ». Ainsi, la police met une contravention au brave Français qui s'est garé un instant sur un passage clouté, le temps d'acheter un paquet de cigarettes, tandis que le gitan, « on sait très bien qu'il conduit sans permis, sans assurance, qu'est-ce que vous voulez qu'on y fasse ». Ceux qui reprochent à la police de ne pas s'en prendre suffisamment aux vrais délinquants — à commencer par les immigrés et les gens de couleur — constatent qu'ils sont, eux, sanctionnés à la moindre faute, et peuvent dès lors être en symbiose avec les policiers et les rejoindre sur le terrain d'un racisme d'exaspération. Une spirale se développe, qui commence avec la critique ou l'accusation de racisme et se poursuit avec l'adhésion au discours qui vous a détourné de votre travail.

Cette logique serait récente, et même datée historiquement. Elle devrait beaucoup à l'arrivée de François Mitterrand et des socialistes au pouvoir, en 1981, et est confortée par la thématique plus générale de l'antiracisme, encouragé par le pouvoir et développé, en particulier, par SOS-Racisme. L'excès et l'injustice à l'égard des policiers seraient d'autant plus courants qu'ils proviendraient de gens n'ayant pas l'expérience vécue, quotidienne, des quartiers pourris ou des immigrés — comme si l'antiracisme était d'abord l'idéologie de ceux « qui vivent dans le XVIe arrondissement, pas aux Bosquets » —, et de responsables politiques sans contacts réels ou approfondis avec l'immigration. L'indignation est unanime, dans le groupe, à l'égard des « donneurs de leçons » pour qui l'immigration n'est pas une réalité vécue et qui, non contents de demander aux autres des efforts pour intégrer les étrangers, traitent vite de racistes ceux qui gèrent les tensions et les difficultés sur le terrain. Les policiers éprouvent ici un vif sentiment d'injustice : « on fait notre boulot dans les cités, on nous jette des pierres, et on dit : " les flics sont racistes " ! ». L'accusation ou la menace d'accusation serait désormais si courante, et si facile, que le nom même de SOS-Racisme, ou de Harlem Désir, suffit presque magiquement pour paralyser la police, même si elle est tout à fait fondée d'intervenir sur des immigrés. Un participant raconte comment, au moment d'interpeller un « dealer » dans une cité, il a reçu par radio l'ordre d'interrompre la poursuite : la présence d'Harlem Désir était annoncée dans la cité et son commissaire ne voulait surtout pas de « vagues ». Un autre décrit comment des casseurs ont annoncé qu'ils en appelleraient à Harlem Désir et, à partir de lui, au président du Conseil constitutionnel, M. Badinter, de façon non seulement à ne pas être sanctionnés, mais aussi à ce que les policiers le soient, pour racisme.

Déstabilisés par le risque d'accusation de racisme, les policiers, de surcroît, seraient eux-mêmes victimes d'un racisme anti-Français et antiflic. Les étrangers, à les entendre, méprisent les Français, qui ne savent pas se débrouiller aussi bien qu'eux — un membre du groupe fait part de sa conversation avec un Maghrébin, qui lui a dit : « je gagne 1,5 million, t'es un con » ; ils pratiqueraient un racisme anti-Blancs et, dans un contexte d'impuissance ou d'indulgence de la justice, développeraient librement haine et mépris de la police et des policiers.

Ceux-ci ont même parfois une explication générale à ces phénomènes, qu'ils imputent alors au machiavélisme du pouvoir. Le Parti socialiste (PS), disent certains, rappelant au passage que les policiers votent dans l'ensemble à droite, fait le jeu du Front national pour affaiblir la droite classique, il se « sert des étrangers », et « nous, on est des jouets » ; le PS laisserait se développer le racisme anti-Blancs, et plus spécifiquement anti-flics, et encouragerait cyniquement l'antiracisme, avec pour effet de faire tomber les braves gens en général, et les policiers en particulier, dans l'exacerbation raciste, l'énervement, et dans la sympathie vis-à-vis des thèses du Front national. Les policiers ont donc assez largement le sentiment que le thème du racisme, plutôt que de correspondre à une réalité de leurs préjugés et de leurs conduites, sert à les paralyser au profit d'un parti politique, le PS, et de sa clientèle qui, tôt ou tard, deviendra française : les immigrés ; au profit indirect aussi d'un autre parti, le FN, et au détriment de la droite classique et des petites gens — la France populaire à laquelle beaucoup s'identifient. Et, dans cette représentation, les *media* ont un rôle actif. Non pas tant la presse locale, avec laquelle les policiers entretiennent des rapports de force mais aussi d'entraide — « on les aide, ils nous aident » —, mais avec les *media* nationaux, dont les journalistes, qui seraient souvent mal formés, incompétents, prétentieux et hautains avec les policiers, joueraient un rôle de renforcement de l'impact de l'antiracisme dans ce qu'il a de moins acceptable. La presse et, surtout, la télé ne montent-elles pas en épingle la faute raciste du policier, sans jamais apporter la moindre rectification si elles se sont trompées ? Ne masquent-elles pas l'autre face des problèmes : les abus, la délinquance des étrangers, se jetant sur tout ce qui donne l'image du racisme, mais jamais sur les événements qui vont en sens inverse ? Ainsi, la presse a largement parlé d'une jeune fille de couleur qui a prétendu avoir eu le crâne rasé par des racistes, mais elle est à peine revenue sur cette histoire quand la jeune fille a reconnu avoir tout inventé ; les journaux, de même, n'auraient pas rapporté certains propos racistes d'Harlem Désir. Dans le discours policier, les *media* contribuent, dans l'ensemble, à promouvoir un climat détestable où la police est stigmatisée, critiquée, paralysée ou démoralisée au nom de l'antiracisme.

4. *Le malaise institutionnel*

Les dossiers de la ville et de l'immigration, la crise de l'ordre, la montée du thème de l'antiracisme sont d'autant plus déstabilisants, aux yeux des policiers, qu'ils viennent se greffer sur des problèmes internes à leur institution.

Tels qu'ils sont décrits, ces problèmes semblent en large partie structurels, et ne doivent rien alors aux phénomènes qui nous intéressent. La police manquerait cruellement de moyens, à commencer par les effectifs, dramatiquement insuffisants sur le terrain. Des chiffres sont avancés : il faut savoir, par exemple, qu'un effectif théorique de onze policiers par brigade, dans tel commissariat, donne sur le terrain un effectif réel de quatre personnes : « deux en repos, un ou deux malades, un qui va au tir, un de garde à la permanence de l'ANC... on tourne à quatre ! Pas le temps de faire de la prévention ! » — ce qui a un effet direct sur la poussée de la délinquance et, à partir de là, sur l'exaspération xénophobe et raciste des populations. A ne pas être suffisamment présent dans telle cité chaude, on laisse toute latitude pour agir à une quinzaine de meneurs, qui corrompent « trois ou quatre cents autres gamins. C'est dommage de ne pas les récupérer ». De même, à une plus vaste échelle, la situation d'une ville comme Marseille semble critique. Sur 2 800 fonctionnaires de police, 800 sont affectés à la voie publique ; mais un rapide décompte faisant intervenir les maladies, les heures supplémentaires — qui, n'étant pas rémunérées, sont récupérées sous forme de congés —, les congés en général, les servitudes (gardes de pharmacie, d'hôpitaux, etc.), montre que « vous vous retrouvez pour tout Marseille, le dimanche, la nuit, les jours fériés, avec quatre ou cinq cars de Police-Secours ». Il est vrai, comme l'indique le directeur général de la police nationale au groupe de recherche, qu'en dix ans environ quinze mille emplois ont été créés dans la police : mais les participants maintiennent leur point de vue. Peut-être, soupçonne-t-on dans le groupe, les effectifs supplémentaires sont-ils mal employés, par exemple « à nettoyer ou à réparer les voitures des directeurs... et pas sur le terrain, là où ça changerait tout [146] ».

Débordés, les policiers seraient obligés de laisser de côté certaines missions, certaines tâches ; ils ont l'impression d'être parfois aussi isolés, livrés à eux-mêmes. L'urgence du travail quotidien ne laisse guère de place à de véritables formations, ni même à une préparation qui serait pourtant bien utile, en particulier pour ceux qui se retrouvent, un beau jour, soudainement, au cœur des quartiers chauds. On comprend que beaucoup, dans la police, préfèrent éviter les ennuis, et en faire le moins possible. De plus, les salaires ne justifieraient pas un engagement enthousiaste et, dans le groupe, certains se disent choqués par la modicité de leurs primes de frais, qu'ils comparent, en présence du DGPN qui n'était pourtant pas venu pour cela, à celles des inspecteurs des Renseignements généraux ou des fonctionnaires de la police de l'air et des frontières. Le ressentiment de ces policiers qui se disent débordés et saturés revient constamment dans leurs propos : « on est les dindons de la farce », dit l'un ; un autre remarque qu'il se donne à fond, prend des coups — « on se fait démolir et, en plus, c'est notre faute si ça ne va pas » ; un troisième note qu'« on met notre parole en doute » ; et un autre encore raconte, désabusé, comment, face aux petits trafiquants de shit, « nous, à Marseille, quand on en voit un, on lui dit : “ allez, tire-toi ! ” ». Bref, un très sérieux malaise se serait instauré.

L'idée, le terme même de « malaise » semblent exagérés au DGPN, qui accepte mal, dans un premier temps, d'entendre plusieurs membres du groupe utiliser cette expression. Mais ce qu'ils lui décrivent ensuite est suffisamment fort pour qu'il prenne au sérieux l'image d'une police qui oscille entre l'exaspération et la démobilisation. Au DGPN, qui dit ne pas croire au « malaise », les participants du groupe répondent d'abord qu'en une dizaine d'années on leur a tenu des « propos contradictoires » à propos des immigrés : « contrôlez les étrangers. Arrêtez. Alors, on devient des fonctionnaires » — c'est-à-dire qu'on s'enferme dans la routine et l'absence totale d'initiative. « Six cents fonctionnaires ne vaudront jamais trois cents policiers » ; on devient « fataliste », « morose » — ce qui ne correspond guère à l'état d'esprit spontané des policiers[147]. Le malaise, explique-t-on au DGPN, c'est aussi la coupure qui s'instaure avec les Français, qui « nous disent dans la rue : “ vous avez peur des Arabes, les Arabes ont tous les droits ” ». C'est également la peur, « quand on contrôle des Maghrébins, des Arabes » :

> LE DGPN : Pourquoi ? Qu'est-ce qui se passe, concrètement, quand vous contrôlez des Maghrébins, des Arabes ?
> UN POLICIER : On a peur, monsieur le directeur
> LE DGPN : Peur de quoi ?
> LE POLICIER : L'IGS. On nous accuse de racisme. Il faut sans cesse s'expliquer. Ce n'est pas qu'un seul fait, c'est un tas d'accumulations. Une suspicion entre le gardien et sa hiérarchie.

Il ne reste plus, pour éviter les ennuis, l'accusation de racisme, qu'à « faire du stationnement gênant et des timbres-amendes » avec les conséquences que nous connaissons déjà, à savoir exacerber encore un peu plus le ressentiment des Français « de souche ».

Le malaise qu'évoquent ainsi les policiers de base est d'autant plus grave que, à les entendre, il traduit une dissociation accrue entre eux et leur hiérarchie, et, plus précisément, les commissaires, leurs « patrons ». Certes, on évite, dans le groupe, de généraliser de façon abusive. Mais le ton à ce sujet est très critique. Disposant d'avantages importants, la hiérarchie serait avant tout timorée et obsédée par ses perspectives de carrière, qui impliqueraient soit de disposer d'appuis politiques, soit, en tout cas, d'éviter de déplaire au pouvoir politique. Elle tourne trop vite, explique-t-on au DGPN, préoccupée qu'elle serait de brûler les étapes dans son plan de carrière — ce qui a pour effet d'inciter les « patrons » à exiger qu'il n'y ait pas de vagues, pas de « bavures » surtout, quitte à laisser se dégrader les situations locales les plus difficiles et à mettre cette dégradation sur le dos d'un bouc émissaire : « ça va être la faute de la municipalité... ils vont toujours trouver une excuse ». Le cas de figure inverse, qu'évoque le DGPN lui-même, n'est pas plus satisfaisant : s'il y a des « ripoux » dans la police, c'est aussi parce que certains responsables locaux restent trop longtemps au même poste, ce qui aboutit à prendre de mauvaises habitudes.

Ainsi, les policiers de base ont souvent l'impression que là où il faudrait agir, et en particulier face à la délinquance dans les quartiers chauds, à forte densité d'immigrés, la hiérarchie est défaillante. Elle demande « de ne plus y aller [...]. Au lieu de nous dire : “ on va restaurer la sécurité dans telle cité ”, on nous dit : “ puisque vous êtes en danger, n'y allez plus ” ». Certains « patrons », contrairement à ce qui fut longtemps une règle d'or, déjugent leurs propres subordonnés, et, depuis 1981, il est clair que la hiérarchie « ne couvre plus la piétaille en cas de bavure ». Les instances chargées d'assurer la police des polices témoigneraient d'un système de fonctionnement à sens unique : l'Inspection générale des services (IGS), l'IGPN, qui assurent la police des polices, prévoient des sanctions pour les policiers racistes, « mais rien pour nous défendre : pourquoi ne poursuit-on pas l'Arabe qui traite un flic de pédé ! ». L'IGPN et l'IGS, précisément, s'en prendraient aux policiers de base, mais pas à ceux qui ont des responsabilités sur le fond des affaires, et protégeraient le corps des commissaires — ils « éludent toujours la responsabilité des chefs de service ». Ce n'est pas parce qu'en fait les sanctions contre des policiers de base pour racisme sont rarissimes, comme le montre au groupe un invité appartenant à l'IGPN[148], qu'ils n'en subissent pas moins, selon eux, une pression constante, tandis que les supérieurs seraient pratiquement, en ce domaine comme dans d'autres, exclus des enquêtes et des sanctions de la police des polices : « c'est grave de traiter un type de “ sale bicot ”, mais des trucs énormes sont commis par des gens qui montent haut dans la hiérarchie, et que personne ne va condamner ».

La hiérarchie manquerait de confiance vis-à-vis des policiers de base, au point de leur interdire, dans certains commissariats, d'entretenir des rapports avec les journalistes locaux — ce qui débouche sur une information médiocre ou déformée ; elle ne ferait pas remonter l'information vers le haut, alors que la « piétaille », en prise avec le terrain, non seulement le connaît bien, mais peut avoir des idées — en matière de prévention notamment. C'est ainsi qu'un membre du groupe explique, indigné, au DGPN comment un projet, pour lequel il avait rédigé un rapport, s'est noyé dans les hauteurs de l'administration. Il s'agissait, pour quelques policiers bénévoles, et en dehors de leurs heures de service, d'aller dans les écoles, de se faire connaître des jeunes, de montrer que la police peut les aider face à la drogue ou à un racket — « nous n'avons jamais eu de réponse ». Mais un beau jour, longtemps après, les déclarations officielles en appellent à ce genre de démarche, alors qu'on a découragé ceux qui en avaient pressenti l'utilité. Quand la hiérarchie n'exerce pas une pression négative, la situation n'est pas forcément meilleure, elle se traduit par un sentiment d'isolement : « quand je suis arrivé, raconte un membre du groupe, il n'y a eu personne pour me conseiller, personne pour me soutenir. Et comme je travaille beaucoup de nuit, aucun appui. La hiérarchie, je l'aperçois. Mais ils ne sont pas du tout au courant de mon travail ».

La hiérarchie serait devenue moins cohérente que dans le passé. Elle note les policiers selon des critères obscurs — « on ne sait plus ce qu'on doit faire » —, sans se rendre compte de ses propres contradictions, voire de ses tendances à un racisme inconscient : « on reçoit des circulaires, dans les commissariats, très précises sur les modes d'interpellation et la conduite à avoir avec les “ étrangers ”, alors qu’on ne nous envoie pas de circulaires sur la conduite à avoir avec des Polonais par exemple… On nous parle d’étrangers bien particuliers ». Bref, il s’est apparemment creusé un fossé entre la hiérarchie et la base, un début de dissociation non perçu par le pouvoir, à l’écoute des « patrons » plus que des policiers de base. La critique vise jusqu’au ministre de l’Intérieur, qui aurait dit, « devant un parterre de commissaires : “ je comprends votre écœurement ”, parce que ces messieurs les carriéristes, commissaires en titre, avaient eu deux petites affaires. Mais nous, ça fait dix ans qu’on s’abat sur nous ! ». Il faut dire, commente un membre du groupe, que « du moment que ça vient de la base, ça ne les intéresse pas ».

Après le départ du DGPN, un participant croit pouvoir conclure : « les responsables ont l’air de tomber des nues quand on leur parle de nos problèmes… Nous, on parle du malaise, mais ce qu’on dit ne doit pas monter très haut ».

5. *Les syndicats*

Les problèmes qui nous occupent : le malaise policier, le sentiment d’être paralysé par le thème du racisme et la distance qui s’est creusée avec la hiérarchie, ne seraient-ils pas moins vifs si une action syndicale était capable de les prendre à bras-le-corps ?

Cette idée témoigne d’une méconnaissance de ce qu’est le syndicalisme dans la police. Certes, si l’on raisonne en termes d’adhérents, celui-ci est plutôt florissant, surtout si on le compare avec d’autres secteurs de la société. Mais beaucoup se syndiquent par souci de sécurité, parce qu’ils savent qu’ils seront ainsi bien défendus en cas de problème, et peut-être aussi parce que le syndicalisme apporte une sorte d’équivalent fonctionnel à l’interdiction de faire grève. Le syndicat est alors assimilable à une assurance, et, en dehors de cette image, les critiques pleuvent – du moins dans notre groupe de recherche –, que ce soit à l’occasion de rencontres avec des dirigeants de syndicats ou au fil des séances sans interlocuteurs, toujours très vives lorsque le débat s’installe sur ce registre.

Les délégués, sur le terrain, ne seraient pas toujours bien formés et informés, et sont accusés de souvent se servir du syndicalisme comme d'un tremplin pour leur carrière ; on affirme que le discours syndical tend constamment à se dissocier des attentes de la base, ou « passe mal » — par exemple quand la FASP se propose d'assurer le service d'ordre pour les manifestations de lycéens à l'automne 1990, et plus encore de la part de la FPIP, « qui ne voit rien au terrain ». On reproche aux syndicats de « passer leur temps à discuter » et de ne pas tenir leurs promesses, perçues alors comme démagogiques et électoralistes.

Et, surtout, on ne peut que constater, pour la regretter, la division syndicale, qui recouvre très largement des divisions politiques. La tension est vive, en particulier entre le secrétaire général de la FASP reçu par le groupe et un de ses membres, qui appartient à un autre syndicat, et elle agace les autres membres du groupe, qui s'énervent, se sentent peu impliqués par le débat, et en appellent plus ou moins fortement à un syndicalisme unifié sur des bases corporatistes.

Derrière la politisation du syndicalisme, certains dans le groupe croient voir, une fois de plus, la main du pouvoir : la profession serait tenue, dans cette perspective, par le ministre de l'Intérieur grâce à la division syndicale. Et celui-ci ne se contenterait pas de diviser pour régner : beaucoup, dans le groupe, considèrent que le syndicat le plus puissant, la FASP, relaie le pouvoir en place et que, au lieu d'assurer la remontée des demandes des policiers, elle vient avant tout faire redescendre des messages politiques. La FASP est alors perçue comme un agent très actif de la stigmatisation qui, en soupçonnant les policiers de racisme, les décourage et les démobilise.

UN POLICIER : Je voudrais savoir, votre syndicat...

L'INVITÉ : On peut se tutoyer, parce que je suis gardien de la paix. On serait dans un commissariat, on se tutoierait.

LE POLICIER : C'est pas évident... chaque fois qu'on la voit à la télé, la personne qui représente la FASP, dans les dix premiers mots, elle dit : « Code de déontologie. » Exactement de la même façon que ce que tu viens de faire là, quand tu es arrivé.

On reproche fortement à la FASP d'avoir voulu le Code de déontologie, qui serait là « pour nous mettre la tête sous l'eau, mais on n'a rien créé pour nous ». Ce texte, qui date du 18 mars 1986 et dont l'article 7 prévoit que « le fonctionnaire de la police nationale a le respect absolu des personnes, quelles que soient leur nationalité ou leur origine, leur condition sociale ou leurs convictions politiques, religieuses ou philosophiques », n'est pas contradictoire avec la culture des policiers de base, mais sa dénomination et la façon dont il est brandi passent mal. Il renforce le sentiment d'une distance entre la direction, bien-pensante, et la base, et on apprécie peu que la FASP non seulement ait pesé pour qu'il soit rédigé, mais aussi s'y réfère constamment. On indique que ce Code signifie : « vous êtes potentiellement racistes », qu'il a « un effet pervers dans les mentalités des policiers », et, après la rencontre avec le secrétaire général de la FASP, on ne cache pas une vive irritation : « chaque fois que le gars de la FASP ouvre la bouche, au bout de dix mots qu'il sort, à la télé, à la radio, n'importe où, il dit : “ Code de déontologie ” ! ».

De même, le projet, soutenu par ce syndicat, d'une Haute Autorité de la police signifie, pour la plupart des membres du groupe, un manque de confiance à l'égard de la police. Cette instance n'est-elle pas composée, dans les projets de la FASP, « de gars qui n'ont rien à voir avec l'institution policière » et, parmi eux, « d'organisations comme SOS-Racisme » ? N'y a-t-il pas une « collusion » entre Harlem Désir et son organisation antiraciste, dont le lecteur sait maintenant à quel point elle irrite les policiers, et la FASP ? Harlem Désir, dont l'organisation défend l'idée d'une suppression des armes pour les policiers, n'est-il pas tout simplement manipulé par la FASP ? Et, si on critique la FASP, on n'est pas pour autant séduit par les propositions de syndicats proches de la droite classique Le syndicalisme, divisé, politisé, apparaît plus comme un facteur de tension et de malaise que comme un moyen, pour les policiers, de faire face aux problèmes que leur posent la crise urbaine et l'immigration. La FPIP n'apporte-t-elle pas pourtant une réponse à ces problèmes ?

La FPIP est un syndicat connu pour ses positions proches de

celles du Front national. Deux de ses dirigeants ont été compromis dans des affaires de violence para-terroriste d'extrême droite, la presse a publié des photos où ils défilent en chemises brunes, et elle a obtenu 7 % des voix aux dernières élections professionnelles.

De façon étonnante, le groupe témoigne d'une vive hostilité aux positions que viennent défendre devant lui deux représentants de ce syndicat, qui tiennent pourtant d'emblée à se démarquer des conduites extrêmes de leurs anciens dirigeants :

> UN INVITÉ : Il faut savoir une chose, en ce qui concerne X. et son équipe : tout ce qu'ils faisaient, ils le faisaient en dehors du syndicat.
> UN POLICIER : Quelle est votre conception du syndicalisme ? A chaque page qu'on lit de vos revues actuelles ou anciennes, je ne fais pas un amalgame, mais je trouve que vous avez toujours la même ligne de conduite. Vous avez joué sur le mécontentement des policiers vis-à-vis du racisme alors que vous étiez une petite organisation professionnelle, vous entretenez encore et toujours le quiproquo au sein de la police. Dans les idées que vous diffusez, de par vos écrits, vous prenez de nombreux exemples concernant les immigrés, vous focalisez l'attention des fonctionnaires de police sur le malaise qui est actuellement le nôtre vis-à-vis des contacts que nous avons dans la population immigrée en France.
> LE 2e INVITÉ : Mais en cela, nous faisons notre travail de syndicalistes ! Lorsque nous évoquons les méfaits d'une certaine partie de l'immigration, que nous attirons l'attention de nos collègues sur la nocivité de la pègre immigrée, nous ne faisons pas autre chose qu'un travail de syndicaliste.
> UN 2e POLICIER : Ce n'est pas vrai, monsieur.
> LE 2e INVITÉ : Les statistiques prouvent à l'évidence que 80 % de la population délinquante est immigrée, monsieur. Si vous travaillez vraiment sur le terrain, vous devez savoir que 80 % des petits, des moyens et des gros délinquants sont immigrés, qu'ils sont originaires d'Afrique du Nord, d'Afrique noire, vous le savez ça ! Pourquoi vous vous le cachez à vous-même ?
> LE 2e POLICIER : Mais je ne me le cache pas à moi-même, ce n'est pas la vérité, monsieur

Et, plus la rencontre progresse, plus les représentants de la FPIP sont critiqués pour leurs positions sur l'immigration : ce syndicat n'est pas mieux placé que les autres pour assurer la défense corporatiste des policiers, et son discours radical sur les immigrés n'est en aucune façon une réponse satisfaisante aux problèmes très concrets qu'ils vivent sur le terrain.

6. Le métier

Ce qui unit les policiers, ce qui aussi interdit toute dérive massive vers des conduites racistes et les protège des risques de déstabilisation tranchée qui transformeraient leur « malaise » en crise prolongée, est assurément leur identité professionnelle. Il existe des savoir-faire, des professions, un métier, qui définissent le travail policier, au sens où l'entendent Pierre Demonque ou Dominique Montjardet [149].

Mais ce qui confère sens et unité à l'activité policière est également menacé, et des difficultés croissantes pèsent apparemment sur le travail policier.

Depuis l'élection de François Mitterrand à la présidence de la République en 1981, le métier de policier serait de plus en plus déstabilisé. Certes, la police s'est modernisée, et les policiers sont de plus en plus éduqués, de mieux en mieux formés. Les méthodes ont progressé, le matériel s'est amélioré. Mais cette modernisation a elle-même un prix, ne serait-ce qu'en créant des distorsions internes, inédites, entre les plus jeunes, souvent au moins bacheliers, et les plus anciens, dont certains ont été embauchés dans de mauvaises conditions, sans grandes exigences — notamment juste après 1968 —, et dont les compétences et la culture reposent sur la pratique du terrain plus que sur des études. Et, surtout, les policiers ont le sentiment que tout se brouille et que les repères qui fixent le cadre de leur action perdent consistance et netteté. Les recommandations sont devenues contradictoires, et certaines d'entre elles témoignent d'une ignorance technocratique des réalités du terrain : tutoyer un jeune beur ou un Maghrébin n'est pas nécessairement réductible à un comportement raciste, et demander aux policiers de passer au « vous » peut être une erreur. Les circulaires, dit-on dans le groupe, « ne règlent rien... bla-bla-bla ». En une dizaine d'années, les consignes en ce qui concerne notamment les contrôles d'identité, toujours susceptibles de tourner au « délit de sale gueule », ont changé à plusieurs reprises, il y a incohérence : par exemple « on nous dit que l'immigration est un danger, et on nous complique la tâche en matière d'expulsion ».

Non seulement le pouvoir ou la hiérarchie créent de l'incertitude, mais, en plus, il semble que l'espace des responsabilités se rétrécit, comme si l'État ou la République acceptait de dessaisir la police nationale de ses attributions au profit d'institutions moins légitimes. Le ton est au mieux condescendant, et plus souvent hostile, dès qu'on évoque les polices municipales, qui sont toujours plus ou moins confondues par la population avec la police nationale, jouent de cette confusion et la recherchent. On signale également des tendances à court-circuiter les policiers — par exemple les procédures simplifiées pour vol à l'étalage s'il s'agit d'une somme inférieure à un certain montant — et l'on découvre alors, non sans effarement, que ces procédures varient d'une ville à l'autre ou d'un département à l'autre — ce qui est perçu comme un affaiblissement des valeurs républicaines, égalitaires et uniformisatrices. On s'inquiète des milices privées, dont l'existence même est la preuve d'une carence, et on n'apprécie guère l'expérience de centres commerciaux où les vigiles « ont des PV (procès-verbaux) de l'OPJ (officier de police judiciaire) avec le tampon du commissariat et la signature de l'OPJ, ils demandent le nom au voleur, ils le tapent et quand les flics arrivent, on leur donne le mec et le PV ».

Il y aurait ainsi, tout à la fois, réduction de l'espace de compétence des policiers, par ailleurs débordés, et décadence ou dégénérescence, puisque le travail policier semble se dissoudre de plus en plus dans une logique de fonctionnaires ou, comme dit un membre du groupe de recherche, de « constables » venant constater des faits sur lesquels ils n'ont aucune prise. Le travail tend à devenir bureaucratique, et l'on illustre cette remarque en critiquant le principe récent de la perception directe, par les policiers, des sommes correspondant à de petites infractions au Code de la route. Le thème du racisme et de l'antiracisme traverse constamment ces représentations d'un métier qui se corrompt, ne serait-ce que parce que la « matière première » du travail de ces policiers de base, ce sont les immigrés, leurs enfants ou les « petits Blancs », et les menaces qui pèsent sur l'identité policière sont constamment référées à ce thème.

La rencontre du groupe de recherche avec Harlem Désir, principal dirigeant de SOS-Racisme, est ici pleine d'enseignements.

L'accueil est d'abord très hostile :

> UN POLICIER : Dans l'interview que vous avez donnée au *Nouvel Observateur*, concernant les casseurs, vous avez dit : “ la casse, c'est le moyen d'expression maintenant ”. C'est un peu choquant, je trouve. Vous trouvez que casser, c'est un moyen d'expression.
> UN 2ᵉ POLICIER : Qui vous subventionne ?
> UN 3ᵉ POLICIER : J'aurais aimé avoir votre avis sur deux questions. SOS-Racisme parle beaucoup d'intégration. Est-ce que l'intégration se fait bien dans une population immigrée, par exemple avec 75 % d'enfants d'origine étrangère dans une classe d'école ? Et ma deuxième question est beaucoup plus personnelle. Je crois que vous attaquez souvent les actes racistes qui se passent dans la vie quotidienne, je voudrais savoir si seul le peuple français est raciste, parce que je n'ai jamais entendu SOS-Racisme s'élever contre un étranger ayant commis quelque chose à l'encontre d'un Français. Par exemple dernièrement, il y a eu à Noisy-le-Grand un policier français blessé mortellement par un ressortissant tunisien, et à Paris, deux collègues, un blessé et un tué par un ressortissant marocain.

Sur ces divers points, Harlem Désir répond longuement, et précisément. Et, dans un premier temps, cette rencontre, qui s'annonçait tendue tant les membres du groupe avaient auparavant indiqué leur hostilité, prend un tour surprenant. Harlem

Désir, en effet, explique que plus son organisation est présente sur le terrain, et plus elle canalise des contestations qui sinon tendent à la rupture, à l'émeute, aux violences, et notamment aux violences antipolicières ; ce propos est bien reçu par le groupe, dont les préoccupations vont dans le même sens et où tous indiquent que le rôle de la police est avant tout de calmer le jeu.

Mais, bien vite, le ton monte. Harlem Désir et ses amis n'accusent-ils pas abusivement la police de bavures racistes qui n'en sont pas, ou qui ne sont pas encore prouvées ? Les thèses et les propositions de l'invité ne reposent-elles pas sur une méconnaissance de la police, qui exerce des effets d'autant plus dévastateurs que cet acteur a l'oreille du pouvoir et des *media* ? Harlem Désir est venu avec un document programmatique (« Passez aux actes », daté de décembre 1990), qu'il fait circuler dans le groupe et qui déclenche des commentaires cinglants :

> UN POLICIER : J'ai feuilleté votre document, je focalise sur le passage sur la police. Tout à l'heure, vous avez dit que votre but n'était pas de contrôler les activités policières, mais dans les propositions que je vois, le mot « contrôle » revient sept fois.
> HARLEM DÉSIR : Je ne dis pas que c'est SOS-Racisme qui doit contrôler la police, je veux qu'il y ait un contrôle des activités policières, oui.
> LE POLICIER : Vous faites six propositions, mais est-ce que vous connaissez réellement notre manière de fonctionner ? Est-ce que vous connaissez réellement le travail de la police ? *(Il lit le texte :)* « Lors de chaque interpellation ou garde à vue, le prévenu se verra remettre préalablement à tout interrogatoire un document récapitulant ses droits. » Je vous ferai remarquer qu'il n'y a pas d'interrogatoires dans la police, il n'y a que des auditions.
> HARLEM DÉSIR : Admettons. Je ne crois pas que ça change grand-chose.
> LE POLICIER : On continue. On voit : « Contrôle, mise en place de la Haute Autorité. » Donc vous voulez contrôler l'institution policière sans en connaître le fonctionnement. Mais moi quand je vois : « contrôler les conditions de déroulement de la garde à vue », je vais vous dire, elles sont plus que contrôlées.

Elles sont contrôlées par la justice ! A travers la police, vous attaquez la justice alors ! Vous attaquez les institutions françaises, les lois que nous...
HARLEM DÉSIR : Je suis français, monsieur, comme vous.

La lecture se poursuit et, soudain, la colère surgit dans le groupe :

LE POLICIER : Vous demandez de redéfinir les missions où les policiers seraient susceptibles de porter une arme. Vous imaginez ce que vous demandez ! Vous pensez vraiment, au fond de vous, qu'un policier peut envisager un coup porter l'arme, un coup ne pas porter l'arme !
UN 2ᵉ POLICIER : Vous pourriez me donner une mission de police dans laquelle on pourrait ne pas porter d'arme ?
HARLEM DÉSIR : Dans une cité, vous croyez que c'est indispensable d'avoir une arme ?
LE 2ᵉ POLICIER : Si au moment où je suis dans la cité, on m'appelle pour un hold-up à la banque, je suis obligé de retourner au commissariat, de faire sept kilomètres pour chercher mon arme, et de remonter sur le braquage à la banque !
HARLEM DÉSIR : Ça vous est déjà arrivé ?
LE 2ᵉ POLICIER : Je suis appelé deux fois par jour pour une alarme bancaire ! Je suis quand même bien obligé d'arriver en état de réagir si jamais il s'agit véritablement d'un hold-up. Si à ce moment-là je n'ai pas mon arme sur moi, je ne suis pas d'accord !

Sans son arme, le policier est en situation d'infériorité, privé du symbole et de l'outil d'une action efficace et légitime, à la merci du premier truand venu : « on a des femmes et des enfants... on gagne 7 000 francs par mois, et vous voulez encore que les policiers ne soient pas armés[150] ! ». L'indignation est ici à son comble, on explique à Harlem Désir que « nous, on travaille avec de la viande, pas avec des paroles... les erreurs se payent en vies humaines ». On lui apprend aussi qu'« on ne tire pas à chaque fois qu'on sort l'arme, et on ne sort pas souvent l'arme. Seulement, ça nous rassure nous aussi, parce que nous aussi on a peur, des fois, on ne sait jamais d'avance où on va tomber ». Au nom de l'antiracisme et du souci d'éviter des bavures policières racistes, SOS-Racisme demanderait qu'on empêche les policiers de faire leur travail convenablement et prêcherait en faveur d'une déstabilisation accrue de la police.

Pourtant, les chiffres n'indiquent-ils pas que, dans l'ensemble, la police exerce convenablement ses activités, qu'elle réprime de façon efficace la délinquance ? Là aussi, le malaise est considérable, et une critique extrêmement vive se déploie au sein du groupe.

En premier lieu, les statistiques ne sauraient tenir lieu d'évaluation, et certainement pas en matière de prévention : « moi, j'ai fait de la prévention dans les lycées en matière de drogue, je suis persuadé que ça porte ses fruits. Mais c'est sûr, en fin de mois, je ne peux pas dessiner de petits bâtons ». Plus généralement, les données statistiques correspondent souvent à un renversement de l'ordre entre les fins et les moyens. Au lieu de déployer une activité policière et d'en enregistrer ensuite les résultats, on demande aux policiers de « faire des crânes », de prouver qu'ils sont actifs. C'est ainsi que les motards, dans tel département, se cachent à la sortie d'un pont où ils sont assurés de trouver de quoi faire monter les chiffres du délit routier, ou que tel « patron » envoie ses hommes « faire » les stationnements la nuit du 15 du mois dans les rues où il alterne tous les quinze jours.

L'exigence est parfois intériorisée à la base — il faut, par exemple, « faire du chiffre, sinon la brigade perd ses effectifs ». Elle proviendrait essentiellement d'en haut, avec dans le temps des retournements parfois impressionnants : la hiérarchie demanderait de « faire du chiffre » pour montrer à l'opinion publique que la police travaille et progresse, mais elle pourrait aussi exiger l'inverse, pour suggérer une régression de la délinquance. Parfois même, l'injonction est contradictoire, ou difficile à assumer : quand on demande aux policiers, tout à la fois, de « faire du chiffre et pas de vagues ».

Tout cela fait des statistiques un piètre indicateur de la délinquance, et appelle en tout cas une grande prudence quant aux interprétations [151]. Mais il faut aussitôt préciser que le thème du racisme occupe ici une place spécifique.

D'une part, l'appel à « faire du chiffre », qui entraîne une obligation de résultats, se solde assez couramment par des pratiques visant en priorité les immigrés ou assimilables : « si à trois heures du matin, on n'a encore rien fait, on racle ce qu'on a : des Arabes sans papiers ».

D'autre part, la délinquance n'est jamais élucidée que pour un faible pourcentage, inférieur à 10 % selon plusieurs membres du groupe. A l'intérieur des délits élucidés, il est vrai qu'un pourcentage important des auteurs est immigré ou d'origine étrangère. Mais ce pourcentage ne permet absolument pas de penser que les immigrés ou assimilables sont plus délinquants que d'autres ; il suggère plutôt qu'ils se font plus facilement arrêter. A la limite, explique avec humour un membre du groupe, le seul raisonnement raciste qui tient, ici, est celui qui postule non pas que les immigrés ont une tendance innée à la délinquance, mais qu'ils sont moins intelligents que les Français « de souche » puisqu'ils se font arrêter bien plus qu'eux.

Une conséquence de la déstabilisation ressentie par les policiers de base est qu'ils ont, plus que jamais, l'impression de travailler aux marges de la légalité. Certes, il en a toujours été ainsi, et, aujourd'hui encore, une « bonne taloche » sinon un tabassage peuvent survenir parce qu'ils sont « nécessaires pour certains mecs », ou exercer un effet salutaire sur un mineur. Mais le fait nouveau est que, dans les carences du système actuel, il faut bien inventer des moyens d'action, quitte à ne respecter la loi que formellement — ce qui assure légitimité et, en cas d'erreur, protection, même si, dans l'esprit, les textes sont loin d'être suivis. Ainsi, donner des coups de pare-chocs dans une moto est peut-être un jeu pervers de la part des policiers qui, dans leur fourgon, abusent de leur position de force. Mais « comment vas-tu arrêter deux voleurs à l'arrachée sur une moto si tu ne fais pas de pare-choquage ? ».

Les policiers, sur le terrain, travaillent constamment dans l'urgence et dans l'incertitude, sans grand temps pour la réflexion, avec les seules informations dont ils disposent au moment des faits. Ils notent une « sacrée différence » entre « vivre la situation à chaud et être derrière un bureau avec les grandes théories ».

Leur adaptation peut conserver une forme totalement légale, et simplement utiliser des moyens détournés pour parvenir à des fins légitimes. Le jeune beur qu'on arrête sans casque sur un cyclomoteur volé et qui, de surcroît, transporte quelques « barrettes de shit » dans la poche sera uniquement sanctionné pour l'infraction au Code de la route, l'absence de casque : « ça touche au portefeuille ». Essayer d'en faire plus, c'est mobiliser plusieurs fonctionnaires et consacrer un temps considérable pour un résultat qui risque d'être nul. Ou encore, pour fouiller un véhicule alors qu'on n'en a pas le droit, on demande au conducteur de faire voir sa roue de secours. Ce qui aboutit à des résultats étranges. Ainsi, on signale qu'en Seine-Saint-Denis, après 22 heures, il n'y a que trois OPJ pour tout le département ; or, pour fouiller un véhicule, la présence sur place d'un OPJ est requise. Quand on sait qu'un véhicule transporte une arme ou des stupéfiants, et qu'on sait aussi qu'aucun OPJ ne se déplacera, « soit on laisse partir le suspect », soit on transgresse la loi, pour dire après : « il y avait des stupéfiants visibles sur la plage arrière, ou dans le vide-poches qui était ouvert, ou sur le tableau de bord », ou encore : « il me l'a remis spontanément » — « J'ai vu une fois, raconte un membre du groupe, où on me remettait " spontanément " trois gros sacs contenant vingt autoradios ».

Plus généralement, « à tous les niveaux, on triche »... pour faire respecter l'ordre et la loi[152]. C'est que les institutions fonctionnent mal, qu'elles et les textes sont inadaptés. En théorie, les CRS devraient prévenir le SAMU « à chaque coup de trique » ; il faudrait aviser le Parquet pour tout délit, ne jamais détruire soi-même une « barrette de shit », et, si les peines prévues par la loi étaient appliquées, un vol de motocyclette devrait être sanctionné par trois ans de prison, ce qui n'est jamais le cas. Dans cette situation, les policiers se sentent en porte à faux, surtout face aux jeunes immigrés, et dans le groupe le débat est vif entre ceux qui pensent qu'il faut appliquer plus strictement la loi, ceux qui souhaitent qu'on la change et ceux qui en appellent à plus de souplesse, ne serait-ce que pour tenir compte des différences d'une ville ou d'une région à une autre. Mais, une fois de plus, ce qui prime est le découragement, la conviction d'avoir trop de travail et de manquer des moyens légaux pour s'occuper des affaires les plus importantes — ce qui pousse à s'intéresser à des problèmes mineurs ou à des populations qui ne sont pas les plus délinquantes.

2. Du point de vue de l'acteur à l'analyse du racisme policier

Nous connaissons maintenant le point de vue des policiers, et nos observations s'accordent suffisamment avec d'autres travaux[153] pour que nous puissions considérer qu'elles ont une portée générale. Mais le point de vue de l'acteur ne saurait tenir lieu d'analyse, et ce serait une erreur grossière que de nous en contenter.

1. Les excès du discours policier

C'est pourquoi les chercheurs proposent au groupe, une fois achevée la série des séances « ouvertes », avec interlocuteurs, une synthèse de leurs propos antérieurs, et donc de leurs représentations spontanées, puis, surtout, un premier ensemble de remarques qui soulignent les limites et les faiblesses de ces représentations. Ces remarques font pour une part intervenir des éléments extérieurs à la vie du groupe, puisés par exemple dans des ouvrages relatifs à la police ; mais elles s'appuient, pour l'essentiel, sur l'expérience du groupe, sur un rappel d'événements ou de moments significatifs de sa trajectoire de recherche. Les policiers ont jusqu'ici déployé un discours dont la charge de conviction est impressionnante, ils ont toujours su étayer leurs affirmations sur de nombreux exemples concrets, et la perception qu'ils ont d'eux-mêmes et de leur environnement revêt à leurs yeux la force de l'évidence : seules des observations puisées dans ce qu'ils ont eux-mêmes dit ou vécu sont susceptibles de les faire bouger et de les inscrire réellement dans un processus d'auto-analyse.

Les chercheurs dressent donc devant le groupe un bilan de ses excès ou de ses faiblesses, tels qu'ils ont été dévoilés au fil des rencontres précédentes. Ils évoquent d'abord les contradictions de leur discours.

Comment prétendre, par exemple, qu'on ne peut pas s'occuper de la délinquance des immigrés et que, en conséquence, on pourchasse les Français « de souche » — les « Gaulois », dit un participant —, qui seraient beaucoup moins gravement délinquants, et par ailleurs affirmer que, s'il faut faire du chiffre la nuit, à trois heures du matin, il n'y a qu'à « racler » des Arabes ? Mais, surtout, les chercheurs indiquent au groupe qu'il a une tendance à présenter sur un mode réaliste et concret des données qui travestissent totalement la réalité, ou qui la reconstruisent de façon incroyablement unilatérale. Ce type de fonctionnement sert aux policiers à créer un rapport de force en leur faveur dans le débat, il s'apparente alors à la mise en avant d'arguments d'autorité, qui s'écroulent éventuellement si l'interlocuteur est lui-même vigilant et compétent. Ainsi, lorsque le groupe a reçu un journaliste de RTL, excellent spécialiste de la police, il a commencé par lui reprocher les abus de ses collègues, qui se serviraient de leur carte de presse comme d'un coupe-file et d'un passe-droit — mais celui-ci a suggéré avec humour qu'on change de registre : il a souvent voyagé dans des véhicules de police et a vu les policiers déclencher gyrophare et sirène pour rejoindre le plus vite possible le restaurant ou le bistro.

En fait, suggèrent les chercheurs, les policiers construisent sur un mode mythique, vaguement paranoïaque, une représentation de tout ce qui n'est pas eux-mêmes, et ils interprètent les faits à partir de cette représentation — quand ils ne les inventent pas à partir d'un détail ou d'un élément secondaire. Et, dans cette construction, les chercheurs constatent que le thème du racisme et de l'antiracisme occupe aujourd'hui une place centrale.

Les policiers se disent en permanence menacés ou accablés par les accusations de racisme. Mais très concrètement, rappellent les chercheurs, il est exceptionnel qu'un policier soit sanctionné pour racisme, et la venue d'un responsable de l'IGPN l'a bien montré. Les affaires qui parviennent au plan national, a expliqué l'interlocuteur, se comptent généralement sur les doigts d'une seule main : une en 1986, une en 1987, six en 1988, quatre en 1989. Et si elles sont si peu nombreuses, c'est tout simplement parce qu'il est extrêmement difficile de prouver qu'un policier a eu un comportement raciste. Certes, le groupe a répondu à l'invité que les plaintes peuvent alimenter des dossiers individuels, même si elles n'aboutissent pas à une sanction. Elles contribuent à mettre les policiers en difficulté face à la hiérarchie, ou encore constituent une charge supplémentaire, et injuste, le jour où, effectivement, ils commettent une erreur. Il n'en demeure pas moins que l'image d'un système de sanctions et de pressions alimenté par les accusations de racisme est largement exagérée.

De même, le thème récurrent de la toute-puissance et de l'intervention constante des organisations antiracistes, directe et indirecte, est fortement surestimé par les policiers, et les chercheurs leur rappellent qu'ils ont eu à plusieurs reprises l'occasion de le constater. De ce point de vue, la rencontre du groupe avec Harlem Désir a été édifiante. On a accusé ce dernier de critiquer la police de façon systématique et unilatérale, de ne pas dire en public ce qu'il reconnaît en privé, comme interlocuteur de la recherche : mais à plusieurs occasions, et notamment lors de l'émission télévisée *L'Heure de vérité*, il a précisément tenu les propos publics qui sont souhaités ! Son organisation n'est pas en permanence opposée à la police, et participe même à des initiatives qui prouvent le contraire — par exemple à un tournoi de football où des jeunes des cités et des policiers se rencontrent (à Clermont-Ferrand). De même — mais nous savons les réserves du groupe à l'égard des syndicats de policiers —, SOS-Racisme est en relation avec la FASP. De plus, Harlem Désir a signalé que SOS-Racisme ne passait pas son temps à poursuivre des policiers en justice et, sans pouvoir donner un chiffre précis, il a affirmé, sans être mis en doute par le groupe, que l'ordre de grandeur, ici, était très faible — quelques personnes par an au grand maximum. Enfin, là où les policiers voyaient dans SOS-Racisme et son leader les figures obstinées d'une action soutenant les jeunes et les « casseurs » dans ce qu'ils ont de plus radical, de plus violent, et donc aussi de plus hostile à la police, ils ont découvert une convergence dans le souci commun de calmer le jeu lors de situations chaudes ou tendues.

Non seulement les accusations directes d'hostilité systématique de SOS-Racisme à l'égard de la police ont été affaiblies, mais la recherche a été l'occasion de découvrir le caractère mythique de certaines affirmations policières. A diverses reprises au cours des réunions du groupe, un participant a évoqué son aventure, que nous avons déjà signalée : il s'apprêtait à interpeller un trafiquant de drogue, beur ou immigré, quand, par radio, sa hiérarchie lui a donné l'ordre d'interrompre la poursuite car le trafiquant venait d'entrer dans une cité où Harlem Désir était lui-même présent. Ce récit était à ses yeux l'illustration de la démission de son institution et de ses chefs, qui préféraient laisser courir un malfaiteur plutôt que de risquer une quelconque accusation de « racisme policier ». Mais quand cet épisode a été évoqué devant Harlem Désir, celui-ci a proposé une tout autre réponse : l'attitude de la hiérarchie aurait été la même pour n'importe quelle autre personnalité politique, l'important était certainement pour elle d'éviter un incident dans une situation fortement médiatique et à grande sensibilité politique, mais sans qu'Harlem Désir soit particulièrement concerné.

Par ailleurs, beaucoup, dans le groupe, ont à raconter des expériences qui reposent toujours sur la même structure de récit : des immigrés, beurs ou assimilables, sont pris en flagrant délit de délinquance. Ils annoncent aux policiers qu'ils vont prévenir SOS-Racisme ou une autre organisation antiraciste qui intervient, mobilise le pouvoir politique, et l'affaire redescend, *via* les préfets et les autorités policières, pour aboutir à des sanctions. Certes, les illustrations qu'ont fournies les participants à la recherche sont claires et apparemment sans faille. Mais, là encore, la venue d'Harlem Désir a exercé un effet de déstructuration sur le récit : les épisodes évoqués ne sont pas si évidents qu'il apparaissait jusque-là, d'autres interprétations des faits sont possibles — en particulier en ce qui concerne le point de départ, où la délinquance n'est pas toujours établie. Et, surtout, Harlem Désir a été formel : le type d'intervention qu'on lui impute lui est de fait inconnu. Il n'est pas impossible qu'on se prévale de son nom et de son organisation, mais il n'y est pour rien. Cette affirmation affaiblit non seulement le récit qui décrit le processus où interviendrait SOS-Racisme, mais aussi l'image de sa fréquence, attestée par des affirmations du genre : « c'est un fait qui s'est souvent reproduit ». Il serait excessif de dire ici que la venue d'Harlem Désir a fracassé un mythe aux yeux de ceux qui le véhiculent, mais il est clair qu'elle l'a considérablement ébranlé, et les chercheurs demandent au groupe d'en prendre acte.

Un dernier élément du discours spontané des policiers à propos de SOS-Racisme a été lui aussi affaibli lors de la rencontre avec Harlem Désir : c'est le thème de la subordination de ce mouvement au pouvoir politique. Non pas que les liens ou la proximité idéologique aient été niés. Mais ils ne sont pas aussi forts que certains le pensent et le disent : SOS-Racisme n'est pas toujours en cour, et il n'a pas été difficile, pour Harlem Désir, de montrer qu'au moment où se faisait la recherche sa relation avec le pouvoir n'était pas au beau fixe.

La ligne de conduite des chercheurs, ici, est tranchée : le discours policier repose largement sur des constructions artificielles, dont certaines sont si anciennes ou si courantes, partout dans le monde, qu'elles semblent structurelles, consubstantielles à la police : la critique de la justice, par exemple, y compris dans ses supposés laxisme ou impuissance à l'égard des étrangers, est un thème récurrent [154]. De même, le thème de l'antiracisme et, plus largement, celui des droits de l'homme, dans bien d'autres pays, sont perçus comme une gêne ou un facteur de déstabilisation par les forces de l'ordre. Enfin, l'idée que la police constitue le dernier rempart dans une société menacée par la crise, ou par des classes dangereuses, est une constante du discours policier — tout simplement parce que la police, par définition, gère des populations mettant en cause l'ordre social, ou perçues comme telles. Ce qui est nouveau n'est pas ce sentiment, mais la définition des populations qu'il s'agit de gérer : populations immigrées ou assimilables — ce qui ouvre l'espace du couple racisme-antiracisme.

Les chercheurs sont donc intervenus avec force, pour montrer les excès du discours policier, et ils s'étonnent d'une vision du monde aussi partiale de la part d'acteurs qui sont si immergés dans des réalités bien concrètes. Leurs interventions longues et réitérées exercent des effets importants sur le groupe.

2. *La reconnaissance d'un racisme verbal*

Une première conséquence de cet effort des chercheurs est dans la reconnaissance rapide, par le groupe, des dimensions mythiques et excessives du discours policier. Un participant lance même un mot qui s'impose vite : les policiers vivent une « psychose ». Il se reprend, certes, en précisant que cette « psychose », cette interprétation un peu paranoïaque de l'environnement, doit beaucoup au pouvoir et à la hiérarchie, qui l'entretiennent. Mais la déstructuration du discours spontané est devenue irréversible, et elle se poursuit. On admet qu'il est exagéré de dire que « l'antiracisme nous empêche de bosser », et on émet l'idée que cette présentation des choses constitue un « alibi à nos carences ». Des voix se font entendre, au sein du groupe, pour accepter l'idée que, dans la police, on n'hésite pas, le cas échéant, à verser de l'huile sur le feu pour exacerber le racisme des Français « de souche » ; un participant, notamment, indique qu'effectivement, lorsqu'il entend des « petits Blancs » se plaindre d'être bien plus l'objet de contraventions que les immigrés, il peut lui arriver d'« ajouter cent francs dans la machine » — c'est-à-dire de se livrer à une surenchère sur le mode : « c'est vrai que nous nous intéressons plus à vous qu'aux Arabes ou aux gitans, que nous vous sanctionnons d'abord ». « Moi ou mes collègues, on fait ressortir que s'ils avaient été étrangers, peut-être qu'ils auraient été mieux traités. »

Par ailleurs, on admet que les critiques manifestées, tout au long de la recherche, à l'égard de la hiérarchie manquent de nuances : « je trouve qu'on s'attaque un peu trop à la hiérarchie ici, il faut leur mettre pas mal de choses sur le dos, mais pas trop non plus ».

Mais le plus important est que dans ce climat si particulier de la recherche, où les participants s'engagent dans une auto-analyse et reconnaissent l'existence d'une « psychose » policière, le thème du racisme apparaît, très directement, très nettement, et sous des formes totalement renouvelées.

Jusqu'ici, les membres du groupe avaient presque toujours nié, minimisé ou refoulé le racisme policier. Ils avaient à plusieurs reprises rejeté l'accusation de discrimination raciale, expliquant en particulier que dans la pratique « on traite tout le monde pareil, et peut-être même les Blancs moins bien que les gens de couleur ». L'un d'entre eux avait dénoncé le comportement tout à fait exceptionnel d'un de ses collègues qui a refusé de faire un point de compression à une personne de couleur blessée sur la voie publique, sous motif qu'« on ne sait jamais, une maladie… », et il avait raconté comment cette attitude avait été mal perçue par les autres policiers de son commissariat. Plusieurs avaient insisté pour dire qu'aucune discrimination raciale n'apparaît lorsqu'il s'agit d'apporter aide ou soutien à une personne de couleur.

Mais, dans la dernière phase de la recherche, tout change ·

> UN POLICIER : Quand on écoute les gens parler autour de nous, dans des voitures de police notamment, on entend : « sale bougnoule, je vais lui casser la gueule, ils font chier, retourne dans ton pays, sale nègre ! ». On n'entend que ça. Dans les propos, on est dans un racisme complet, et pas caché du tout. Au contraire, je crois qu'il est mal vu de dire qu'on n'est pas raciste, entre nous. Dans l'institution policière, il est mal vu de dire de l'antiracisme et d'essayer de faire de l'intégration par exemple. C'est très mal vu par les collègues. Ça, c'est pas valable pour 100 % de personnes, mais c'est valable pour pas loin de 100 %.

Ces propos suscitent dans le groupe un silence approbatif, ils créent un climat nouveau, marquent clairement, aux yeux de tous, qu'une étape vient d'être franchie, et c'est avec un ton ferme, mais mesuré, que se précise maintenant l'image d'une police pour laquelle, à la base, un racisme verbal est la règle :

> UN 2e POLICIER : C'est vrai qu'on entend des collègues qui disent : « un bougnoule », « un bicot »

UN 3e POLICIER : Moi, je suis au commissariat central la nuit... Comme on a une cage, disons une cellule qui est une cage avec des barreaux où on met les gens en attente d'aller ailleurs, ils sont quelques-uns entre eux et ça commence, des conneries qui se disent d'un côté, et de l'autre côté, celui qui passe devant la cage : « regarde-moi ce con de singe là-bas ».

Il raconte comment, lorsqu'il explique à ses collègues qu'il vient régulièrement à Paris pour un stage sur « police et racisme », il déclenche l'hilarité générale : « les gars sont pliés en deux ». A partir de là, la réalité d'un discours raciste généralisé est attestée par le groupe, qui le présente comme une véritable norme, à laquelle il est difficile, lorsqu'on est policier de base, d'échapper et plus encore de s'opposer.

Ce racisme verbal se déploie couramment lorsque les policiers sont entre eux, sur le terrain, en l'absence de la hiérarchie, ou sous des formes suffisamment bénignes pour que celle-ci laisse courir. Il s'exprime également en direction de ses victimes, constituant un mode d'insulte et d'infériorisation qui surgit d'autant plus vite que l'autre, interpellé ou arrêté, se rebelle et entre dans une interaction avec la police sur fond d'agressivité partagée. Entre flics et personnes interpellées issues de l'immigration, ou en tout cas non « gauloises », il n'est pas rare, dans les commissariats, qu'on s'injurie mutuellement à coups d'insultes racistes. L'étonnant n'est pas ce racisme, mais plutôt son absence.

S'ils reconnaissent ainsi l'existence d'un racisme massif, les policiers affirment qu'il demeure verbal, à l'état de préjugés et d'expressions qui ne se prolongeraient que marginalement dans des faits plus concrets : dans la violence physique, ou sur un mode idéologico-politique. « Dans ma brigade, dit par exemple un membre du groupe, je n'ai jamais vu qu'un seul collègue qui aime... c'est vrai, il lui arrive souvent de mettre des claques aux Noirs » ; et l'on rappelle que la FPIP, dont le discours pouvait précisément apporter une mise en forme idéologique au racisme diffus de la police, n'a guère convaincu les membres du groupe, pas plus qu'elle ne séduit la base lors des élections professionnelles — on a « un peu peur de son racisme ».

3. *La nature du racisme policier*

Notre recherche apporte ainsi plusieurs enseignements :

a) Il existe un racisme policier, fonctionnant à la base de façon suffisamment normative pour qu'on puisse en affirmer la spécificité et rejeter l'idée que le racisme dans la police n'est rien de plus qu'une expression banale d'un racisme plus général, traversant la société dans son ensemble, ou, ce qui n'est qu'une variante de cette idée, d'un racisme propre aux couches sociales dont les policiers sont issus[155].

b) Le racisme policier trouve sa source dans la conjonction de plusieurs facteurs : les uns structurels, liés au mode de fonctionnement et à la culture de la police ; les autres plus conjoncturels, commandés alors par l'état de la société, des institutions et du système politique. Plusieurs participants à notre recherche, dans sa phase préliminaire d'entretiens avec des policiers de terrain ou au cours de l'intervention sociologique, l'ont dit très nettement : « *on devient raciste* » dans la police, on ne l'était pas avant. Une policière, par exemple, a bien décrit ce processus : étudiante, elle avait beaucoup d'amis étrangers, ou de couleur, elle n'était pas raciste, et résiste encore à se reconnaître comme telle. Mais, dès qu'elle est arrivée, les collègues lui ont dit : « tu verras, tu changeras... » : « effectivement, mon comportement a changé. C'est que, sans arrêt, on a les mêmes problèmes avec les mêmes races de personnes, c'est vrai qu'on en arrive à avoir ce comportement plus ou moins raciste ». L'idée qu'on devient raciste dans la police est indissociable du constat, que certains policiers font, d'avoir affaire essentiellement à des immigrés, ou assimilables : « notre matière première, c'est avant tout les étrangers ». Elle est non moins indissociable de l'exercice du métier et, pour certains du moins, d'un sentiment de saturation, d'impuissance, ou encore d'exaspération qui se construit dans l'interaction avec un étranger ou un individu de couleur. « Il m'arrive d'avoir des propos racistes, dit un participant à notre groupe. Un Italien, s'il se conduit bien, pour moi c'est un Italien, s'il se conduit mal, c'est un rital. Mais ça s'arrête à une pensée. Ce soir, je dois garder un type de l'ANC, ça me fait chier, pas parce qu'il est négro, mais parce que je vais me faire chier dans un couloir de 18 h 30 à 23 h 30. » Le racisme verbal des policiers relève, au moins partiellement, d'un processus, il n'est pas nécessairement donné au départ ; ce qui explique les diverses formulations par lesquelles on évoque une évolution personnelle : « je n'avais pas d'*a priori*, je suis devenu raciste », ou encore : « c'est vrai qu'on finit par être raciste ».

C'est pourquoi il convient de ne pas accorder trop de poids aux interprétations plus ou moins inspirées des travaux d'Adorno sur la personnalité autoritaire, interprétations selon lesquelles la police attirerait à elle des personnes susceptibles plus que d'autres de développer les préjugés racistes qui caractérisent le syndrome autoritaire [156]. Il est vrai que la reconnaissance par les tiers de leur autorité est essentielle pour les policiers. Mais cette préoccupation n'est pas pour autant à mettre en relation avec une structure de personnalité : elle correspond à la nécessité qu'éprouvent les policiers, en situation, d'établir immédiatement un rapport de force qui leur soit favorable.

c) S'il n'est pas abusif de parler de « culture policière », celle-ci ne passe assurément pas par une mémoire historique, ni par une continuité idéologique. Il n'existe pas d'histoire de la police : elle « reste à faire », comme dit Pierre Demonque [157]. Les policiers se définissent bien plus par la situation dans laquelle ils sont, *hic et nunc*, que comme les héritiers d'un passé, même récent. Ils semblent découvrir les problèmes de l'immigration, oubliant qu'ils l'ont souvent eue pour « matière première » — par exemple à l'époque des immigrations italienne ou polonaise, victimes, avant guerre, d'un racisme qui n'était pas très différent de celui que nous observons aujourd'hui. Le manque de perspective historique a des implications importantes qui concernent la nature même du racisme policier.

Pendant la Seconde Guerre mondiale, la police a joué un rôle actif dans les pratiques antisémites du régime de Vichy, elle a largement collaboré avec l'occupant ; de même, elle a été très imprégnée du racisme anti-Arabes qui s'est déployé à l'époque de la guerre d'Algérie et des ratonnades. Mais s'il y a racisme aujourd'hui, ce n'est pas parce que les plus anciens transmettraient le message antisémite des années quarante — en fait, l'antisémitisme est peu présent dans le discours spontané des policiers —, et pas davantage parce qu'il prolongerait celui qui s'est exacerbé avec la guerre d'Algérie. La coupure est nette entre le présent et ce passé, si tranchée que lorsqu'on parle des policiers les plus anciens, c'est pour indiquer que ceux qui ont la nostalgie des ratonnades et autres violences racistes sont des marginaux, de moins en moins nombreux, non écoutés : « Quand ils ressassent leur discours de la haine raciale, dit un participant au groupe, je les comprends, mais on bloque. » Ce qui signifie non seulement qu'il n'y a pas continuité historique, mais aussi que le racisme policier n'est pas une construction idéologique, et encore moins doctrinaire.

d) Ce qui est structurel, dans le racisme policier, relève avant tout de la culture policière, au sens d'ensemble intégré de normes et de comportements structurés avant tout par l'identité professionnelle, le métier, les conditions institutionnelles du travail policier. Cet ensemble traverse le temps avec des caractéristiques à peu près constantes : le sentiment de constituer le dernier rempart dans une société déstructurée, de devoir pallier les défaillances des institutions ; la tendance, aussi, bien analysée dans l'ouvrage classique de Robert Reiner[158], à développer une pensée classificatoire, où s'opposent le dedans (la police) et le dehors, avec en particulier diverses catégories dont il faut se méfier et dont Reiner propose une liste, en sept points : les « vilains de la bonne classe », les professionnels de la délinquance liés à la bonne société ; le gibier de potence (les gitans), qui forment un tout qu'on a le droit de traiter comme toutes les catégories marginales ; les rebuts ; les challengers, c'est-à-dire les concurrents (avocats, docteurs, travailleurs sociaux...) ; les désarmés ; les activistes antipoliciers ; les politiciens (perçus comme naïfs et corrompus)... Dans cette perspective, le racisme n'apporterait qu'une catégorisation supplémentaire, éventuellement juxtaposée ou intégrée à celles qui viennent d'être citées.

Il est vrai que de telles catégories permettent parfois aux

policiers de construire des typologies de la délinquance, par exemple lorsqu'ils expliquent que les Maghrébins donneraient plutôt dans la délinquance classique — en particulier dans le vol à la tire dans le métro —, ou que les Africains se caractériseraient plutôt par l'abus vis-à-vis des institutions (ANPE, Sécurité sociale, etc.).

Ce type de raisonnement, auquel ne se réduit assurément pas l'apport de Reiner, n'offre qu'un éclairage partiel, du moins aussi longtemps qu'il ne met pas en relation la construction, par les policiers, de catégories de ce genre et les situations sociales dans lesquelles s'effectue leur travail. Il n'y a pas seulement des tendances à la catégorisation, éventuellement raciale ou ethnique, il y a aussi, plus conjoncturelles, des tensions sociales dans lesquelles se définit l'intervention policière. Ces tensions, aujourd'hui, sont celles d'une société qui se dualise, qui produit de l'exclusion, alors que dans un passé récent elle semblait s'intégrer autour d'un principe organisateur central, un conflit de classe. Le paradoxe, bien présenté par Reiner, est précisément que plus la société (anglaise, dans le cas qu'il étudie, mais ses remarques peuvent être étendues à la France) s'écarte de ce principe, et plus la police cesse d'apparaître comme capable d'incarner un consensus transcendant les conflits sociaux. « Les sources, écrit Reiner, de l'image anglaise d'une police dont l'autorité est légale, non personnalisée, non partisane, s'appuyant sur la force minimale, cultivant le rôle d'un service [...], résident non pas dans le consensus social, mais dans le conflit. »

De même, on peut penser qu'il y a un lien entre le racisme policier contemporain, en France, et la crise du modèle républicain, auquel la police s'identifie très fortement. Cette hypothèse est avancée par les chercheurs, dans les tout derniers instants de l'intervention sociologique.

Les policiers, disent les chercheurs, sont dans l'ensemble très attachés à l'image d'une police républicaine fonctionnant de manière identique pour tous, et sur tout le territoire national. La recherche leur a confirmé que les lois ne sont pas appliquées exactement de la même façon d'une ville ou d'une région à une autre, et que leurs prérogatives ne sont pas les mêmes partout — ce qu'ils n'apprécient guère. Ils ont clairement rejeté le principe, propre à certaines polices aux États-Unis, d'équipes ethniques qui entérinent la ségrégation spatiale, ils ne veulent pas de brigades de Noirs, de beurs ou d'Asiatiques se répartissant les quartiers à dominance africaine ou antillaise, maghrébine ou asiatique. Tout au plus ont-ils admis que « pour discuter avec le MRAP, c'est bien d'avoir un commandant antillais ». De même, leur attachement à une conception républicaine centralisatrice et égalitariste, hostile à toute différenciation particulariste, les rend particulièrement hostiles au projet, dont débat le Parlement au moment où se mène la recherche, de reconnaissance d'un « peuple corse ».

L'immigration ne met-elle pas en cause cette conception et n'entraîne-t-elle pas un racisme réactif ? La réponse du groupe est très claire. Il refuse tout ce qui valorise les minorités dans leurs spécificités culturelles, communautaires, religieuses, tout ce qui assure la promotion ou l'affirmation de leurs différences, parce que cela « crée un bon racisme, avec des groupes qui demandent qu'on respecte les différences ». Le racisme policier, dès lors, devient le fruit d'une situation où le modèle républicain serait grippé, au niveau général, du fait du refus de pans entiers de l'immigration de s'intégrer. « Le problème, dit un membre du groupe, est celui du poisson et des arêtes : que faire des arêtes ? », c'est-à-dire que faire de ceux qui ne sauraient être absorbés et digérés, et qui s'affirmeraient dans leur irréductibilité, leur refus de la culture nationale, leur non-soumission à l'ordre et à la loi. Comment éviter que l'ethnicisation de la société française, *via* l'immigration, se solde par des espaces, ghettos ou non, interdits à ceux qui sont étrangers aux ethnies concernées ? Comment maintenir le principe, auquel tous sont attachés, d'une possibilité pour chacun de circuler partout en France, librement, « comme flic et comme citoyen » ? De telles interrogations apportent une précision importante sur la nature du racisme policier. Référé avec force aux valeurs de la France républicaine, il s'oriente, lorsqu'il dépasse le stade de la simple expression verbale en situation, vers des positions à dominante universaliste. Les policiers souffrent de ce qu'ils vivent comme une crise du modèle français d'intégration et reportent sur l'immigration leur hantise de voir les valeurs universelles de la

République devenir inopérantes. C'est pourquoi ils souhaitent que le gouvernement en finisse avec l'immigration et « arrête de remplir la bassine [...]. On peut se battre sans arrêt, si on continue à ramener de l'eau sale, on n'aura jamais d'eau propre ».

4. Au-delà du racisme verbal

Notre intervention permet d'affirmer l'existence d'un racisme verbal et de récuser, dans l'ensemble, celle d'un racisme doctrinaire ou idéologique. Mais au-delà, ou à côté, nous éclaire-t-elle sur d'autres modalités du racisme, notamment sur la discrimination ? La question mérite d'autant plus d'être posée que les travaux anglo-saxons démontrent l'importance des conduites actives de racisme et que les organisations antiracistes, en France même, ont souvent dénoncé une discrimination qui s'opère notamment à travers les pratiques de contrôle policier.

a) La discrimination

En fait, la question est plus complexe qu'il n'y paraît, car c'est souvent l'ambiguïté qui domine, davantage qu'un racisme clair et nettement isolable. La discrimination raciale, en effet, peut fort bien être indissociable d'une pratique professionnelle légitime, et il est alors difficile de faire la part des choses. Le « délit de sale gueule », par exemple, est une pratique courante, qui consiste à interpeller des individus au seul vu de leur apparence physique [159]. Mais les policiers expliquent qu'interpeller une vieille dame apeurée ou un cadre bien vêtu, et apparemment bien « gaulois », donnera de moins bons résultats qu'interpeller un immigré qui, à la limite, même s'il ne transporte ni drogue, ni arme, ni objets volés, aura souvent le bon goût de ne pas être parfaitement en règle. Ainsi, dans certains cas, les policiers interpellent des Noirs (ou des individus susceptibles, par leur physique, d'être immigrés, Arabes, beurs, Turcs, etc.) dans le cadre d'une mission où il leur faut intervenir en un endroit précis (le métro par exemple) : la discrimination s'inscrit alors dans le contexte de leur activité professionnelle, qu'elle suit ou accompagne ; il peut en être ainsi, on l'a vu, s'il s'agit de faire monter les statistiques de la délinquance et des infractions — encore qu'il convient d'être prudent face à l'affirmation courante selon laquelle ce sont des pressions hiérarchiques qui déterminent l'évolution de ces statistiques.

Mais la frontière est floue qui sépare ce type de situation d'un autre, où l'ordre se renverse et où le point de départ n'est pas une mission ou un impératif professionnel, mais bel et bien le projet raciste d'inférioriser ou de malmener une population définie par ses origines ethniques ou la couleur de sa peau. Les policiers choisissent alors le terrain d'intervention en fonction de ce critère, par exemple en décidant de procéder à des interpellations à l'entrée d'un foyer d'immigrés. Comme dit un membre du groupe : « ce n'est pas compliqué, si on veut faire du Noir, on fait les papiers, si on veut faire du jaune, on fait les ateliers clandestins ». C'est pourquoi il vaut mieux considérer qu'il y a, en matière de discrimination, non pas un racisme massif, comparable au racisme verbal, mais un continuum de pratiques qui oscillent entre un traitement plus différentiel que discriminatoire à l'égard d'individus ou de groupes pouvant appeler la suspicion policière et un traitement raciste et discriminatoire, fondé directement sur les attributs physiques des victimes.

On comprend mieux, dès lors, pourquoi notre groupe de policiers, s'il reconnaît en fin de parcours l'existence d'un racisme verbal, est plus réservé ou hésitant à propos de la discrimination. Celle-ci existe, ainsi que des violences que les policiers du groupe reconnaissent également, par exemple à propos des jeunes beurs : « quand vous interpellez un gars dans la rue, il commence à pleurer alors qu'il n'a pas encore pris sa taloche. Parce que sa taloche, il sait qu'il va se la prendre. Il y a six flics sur place, au moins un flic va... ». Mais, dans le groupe, on demande aussi que ne soient pas qualifiées de « racistes » des pratiques qui se solderont par l'interpellation d'individus qui n'ont pas à l'origine été sélectionnés sur des critères racistes : « lorsqu'il interpelle le conducteur d'un vélomoteur la nuit, explique un membre du groupe, le flic ne sait pas d'avance s'il aura tel ou tel faciès ». Mais, statistiquement, il y a une bonne chance pour qu'il s'agisse d'un jeune d'origine maghrébine...

Ajoutons ici une dernière remarque. Sauf exception, et qu'il s'agisse d'un traitement différentiel ou directement discriminatoire, les pratiques qui viennent d'être évoquées s'exercent de façon légale. Le propre de la discrimination policière est d'être légitime, du point de vue de la règle et des textes, et sa caractéristique principale est peut-être même là : la discrimination policière consiste non pas à traiter de manière abusive certains segments de la population, mais à leur appliquer strictement le règlement, et donc des mesures et un traitement auxquels échappent d'autres segments.

b) L'antisémitisme

En juin 1991, le groupe est de nouveau réuni, pour un bilan et, surtout, pour que les chercheurs lui présentent les grandes lignes du rapport qu'ils rédigent. Ils reviennent évidemment sur le thème du racisme policier, et constatent alors non seulement que la reconnaissance en est acquise, mais aussi que la réflexion a progressé entre-temps.

On rappelle d'abord, dans le groupe, que ce racisme s'exprime surtout à chaud, en situation de groupe ; on y voit un défoulement par rapport à un « ras-le-bol » que les policiers, contrairement à d'autres, auraient la chance de « pouvoir s'offrir » — « je crois que c'est important, pour l'équilibre des policiers de terrain, que de temps en temps ils puissent se défouler, et c'est pas que verbal ». L'adjectif « verbal » n'est pas le mieux adapté : en fait, ce dont il s'agit est un racisme ancré dans une pratique concrète, qui s'en prend à ses victimes parce qu'elles constituent, ou peuvent constituer, la matière première du travail policier et parce que l'exaspération combinée au mépris peuvent facilement s'orienter vers elles.

Et, alors que ces précisions commencent à être apportées, le thème des Juifs surgit, sans que les chercheurs l'aient abordé et en des termes qui montrent bien la distance qui sépare le racisme policier de l'antisémitisme : « ça ne me choque plus, depuis le temps, explique un membre du groupe, qu'il y ait un racisme verbal ou physique envers les Nord-Africains, parce qu'on est dedans tous les jours. Par contre, je suis choqué par les collègues antisémites parce que dans notre travail, je ne me heurte pas aux problèmes des Juifs. Les Juifs ne m'emmerdent pas, ou rarement, et lorsque j'entends des flics dire des trucs nazis, ça, ça me gêne. Ils disent des conneries avec les Arabes et je dis : " d'accord avec les Arabes, à la limite. Mais pas les Juifs " ». Ces propos entraînent dans le groupe des précisions, des commentaires qui les complètent, et personne ne va à contre-courant — bien au contraire. On signale que les policiers antisémites sont peu nombreux, et sans emprise sur leurs collègues : « moi je peux en parler, si on les reprend de volée, ces gens-là, c'est fini, ils se cachent, ils ont peur. Le lien professionnel que nous avons fait qu'ils restent dans leur catégorie, et nous dans la nôtre ». Certes, il peut arriver que l'on s'énerve à propos de Juifs, mais c'est parce qu'une surcharge de travail est occasionnée pour les protéger, et non par rapport à eux, à leur nature ou leur essence : « c'était, raconte un participant à l'intervention, le fait de rester trois heures devant la synagogue, et je disais : " ils me font chier, ces schmolls ", mais c'est tout, c'est pas pour ça que je suis antisémite ». En dehors de ce type de remarque, on est bien d'accord dans le groupe : autant le racisme anti-Arabes, anti-immigrés est compréhensible, autant l'antisémitisme est inacceptable.

Ce qui confirme que le racisme policier n'est pas une idéologie ; ce qui suggère aussi qu'il n'est guère susceptible de se transcrire, en lui-même, au niveau idéologico-politique, dans une action organisée à laquelle il apporterait son sens.

5. *Perspectives*

Une intervention sociologique comme celle dont nous venons de rendre compte présente bien des limites. Les unes tiennent à la représentativité des policiers qui y ont participé. Nous avons choisi de les faire provenir des cinq sites qui, tout au long de notre recherche, ont constitué l'essentiel de notre terrain, ce qui présentait pour les chercheurs des avantages évidents de connaissance de l'environnement où ces policiers sont immergés. Mais bien d'autres situations existent, en France, où, par exemple, l'immigration est moins présente, ou moins problématique, et où le racisme policier est peut-être moins directement informé par la crise urbaine et les tensions concrètes liées à l'immigration.

D'autres limites tiennent plus nettement à la méthode utilisée, et il faudrait certainement, pour compléter et, là aussi, nuancer nos résultats, avoir recours à des investigations relevant d'autres démarches[160].

Pourtant, l'essentiel nous semble ailleurs, et réside dans le moment historique où nous avons mené notre recherche. Le racisme policier, jusqu'ici, n'a guère revêtu en France les formes qu'on lui connaît en Grande-Bretagne et, surtout, aux États-Unis, il n'a guère rencontré des communautés définies nettement en termes ethniques, et il n'a pas participé à l'ethnicisation de ces communautés, à la transformation des problèmes de l'immigration en problèmes de minorités.

a) Police et ethnicité

De nombreux signes indiquent que l'hypothèse d'une telle transformation ne doit pas être exclue. Les policiers s'inquiètent de la formation de bandes ethniques, comme en témoigne par exemple un article récent de Lucienne Bui-Trong paru dans la *Tribune du commissaire de police*[161] et qui évoque, notamment, les bandes de Zoulous africains, qui « imposent » parfois le viol d'une Blanche comme « épreuve initiatique », ou les bandes de quartier « à majorité beur ». Ils constatent la démultiplication des heurts entre des jeunes souvent issus de l'immigration et eux-mêmes, la montée de violences plus ou moins graves, dont la presse s'est faite l'écho[162] et dont les événements de Mantes-la-Jolie ont montré qu'ils pouvaient atteindre une extrême gravité[163]. Ils parlent de « guerre des banlieues » et ont le sentiment que le pouvoir politique témoigne d'une grande complaisance à l'égard de « casseurs » fortement « bronzés » — lors des manifestations lycéennes de l'hiver 1991 notamment.

Dans ce contexte, la radicalisation policière s'est soldée d'abord par une forte pression sur le pouvoir politique — qui a pris diverses mesures, notamment symboliques (remplacement du directeur général de la police nationale, par exemple) —, ainsi que par des revendications de type syndical. Mais il faut bien voir que l'évolution récente, vers des affrontements de plus en plus nombreux avec des jeunes perçus par la police en termes ethniques, risque de peser lourd sur le racisme policier, et de le faire changer de niveau. Jusqu'ici, nous l'avons constaté, il faut y voir une combinaison de racisme verbal, massif et attesté, et de discrimination plus ambiguë, ou délicate à démontrer. Les violences les plus graves, lorsqu'elles surviennent, relèvent de la « bavure », c'est-à-dire de dérapages relativement rares. Mais à partir du moment où les heurts tendent à devenir structurels, entre policiers et jeunes définis ethniquement, le racisme est susceptible d'animer beaucoup plus directement les comportements policiers, et de faire de la police le vecteur de tensions raciales en même temps que le principal facteur d'ethnicisation de groupes qui entrent alors dans la spirale de l'exclusion, de la rage et de la violence.

Ce type de problèmes est connu depuis longtemps des sociologues américains ou anglais. Gary Marx[164], aux États-Unis, a montré dès la fin des années soixante comment, là où il y a communauté (noire, en l'occurrence), la police ne peut être perçue que comme l'envahisseur extérieur, le représentant de l'ethnie dominante, et comment ses comportements contribuent à renforcer cette perception. Au Royaume-Uni, le célèbre rapport de lord Scarman, publié après les émeutes de Brixton, en 1981, souligne le rôle de la police dans la montée des tensions qui ont abouti à des violences extrêmes : il parle de harcèlement des Noirs, d'actions lourdes de préjugé racial, ainsi que du manque de souplesse, de maturité et d'imagination de la part de la police, qui a radicalisé des gens « innocents et victimes de ses tactiques ».

La police française est loin de telles images, mais, parfois aussi, elle s'en approche : chaque fois, en particulier, qu'elle semble jouer au jeu du chat et de la souris avec les jeunes des banlieues. Notre recherche ne permet pas d'affirmer qu'elle a déjà passé le pas l'inscrivant, ne serait-ce que timidement, dans des logiques comme celles qui viennent d'être évoquées. Mais elle nous autorise à poser le problème, et à indiquer les risques d'une dérive à l'américaine. L'ethnicisation de l'immigration ne dépend pas seulement de la police. Mais il faut savoir que c'est souvent dans le choc avec elle qu'elle se construit, dans la violence de ses conduites, et dans la charge de racisme dont elle se dote, au fil d'une montée en puissance qui se déploie parallèlement à l'exaspération et à la violence de ceux qu'elle racise. Les policiers eux-mêmes peuvent-ils contribuer à enrayer une telle dégradation ? C'est en fait sur cette interrogation que se conclut la dernière séance de l'intervention sociologique proprement dite.

b) Retour à l'action

Les membres du groupe savent fort bien que, selon leur mode d'intervention, ils sont susceptibles d'exacerber des tensions localisées ou, à l'inverse, de contribuer à les résorber. Ils sont tombés d'accord avec Harlem Désir, nous l'avons vu, sur l'idée qu'il faut toujours s'efforcer de calmer le jeu, de désamorcer les conflits. Ils sont dans l'ensemble favorables à une police de proximité, et si certains d'entre eux critiquent l'îlotage, ce n'est pas pour son principe, mais pour les difficultés qu'il y a à le mettre en place utilement, là où ce serait vraiment un progrès. Les chercheurs leur rappellent tout cela, qui est déjà un acquis de la recherche, et leur demandent comment aller plus loin, dans une action de terrain. Car s'ils savent intervenir à chaud, décrisper une situation tendue, ils savent beaucoup moins s'insérer dans des actions plus structurées — participer par exemple à des négociations et des rencontres dans le cadre d'opérations concertées et planifiées, telles les DSQ —, et ils n'en ont d'ailleurs pas tellement le temps, ni la culture professionnelle. Ne pourraient-ils pas, suggèrent les chercheurs, contribuer davantage à ce que les divers acteurs intervenant dans les quartiers soient plus actifs, plus présents, mieux informés, plus disponibles à rechercher des solutions négociées, même si c'est sur un mode conflictuel, aux problèmes qui sinon se résolvent par la violence, la délinquance, la drogue et, côté policier, par la montée du racisme ?

L'intervention délibérément pressante des chercheurs conduit à des résultats impressionnants. Les policiers du groupe reconnaissent, en premier lieu, qu'ils ont un rôle avant tout social : « on est là, du moins dans ma cité, pour éviter que la situation ne dégénère entre les bonnes gens et les délinquants ». Et, surtout, ils s'interrogent par rapport à ce que ce rôle social signifie, et pourrait signifier. Tous, en effet, ne sont pas convaincus qu'il s'agisse là d'une donnée positive : « on a un travail qui est beaucoup plus social », note un participant ; et il précise : « c'est frustrant, on n'est pas entré dans la police pour faire ça, mais pour rechercher des délinquants ».

Pourtant, tous sont « sincèrement d'accord pour faire des efforts ». Ils le font constamment, à chaud — « on ne fait que ça tous les jours » —, et sont en permanence soucieux de désamorcer les tensions, parfois extrêmes, qui surviennent sur le terrain. Mais peuvent-ils aller plus loin ? Pour la première fois, le groupe de recherche, si homogène dans l'ensemble, se défait, selon des lignes de force inattendues. Trois positions s'affirment, successivement, face à l'interrogation sur ce qu'il convient de faire pour améliorer les situations locales, définies avant tout en termes sociaux.

La première est avancée par un participant, qui demande que les policiers s'engagent davantage dans des « actions de rapprochement » susceptibles de faire « sortir des jeunes du ruisseau ou de la merde ». Il indique comment, concrètement, les policiers peuvent s'investir, aider à la formation d'une équipe de football de quartier ou informer les enfants, dans les écoles, en matière de drogue ou de racket scolaire. Il ne s'agit pas nécessairement, selon lui, d'une action prise sur le temps libre, mais de pratiques qui pourraient fort bien s'inscrire dans les horaires de travail.

Ce schéma déclenche dans le groupe une très vive opposition. Son auteur est accusé de vouloir se substituer aux enseignants ou aux travailleurs sociaux, d'aller au-delà des missions normales de la police — « on ne va pas pallier les carences de tout le monde ! », lui objecte-t-on —, et, assez rapidement, ce participant est marginalisé, et ses propositions abandonnées.

Monte alors un deuxième schéma, suggéré par un autre membre du groupe qui indique qu'il ne faut à son sens ni se substituer à d'autres acteurs ni se disperser, mais servir de relais. Il est lui aussi très concret, montrant par exemple comment des relations simples et utiles pourraient se mettre en place avec les assistantes sociales, à propos notamment des tentatives de suicide. Le modèle d'action qu'il esquisse maintient une stricte définition professionnelle du policier : il s'agit avant tout de créer des réseaux de communication, ou de les densifier, de permettre à divers acteurs, y compris policiers, d'augmenter leur capacité d'action par des échanges d'informations.

Ce modèle séduit davantage le groupe que le précédent. Mais, assez vite, il est lui aussi délaissé, et l'emporte une troisième position, faite de scepticisme et de pessimisme : le deuxième modèle convient là où des acteurs existent, très concrètement. Mais dans certains quartiers « il n'y a jamais les travailleurs sociaux, il n'y a jamais les associations, il n'y a jamais personne sur le terrain en même temps que nous » ; et si des acteurs antiracistes, des associations apparaissent, c'est au mieux « pour faire du bla-ba-bla, ce n'est pas notre rôle ». Ce discours désabusé, malgré les appels des chercheurs, est définitivement celui qui l'emporte.

Ce long débat n'apporte pas une conclusion très encourageante à notre recherche. Les membres du groupe, rappelons-le, ont été retenus par les chercheurs parce qu'ils étaient porteurs d'une demande de recherche, qu'ils voyaient dans le thème « police et racisme » un enjeu important de réflexion sur leur propre pratique. Ils ne sont en aucune manière atypiques, mais ils représentent le maximum de volonté d'analyse et de changement que l'on peut rencontrer parmi les policiers de terrain. Ce sont, comme ils le disent eux-mêmes et très justement, des « hommes de bonne volonté ». Ils ont su mettre en relation les conditions concrètes, sociales et urbaines, dans lesquelles ils évoluent, leur malaise institutionnel et l'existence d'un racisme policier qui n'a pu être reconnu et analysé qu'à l'issue d'un véritable effort sur eux-mêmes. Or au moment de transcrire l'analyse en action, de voir comment ils pourraient peser, pratiquement, sur les mécanismes et les logiques du racisme, ils rejettent les voies marginales, que deux d'entre eux esquissent, et refusent de se définir comme des acteurs de changements auxquels ils ne croient guère. Il n'y a pas à généraliser trop rapidement ces dernières observations. Mais elles suggèrent qu'il ne faut pas trop attendre des policiers eux-mêmes qu'ils résistent activement à des évolutions sociales et politiques dans lesquelles le racisme est susceptible de s'étendre, y compris dans leurs rangs.

CINQUIÈME PARTIE

Racisme et politique

9

De Montfermeil à France debout

Montfermeil serait une charmante petite ville pavillonnaire si, aux confins du territoire communal et à cheval sur Clichy-sous-Bois, ne se dressait pas ce qu'on appelle, d'un nom impropre, un « ghetto » de banlieue, la cité des Bosquets[165]. C'est du moins une représentation courante chez les habitants extérieurs à la cité. Il est vrai que l'image d'un ancien Montfermeil, lieu d'amusement où l'on passait d'auberges en cafés-restaurants et autres guinguettes au bord de l'eau, correspond à une certaine réalité de l'avant-guerre, lorsque la ville doublait ses effectifs en période estivale.

Aujourd'hui, l'étang n'existe plus et les Sept-Iles ne sont qu'un arrêt de bus où l'on descend pour se rendre au supermarché Pakbo. « Chancre », « verrue », « cancer », telles sont quelques-unes des métaphores désignant les Bosquets, un grand ensemble aux bâtiments dégradés, habité à plus de 80 % par des étrangers — parmi lesquels une trentaine de nationalités différentes dont la paupérisation semble constituer le trait le plus marquant et le mieux partagé.

A l'automne 1989, le maire, Pierre Bernard, décide de ne pas inscrire des enfants immigrés primo-arrivants à l'école maternelle : la municipalité de Montfermeil, en Seine-Saint-Denis, est projetée à la « une » de l'actualité. Étonnante persévérance chez un homme déjà condamné en 1988 pour avoir refusé l'inscription scolaire d'enfants étrangers, à l'école primaire cette fois, en 1985.

Enfin, anciennement communiste, Montfermeil s'inscrit de manière significative dans le cadre des modifications du paysage politique français des années quatre-vingt : déclin du Parti communiste, notamment dans la « ceinture rouge » de Paris, et poussée du national-populisme dont le Front national est un vecteur privilégié, mais non pas unique. Montfermeil est une des villes de la Seine-Saint-Denis où le FN recueille le plus grand nombre de voix (23 % au premier tour de l'élection présidentielle de 1988). Cependant, exaspération et demande sécuritaire ne sont pas gérées par le FN, qui n'est guère présent sur le terrain. Le populisme ici est pris en charge par l'équipe municipale, et plus particulièrement par son maire, « divers droite », qui donne une forme très spécifique à la protestation.

1. Les Bosquets : de la résidence à la cité

1. Logement et structure socio-démographique

Montfermeil présente deux visages. D'un côté, une zone pavillonnaire — le centre ville —, ainsi qu'une zone de lotissements — Franceville. De l'autre, une cité verticale d'environ 1 500 logements, composée de sept bâtiments de dix étages et de treize bâtiments de quatre étages. Excentrée par rapport aux grands axes de communication, la ville n'est reliée au centre de Paris par aucun moyen de transport direct, et semble beaucoup plus éloignée que ne le laisseraient imaginer les vingt kilomètres qui la séparent de la capitale.

Construite par deux sociétés civiles immobilières dans les années 1964-1966, à l'époque où l'expansion de l'économie française attirait dans la région parisienne une main-d'œuvre abondante, la cité des Bosquets abrite le tiers d'une population communale dont l'ensemble est évalué à 27 000 habitants. Initialement « résidence », elle a trouvé d'autant plus d'acheteurs que les appartements étaient relativement bon marché.

Puis l'éclatement progressif du parc immobilier entre des centaines de propriétaires a contribué à une dégradation des lieux, entraînant des réactions de défections en chaîne de la part des copropriétaires. Ainsi que le soulignent des responsables municipaux, « au fil des années, ça s'est dégradé parce que les propriétaires ont vendu, revendu, loué, sous-loué, on est arrivé à la sous-sous-location avec en permanence un manque d'entretien des parties communes et du bâti ». Ajoutons que toutes les études d'aménagement récentes soulignent les défauts originels du bâti (humidité, mauvaise isolation acoustique, problèmes d'hygiène liés aux vide-ordures, etc.), et surtout l'absence d'équipements propres au quartier, hormis les écoles.

Ainsi, la structure multipropriété du quartier explique pour partie l'impossibilité de mettre en œuvre une politique globale cohérente ainsi qu'une gestion capable d'engager les travaux nécessaires pour enrayer la dégradation du bâti. Toute décision concernant la propriété devait en effet respecter la règle de majorité des propriétaires. Mais comment réunir le quorum nécessaire pour engager l'action lorsque, en 1989, la structure de propriété donnait l'image d'un imbroglio juridique des plus obscurs [166] ?

Ce processus de dégradation intervient très tôt. Dès 1967, le syndic envoyait une mise en garde solennelle aux copropriétaires absentéistes : « vous assistez hélas trop rarement aux assemblées qui traitent des difficultés que nous rencontrons. N'habitant pas vous-mêmes aux Bosquets, vous ignorez dans quelles conditions sont habités vos appartements [...]. Et c'est le commencement de l'entreprise de dégradation : vide-ordures bouchés, ascenseurs bloqués, parties communes détériorées, salies, apparition de parasites, vermines et autres... odeurs, cris, bagarres, etc., etc. [167] ». Et, en 1973, un inspecteur général de l'Équipement remarque qu'« il s'agit là, essentiellement, de rapports de droit privé dans lesquels la puissance publique ne peut guère intervenir [168] ».

Dès la seconde moitié des années soixante-dix, s'opère donc une mutation du quartier liée à la dégradation du site. La résidence devient « cité ». Dès cette époque, la Compagnie des eaux menace de couper l'eau pour cause d'impayés. S'ensuivent des interruptions temporaires des fournitures en matière de chauffage, électricité, ascenseurs. Avec la crise économique et le chômage, les loyers rentrent plus difficilement, les charges non payées augmentent. L'endettement locatif s'accroît, et constitue un problème qui mobilise dans la seconde moitié des années quatre-vingt la grande majorité des aides financières, les services sociaux cherchant avant tout à éviter les expulsions[169]. Des agences immobilières « véreuses » apparaissent, avec leur cortège de trafics d'appartements. Des nouveaux arrivants se voient parfois exiger des « commissions » (en liquide et sans reçu) allant de 7000 à 15000 francs. Des locataires sont abusivement congédiés, contraints de la sorte à verser une nouvelle commission d'agence pour un autre appartement dans le quartier[170]. Ascenseurs en panne, épaves de voitures dans la rue, expulsions, squats, autant de signes visibles d'une crise d'autant plus grave que toute issue paraît bloquée.

Dès septembre 1981, constatant la dégradation physique et sociale de la cité, la municipalité a ouvert le dossier des Bosquets en créant une zone d'aménagement différé, dans laquelle l'Office départemental de HLM (ODHLM) bénéficiait d'un droit de préemption. Une solution, le rachat des appartements par l'ODHLM, fut donc amorcée avec le concours du ministère de l'Équipement et du Logement, afin d'obtenir le quorum nécessaire pour sortir de la crise de décision. Entre 1981 et 1985, 542 appartements furent rachetés par l'Office, nombre cependant insuffisant pour débloquer la situation. Il semble que des raisons financières aient stoppé l'opération.

Aujourd'hui, la population des Bosquets est à dominante ouvrière, ses ressources sont faibles, le chômage y est massif (23,6 % de la population active en 1989, selon une évaluation de l'ANPE). A la précarisation économique se superpose la diversité des nationalités et des cultures. Le recensement de 1982 indiquait 42 % de Français, 32 % de Maghrébins, 11 % de Portugais, toutes les autres nationalités totalisant 15 %, or, selon les informations élaborées par les services municipaux en 1989, il ne resterait guère plus de 10 % de Français sur place.

Dans le passé, la présence d'une population moins démunie et plus diversifiée socialement avait autorisé la constitution d'associations fonctionnant sur des enjeux sociaux ou culturels, plus ou moins structurées par le Parti communiste. L'évolution de la cité s'est soldée par l'épuisement de la plupart de ces associations, auxquelles d'autres se sont substituées sur des bases essentiellement ethniques : l'Association yougoslave, l'Amicale tunisienne, le Front national des rapatriés de confession islamique », l'association antillaise Le Balisier, etc.

Dans ce monde segmentaire et paupérisé, des conflits anecdotiques, relevant des rapports de voisinage, peuvent rapidement se généraliser en affrontements collectifs. En été 1990, une histoire de scooter s'est transformée en bagarres qui ont quelques jours durant opposé Zaïrois et jeunes Maghrébins. Déjà, en 1983, parmi les difficultés du quartier, une étude soulignait « une forte concentration de jeunes à laquelle ne répondent ni l'encadrement humain ni les équipements », ainsi que « les difficultés de cohabitation entre ethnies »[171].

2. *Les Bosquets imaginaires*

Très tôt se constitue également dans la ville une représentation imaginaire du quartier, suscitant des peurs, des fantasmes véhiculés par des rumeurs ou des « légendes urbaines[172] » : des seringues seraient chaque matin ramassées dans les écoles ; la « tête d'un Noir » aurait été retrouvée dans une poubelle ; la police craindrait de s'aventurer dans la cité.

Ainsi apparaissent des descriptions d'un espace où régneraient la violence, la délinquance, l'immoralité des « tripots clandestins », le viol. Avec l'arrivée d'une population d'Afrique noire, des images fantastiques d'entassement et de polygamie se multiplient, et, face à ces innombrables clandestins dont aucun recensement ne viendrait à bout, certains récits en viennent à agiter le spectre de hordes déferlantes, quittant les Bosquets pour aller vers le centre ville et dévastant tout sur leur passage. En ce sens, parallèlement à l'image de l'anomie de l'ordre social, se dessine celle de l'ordre culturel. Avec leur multitude de langues et de cultures, les Bosquets apparaissent comme une « tour de Babel » surpeuplée.

Pourtant, l'image dramatisée d'un quartier invivable doit être nuancée. Les responsables locaux de la police décrivent les Bosquets comme n'importe quel quartier difficile de banlieue, nécessitant des techniques d'intervention appropriées, mais ne semblent guère dépassés par la formation d'un vivier criminogène incontrôlable. Par ailleurs, contrairement à ce qu'estiment des responsables municipaux, rien ne permet, selon les sources policières, d'établir une corrélation statistique significative entre immigration et délinquance, ou de montrer une surdélinquance des étrangers au quartier des Bosquets[173]. En revanche, la police souligne la difficulté d'accès et le risque de dérapages, lors des moments « chauds » — par exemple lorsqu'on a appris, en une même semaine, l'assassinat de Maghrébins à La Ciotat et à Roanne.

La dimension fantasmatique de la perception des Bosquets ne doit pas occulter la réalité et l'accumulation des difficultés. Certaines, telles que la concentration des familles défavorisées dont la liberté du choix de l'habitat est proche du néant, sont d'ailleurs des conséquences directes de l'image même de la cité. Comme dit le député d'une circonscription voisine : « quand je leur propose ce quartier, les familles qui me demandent un logement prennent cela pour une insulte[174] ! ». Selon un responsable de la section locale de la CSCV, « seuls acceptent de venir habiter les Bosquets ceux qui sont rejetés de partout ailleurs[175] ».

3. *Le dossier scolaire*

Déjà à la fin des années soixante-dix, des actions collectives d'enseignants avaient mis l'accent, à travers des groupes de travail mis en place par le Syndicat national des instituteurs, sur le handicap socio-culturel des élèves et sur la pénurie de moyens pour y faire face. 18 % d'élèves seulement étaient français de métropole et plus de 60 % ne parlaient jamais le français à la maison. Le pourcentage d'enfants ayant plus d'un an de retard en CM2 était trois fois plus élevé que la moyenne, en partie parce que beaucoup d'élèves entraient à l'école avec un ou deux ans de retard. Le processus qui s'engagea alors aboutit en 1982 à définir les Bosquets comme « zone d'éducation prioritaire », et donc à la reconnaissance par l'État des difficultés réelles des enseignants[176].

Aujourd'hui, quatre groupes scolaires des Bosquets relèvent de la ville de Montfermeil et, selon des statistiques qui valent pour les années 1987-1989, le pourcentage d'étrangers est partout supérieur à 80 %. Ce sont précisément ces chiffres qui sont avancés par la municipalité de Montfermeil pour dénoncer l'impossibilité de l'école de jouer pleinement son rôle intégrateur.

Pourtant, sans minimiser les difficultés, un certain nombre d'études nuancent considérablement ce diagnostic radicalement pessimiste en montrant que « les enfants et les jeunes des Bosquets réalisent des performances non négligeables du point de vue de la réussite scolaire, cela grâce, en particulier, au travail des enseignants, ainsi qu'aux actions menées dans le cadre de la ZEP[177] ». A l'échelle des années quatre-vingt, il semble que le taux de passage des enfants dans les écoles ait augmenté, tandis que celui des retards se serait stabilisé. Cette appréciation modérée est partagée par les responsables des collèges Picasso et Jean-Jaurès de Montfermeil[178], ainsi que par les auteurs d'une étude statistique du district comprenant les collèges de Clichy-sous-Bois, Montfermeil et Livry-Gargan[179].

2. Mutation politique

1. En Seine-Saint-Denis

Si l'ampleur des problèmes décrits dépasse certainement les capacités d'action d'une commune aux ressources économiques limitées, il n'en reste pas moins que la question sociale à Montfermeil est exacerbée par un jeu politique local qui lui-même s'inscrit dans le phénomène global de la crise du communisme et d'une montée du national-populisme, particulièrement frappants en Seine-Saint-Denis. Dans ce bastion traditionnel du PC, le FN a réalisé en 1986 ses meilleurs scores de la région Ile-de-France. Entre 1984 et 1989, la Seine-Saint-

Denis se situait constamment parmi les onze départements les plus perméables au vote FN[180].

Cette concomitance a souvent induit des analyses en termes de cause à effet, ou encore de transferts de voix. Il est vrai qu'historiquement le département porte l'ombre de Jacques Doriot, communiste puis fondateur du Parti populaire français. Encore récemment, lors de sa campagne électorale, M. Deschamps, maire communiste de Clichy-sous-Bois, affirmait « comprendre » le maire de Montfermeil[181] et usait du thème du rejet de l'immigration au point d'être désavoué par la direction départementale du PC pour « propos racistes » — ce qui ne l'a d'ailleurs pas empêché d'être réélu après une crise prolongée du conseil municipal. Il fut également, avec Robert Pandraud, un des témoins de la défense au procès pour racisme de Pierre Bernard, le 3 juillet 1991. Rencontre des populismes de gauche et de droite ? Remplacement du PC par le FN dans sa « fonction tribunitienne » ?

Les analyses au niveau infra-départemental incitent à la prudence[182]. D'une manière générale, il est raisonnable de penser que « l'implantation du FN dans un département comme la Seine-Saint-Denis ne peut s'analyser simplement en termes de récupération des dépouilles communistes[183] », et que, en 1984 tout du moins, le vote FN exprimait surtout une radicalisation des électeurs de droite[184].

Au-delà de toute explication statistique, le déclin du PC et la montée du FN traduisent la mutation économique et sociale du département au cours des vingt dernières années, sa désindustrialisation, ainsi que le malaise de certaines catégories de population face à ce qui est vécu comme une déstructuration. S'y ajoutent les effets de l'effondrement du socialisme comme horizon d'attente, la désidéologisation, la crise de confiance à l'égard du système politique français et la dépolitisation corrélative, ainsi que le déplacement à droite de la protestation depuis l'arrivée de la gauche au pouvoir. Par ailleurs, la crise du PC en Seine-Saint-Denis ne se réduit pas à l'érosion de son électorat ; elle signifie aussi le déclin d'un modèle de gestion municipale à fortes structures d'encadrement social et donc à grande capacité d'intégration, et l'épuisement d'un mode de canalisation de la protestation capable d'orienter les revendications locales vers des échelons supérieurs[185]. Le recul national du PC crée au niveau local un vide politique d'autant plus difficile à combler que la droite traditionnelle est mal implantée en Seine-Saint-Denis et que le Parti socialiste au pouvoir ne peut polariser le vote protestataire.

2. A Montfermeil

On retrouve le déclin du PC et ces facteurs de mutation à Montfermeil, mais avec d'importantes nuances. Bien que faisant partie de la banlieue « rouge », Montfermeil n'a jamais été une ville industrielle et, quoique dirigée par le PC depuis 1936 — sauf pendant la guerre et la guerre froide —, il ne s'agit pas à proprement parler d'un « bastion ». En 1977, aux beaux temps de l'Union de la gauche, la liste conduite par le maire communiste n'obtint que 50,64 % des voix.

En ce sens, la victoire à une très courte majorité de la liste « divers droite » conduite par Pierre Bernard en 1983 n'est pas particulièrement significative sur le plan local, compte tenu du déclin national du PC[186].

Les élections de 1983 et de 1989 n'ont pu être remportées par la liste « divers droite » qu'en ratissant très large en une mobilisation électorale tous azimuts, suivant le principe de « pas d'ennemis à droite » et en coupant l'herbe sous le pied du Front national. Comme l'analyse un adjoint au maire, « on a une position tellement en avance sur l'immigration que le FN ne peut pas faire mieux que M. Bernard et l'équipe municipale ». En ce sens, le populisme municipal, dont nous préciserons les contours plus loin, correspond à un national-populisme sans Le Pen, bénéficiant des mêmes soutiens et procédant des mêmes orientations idéologiques dans la définition des enjeux et des problèmes à résoudre.

3. *Une bipolarisation radicale*

Dans ce contexte bipolaire, les années quatre-vingt ont vu se mettre en place deux discours de rupture tenus par des acteurs politiques s'excluant mutuellement de toute historicité commune : les communistes d'un côté, Pierre Bernard et son équipe de l'autre.

L'Église n'échappe pas à cette bipolarisation, qui s'accompagne à Montfermeil d'une véritable querelle de clocher. Les Bosquets dépendent en effet de la paroisse Saint-Pierre-Saint-Paul, dont le curé a été critique à l'égard de la conduite du maire dans l'« affaire des inscriptions scolaires ». Il restait fidèle à sa hiérarchie puisque, en octobre 1989, l'évêque de Saint-Denis avait publiquement mis en cause « les méthodes employées par monsieur le maire » et, citant l'Évangile (« j'étais étranger et vous m'avez accueilli... »), regrettait que « cette parole du Christ [...] [se soit] arrêtée à Montfermeil ». Déclaration qui, reprise par la presse, ne pouvait qu'être reçue de manière très polémique par un maire qui, au même moment, légitimait son action par une référence à la foi et aux Évangiles[187] et qui, depuis, nourrit un vif ressentiment à l'égard de l'« interprétation maçonnique de l'Évangile du *Monde* » et du « clergé de gauche ».

A l'inverse, le père Eory, de la paroisse de Franceville, fut aux premières lignes de l'opposition contre l'évêque en refusant de distribuer dans sa paroisse la lettre dans laquelle celui-ci critiquait le refus du maire de procéder aux inscriptions scolaires. Passant pour un des inspirateurs de Pierre Bernard, il partage avec lui un anticommunisme décidé, toujours prêt à dénoncer les faiblesses marxistes ou ouvriéristes de certains représentants de l'Église.

Si l'« affaire des inscriptions scolaires » a provoqué un « schisme » parmi les chrétiens de Montfermeil, elle s'inscrit plus directement au carrefour du social et du politique. A travers le refus d'inscrire les enfants immigrés primo-arrivants à l'école maternelle, puis la décision du conseil municipal de couper toute fourniture, hormis le chauffage, aux écoles qui avaient « désobéi » en accueillant les enfants, l'intention de la municipalité était également d'attirer l'attention des pouvoirs publics sur l'incapacité de la commune à prendre en charge efficacement les problèmes des Bosquets. Déjà en 1986, justifiant ainsi son premier refus d'inscription d'enfants à l'école primaire, Pierre Bernard, dans une lettre à l'inspecteur départemental de l'Éducation nationale, prétendait n'avoir « plus le droit d'accepter des replâtrages sectoriels », car « le problème réside dans le flux incessant de nouvelles familles immigrées » qui « nous viennent d'une façon régulière parce qu'elles se voient normalement affectées un logement et [...] aussi d'une façon irrégulière par le phénomène de ce que j'appellerai l'" immigration sauvage " »[188].

L'ODHLM possédant près de 40 % du parc immobilier des Bosquets, la municipalité exigeait depuis 1986 une convention avec lui pour obtenir une garantie sur l'attribution des logements HLM. Contrôlé par le PC, l'ODHLM se voyait donc accusé de mener la politique du pire. Dès l'automne 1985, date du premier refus d'inscriptions d'enfants étrangers à l'école primaire, la municipalité demandait à « être concertée pour chaque affectation de logement à une nouvelle famille étrangère ». Moins de un an après, suite à des pourparlers avec l'Office, elle annonçait que la Ville aurait un droit de regard sur l'attribution des logements gérés par celui-ci, ce qui permettrait « un meilleur équilibrage sociologique de la population ». Jusqu'au 7 février 1990, cet accord est cependant resté lettre morte, le maire ne cessant de dénoncer la « trahison de l'ODHLM » qui, selon lui, « n'attribue ses logements qu'à des familles étrangères réputées lourdes »[189].

Précisons qu'en 1988 l'Office ne possédait que 597 logements (39 %) aux Bosquets, dont 418 occupés par des familles de nationalité étrangère. Quelle que soit l'appréciation du rôle « politicien » de l'Office, en 1988 il ne louait pas plus de 27 % du parc immobilier des Bosquets à des familles étrangères.

Si l'anticommunisme de Pierre Bernard et de l'association UDSM (Union démocratique pour la sauvegarde de Montfermeil), qu'il créa en 1976, a toujours constitué une des principales dimensions polémiques de l'action municipale, c'est avec l'« affaire des inscriptions », en automne 1989, qu'il devint particulièrement exacerbé. Le 19 octobre 1989, la salle du conseil municipal fut évacuée par la police. Deux cents personnes environ étaient venues soutenir les élus communistes et socialistes réclamant un débat sur l'inscription des enfants.

La critique du rôle destructeur du communisme [190] va donc de pair avec une dénonciation de la perversion de l'ODHLM, accusé de mener la politique du pire et de bloquer sciemment la situation. Ancien adversaire politique de la municipalité actuelle et seul parti d'opposition véritablement implanté à Montfermeil, le PC prend donc figure d'ennemi absolu. Aucune conflictualisation des problèmes dans le cadre d'un dialogue avec lui ne semble désormais possible et, à l'occasion du procès de Nicolae Ceausescu en Roumanie, le maire fit savoir dans le bulletin municipal qu'« il serait décent que les élus de ce parti se retirent discrètement de leurs fonctions électives et se fassent oublier [191] ».

La partie adverse n'est pas en reste. Face à l'équipe municipale, le PC local retrouve sa référence historique majeure : le fascisme. Après que, en 1983, le bulletin municipal eut curieusement été rebaptisé *La Gerbe* (homonyme, comme l'ont signalé les détracteurs du maire, du journal collaborateur et prohitlérien fondé en 1940 par Alphonse de Châteaubriant), le maire devint aux yeux de certains élus communistes une réincarnation du pétainisme. Cette radicalisation des positions se manifeste également au conseil général, où, le 17 octobre 1989, les conseillers généraux communistes de la Seine-Saint-Denis firent voter une motion condamnant Pierre Bernard, qualifié de « dictateur en herbe », et appelèrent à mettre en échec le « maire de la honte », responsable d'une « politique réactionnaire de ségrégation raciale et sociale ».

Sur ce dernier point, la municipalité est soupçonnée par l'ODHLM de vouloir « casser » le logement social dans un Montfermeil qu'elle désirerait voir « élevé » au rang du Raincy voisin. Les acteurs proches du PC opposent leurs anciens projets de réhabilitation des Bosquets à celui de l'actuelle municipalité, qui n'envisage l'issue qu'en termes de démolition des grandes barres de dix étages — ce qui devrait diminuer de moitié la population de la cité.

Ils lui reprochent aussi une volonté de démantèlement des structures associatives propres aux Bosquets, à commencer par le Club de prévention créé en 1982 à l'initiative de la municipalité communiste.

Accusée de laisser pourrir la vie associative dans la cité, et donc de mener à son tour la politique du pire, la municipalité met en avant, au contraire, sa ferme volonté de désenclavement des Bosquets, estimant que les activités municipales sont ouvertes à tous. Et de renvoyer la balle aux habitants des Bosquets eux-mêmes qui refuseraient de sortir de leur quartier, s'enfermant dans un processus d'autoségrégation. Parmi les nombreux chassés-croisés de stigmatisations, on notera l'utilisation instrumentale du terme « raciste ». Accusé par le PC d'être le « maire de l'apartheid » et de mener une politique de discrimination sur le terrain de Le Pen, Pierre Bernard se présentait lui-même, après son premier procès en 1988, comme « l'accusé qui refuse cette expression la plus horrible du racisme par lequel les marxistes et leur cortège syndical et associatif, dont le MRAP, se satisfont de ce qui est[192] ». De même, en 1989, il jugeait que « les véritables racistes sont dans les rangs de ces syndicats mus par des partis politiques aveugles, eux-mêmes excités par des associations de type SOS, méprisables parce qu'elles méprisent l'homme[193] ».

Discours de rupture et stratégies de rétorsion caractérisent par conséquent l'aboutissement des relations antagoniques entre acteurs politiques locaux. Cette absence irréductible de communication contribue à expliquer la montée aux extrêmes des polémiques liées à l'« affaire des inscriptions scolaires ». Reste à préciser les principales orientations idéologiques d'une municipalité qui, réélue au premier tour en 1989, ne semble guère affaiblie par les péripéties en justice de son maire.

Si l'on compare à l'ancienne municipalité, on note en particulier un déplacement des thèmes et des catégories utilisés pour rendre compte tant des problèmes urbains que de l'action municipale. Décrits auparavant en termes universalistes (sociaux, économiques et politiques), ils sont désormais abordés à travers des catégories culturelles, identitaires et méta-politiques à forte résonance affective et imaginaire. Les thèmes développés par Pierre Bernard et *La Gerbe* sont ceux qui structuraient le discours du Front national au moment de son émergence.

3. Un national-populisme

1. Critique de l'État et rejet du système politique

Parmi les premières cibles de la protestation municipale à Montfermeil, l'État se voit accusé de « non-assistance à 9 000 hommes, femmes et enfants en danger ». En 1989-1990, la municipalité multiplie les lettres aux pouvoirs publics (ministres, inspecteur d'Académie, préfet, président de la République, etc.) afin d'attirer leur attention sur les problèmes urbains et scolaires dus à la constitution d'une cité-ghetto. Mais la critique des défaillances institutionnelles au niveau local se double d'une critique politique globale. Avec l'association du problème de la cité-ghetto à celui de l'immigration, on dénonce les politiques publiques qui en seraient responsables, car, selon le maire, « il ne suffit pas de mettre des serpillières, il faut trouver la fuite ».

Cette critique du laxisme des autorités publiques va de pair avec une forte demande sécuritaire, et elle est associée à une critique de l'administration dont le pouvoir est jugé exorbitant. Aussi, faisant appel à une véritable décentralisation, on demande à l'État de ne pas dépasser ses fonctions régaliennes.

Élu sous l'étiquette « divers droite », Pierre Bernard souligne sa méfiance à l'égard des partis politiques. De manière conséquente, à la mairie, les élus sont invités à taire leurs divergences partisanes. Dans les éditoriaux du bulletin municipal, l'« esprit partisan » est posé comme antithétique à la « préoccupation [du] bien commun »[194], et les valeurs des partis politiques sont opposées à d'« authentiques valeurs [qui] existent depuis toujours, immuables[195] ». Par ailleurs, l'anticommunisme du maire obéit davantage à une logique nationaliste et religieuse que directement politique. Selon lui, en effet, « les manifestations anti-France, c'est toujours le communisme[196] », et, depuis sa parution, *La Gerbe* n'a cessé de dénoncer « cette idéologie satanique du marxisme[197] », cette idéologie qui « trouve avantage à la destruction de l'homme dès son plus jeune âge[198] », « qui se parant des plumes de paon arrive à tromper encore trop de monde même... dans notre chrétienté[199] ».

Le rejet du système politique semble profondément lié à une critique traditionaliste du politique et des divisions démocratiques. Pour assurer la défense de la « France poire », de la « France pillée », de la « France qui n'est plus conduite »[200], le maire emprunte un style pathétique en construisant pour lui-même l'image du « Sauveur[201] ». Cette dramatisation du sentiment patriotique est indissociable du thème de la décadence et de la référence à une logique de sacrifice. Évoquant sa première inculpation pour discrimination raciale, Pierre Bernard s'adresse directement aux habitants des Bosquets : « j'ai été traîné devant les tribunaux par des associations politisées de gauche. J'ai malgré tout persévéré, estimant que vos conditions de vie passaient avant mon confort personnel [...]. L'État m'a inculpé, c'est le prix de la défense de vos familles et de votre environnement[202] ! ».

C'est donc « au nom de cette France silencieuse attachée profondément à ses racines » qu'il transmet au ministre de l'Intérieur ces messages du « peuple de France » : « nous vivons une époque où *laxisme* rime avec *lâcheté* et *racisme* avec *anti-français*. Nous sommes assiégés, bientôt dominés [...] la plupart des immigrés ne cherchent pas à s'intégrer mais à nous exploiter, etc.[203] ».

La dimension populiste est ici clairement assumée à travers la critique de la représentation politique et des références réitérées aux « petits[204] » de Montfermeil, ce « bon peuple désorienté[205] » auquel se réfère parfois le bulletin municipal.

2. *Immigration et identité menacée*

« Notre combat est bien celui de l'immigration et non du faux problème d'inscription scolaire », écrit le maire en réponse aux nombreuses lettres de soutien qu'il reçoit à la rentrée 1989[206]. Aussi assume-t-il volontiers un rôle avant-gardiste en se félicitant que, « depuis le temps où [la] municipalité a osé en parler, non seulement toute la population de Montfermeil se trouve libérée, mais encore la France tout entière, et plus particulièrement la classe politique, est décoincée sur un sujet jadis tabou[207]... ». Il rend hommage à Jean-Marie Le Pen, qui eut le mérite, selon lui, d'ouvrir le dossier au débat politique. Symétriquement, lors de l'« affaire des inscriptions scolaires », seule, parmi la presse nationale, celle d'extrême droite a largement soutenu le maire[208].

Il faut prendre ici la mesure du chemin parcouru par le maire. « Quel est le grand problème de Montfermeil ?, écrivait en 1985 Pierre Bernard, il était et reste encore financier[209]. » Sa lettre du 20 décembre 1989, adressée aux résidents des Bosquets, fait désormais intervenir une autre logique : « Vous habitez aux Bosquets. Vous en subissez les nuisances. Et pourtant, vous payez des charges très lourdes, souvent pour ceux qui ne paient pas : des étrangers qui refusent d'accepter les lois et les coutumes de notre pays[210]. »

Face à cette perversion de l'ordre[211], la municipalité estime nécessaire d'établir une charte des droits et des devoirs des immigrés. Variation sur le thème du « parasite social », la dénonciation de l'étranger-parasite a peut-être déterminé l'attitude de la municipalité à l'égard du revenu minimum d'insertion. Tout en prévenant le préfet, le maire a en effet demandé aux assistantes sociales municipales de ne pas aider les candidats à remplir les dossiers de RMI[212].

Suivant cette curieuse sociologie du racisme et au nom de la dignité de certains étrangers, la municipalité en dénonce d'autres, dont le parasitisme serait finalement responsable du racisme[213]. Plus généralement, à partir de l'« affaire des inscriptions scolaires », l'immigration devient une catégorie exhaustive qui permet de penser de manière synthétique tous les problèmes de la ville. « Y a-t-il ou n'y a-t-il pas, à Montfermeil et en France, un problème d'immigration ? » — c'est en ces termes que le maire ouvre son discours à l'occasion de la réception des vœux de la municipalité en janvier 1990. Quant à la mise en place de la nouvelle politique de la Ville sous la houlette de Michel Delebarre, « il faut, selon le bulletin municipal, dénoncer encore cette hypocrisie qui, sous le masque du logement, n'ose pas prononcer le mot *immigration* qui est la réalité de nos problèmes et cause première de bien des difficultés des villes[214] ». En transférant le débat économique et social sur le terrain ethnique des identités absolues, la municipalité donne ainsi une forme spécifique à l'exaspération de la population de Montfermeil. En octobre 1990, le bulletin municipal publiait cet encart : « Pour éviter que le Centre de Montfermeil ne devienne les Bosquets, la Municipalité prend toutes les mesures de sauvegarde légales et intervient lors des échanges de biens entre particuliers. [...] Si donc vous voyez des commerces dans le Centre Ville tenus d'une façon et par des tenanciers qui vous font douter de votre pays d'origine, ne vous en prenez ni au Maire ni à la Municipalité. »

En relation directe avec la focalisation de l'action municipale sur l'immigration, on assiste en 1989 à la montée de la thématique identitaire. La question des écoles ainsi que la crise du conseil municipal qui s'ensuivit sont interprétées par le bulletin municipal comme un « problème d'Identité Nationale qui a explosé à Montfermeil[215] ». Ainsi, la mission salvatrice de la municipalité ne prend son sens véritable qu'au plan national. Cette vocation se laisserait résumer par l'injonction de l'autodéfense nationale suivante : « nous devons nous battre sans relâche pour que la France reste la France[216] ». A partir de 1989, l'orientation normative du maire semble se définir par cette « prescription fondamentale du nationalisme[217] » qui place la préservation de l'identité au centre de l'action politique. L'identité nationale comme valeur cardinale est absolutisée et transcende le cas échéant le droit. Dans cette perspective, le maire est parfois érigé en représentant de la « francité », tandis que le bulletin municipal estime que « traduire M. Bernard en justice équivaut sur ce problème d'immigration à faire le procès de la France et des Français[218] ».

Pierre Bernard affiche volontiers un catholicisme militant, engagement qu'il tient à rendre vivant dans sa pratique de maire. Face aux abîmes de décadence et d'entropie que symbolise la cité des Bosquets, la pensée normative de Pierre Bernard se résume en un retour au religieux : « A Lourdes, écrit-il, j'ai compris que le réveil de la France ne pourra passer que par nos synagogues, par nos églises, par nos temples[219]. » Les mosquées ne sont pas invitées à joindre leurs voix à ce sursaut spirituel.

Mais surtout, contrairement au pacte républicain qui invite les agents publics dans l'exercice de leurs fonctions à taire leurs appartenances particularistes, Pierre Bernard justifie son action par sa fidélité au catholicisme auquel le bulletin municipal se réfère sans cesse. C'est précisément au nom d'un registre existentiel plus profond et supérieur à l'ordre républicain, et « pour ne pas être complice d'un système vicié », que le maire a transgressé l'obligation des inscriptions scolaires. « C'est ma responsabilité devant Dieu, c'est lui qui me jugera », conclut-il dans une édition spéciale du bulletin municipal en octobre 1989[220].

3. *France debout*

Le nationalisme à Montfermeil puise donc sa substance dans le registre du religieux, et l'identité à défendre est celle de la « civilisation judéo-chrétienne » menacée par l'« oubli de Dieu » et la montée de l'individualisme. Cette défense constitue le but de l'association France debout, fondée en 1989, par laquelle Pierre Bernard entend exercer une pression pour « inciter le Gouvernement à une prise de conscience du phénomène « immigration » ». L'identité de Montfermeil se confond dans cette optique avec l'identité française et le bulletin municipal est parfois utilisé comme porte-parole de l'association, dont le siège réside pour l'instant à l'hôtel de ville et à laquelle le conseil municipal a donné son adhésion.

Apparue au plus fort de la médiatisation de la crise des écoles, à l'automne 1989, France debout a été fondée à la suite des milliers de lettres de soutien reçues par la mairie. Dès le début de 1990, Pierre Bernard revendiquait 20 000 appuis par signature ou par lettre. Interrogé par *Le Quotidien du Maire* sur la teneur de ces lettres — ces messages du « peuple de France », selon ses termes —, il répond n'avoir « ressenti ni racisme, ni agressivité à leur lecture, mais une volonté de maintenir l'identité française [221] ». Ayant examiné un échantillon de deux cents lettres de soutien qui suivirent le dialogue de Pierre Bernard avec Harlem Désir à la télévision (17 octobre 1989), nous avons au contraire été frappés par le caractère violent des attaques contre les immigrés, qui s'apparentent parfois à des lettres de dénonciation. Pour le reste, la thématique n'est guère originale. Pierre Bernard, « vrai Français », maire d'un Montfermeil « deuxième Poitiers », y est souvent campé en homme providentiel chargé de sauvegarder le caractère européen et catholique de la France avant qu'elle ne soit « colonisée » par l'« invasion » des « Nord-Africains ».

En septembre 1990, le comité de soutien à France debout, visant à recruter principalement des élus municipaux, représentait 130 mairies (de plus de 3 500 habitants) et comptait environ 600 élus, 6 députés et 4 sénateurs. Parmi les municipalités rassemblées par France debout, on citera Charvieux-Chavagneux (Isère), où, en août 1989, un lieu de culte islamique fut détruit « par erreur » par un bulldozer municipal — la ville fut d'ailleurs choisie pour le premier conseil national de France debout ; Beaucaire (Gard), où eut lieu le deuxième conseil et dont le maire avait refusé en septembre 1989 de délivrer des certificats d'inscription scolaire à une trentaine d'enfants immigrés ; Haumont (Nord), où les amicales d'Algériens et de Marocains recevaient en avril 1990 une lettre du maire les invitant à « intervenir auprès de [leurs] ressortissants, afin d'éviter des rassemblements en Centre Ville [222] ». Mais surtout, avec France debout et la thématique religieuse, les enjeux du combat municipal sont résolument déplacés à l'échelle nationale, voire à l'échelle de la civilisation. Il s'agit d'une vision du monde, d'un mode de penser la nation et la citoyenneté qui informent l'action municipale, tout en la dépassant largement. Cette vision du monde s'articule autour du thème de la décadence, et le colloque de France debout d'octobre 1991 s'intitulait « L'immigration, révélateur de nos carences ». Aussi bien, pour comprendre ce qui est en jeu à Montfermeil, ce n'est pas directement la représentation de l'immigré qu'il convient d'interroger, mais l'image de la nation et de son devenir, telle qu'elle apparaît dans les bulletins municipaux et les publications de France debout.

Avec l'idée d'un déclin de la France (que le maire ou certains élus font remonter à 1789[223]), l'orientation idéologique de la municipalité se situe en affinité avec l'héritage culturel de la droite non libérale. Décadences de l'art, des mœurs, des valeurs constituent autant de symptômes d'un déclin général pour un maire qui, marqué par l'expérience de « la coloniale », déplore la grandeur passée d'une France impériale. La cité des Bosquets elle-même devient le signe manifeste, sur un plan local, d'une décadence nationale et nourrit le « ressentiment anti-moderne[224] » de la municipalité.

4. *La France, « fille aînée de l'Église »*

L'identité française, selon Pierre Bernard, comporte une dimension volontariste proche de la célèbre définition de Renan. Plus profondément, pourtant, elle procède de l'idée d'une France « fille aînée de l'Église », elle est consubstantielle au catholicisme, conforme au paradigme d'un « nationalisme à la française[225] ». Certes, l'étranger est accepté, mais pour autant qu'il ait « le souhait ardent et sincère de se fondre loyalement et sans arrière-pensée dans notre civilisation judéo-chrétienne[226] ». Le refus d'un mode de racisation biologique est ici très net. Il s'inscrit d'ailleurs de manière explicite dans la tradition catholique qui le condamne non pas au nom d'une citoyenneté fondée sur des principes rationnels et universalistes, mais en tant qu'il représente une idéologie matérialiste.

Mais cela signifie que l'intégration n'est envisagée qu'en tant qu'assimilation à un tout indivis qui n'admet ni le caractère pluriculturel (de fait) de la société ni, finalement, les conséquences logiques d'une dissociation nette entre l'espace public et l'espace privé. France debout préfère « l'image culinaire où *intégrer* signifie incorporer un produit petit à petit en proportion définie pour aboutir à un ensemble homogène[227] ». Ce fantasme, voire l'impératif d'une société française homogène, conçue sur le mode d'une communauté, amène Pierre Bernard et France debout à envisager l'intégration non seulement sur le plan juridique (droits et devoirs égaux pour les citoyens), mais, au-delà du droit, comme un processus d'acculturation totale engageant l'essentiel des us et coutumes des nouveaux arrivants.

Rien d'étonnant dès lors que la présence de l'islam soit perçue comme le danger des dangers à travers une alternative polémique (« ou bien eux ou bien nous ») que résume une phrase du maire dialoguant avec le principal du collège de Creil : « la France est-elle toujours la fille aînée de l'Église ou doit-elle devenir le fils tardif de Mahomet[228] ? ». En réalité, la question de l'islam est posée à trois niveaux.

Tout d'abord, celui-ci est perçu à travers la compétition historique qui l'oppose au christianisme. Ainsi, le 27 octobre 1989, la municipalité et la paroisse de Franceville ont organisé un déplacement en car à la basilique du Sacré-Cœur de Montmartre, où M. Eory a évoqué la bataille de Lépante, c'est-à-dire la dernière croisade où la flotte chrétienne victorieuse a donné un coup d'arrêt à l'expansion turque en Europe. Le terme de « croisade » repris par la presse à propos de l'action municipale de Montfermeil n'est donc pas foncièrement inexact.

Le deuxième niveau de perception de l'islam est sa supposée incompatibilité avec les lois de la République. Par le biais d'une argumentation « culturaliste », on invoque le code culturel moniste de l'islam, qui méconnaît la différenciation entre le religieux et le politique[229].

Enfin, le troisième niveau est lié à la peur de l'intégrisme musulman. D'où la constante opposition de la municipalité à la construction d'une mosquée, supposée favoriser l'emprise « des intégristes et des fanatiques[230] ». Corrélativement, la guerre du Golfe a donné à Pierre Bernard l'occasion de jeter la suspicion d'une double allégeance sur tous les musulmans, qu'ils soient français ou étrangers. « Et nos Arabes à nous — car ils sont près de 5 millions en France — a-t-on pensé à leurs réactions ? Est-il prévu de leur mettre un uniforme sur le dos (de quel pays ?) et de les envoyer sur le champ de bataille combattre qui ? [...] Et si le monde musulman généralise la guerre sainte — Saddam Hussein l'a annoncé — que feront nos Arabes à nous[231] ? »

5. *Thématique décadentielle et appel à l'ordre moral*

La focalisation sur l'immigration et sur la crainte de l'islam ne prend son sens qu'en relation avec le sentiment d'une déperdition identitaire, et cette incertitude pesant sur la transmission est elle-même pensée en termes de décadence.

Ainsi en va-t-il du déclin démographique, thème pris en charge par la municipalité à travers des soirées-débat ou des articles de mise en garde publiés dans le bulletin municipal, établissant une corrélation entre religiosité et démographie forte. Par exemple, en mars 1990, *La Gerbe* a publié des statistiques communales d'état civil, où les naissances et les mariages français et étrangers sont recensés séparément. La liste des mariages va jusqu'à établir une sous-catégorie de Français d'origine étrangère détaillés par nationalités. Ce geste taxinomique s'accompagne d'une phrase de commentaire : « le taux de naissance des étrangers rapporté à la population est plus de quatre fois supérieur au taux de naissance des Français[232] ».

Peut-on mettre en parallèle, cette fois de manière plus interprétative, cette préoccupation de la transmission avec la thématique sexuelle qui se profile avec insistance depuis quelques années dans l'action de la municipalité ? Déjà, en 1986, le comité de lecture de la bibliothèque de Montfermeil dénonçait la « perversion morale dans la littérature pour nos jeunes[233] », et la même année se mettait en place l'association BLE (Bibliothèque, Lecture, Épanouissement), membre de la Fédération internationale pour la défense des valeurs fondamentales, afin de « réagir contre l'entreprise de destruction de la conscience des jeunes » et les « dangers de la littérature destinée aux jeunes »[234]. Faut-il préciser que, parmi les ouvrages incriminés, bien souvent la « pornographie » est introuvable ? Parmi les « Livres du sourire qui mord », particulièrement visés par l'épuration, nous avons vainement cherché l'obscénité de *L'Histoire de Julie qui avait une ombre de garçon*[235]. Cette sensibilité particulière à la pornographie se manifeste aussi à travers une indignation municipale réitérée contre le Minitel rose, les affiches électorales jugées indécentes, mais l'important est sa mise en rapport quasi constante avec le thème de l'enfance en danger.

Une dimension voisine, anthropologique, est constituée par un ensemble d'énoncés ou de métaphores qui se rapportent tant aux étrangers qu'à la France, cette dernière apparaissant très fréquemment dans les publications municipales ainsi que dans celles de France debout, personnifiée sous des traits féminins et maternels. En témoigne par exemple cette dissertation de concours en forme de lettre à un étranger, jugée exemplaire et publiée en guise d'éditorial dans le bulletin municipal en novembre 1989, au plus fort de la crise des écoles : « Et toi mon ami, qui es aussi comme moi une créature de Dieu, ne vois-tu pas qu'ici en France, tu es en terre chrétienne ? » Après une brève hagiographie de saint Bernard, Saint Louis, sainte Jeanne d'Arc, la Vierge Marie, l'auteur poursuit : « Tu comprends maintenant pourquoi, ami étranger, j'aime et je vénère ma Patrie, ma chère mère, pourquoi si riche de tout ce qu'elle me donne, je désire transmettre cet héritage [...]. Mais ne l'abîme pas, ami étranger, la France, ma douce Patrie, ma chère mère, ne la blâme pas, ne la pervertis pas, ne la démolis pas car je suis là, moi son fils, prêt à la défendre. » Et Pierre Bernard de conclure : « existe-t-il un Français qui refuserait d'adhérer aux expressions émouvantes de ce très beau texte, écrit par un élève de 14 ans[236] ? ». Dans cette perspective, les étrangers figurent la transgression, voire la souillure dont la crainte est interprétée par Mary Douglas comme une protection symbolique de l'ordre culturel[237].

« Enfants en danger. » Tel est le titre de l'éditorial de *La Gerbe* à la rentrée scolaire 1989. Il serait difficile de comprendre pourquoi la municipalité a focalisé son action sur l'école sans tenir compte de l'importance accordée à l'éducation, en rapport avec l'idée de la décadence d'une identité française pensée de manière substantielle — le colloque de France debout d'octobre 1991 y a consacré le premier de ses ateliers.

L'enfance en danger, c'est aussi le danger d'une non-transmission de cette essence identitaire — et, sur ce point, France debout met, s'il en était besoin, les points sur les *i*, estimant que « les enfants français de Montfermeil, comme de toutes les villes et quartiers de France, ont le droit fondamental d'être instruits et éduqués selon les valeurs profondes de notre peuple, dans le respect de notre identité et de notre culture. Cela fait partie des droits de l'homme et cela exclut d'imposer à ces enfants une éducation de sans-patrie, d'enfants de nulle part, sans racines et sans point de repères au milieu de cultures étrangères multiples dont les valeurs contredisent souvent les nôtres[238] ». De même, liant cette fois le problème de l'école à celui de la polygamie aux Bosquets, le président de l'Union démocratique pour la sauvegarde de Montfermeil s'interroge : « peut-on songer à une scolarisation dans de telles conditions en nos maternelles ? Et nos petits Montfermeillois, perpétuant notre identité nationale, dans tout cela, où vont-ils[239] ? ».

Alors que les problèmes de banlieues sont, plus que jamais, à l'ordre des priorités, celui de la cité des Bosquets connaît enfin un début de résolution.

Tout d'abord, l'ensemble « Clichy-Montfermeil » a été retenu pour un projet de développement social des quartiers. La réhabilitation et le désenclavement mis en œuvre selon les propositions du PACT-ARIM prévoient la démolition progressive des grandes barres de dix étages, ce qui devrait aussi diminuer de moitié la population de la cité.

Le conflit de la municipalité avec l'ODHLM est en passe d'être résorbé depuis l'accord intervenu le 8 février 1990. Désormais, la municipalité contrôlera l'attribution des logements sociaux.

Les écoles des Bosquets restent intégrées dans une zone d'éducation prioritaire et, par conséquent, bénéficient en principe de moyens accrus.

S'agissant de la population jeune de la cité, une expérience a été tentée en été 1990. Un centre de loisirs jeunesse fut alors mis en place par le ministère de l'Intérieur, animé par sept moniteurs brevetés, gardiens de la paix des polices urbaines ou des compagnies départementales d'intervention. Des activités sportives ont été organisées de concert avec la RATP. Dans le même temps, une colonie de vacances a accueilli dans les Vosges des adolescents des Bosquets (bien que l'expérience ait tourné court). Enfin, sollicité par le maire, Bernard Tapie annonçait en décembre 1990 la création d'un « forum de citoyens », et la cité des Bosquets attend aujourd'hui une trentaine de projets concernant l'emploi ainsi que la formation et les loisirs.

Bref, il semble raisonnable de penser qu'à plus ou moins brève échéance le problème social des Bosquets sera résorbé. Ainsi, alors que les problèmes sociaux et le blocage politique semblent connaître un début de résolution, la question identitaire subsiste. Mais avec le développement rapide de l'association France debout, fondée dans le feu du combat, l'enjeu semble s'être déplacé au plan national, appel à un sursaut national autour de la défense de l'identité française définie de manière religieuse, à partir notamment d'une mobilisation municipale.

Ce qui appelle deux remarques, relatives, l'une, à l'évolution historique qui vient d'être retracée, l'autre à la place du racisme dans la mobilisation identitaire à laquelle se consacrent Pierre Bernard et son association France debout.

En quelques années, à Montfermeil, l'acuité du problème social de la cité des Bosquets a été révélée puis gérée sur le mode du scandale et sur fond de blocage politique. La force du maire a été de savoir surfer sur la vague d'une affaire surpolitisée et médiatisée à l'extrême, puis de poursuivre une action qui, dans sa thématique populiste, s'autonomise et acquiert un impact national. Les réalisations locales les plus récentes, la gestion municipale ne sont pas particulièrement alimentées par la rhétorique du maire et de son association, même si la population en est constamment irriguée ; le traitement du dossier des Bosquets et cette rhétorique identitaire ne trouvent en réalité leur unité que dans la figure de Pierre Bernard, et se disjoignent dès qu'on cesse de considérer cette seule personne et ses quelques proches.

Le milieu des années quatre-vingt a constitué un moment fondateur, où tout s'est cristallisé en même temps : la situation difficile pour ses habitants, intolérable pour le reste de la ville, d'une cité d'exclus à forte population d'immigrés ; le déclin idéologique et pratique du communisme ; la poussée d'un populisme argumentant à partir des réalités locales. Aujourd'hui, les eaux se séparent, la cité des Bosquets entre dans la catégorie des quartiers bénéficiant d'efforts particuliers de la part de l'État, l'antagonisme avec le marxisme est de plus en plus anachronique, et France debout se développe selon sa logique propre.

Condamné à deux reprises pour racisme, profondément hostile à l'antiracisme qu'incarnent SOS-Racisme et Harlem Désir — dont le passage au collège Pablo-Picasso, le 30 mars 1990, a entraîné une manifestation municipale dénonçant son « racisme anti-français » —, le maire de Montfermeil doit-il être qualifié sociologiquement de « raciste » ? Au sens biologique du terme, certainement pas, puisque, comme on l'a vu, son propos relève plutôt du rejet de l'Autre perçu dans sa différence culturelle. En puisant dans un ensemble de repères identitaires historiques (la nation, le catholicisme, une certaine culture), Pierre Bernard propose une définition positive de lui-même et de son action qui n'a pas besoin d'en appeler à la race. L'Autre, dès lors, peut être défini sur un même registre, et l'action, par le choc des cultures, sans qu'il soit nécessaire d'introduire d'autres principes d'identité et d'opposition. Le racisme se profile, certes, dans cette action, mais il n'en est pas le moteur, ni l'horizon. Une des particularités du populisme de Pierre Bernard est d'ailleurs de ne partager en aucune façon l'antisémitisme des droites radicales.

Dans l'espace politique, le maire de Montfermeil occupe une place singulière. En d'autres temps, un siècle plus tôt, sa figure aurait été beaucoup plus banale : elle correspond à une France catholique, nostalgique d'une colonisation apportant aux peuples conquis le progrès et la foi chrétienne ; elle constitue une synthèse révolue de la modernité et de la tradition. Cette figure historiquement marginalisée a trouvé un début de vigueur dans le climat populiste des années quatre-vingt et quatre-vingt-dix, et conquiert un petit territoire, aux confins de ce que la droite classique compte de plus radical et du Front national.

10
Les skinheads

Les premières manifestations de skinheads sont apparues dans l'Angleterre de la fin des années soixante. Mike Brake y voit l'expression d'une sous-culture ouvrière, profondément marquée par une éthique puritaine du travail et par l'opposition aux *flower children* et aux *beautiful people* du mouvement hippie[240].

Un repli suit ces premières manifestations. Ce n'est que lors d'une deuxième vague, dans les années soixante-dix, que se forme l'image actuelle des skinheads, entièrement identifiée à une mouvance d'extrême droite. C'est sous cette dernière forme, surtout, que le phénomène skin gagne le continent, puis s'étend de l'Europe occidentale aux pays de l'Est et à l'Amérique du Nord[241] — mais les études comparatives manquent.

A Londres et à Paris survivent encore quelques « anciens » de la première vague, des skins « sixties », réunis autour d'un type de musique (le ska) et d'un style vestimentaire plus recherché et plus « soft » que celui adopté par leurs successeurs. Mais c'est à peine si on sait qu'ils existent : ils ne font pas la « une » de la presse.

1. Les modes d'approche du phénomène skinhead

La littérature académique qui a traité du thème des skinheads nous vient essentiellement — et pour cause — d'Angleterre.

Quatre approches principales de la question ont été mises en avant.

Pour John Davis, le phénomène est d'abord social, fonction de la conjoncture de récession économique qui ravage l'Angleterre dès la fin des années soixante[242]. C'est ainsi également que Charles, un skin anglais rencontré à Paris, explique ses propres débuts dans le mouvement : « le nord-est de l'Angleterre, c'est très sous-développé comme région. Lorsque vous avez un taux de chômage régulier de 35 à 40 %, c'est dur. Les usines qui ferment, toute la région qui se restructure... ». Pourquoi n'a-t-il pas rejoint le Parti travailliste ? « J'ai tâté des partis politiques, aussi bien de droite que de gauche, j'ai pas aimé. C'était trop structuré, on ne nous acceptait pas. Les jeunes étaient dans la rue, ils n'allaient pas là-dedans avec leurs parents. » Étudiant, il détournait des vivres de la cantine de l'université pour donner à manger à des enfants pauvres : « on passait dans les réserves, on piquait toute la bouffe et on distribuait à tout le monde dans le quartier. C'est le gouvernement qui paie, on n'en a rien à foutre. Le nord-est, dans tous les villages des mines, y avait cet esprit, une espèce de solidarité. Et même les étudiants déconnaient pas mal à cette époque, faut dire. On a fait de ces manifestations contre la mère Thatcher ! ».

Mais la rébellion n'épuise pas les raisons d'être skin. Il y a le look aussi : « J'avais un super look, se souvient Charles, des bottes, des cheveux courts, j'aimais bien, de grandes bretelles, des bottes de mineur, c'était la panoplie. » Il propose ainsi une deuxième approche, culturaliste, du thème skin, très prégnante dans la littérature anglaise spécialisée.

Certains auteurs situent en effet l'origine de ce mouvement dans une dissidence de la mouvance *mods*, expression entièrement structurée autour de la création de tenues vestimentaires originales[243]. La rupture se serait alors caractérisée à partir du look et de la musique[244]. L'adhésion au reggae a rapproché, pendant un temps, jeunes blancs et noirs dans les banlieues populaires anglaises. Dick Hebidge avance l'hypothèse que le racisme qui se développe ensuite chez les skins serait à situer dans l'évolution même du reggae : faisant de plus en plus appel, dans les années soixante-dix, à une identité centrée sur la culture noire, le reggae aurait ainsi expulsé de son univers la mouvance skinhead[245].

Une troisième approche, que l'on peut qualifier de « psychologique », saisit les skins comme une expression particulière de la *jeunesse*, l'accent étant mis sur cette dernière notion. C'est ainsi que Marsh, Rosser et Harre suggèrent qu'il y a différentes *carrières* culturelles possibles pour les jeunes et que dans l'ensemble, c'est dans une culture jeune qu'ils puisent les références structurelles disponibles et nécessaires pour leur autoconstruction en tant que sujets[246]. Aussi, si certains d'entre eux sont des acteurs de la violence, c'est parce qu'ils voient dans leur existence une lutte pour la dignité personnelle, dans un contexte social général qui leur refuse quotidiennement cette dignité. Interprétant un phénomène assez proche, le hooliganisme, Alain Ehrenberg le définit comme la réaction du sujet face à sa dissolution dans une société de masse : « le hooliganisme constitue pour des groupes sociaux dominés une stratégie identitaire qui se joue dans le paraître ». Le désordre serait alors « un protocole culturel sur lequel s'appuie la stratégie du paraître. C'est une esthétique de l'apparition, un moyen de faire bonne figure »[247].

Une dernière approche, enfin, saisit le phénomène skin surtout à partir de sa dimension la plus visible : l'expression politique. L'adhésion radicale à une idéologie d'extrême droite et la violence qui accompagne le discours sont ici perçues comme les deux volets complémentaires d'un phénomène dangereux et à combattre[248].

La presse en France a beaucoup mis l'accent sur ce côté du phénomène skin en dénonçant à la fois l'orientation néo-nazie de la musique « oï » et les ratonnades pratiquées contre des travailleurs immigrés[249].

Aucun des quatre modes d'approche qui viennent d'être présentés n'exclut les autres ; au contraire, on peut y voir la formalisation des quatre principaux modes d'entrée dans l'expérience skin : social, culturel, psychologique et politique.

2. Trajectoires : neuf skinheads parisiens

Des entretiens menés à Paris avec neuf skinheads nous ont informé sur les origines sociales, politiques et familiales, et sur la « carrière[250] » de ces jeunes qui, à l'exception de Charles, venu d'Angleterre et beaucoup plus âgé, ont en moyenne 22-24 ans.

Charles : père médecin, parents mariés.
Irène : père ingénieur de « droite », parents mariés.
Jacques : mère fonctionnaire socialiste, parents divorcés.
Philippe : parents employés de « droite », divorcés.
François : père cadre de « droite », parents divorcés.
Alain : père entrepreneur de « gauche », parents divorcés.
Pierre : parents ouvriers socialistes, mariés.
Paul : père entrepreneur, mère RPR, parents divorcés.
Christian : père militaire de « droite », parents mariés.

Il faut ajouter, en ce qui concerne leur niveau d'études, que Charles détient une licence et Irène un bac G, que Jacques poursuit des études universitaires et que Philippe a quitté l'école lorsqu'il était en troisième. François est passé par un centre de formation à l'apprentissage, Alain détient un bac B, Paul un BEP, et Christian a abandonné les études après avoir échoué au bac.

Revenons maintenant aux quatre modes d'entrée dans l'expérience skin : le social, le culturel, le psychologique et le politique. La plupart des membres de notre groupe se définissent plutôt par les volets psychologique (Philippe, François, Paul, Christian) et politique (Paul et Christian là encore, ainsi que Pierre, Alain et Jacques), alors qu'Irène se caractérise par une entrée plutôt culturelle et Charles par une entrée plutôt sociale.

Le seul qui manifeste une sensibilité directement sociale est en effet Charles, l'Anglais, qui s'identifie à la résistance déployée, vers la fin des années soixante, par les milieux populaires britanniques contre l'exclusion. Cette orientation,

Charles continue visiblement de la maintenir : il évoque par exemple le travail éducatif qu'il développe auprès de skins plus jeunes, pour éviter qu'ils tombent dans la galère. « On essaye, dit-il, à un certain niveau, de faire ce que les communistes ont fait avant : les avoir jeunes et leur expliquer qu'il y a une certaine vision du monde. » Le bilan de cette opération ? « Je crois qu'on a fait beaucoup de progrès depuis dix ans. Ils piquaient n'importe quelle voiture, n'importe quoi. Maintenant, il n'y a presque plus de ça, cette histoire-là s'est vachement calmée. »

Cette plus forte sensibilité sociale ne veut pas dire que Charles n'occupe pas, par ailleurs, chacune des autres cases (culturelle, psychologique et politique) du tableau. Il continue de s'identifier à un look — bien qu'ayant dépassé la quarantaine (les plus jeunes le considèrent comme leur mascotte), il garde toujours le crâne rasé — et à une certaine musique. Il correspond parfaitement à la rupture musicale signalée par Dick Hebidge[251]. « Les skins à Londres, rappelle Charles, étaient très branchés sur la musique reggae, musique jamaïquaine. On allait dans les discothèques, au départ on était trois ou quatre Blancs et une centaine de Noirs. Évidemment, quand on allait danser avec une fille noire, on prenait des claques. Moi, j'étais vraiment très branché reggae. Jusqu'à un moment, je ne sais pas, quelque chose s'est passé... Maintenant, on s'identifie très mal avec la musique reggae parce que c'est devenu vraiment un truc africain à eux et nous, on a une musique skin, Screwdrivers. Ce rythme, je me pose des questions des fois, mais c'est quand même la musique des skins. »

Être skin, c'était encore visiblement pour Charles, à un moment donné, un mode de construction de sa personnalité par opposition à des parents très bourgeois, qui n'aimaient pas le voir porter les bottes grossières des ouvriers des mines et supportaient mal les cheveux courts. « Les cheveux courts, c'était surtout quelque chose qui choquait mes parents, tout de suite camp de concentration... l'horreur. Même maintenant, c'est l'horreur d'avoir des cheveux courts. »

Enfin, Charles s'identifie et se réfère activement au discours politique du groupe.

Pour Irène, la référence à un look et à une musique skin semble correspondre à une construction de la personnalité qui, au contraire, devrait peu à une opposition aux parents : « les parents ont toujours peur que je rentre en sang, et puis c'est la coupe aussi qui les dérange un peu, et le look. Mais, à part ça, ils n'ont rien contre mes idées ». Le fait d'être issue d'une famille où « on n'aime pas trop les étrangers » explique peut-être son adhésion à cette mouvance, plutôt qu'à toute autre.

Irène pense avoir été raciste depuis toujours : « C'est quelque chose que je ne saurais pas trop vraiment expliquer, mais je suis fière d'être blanche. J'aimerais que les pays européens restent blancs et qu'on ne soit pas envahis par des nègres. J'ai cette idéologie-là parce que tout simplement j'ai des idées qui se rapprochent plutôt du nazisme. Quand j'étais petite, quand je voyais des films sur les camps de concentration, ça me plaisait bien. Même au bahut, quand des fois les profs d'histoire nous passaient des trucs sur des camps de concentration, j'adorais ça. Tu voyais tout le monde qui était dégoûté. »

Chez Irène, la référence culturelle semble servir de support à un mode à la fois psychologique et politique de construction de sa propre identité. Il en est ainsi pour chacun des skins que nous avons interviewés. Pour aucun d'entre eux, la référence à la particularité d'une culture jeune ne constitue à elle seule un mode d'entrée suffisant dans la mouvance skin.

Deux carrières ont beaucoup de points communs : celles de Philippe et François. François avait 11 ans quand il s'est « fait virer » de chez lui. Ses parents séparés, il a été placé dans un service d'accueil à l'enfance. Philippe avait 16 ans quand il s'est « sauvé » de chez lui. Ses parents séparés également, il a souvent vécu avec sa grand-mère. « Chez moi, c'était un calvaire. J'avais un beau-père qui était complètement con, je le tapais tout le temps, alors j'ai fait ma vie. Je suis un voyou », résume-t-il. Lorsqu'on lui demande s'il est croyant, Philippe répond, sceptique : « prouve-moi qu'existe un Dieu. Il m'aurait aidé ».

Dès lors, l'identification à une culture skin signifie, pour Philippe et François, la plongée dans un univers de violence, à travers l'expérience des bandes. François évoque Régis, un skin du Havre qu'il admire beaucoup, actuellement en prison : « jamais quelqu'un a bafoué son honneur, jamais. Jamais quelqu'un l'a rabaissé, jamais. Jamais il va flipper comme un mort, quelle que soit l'embrouille, jamais il te laissera tomber. Ce mec-là, je te jure, faut le voir à l'œuvre. Quand il a la haine après quelqu'un, c'est hallucinant. Vaut mieux pas être à la place de la personne, c'est pas bon, je peux te garantir ».

Cette violence est profondément expressive : « La haine, c'est un sentiment qui vient de l'intérieur, explique François. Putain, ça monte, t'as les nerfs et t'as envie de massacrer. » Est-ce qu'on pourrait généraliser, en disant que c'est aussi la haine envers la société ? François se gausse d'une telle idée : « la haine envers la société ? Tu sais, on n'est pas des punks non plus. Faut pas abuser. J'ai pas la haine envers la société. J'ai la haine contre certains principes de la société, ouais. Y a des trucs qui m'énervent. Mais une société, t'es bien obligé de vivre dans une société, on n'est pas des ermites ».

Pour presque tous, le social est une référence négative. Suite à la déstructuration de leur famille, Philippe et François, Paul et Alain ont connu l'expérience d'une forte chute qui a abouti dans l'univers des cités HLM et de la galère. « Quand mes parents étaient ensemble, j'étais riche, explique Alain ; dès que mes parents ont divorcé, j'étais très pauvre. Mon père était chef d'entreprise et je suis venu à Paris avec ma mère, qui est secrétaire. » Il pense que les références idéologiques dans sa famille l'ont influencé : « Mon père est pied-noir. J'ai entendu, étant jeune, pas mal de vannes contre les Arabes, donc je pense que c'est ça. Et j'avais un oncle qui a fait partie de l'OAS, je l'aimais bien et ça a dû m'influencer. »

Pour Paul, également, la chute est terrible. « Avant, raconte ce grand garçon carré, mes parents étaient très, très bourgeois, jusqu'à ce que j'ai l'âge de 9 ans où ils ont divorcé. On avait une villa sur la Côte, voiture, appartement rue Cambon, dans le Ier arrondissement, en face d'une église polonaise. On avait beaucoup d'argent. Mon père faisait des magouilles immobilières, il s'est planté. Ma mère a flippé qu'il aille en prison, ils ont divorcé. Elle s'est sauvée avec tous les enfants. D'un coup, d'un milieu très bourgeois, on s'est retrouvé dans un milieu très prolo, dans le XIIe, dans des immeubles dont on n'avait pas l'habitude. Mes sœurs ont complètement dégénéré. J'ai une sœur qui était rockeuse, l'autre qui était kepon[252], l'autre qui était droguée. Ma mère a fait des tentatives de suicide, donc pendant deux ans on ne l'a pas vue. Mon grand-père passait tous les mois pour nous filer de l'argent et mes sœurs m'élevaient. » La saga de Paul ne s'arrête pas là. Il a été dans la rue, puis à 13-14 ans dans un foyer de la DDASS. « Dans les foyers, t'as quand même 80 % d'Arabes et compagnie. Le matin ils me tapaient pour que j'aille faire leur lit. » Une de ses sœurs est morte, violée et étranglée par un Sénégalais. Elle sortait de prison. « Depuis ce jour-là, ma mère est devenue raciste à fond, elle va faire ses courses avec un sac Front national, elle est carrément à fond raciste. Depuis ce jour-là, elle m'a mieux compris. »

Tous refusent et détestent le « beauf[253] », symbole de ce social défini négativement, qui accepte l'écrasement dont il est victime. Jacques résume ce refus : « Je ne supporte pas d'être écrasé ! » « Beauf », la sœur mariée de Paul, qui ne l'« intéresse pas du tout », ou toute la famille de Christian, qui ne l'intéresse pas non plus. Seul dans sa famille à s'être automarginalisé, Christian est issu d'un milieu « semi-bourgeois », à forte réussite professionnelle, qu'il refuse : « J'ai une sœur que je ne respecte pas du tout parce qu'elle est partie vivre en Australie, elle est mariée avec un beatnik, je n'aime pas du tout les cheveux longs, j'aime pas sa pensée écologique profonde. Sinon, j'ai un frère qui est tout ce qu'une famille peut rêver de mieux, c'est-à-dire un frère qui réussit, qui fait des études d'ingénieur en informatique et en physique nucléaire, qui a une famille, qui est rentré dans le jeu de la société. Et ça, c'est quelque chose que je refuse absolument. Plus je vieillis, plus je me rends compte que c'est de plus en plus difficile d'essayer de sortir de ce jeu de la société. Le seul moyen, à mon sens, c'est de continuer d'être un marginal et revendiquer tout fort mes idées. » Même Philippe, qui s'autodéfinit comme un « voyou », repousse violemment l'idée de devenir un « méga-beauf ».

Pierre est probablement la seule exception dans ce groupe défini par la chute. En mobilité ascendante, ce jeune homme issu d'un milieu très pauvre est fier de sa carrière. Il est sorti de la galère par son acharnement, avec la seule aide d'un flic qui lui a « donné sa chance ». Il aurait pu faire de la prison, comme beaucoup de ses amis ; il a préféré travailler. Pour lui, au contraire des autres, les cités HLM sont un point de départ et non pas d'arrivée. Il pénètre dans l'univers des skins directement par la politique. D'ailleurs, il n'est pas vraiment skin lui-même, mais un proche du Front national. Les skins sont ses amis seulement, Jacques, le leader du groupe, l'écoute beaucoup.

Pierre n'est pas le seul ayant adhéré au mouvement par la voie politique. Ce cheminement est aussi celui d'Alain, qui n'a pas connu l'expérience des bandes. Pour Alain, le côté culturel sert de support à un engagement militant dans l'extrême droite : « j'ai vu un reportage sur les skins à la télé, ça m'a donné envie. J'ai commencé par étapes, je me suis un peu coupé les cheveux, je me suis acheté des chaussures... et j'ai adhéré au Front national. Au FNJ, il y avait beaucoup de skins. C'était le seul mouvement d'extrême droite que je connaissais, donc je pensais faire quelque chose au sein de ce mouvement. Après, j'ai bien rigolé, on était une bonne équipe. Mais idéologiquement, ça m'a pas plu et j'ai quitté. J'ai fait un autre mouvement qui s'appelle l'Œuvre française. Je suis resté deux ans, l'horreur, c'est nul. J'y suis allé parce qu'il y avait un côté paramilitaire qui m'attirait et il y avait des skins. Ensuite, je me suis un peu lié avec le PNFE, juste pour voir. J'ai vite laissé tomber et j'ai adhéré à Troisième Voie. Troisième Voie, je crois que c'est le meilleur mouvement. C'est le mouvement dans lequel je serais resté si je n'avais pas eu des désaccords au niveau du travail. Au niveau idéologique, je reste très proche de Troisième Voie ».

Jacques, enfin, le leader du groupe, a lui aussi parcouru toutes les cases du tableau. Il parle très peu de lui-même, de son vécu personnel, de ses peurs. Ayant commencé, très jeune, par l'expérience des bandes, il s'est allié, au début des années quatre-vingt, à un groupe français de musique « oï », Evilskins, dont les disques et concerts ont été à plusieurs reprises interdits pour racisme et antisémitisme. Aujourd'hui, il est au-delà, complètement installé dans l'univers de la politique, mais toujours reconnu par ceux, comme Philippe et François, qui continuent à se référer surtout à la haine et à la rage.

« Jacques, explique Christian, nous permet de nous donner les moyens. Parce qu'il a déjà la notoriété, la connaissance, les contacts avec des journalistes. Donc on profite un peu de cette facilité, de tout ce travail qu'il a accumulé depuis pas mal d'années, pour essayer de monter avec lui et le suivre. »

Les neufs skins que nous avons interviewés ne sont représentatifs que d'eux-mêmes. Politisés, parisiens, ils ont un certain mépris pour leurs homologues de banlieue, dont la rage et la violence sont beaucoup plus frustes ; ils ont des projets, une capacité à entrer en relation avec des forces politiques de la droite radicale, avec le Front national. Leur leader a de l'entregent. Il serait donc dangereux de généraliser ce qu'ils nous disent d'eux-mêmes à l'ensemble des milieux skins français[254]. De plus, ce qu'ils racontent de leur carrière est une reconstruction dans laquelle entre une part d'autojustification, et le récit qu'ils proposent présente un caractère plus ou moins mythique.

3. Une intervention sociologique

Dans l'ensemble, les méthodes de recherche qui font appel à la capacité et à la demande d'analyse des acteurs étudiés sont peu adaptées à des milieux ou à des groupes comme les skinheads. Pourtant, lorsque nous avons contacté Jacques (c'est le pseudonyme que nous donnerons à ce leader des skins sur la place de Paris) pour lui proposer une intervention sociologique, sa réponse a été positive. Il voyait dans cette expérience un accès à l'espace public, sur un mode autre que purement médiatique ; il y trouvait aussi, et surtout, l'occasion d'une réflexion sur les conditions de passage, pour les skinheads, d'une logique de bande à une mobilisation politique organisée.

Avec son appui, nous avons rassemblé un groupe d'une douzaine de skins qui a rencontré successivement Françoise Gaspard, ancienne député-maire de Dreux, où elle a subi de plein fouet les premières grandes vagues de la montée du Front national, un commissaire de police, un jeune enseignant de lycée, un militant écologiste, et un historien bien connu, notamment pour ses travaux sur l'antisémitisme. Les chercheurs ont ensuite procédé aux entretiens individuels évoqués dans les pages précédentes et préparé une analyse du travail du groupe, qui lui a été soumise lors d'une dernière rencontre[255].

1. Une variante dure du discours raciste

a) Cités et quartiers populaires

Les jeunes avec qui nous avons travaillé sont issus de milieux diversifiés, mais beaucoup, même ceux d'origine plus aisée, ont vécu ou vivent encore dans des cités de la banlieue ou dans des quartiers populaires à Paris. Tous décrivent le bruit, les enfants à supporter, le ramadan, les moutons égorgés. « La cité, ça me prenait la tête. Vous vous faites agresser par les crouilles, les Noirs, et moi j'en avais marre. La plupart sont devenus skins comme ça, c'est un contre-truc. »

Les banlieues, c'est la peur au quotidien. Pierre évoque son amie : « elle ne prend pas le métro le soir, elle a peur. Dans mon pays, dans ma ville ! C'est normal, ça ? ». Charles, qui a pris le train pour venir, pousse plus loin l'expression de ce sentiment d'envahissement : dans le wagon, il n'a vu que « deux Blancs ». Il dénonce la démographie galopante des immigrés, qui « font quatre enfants quand les Français en font un ».

François rappelle son « bahut, entre Argenteuil et Sartrouville, où il n'y avait que des crouilles, des nègres. Même chez les profs, il y avait des crouilles, c'était horrible ! ».

b) La crise de l'ordre et des institutions

Dans le groupe, on dénonce aussi très fortement la crise des institutions françaises. Les skinheads donnent à bien des égards l'image exacerbée, active — et pas seulement électoralement ou politiquement —, de la vague populiste qui enfle en France depuis une dizaine d'années.

Ils constatent la faillite du modèle français d'intégration et en appellent à l'expulsion des immigrés ou, du moins, à leur soumission aux lois et coutumes : « Pourquoi on interdit les églises en Afrique, et pas les mosquées ici en France ? » On dénonce le racisme anti-Blancs : « ma sœur, quand elle prend le bus à Aubervilliers, on la traite de " sale Blanche ". C'est ça l'intégration ? ». On ne trouve pas normal « qu'un Noir vienne ici avec trois femmes et dix enfants, et c'est la Sécurité sociale qui paye tout ça ». A un des interlocuteurs, on explique : « si vous aviez plein de Noirs dans votre immeuble, vous auriez le même discours que nous ». On se dit exaspéré : « tout commence par là, ils s'imposent. Je vois ça toute la journée. S'il n'y avait pas de métèques, dit Paul, je serais plus calme, j'aimerais plus ma meuf[256]... Il ne nous reste que de leur taper sur la gueule et un jour ce sera fini ».

La filiation de ces propos au registre du national-populisme est évidente, et Jacques le théorise bien : « on n'est pas des déclassés, des sans-emploi, des ratés. On est des petits Blancs. Ni des ouvriers ni des bourgeois. On est ce qu'il y a de pire, en face de la cité d'Arabes. Celui qui est dans la cité d'Arabes est arabe, avec les autres. Nous on est en face, on a un pavillon, une cité un peu moins pourrie, et on ne veut pas qu'elle pourrisse comme celle d'à côté. On est fils de fonctionnaires, de commerçants ». S'adressant à Charles, qui fait remonter les origines du mouvement skin au milieu ouvrier anglais, Jacques ajoute : « des ouvriers, de toute façon, ça n'existe plus en France. Il ne reste que des crouilles ».

La séance la plus impressionnante dans l'histoire de la recherche est celle où le groupe reçoit Françoise Gaspard. L'accueil est plutôt rude :

PIERRE : Ah !... Madame Gaspard.
(Rires.)
PAUL *(sur l'air de* L'Internationale*)* : C'est la lutte...
(Brouhaha, rires.)
A. PERALVA : On pourrait se présenter, histoire de lancer la discussion.
JACQUES : On est ici treize socialistes *(il désigne les treize skins présents)*. Moi, je ne vois pas quatorze. On ne peut pas être

socialiste et être au PS aujourd'hui. On peut être un pourri, un homosexuel, un dégénéré, mais sûrement pas un socialiste. [...] Vous ne faites que vous mettre de l'argent dans les poches. Pour vous, la France est une grande entreprise où les gestionnaires puisent dans les caisses.

PIERRE : Laissons-la parler. Présentez-vous, madame Gaspard. *(Il se déplace pour s'asseoir à ses côtés.)*

F. GASPARD : J'ai 45 ans. J'ai été maire de Dreux pendant six ans, et j'ai été député. Aujourd'hui, je n'ai plus de mandat parce que j'ai choisi de ne pas être député.

JACQUES : Ah bon. Parce qu'en plus on choisit ! C'est délirant ça !

PIERRE : Mais laisse-la finir... Depuis combien de temps vous êtes partie de Dreux ?

F. GASPARD : J'ai quitté la mairie en 1983, et en 1988 j'ai quitté la ville.

PIERRE : Pourquoi 60 % au Front national ?

Une véritable volée de bois vert est assenée à l'interlocuteur, comme si le PS était responsable de la crise institutionnelle. Françoise Gaspard apprend que ceux qui se réclament du socialisme ont « tout pourri », qu'ils ont perdu le « sens du service public » — « c'est plein d'escroqueries tout ça ». Pierre prétend que dans un restaurant de luxe, où il travaillait, des socialistes venaient tous les jours, à quatre ou cinq, pour des déjeuners à 800 francs par personne. Il affirme que tel haut personnage de l'État fait déplacer ses tableaux pour que la télévision ne les montre pas, lorsqu'elle vient filmer chez lui.

Corrompus, les socialistes n'auraient plus le « côté social des vrais socialistes ». Ce seraient « des pédophiles, des sodomistes », à l'image de tel ministre récemment démissionnaire et qui « il y a trente ans se serait suicidé ». Jacques demande : « On va penser quoi de la France ? Qu'on est des pédés ! »

Les socialistes casseraient l'administration, mais aussi la nation, sa grandeur, et par contre accorderaient tout aux étrangers, aux clandestins et aux illégaux, surtout s'ils sont d'une autre race. « Ils emmerdent les étrangers blancs », note Pierre. Mais « aux nègres, on ne fait pas d'emmerdes ». L'explication est simple, électoraliste : « ils font entrer des immigrés qui voteront pour eux » — en tout cas, « ils veulent leur donner le droit de vote ». La mobilisation lycéenne serait exemplaire de cette logique : n'a-t-elle pas été manipulée par le gouvernement, n'est-elle pas dirigée par un beur ? « Cela fait : on aime bien les beurs, les Blancs suivent les beurs, et ça fait une société multiraciale où on vote socialiste », conclut Jacques.

L'ordre moral est, lui aussi, entièrement ébranlé. Depuis 1968, dit-on au militant écologiste, un ex-soixante-huitard, « il n'y a plus de famille, il n'y a plus de pères ».

Le groupe a par ailleurs voulu recevoir un enseignant du secondaire, avec qui il évoque ce qu'aurait été l'école pour chacun : un lieu non pas d'éducation, mais de propagande et d'embrigadement, axé sur le thème de l'antiracisme. Alain parle de son professeur de mathématiques : « il arrivait à nous faire de l'antiracisme à chaque cours ». Jacques s'indigne de la venue d'Harlem Désir dans les écoles : « pourquoi pas Le Pen ? ». Il raconte : « on fait un dialogue : “ êtes-vous raciste ? ”. Si tu dis oui, allez, dehors, à la porte, on ne discute plus ». Yann affirme qu'un professeur a demandé à sa fille, âgée de 12 ans, de lui signaler ceux qui, en son absence, prétendent que les chambres à gaz n'ont pas existé. On évoque les cours d'histoire, unilatéraux — surtout dès qu'il s'agit de la Seconde Guerre mondiale, de l'Holocauste et de la Résistance. On se souvient d'un cours d'anglais : « moi, en anglais, j'ai fait du Martin Luther King, les Noirs américains, les pauvres Noirs » ; ou du thème d'une dissertation en français : « Peut-on être raciste au XXe siècle ? » : « si vous voulez avoir 10, c'est non ! — parce que notre culture est juive et judéo-chrétienne ».

Les enseignants seraient obsédés par l'antiracisme : « c'était le délire, horrible ! ». Pour Paul, « toute l'année c'était la guerre », car lui assumait ses positions racistes. Quand il a voulu présenter sa « théorie sur les métèques, c'était le tollé général, parce que j'avais dit ce qu'il ne fallait pas ».

« L'école écrase l'esprit, dit Jacques, de façon hypocrite, sans dire la couleur » (juive et socialiste), alors que « quand tu viens dans mon local, avec mes croix gammées et mes croix celtiques, tu sais où tu es ».

Non seulement l'école n'apporterait ni ne défendrait la

culture, l'histoire, la langue, qui devraient passer avant les maths et l'anglais — instruments du commerce et de l'argent —, non seulement elle déformerait les cerveaux — « l'école est lamentable, elle est juive pour nous » —, mais, surtout, ce lieu d'un nouveau catéchisme ne respecterait pas ses propres valeurs. Au lycée Voltaire, beaucoup d'élèves étaient juifs, Jacques ne l'est pas : « moi, je suis pour la Palestine. Ils m'ont toujours parlé du droit à la différence, mais chaque fois que quelqu'un était différent, on lui disait de fermer sa gueule ». Bref, à l'école, puis ailleurs, on aurait été méprisé à coups de bons sentiments, on se serait vu refuser la libre expression par des gens qui la professaient et en faisaient leur valeur la plus centrale.

c) L'injustice d'un monde à l'envers

Plus largement, les bons sentiments et la référence aux droits de l'homme apparaissent comme entièrement décalés par rapport à l'expérience vécue. La liberté d'expression, « ça existe pour les lycéens, pas pour moi ». La justice ? « Pour nous, la matraque, pour les autres, tous les droits. » Le droit d'opinion ? « Si on a des idées révisionnistes, si on porte une croix gammée, on va en prison. Par contre, si on porte une faucille et un marteau, qui ont pourtant tué autant de Juifs que la croix gammée, on n'y va pas. » De même, « on n'arrête pas ceux qui disent que Jésus-Christ n'a pas existé ». On a le droit d'être antiraciste, mais pas raciste : « c'est fou ! ». Jacques complète : « je dis, pour moi les nègres sont sales, sont bêtes et ils sentent mauvais. C'est peut-être con, mais c'est mon idée. On me met en prison ». Et ce qui vaut dans l'ordre politique et idéologique vaut aussi en matière culturelle : « Tout le monde boit, mais moi, si je bois, je suis un abruti. »

L'État, surtout, est devenu incapable de gérer convenablement les rapports entre Français et immigrés, et toute la rencontre du groupe avec un commissaire de police est dominée par cette idée.

> LE COMMISSAIRE *(après un premier échange à propos des bandes de « zoulous »)* : Pourquoi vous ne m'avez pas serré la main quand je suis arrivé ?

PAUL : Non, c'est une provoc', comme ça.
(Rires.)
LE COMMISSAIRE : Et vous, les « zoulous », vous en pensez quoi ?
PAUL : C'est de la concurrence pour moi.
(Rires.)
LE COMMISSAIRE : Ils ne vous plaisent pas parce qu'ils sont...
JACQUES : Ils sont noirs, ils sont arabes. Ils foutent la merde ici. Ils feraient mieux de rentrer chez eux. Et le pire, c'est que si on est français, si on réagit, on se fait arrêter par la police, on se fait mettre en prison.
PAUL : Quand ils se battent contre des Français, on ne les traite pas de racistes [...]. Ils ne sont pas français, même si les papiers sont français, c'est net.

Aujourd'hui, les Arabes et les Noirs seraient bien traités par la police, et les Français, malmenés. Les skins, surtout : « on nous considère comme des sous-citoyens ». On arrêterait, on matraquerait, on photographierait les skins, « contre toutes les lois ».

« Trois skins dans la rue, c'est un complot contre la République. Vingt " zoulous " qui cassent des vitrines, c'est des cas sociaux. » La police serait soumise à un pouvoir qui privilégie les non-nationaux, ou paralysée par le discours antiraciste. « Quand un raton se fait péta [taper], il porte plainte, ça va marcher parce qu'il aura SOS-Racisme. Nous, on se fait taper, on va porter plainte, on se fait enculer », explique Paul.

La police mettrait délinquants et skins dans le même panier, alors que ces derniers seraient portés par un idéal : « Quand je casse la tête à un bicot, je ne le fais pas pour de l'argent. Je ne deale pas, je ne me prostitue pas, je ne vole pas. Et moi, on m'arrête et on me met dans la même prison que ces gens-là, et au même niveau. » Les skins affirment être les seuls à assumer un certain service public, un ordre, une continuité quand la police est défaillante, et ils prétendent même à une certaine légitimité, que leur accorderait parfois le public. « A Saint-Michel, raconte Paul, une fois on m'a dit : " ce serait bien que vous passiez de temps en temps faire du nettoyage ". »

« Pourquoi la police ne s'en prend-elle pas aux dealers, mais à nous ? », demandent-ils au commissaire, en ajoutant : « vous n'êtes pas au service d'un État, mais d'un parti. On nous a fait éclater notre État, qui était un État fort. C'est plus rien ». Et le garant de l'ordre, le policier, est lui-même l'expression de cette dégradation, puisque, dans les publicités de la police, il cesse d'être ce qu'il devrait être — sportif, un peu agressif : « maintenant, c'est un mec cool ».

2. *Antisémitisme, hantise du métissage et violence*

a) Des « sans-culottes » antisémites

Le racisme des skins, qui n'est ni diffus ni honteux, les place largement au-delà du calcul stratégique typique de l'action politique, où, très souvent, l'expression d'idées, de préjugés et de sentiments racistes s'opère sur un mode détourné. On décèle chez eux l'effort de constitution d'une action explicitement raciste. Après s'être eux-mêmes définis comme de petits Blancs, ils s'identifient au peuple plus directement, et en même temps à la Révolution. « Nous sommes, disent-ils, des révolutionnaires, les sans-culottes. »

Les propos du groupe sont lourds d'une révolte anticapitaliste, qui s'écarte ici du discours ordinaire ou de celui du Front national[257]. Le capitalisme, pour eux, c'est l'argent, par lequel s'achètent les destinées individuelles, l'argent qui engendre toutes les inégalités et toutes les exclusions. « Le fils du bourge, explique Paul, va de bahut privé en bahut privé, jusqu'au jour où il décide qu'il est temps de se mettre au travail et là, il se rattrape. Pour les autres, c'est la galère, un BEP et t'es fini. »

L'argent pourrit tout. Si on est obligé de supporter les Arabes, c'est « parce que vous [le pouvoir] voulez baisser les salaires et développer votre capitalisme pourri ». Il faut « sortir du capitalisme et de son sale profit ».

Cependant, désocialisés, les skins construisent leur anticapitalisme sur des bases raciales : « le capitaliste, pour nous, c'est un Juif, Tapie, c'est un Juif ».

Les Juifs représentent, avant tout, le pouvoir économique et politique, les postes clés, les *media* — la télévision, mais aussi

Libération : « tu regardes les signatures et tu vas voir qui fait ce journal ». Des petits Juifs modestes, travaillant en usine ou sur les chantiers, qui en connaît ? « En tout cas, dit Paul, s'il y en avait, ce n'est pas ceux-là qui nous emmerdent. »

Exploiteurs, les Juifs seraient des « extra-territoriaux qui nous dirigent ». Ils ne seraient français que « pour me prendre l'argent, mais pas pour le reste », « ils ne pensent qu'à leur fric ». Ils se diraient « non pas français, mais juifs de France ». D'ailleurs, après Carpentras, « ils ont défilé avec le drapeau israélien ». Faut-il ajouter que « le pourrissement complet, la dégénérescence complète », imputables aux socialistes, le sont aussi aux Juifs et aux sionistes, qui tireraient plus ou moins les ficelles ? Il suffit d'observer le chef de l'État, François Mitterrand : « il manifeste pour Carpentras, il va dans la synagogue. Il suffit qu'on touche à un Juif, et alors là ! ».

Dans le groupe, on passe vite à l'internationalisme et au cosmopolitisme, on cite Cohn-Bendit, Marx, Trotski, mais aussi Rothschild, qui serait « pour les multinationales ». Ces Juifs qui « se rassemblent », qui « pervertissent le système », « tuent la nation. [...] Chaque fois qu'on casse la nationalité, il y a un Juif derrière ». D'ailleurs, ils mépriseraient fortement les Français. « Goy, ça veut dire quoi ? Con, raté, pas juif... »

Et, au bout du compte, ils sont d'une autre race : « les Juifs ne sont pas blancs pour nous. Le Blanc, c'est tout ce qui est européen ». Ils incarnent le mal, et donc « tuer les Juifs, c'est humain ». Ce qu'auraient bien su exprimer les grands écrivains : Voltaire, Shakespeare, dont on évoque l'antisémitisme avéré.

Anticapitaliste en même temps qu'antisémite, le groupe est aussi anti-impérialiste, et la crise du Golfe est l'occasion d'exprimer une haine des Américains, qui désireraient « contrôler le pétrole » et fonctionneraient grâce au « droit de l'argent ». Encore faut-il noter que cet anti-impérialisme, aux accents parfois tiers-mondistes, laisse souvent la place à un discours contradictoire, très « cartiériste », où est critiqué le tiers monde — dont « on se fout », à qui « notre argent » est versé à fonds perdus et qui en est « toujours au même stade ». « Il faut arrêter d'aider le tiers monde, je préfère aider les

Français. » En fait, l'anti-impérialisme des skinheads est plutôt un ethno-différencialisme.

Le capitalisme, tel que perçu par les skins, combine deux dimensions. La première est celle de l'exclusion sociale, de l'inégalité et de la pourriture de l'argent. La seconde est celle de l'écrasement de l'acteur — par la destruction de son identité, à travers l'immigration, ainsi que par la passivité et la massification fondées sur la consommation.

Les socialistes et, derrière eux, les Juifs seraient les responsables de ce passage vers une société multiraciale, qui signifie en fait la fin de la France : « Vous m'amenez des Arabes qui ne comprennent rien, des nègres, vous les abrutissez avec votre sous-culture socialiste. Arrêtez ! Il n'y a plus de Français. Vous nous génocidez, c'est simple, c'est clair ! »

La modernité, le capitalisme et les Juifs détruisent ainsi la nation, mais aussi le peuple, aux yeux du groupe : « avec les tas de métis que vous amenez, il n'y a plus de peuple, mais une masse ».

b) Dégénérescence et métissage

C'est pourquoi les skins se battent contre tout ce qui détruit l'identité : la dégénérescence, par la drogue et l'homosexualité ; le métissage, qu'on rejette violemment alors que d'autres, les non-racistes, l'acceptent — « ce qui prouve bien qu'ils sont, eux, dégénérés ». Dans le langage de Jacques, « ils sont homosexuels, tarés ».

La dégénérescence vient de la tolérance, « la plus grande des faiblesses. Je baisse mon pantalon et ne sens pas qu'on me sodomise ». L'homosexualité, omniprésente dans le discours du groupe, mais aussi la drogue, souvent dénoncée, et le sida sont perçus comme le contraire de ce qui est sain et naturel — la nature de l'homme étant qu'il se reproduise. Les homosexuels, les drogués, les porteurs du sida n'ont « rien à voir avec la nature [...]. On les tue, on les vire », « la drogue [...] ça veut dire que, génétiquement, je ne suis plus fait pour vivre ».

Le thème du métissage déclenche la fureur du groupe. C'est ainsi qu'un des moments les plus tendus de la recherche survient quand l'interlocuteur écologiste évoque sa fille :

L'INTERLOCUTEUR : Quand ma fille est née, j'ai eu l'incertitude du sexe et l'incertitude de la couleur.
PAUL : Elle est adoptée ?
L'INTERLOCUTEUR : Non, non, pourquoi tu veux qu'elle soit adoptée ?
JACQUES : Pourquoi l'incertitude de la couleur ?
L'INTERLOCUTEUR : Parce que sa mère est, disons, colorée.
JACQUES *(soutenu et applaudi par le groupe, lui-même très tendu)* : Tu as trahi tes parents et toute ta race. Parce que si tu étais français, c'est parce que pendant des millénaires, les Français se sont reproduits entre Blancs, et toi, tu as brisé ce pacte. Tu as sorti une nouvelle race. Tu as sorti un métis qui n'a pas de culture, ni d'histoire, et pas de racines. Tu as sorti un raté. Les métis qui sont avec nous, ils ne savent plus où se placer. Ils sont des déclassés. Tu as fait une horreur. Elle est noire, elle est blanche, elle est verte... elle est quoi ? Tu as fait un mutant, un monstre. Tu es inhumain.

Cette violence verbale est terrible. Elle témoigne d'un racisme qui n'est plus tant la haine des Noirs que la hantise de la tache, hantise dans laquelle race et culture se confondent : avec les Noirs, « il n'y aura plus de culture française, mais une culture métèque ».

c) Différencialisme

La résistance du sujet passe par le racisme, l'enjeu de l'action est la reconstruction de l'identité raciale. Aussi le racisme des skinheads, tout en articulant des éléments inégalitaires, apparaît-il surtout comme différencialiste.

Avant d'être plus ou moins théorisé, ce racisme est un discours et une pratique, qu'on affiche et qu'on revendique. François, qui arrive à pied, sa voiture étant cassée depuis un mois, évoque le métro, dégoûté : « un mois à pied, des nègres, des Juifs, des crouilles, des machins... Ahah !... ».

Les beurs, eux, seraient d'abord des traîtres à la France, des gens dont on ne veut pas parce que « dans ma cité, entre la France et l'Algérie, ils m'ont dit qu'ils choisiront l'Algérie ». Ce seraient des agents de pourrissement, tels « les petits beurs toxicos, qui emmerdent tout le monde ». Ce seraient surtout des gens dans l'entre-deux : « Le beur, c'est une sous-race, ni français ni arabe. Un Arabe c'est un être humain, un Africain c'est un être humain. Un beur, c'est rien. Il n'a plus de sang, il n'a plus de sol. »

La haine des Arabes et des Noirs est ici commandée par un sentiment d'invasion. On s'inquiète de devenir minoritaire : « on est sur notre propre terre les Indiens d'Amérique » ; on a peur de vivre « parqué », en réserve. « La France, dit Jacques, c'est ma piaule. Le beur amène sa meuf dans ma chambre, il la baise, il amène ses enfants, et qu'est-ce qu'il me reste à faire ? Il faut que je m'en aille ? »

Christian réagit plutôt en termes culturels : « la culture des immigrés va dépasser celle des Français de pure souche, des Blancs ». La France ne devient-elle pas, à la manière des États-Unis, une société multiraciale, où « les nègres balaient, les Portoricains dealent et les Blancs font des sous » ?

Il ne s'agit donc pas tellement d'inférioriser l'Autre, mais avant tout de s'en débarrasser. « On est pour le droit à la différence », dit l'un. « On n'a rien contre les musulmans », ajoute l'autre. « Chez eux », précise un troisième. On se dit d'accord pour le Black Power en Afrique et on regrette qu'on détruise le tiers monde, « en le faisant venir balayer Paris » ; on exalte au contraire la beauté et la fierté du guerrier massaï : « Je ne pense pas qu'un Africain soit une sous-race par rapport à moi. Je pense qu'il a une vision différente du monde. »

C'est pourquoi Jacques, retrouvant l'inspiration de Bardèche et de certains secteurs de l'extrême droite des années cinquante, peut dire qu'entre 1954 et 1962 il aurait été pour l'Algérie algérienne et que si aujourd'hui, là-bas, « le peuple veut la *charria*, tant mieux ». C'est pourquoi aussi on n'est pas gêné de défendre Saddam Hussein et de soutenir l'intégrisme islamiste, jusqu'à affirmer : « nous défendons même ceux qui posent des bombes ». Jacques raconte ses contacts avec Mouadjar, « un des responsables de leur mouvement en France. Pour l'instant, il est ici, mais tout ce qu'il veut, c'est repartir là-bas[258] ». Alliance, contacts étonnants, sauf si on y voit l'expression extrême d'une logique différencialiste.

Une dimension importante de ce différencialisme est qu'il

trace un lien entre race et culture. Les grands artistes et écrivains, affirme Jacques, sont possibles, là où il y a différence et non pas mondialisation et uniformisation. Son idéal, d'ailleurs, c'est Mishima, « qui croit à ses racines, à sa culture, qui est profondément xénophobe, raciste, antisémite et ouvert aux autres ». Jacques lui-même se dit un raciste profond, « mais j'apprécie l'art nègre ».

d) Race et nation

Dans leur effort pour se définir comme acteurs et créer un mouvement, les skins se dotent donc d'abord d'une identité raciale. Il n'est pas question d'essayer de les définir socialement et, lorsque les chercheurs évoquent les origines ouvrières du mouvement anglais, il leur est vite reproché de chercher à appliquer une grille marxiste totalement dépassée.

Lorsqu'un acteur cesse de se définir par son insertion dans des rapports sociaux, et donc par une identité sociale, la tentation est grande pour lui de s'appuyer sur une identité communautaire, culturelle et historique, de religion ou de nation, et le passage à une identité raciale peut résulter de la difficulté à mettre en avant une identité de ce type.

L'identité des skins est également tribale. Encore faut-il qu'elle trouve des espaces à sa mesure, comme la tribune du Parc des Princes : « c'est le seul endroit où il y a un esprit communautaire, où l'homme redevient un être humain qui vit dans un espace grégaire. Comme par hasard. Parce que justement on a créé un espace de liberté, un espace communautaire, c'est tout ». Ce tribalisme distingue du Français moyen, du « beauf » engagé dans la course à la consommation — voiture, boulot, dodo.

De même, et parce qu'ils sont fortement désocialisés, la référence à l'histoire est centrale dans leur discours. L'histoire opère pour les skins comme un axe d'intelligibilité dans un présent marqué par la perte de sens.

Cependant, ils éprouvent des difficultés à s'installer sur une identité nationale française. D'abord parce que, en France, nationalité et citoyenneté vont de pair, et que beaucoup d'immigrés et tous leurs enfants sont français pour la loi : « Être français, cela ne veut plus rien dire maintenant. Une carte d'identité, c'est comme la carte orange, n'importe qui peut l'avoir. » Être français, cela s'hérite, ou devrait s'hériter, mais comment peut-on en appeler à la nation française quand on voit tous ces immigrés porter la même nationalité que nous ? La nation, dit Jacques, c'est « un sang sur un sol[259] ». Ce qui fait problème, car, sur le sol français, le sang provient aussi d'anciennes immigrations : polonaise, italienne, portugaise par exemple. La voix de ceux qui en appellent, dès lors, à une identité gauloise existe, mais elle est faible et, dans l'ensemble, le groupe se déplace vers le thème d'une identité européenne. Ainsi, lorsque l'historien invité explique au groupe que la France existe depuis mille ans et que Charlemagne est plus germain que français, Paul s'exclame : « c'est pour ça qu'on se sent bien parmi les Européens. On a tous des points communs qui nous raccrochent à l'Europe ». L'Europe, c'est alors l'espoir de maintenir des différences culturelles fortes avec le Japon et les États-Unis — mais c'est aussi une certaine uniformisation, un Grand Marché, et Charles, décidément très britannique, déclare : « je ne veux pas la CEE. Avec le Grand Marché, on est en train de détruire les identités ».

C'est peut-être pourquoi le seul point stable, pour définir l'identité, c'est la race, sur laquelle apparaît ancrée la culture. Définissant le capitalisme en termes raciaux, comme « juif », les skins naturalisent en même temps leur propre identité. En deçà d'une définition sociale, ils l'établissent comme naturelle et saine ; au-delà, comme raciale et blanche. L'une et l'autre de ces dimensions se rejoignent par leur nature biologisante.

Aussi, pour Jacques, la nation est « blanche, européenne et aussi française ». Paul se définit comme « blanc, pas noir, d'origine russe, et je me sens entièrement français ». Charles et Pierre se déclarent « blancs, puis européens ». Il ne reste plus qu'à raffiner, à se dire indo-européens, et à constater que les autres « ont d'autres cerveaux » et qu'ils ne peuvent pas s'intégrer : « Comment intégrer un Arabe qui écrit de droite à gauche ! Ils ne pensent pas pareil que nous ! »

Ces définitions peuvent incorporer directement des éléments idéologiques, empruntés à l'extrême droite de Jeune nation ou de la FANE, y compris ceux qui en appellent au paganisme — la France, souligne Jacques, n'est plus catholique, il n'y a plus la contrainte religieuse du passé, et si « on a été écrasé par deux mille ans de christianisme, tout ça explose maintenant » et « on revient au paganisme religieux ».

On peut douter de l'importance de ce basculement vers le paganisme, on ne peut mettre en doute la centralité de la référence à la race.

e) La violence

L'impossibilité de construire un rapport social et la difficulté à se hisser au niveau politique laissent le skin lourd d'une révolte qui n'est guère canalisée ou réductible. Dès lors, la violence lui apporte un ersatz de capacité d'action et soude le groupe.

Plus les skins sont dans la rue, plus ils fonctionnent sur le mode de la bande et de la tribu, plus la violence est imprévisible, réactive, réactionnelle. « Nous, on est des réactionnels, pas réactionnaires. A tous les niveaux, on a eu la perte de quelque chose. »

La décomposition des logiques d'intégration sociale d'un côté, la force policière — qui ne les épargne pas — de l'autre renvoient de la société l'image d'une jungle, et les skins, ici, s'identifient à l'homme naturel, conquérant, dominateur : « je m'efforce d'être un lion, je ne veux pas me faire sodomiser par les impôts, par mon État, par de bons sentiments ». La loi de la jungle, « c'est naturel » et « on est pour la sélection naturelle ». Tous se retrouvent ainsi pour exalter le côté « bande » ou « tribu », les moments de fusion communautaire et de déferlement de la violence.

L'ennemi, on le sait, c'est le pouvoir (politique et économique), ces socialistes qui font tourner le capitalisme et qui sont juifs, ou au service des Juifs. Mais le pouvoir est hors de toute atteinte : « Quand on pourra aller à l'Élysée casser la tête des grands, on le fera. Pour l'instant, ils vont trop vite en Rolls, on n'arrive pas à les rattraper. Mais ça viendra. » Ce qui explique que le groupe dénonce un ennemi plus ou moins mythique — les Juifs — et qu'il s'en prenne, très concrètement, à ceux qui traînent dans la rue et dans l'espace public — les « zoulous », les

« redskins ». Surtout, selon une logique banale de bouc émissaire, les skins agressent les plus démunis, les immigrés noirs ou arabes.

Peut-être, à la limite, devraient-ils « se faire le patron qui ramène des montagnes d'immigrés pour gagner mille balles » ? Mais, dit Jacques, « tout ce que je vois, c'est l'immigré qui est en bas de chez moi, qui deale, qui pique des auto-radios, qui dit “ sale Français, sale Blanc, sale skin ”. On se coltine ce qu'on a. Après, on verra. Maintenant, on est au degré zéro. On est dans le caniveau de la rue. Moi, je m'en prends au beur et au négro de base. Les proxénètes, je ne les vois pas ». Plus tard, on ira « taper les véritables responsables », les députés... Harlem Désir — « on l'aura, on n'est pas pressé ». Mitterrand, « s'il n'est pas mort avant. Parce que nous, on n'a que ça à faire ».

Ainsi, le racisme est d'autant plus virulent et absurde qu'un véritable rapport politique ou social avec des adversaires réels est impossible et désiré. L'Autre ne peut être, concrètement, que celui qui fréquente le même espace, sur un mode comparable — celui de la bande ou de la galère —, ou qui, tout simplement, encombre cet espace ou y appartient.

La violence à laquelle le groupe s'identifie, on le sait, est révolutionnaire et référée au modèle des sans-culottes. Mais, surtout — et les propos font penser aux *Réflexions sur la violence* de Georges Sorel —, la violence, ici, construit l'acteur et témoigne de sa santé physique et morale. « Tout le monde rejette la violence sur les autres, moi je m'assume entièrement, je suis un homme cohérent », explique Jacques, pour qui la violence sur les autres fait progresser l'humanité. « C'est grâce à la guerre que l'on avance. » Seuls « les dégénérés n'acceptent pas la violence. C'est parce qu'on est dans une société dégénérée qu'on n'accepte pas la violence ».

Ainsi la violence exprime-t-elle la vitalité d'une société et assure-t-elle le progrès historique. Elle permet le renversement des rapports de domination. Elle est tout le contraire de l'humanisme, bon « pour les bourgeois ratés comme Condorcet ». Et si elle constitue l'opérateur de l'histoire — « historiquement, tout s'est fait dans la violence et dans l'alcool » —, elle est aussi, en un sens, proche de Frantz Fanon, fondatrice de l'acteur dans ce qu'il a de communautaire. Avec elle, « nous, on crée une nation ».

Sur le terrain, on s'éloigne de cette théorisation et, comme disent François et Paul, ce qui prime, c'est la rage, la haine — « Faut la haine, c'est le premier truc, avant la technique » ; sans quoi, ajoute Alain, on devient « beauf ». Car cette capacité à recourir très vite à la violence est indissociable de l'idée qu'elle témoigne d'un refus de l'écrasement ou de la vie monotone du « beauf » ; elle ne se réduit pas, comme pour d'autres bandes, à la lutte pour le contrôle des territoires, elle porte un impossible rapport social, un désir irréaliste de révolution et de régénérescence — que l'on prépare soi-même en faisant de la musculation.

Cependant, cette violence peut concrètement revêtir, même de façon mythique et limitée, un caractère instrumental. Ainsi, on « espère bien que l'immigré ait peur de nous. Il partira plus vite. On est obligé de faire peur aux gens ».

Mais c'est parce qu'elle est relayée par les *media* que la violence entre véritablement dans des raisonnements stratégiques. D'abord, elle permet de poser le problème de l'immigration et d'en appeler à la race : « Si on ne frappait pas les immigrés, il n'y aurait pas de problème de racisme. S'il n'y avait pas de problème de racisme, on n'en parlerait pas à la télévision et on ne pourrait pas en débattre. Il faut qu'on tape les immigrés pour qu'au moins on puisse parler. »

Et, surtout, la violence est un formidable outil de propagande pour les skins — et ce que dit Jacques montre bien l'irresponsabilité de certains journalistes qui non seulement donnent à voir la violence skin, mais aussi l'organisent artificiellement, demandant aux skins de se prêter à de véritables montages, qui n'ont évidemment rien de spontané ou de naturel. « On opère, dit Jacques, avec une logique inversée. Plus on nous prend pour des idiots, des brutes et des alcooliques, plus les gens ont envie de devenir skins. Pourquoi ? Qu'est-ce qui intéresse les jeunes ? C'est le ras-le-bol, le sentiment de se faire emmerder, de ne pas savoir comment s'y prendre, et alors ils nous voient à la télé et se disent : Tiens, eux au moins, ils savent comment faire. Heureusement que les *media* sont là, sinon il n'y aurait pas de skins. » Chaque reportage sur la violence skin, par exemple au Parc des

Princes, fait que de nouveaux skins arrivent : « chaque fois ça nous fait quatre, cinq, dix skins de plus » — ce que confirme Alain : « J'ai voulu être skin quand je les ai vus à la télé en train de parler. Je me suis dit : Putain, super ! »

Les skins retournent donc à leur profit le spectacle médiatique et ne sont pas gênés si les *media* détournent leurs propos « neuf fois sur dix » et font tout « pour nous faire passer pour des abrutis ». En fait, « on se sert des *media* », et dans le groupe un grand mépris entoure les journalistes, « trop bêtes ». D'ailleurs, « il n'y a pas de bons journalistes ». Ainsi, ce monde des *media*, qui manipule en fait l'information, serait pris à son propre jeu par ceux qu'il considère comme les plus abrutis ou les plus débiles.

Vivant un rapport social impossible, ainsi qu'une définition communautaire d'eux-mêmes difficile, les skins de notre groupe — à commencer par le leader — parlent de hisser le mouvement au niveau d'« un combat politique. On a un idéal ». Mais le projet politique est lui-même presque totalement indéterminé, en dehors de vagues références à la démocratie directe. Pour l'instant, l'espace politique à l'intérieur duquel les skins pourraient se mouvoir est étroit, et déjà bien encombré par d'autres forces. A commencer par le Front national, avec qui les relations sont heurtées.

3. L'analyse de l'action des skinheads

En rencontrant plusieurs interlocuteurs, les skinheads de notre groupe ont développé un discours stable, et même répétitif — « nous avons dit tout le temps la même chose », constate l'un d'entre eux en fin de parcours. Ce discours ne s'est guère modifié et dessine l'image d'une expérience à l'intérieur de laquelle l'acteur circule sans fin.

Pourtant, la composition du groupe a, elle, changé constamment, d'une réunion à une autre et, souvent, à l'intérieur même d'une réunion, où les allées et venues des uns et des autres étaient incessantes. Certains n'ont jamais pris la parole, d'autres sont venus très épisodiquement, d'autres encore ont participé sans y avoir été invités par les chercheurs, à la demande de tel ou tel membre du groupe — ce qui fut le cas pour un des animateurs du courant révisionniste, Pierre Guillaume, libraire de La Vieille Taupe. La force et l'unité qui se dégagent des propos tenus tranchent avec le caractère très décomposé du groupe, dont il ne reste que quatre membres — Jacques, Paul, François, et Irène — au moment de lui restituer nos analyses et de les discuter avec lui.

Les chercheurs ont rassemblé l'essentiel de leur raisonnement pour en faire un schéma, qu'ils prennent le temps de présenter longuement, et un peu scolairement. Ce schéma insiste sur l'autonomie relative de l'expérience skin par rapport au politique et fait naître cette expérience, tout comme celle du racisme ordinaire, à partir de l'univers des banlieues et des quartiers dégradés, de la chute et de l'exclusion sociale. Mais les skins ne sont pas des « beaufs » — qu'il s'agisse des « beaufs » les plus aisés, qui acceptent de se plier à la corruption de l'argent, ou de

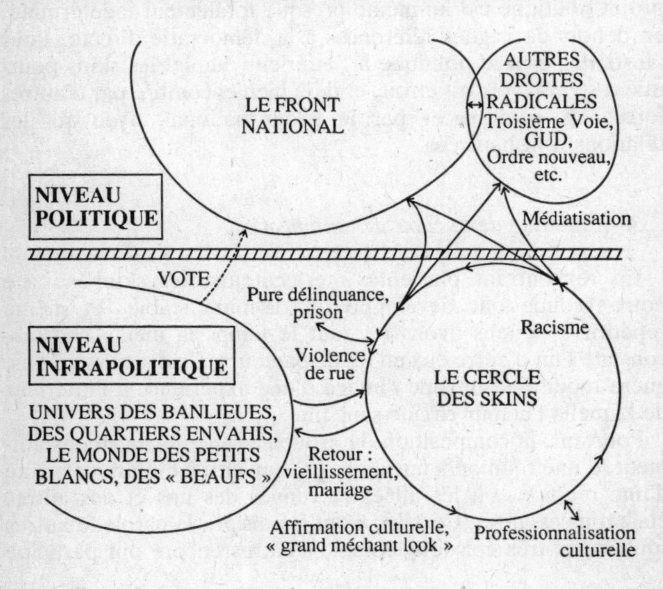

ceux d'en bas, qui se résignent à l'écrasement des cités HLM en ne se manifestant, au plus, que par le vote Front national.

Ils sortent donc de cet univers, et entrent alors dans un véritable cercle, dont les chercheurs précisent les principaux points d'ancrage : le racisme et l'antisémitisme, la violence, l'affirmation culturelle et identitaire. Sur chacun de ces registres, il n'est pas difficile de rappeler au groupe ses propos antérieurs, son attachement au look, sa haine des Noirs et des Juifs, son expérience continue de la violence — face à d'autres bandes, à la police aussi. Expérience épuisante, dont Philippe a expliqué qu'elle s'assimilait à un piège, à un cercle vicieux : « au début, ça allait bien, d'autant qu'il y avait pas SOS-Racisme. Les rebeus[260], j'étais skin mais, bon, ils me foutaient la paix. Mais maintenant, depuis qu'il y a SOS et toutes ces merdes, c'est le calvaire ». François avoue sa fatigue : « des fois, je craque, j'en ai marre, je te jure. Des fois j'ai ma période où j'essaye de rester chez moi. Des fois ça devient insupportable. Tu te fais prendre la tête à tous les coins de rue, et puis ça finit toujours au commissariat. J'en ai marre des problèmes avec les flics. Tu sais, j'arrête pas de payer, tribunal, condamnation, sursis, casier judiciaire, ça suffit ».

Quelles sont les sorties possibles ? Les chercheurs en voient quatre. La première est la prison, la plongée dans la délinquance pure et simple. La deuxième est le vieillissement, le passage à une maturité qui fait rejoindre l'univers des « beaufs », par le mariage et par l'acceptation de l'idée que l'expérience skin est le propre d'un temps de la vie de chacun (la jeunesse), mais qui finit par passer. La troisième sortie, qui plaît à Paul, est la voie culturelle : monter un groupe rock, par exemple, et se professionnaliser — « c'est une bonne sortie, non ? ».

Une quatrième sortie est dans le passage au politique. Celui-ci peut-être un dégagement pur et simple. Il peut aussi être un effort pour sortir du cercle vicieux, sans rompre avec le milieu skin, ce qui implique de prendre en compte des éléments authentiques de l'expérience vécue par les skins — la cristallisation sur l'immigré d'une image de chute, le ressentiment contre le Juif, perçu comme fauteur d'injustice sociale.

Mais ce qui, dans cette perspective, rend possible la montée au politique est en même temps ce qui la rend sinon impossible, du moins hautement problématique. Les chercheurs le rappellent au groupe : s'ils intéressent à l'occasion le Front national, c'est pour ses basses besognes — assurer le collage d'affiches en période électorale, fournir les gros bras pour le service d'ordre, mais, comme l'a déclaré Philippe, « après, c'était terminé parce qu'on nous traitait comme des trous du cul ». Les skinheads apportent à ce parti une image bien peu respectable, inquiétante, incompatible avec une stratégie politique soucieuse de légitimité et de respectabilité.

De même, la médiatisation des skinheads en général — et de Jacques en particulier, qui a souvent eu les honneurs de la presse écrite et de la télévision — crée une dynamique paradoxale. Elle propulse les skins dans l'espace public, les donne à voir, les renforce, les crédibilise aux yeux de l'extrême droite, indique qu'ils ont la capacité de mettre en relation les idées et les actes, de passer à la violence, mais leur interdit toute institutionnalisation puisque, pour intéresser les *media*, il faut transgresser les tabous et les lois, fonctionner sur le mode du spectacle et du scandale, correspondre à l'image d'un acteur non politique, circulant dans le cercle vicieux du racisme, de la violence et du look.

Jacques, explique les chercheurs, incarne cet effort constant pour briser ce cercle tout en s'appuyant sur lui, pour créer une action politique ancrée dans la pratique spécifique des skins. Il se sert des *media* pour occuper un espace politique, mais reste profondément skin, continuant à se référer et à s'identifier à la rage, à la haine et à l'allure de ceux dont il est le leader.

C'est pourquoi sa réaction à cette analyse générale est si attendue par les chercheurs. Elle s'avère très largement positive. Jacques, en effet, non seulement dit se reconnaître dans le schéma qui vient d'être présenté, et y retrouver le problème qui est le sien, mais aussi illustre par divers exemples certains de ses points forts — par exemple les difficultés qu'il rencontre à se situer par rapport aux droites radicales et au Front national. Il est suivi par Paul, qui trouve l'analyse « bien vue », et son comportement indique bien un certain impact de ce qui est certainement la première recherche menée sur lui, et avec lui. Il demande en effet aux chercheurs la permission de conserver la feuille de papier sur laquelle a été fixée l'analyse générale qui vient d'être présentée, il souhaite y réfléchir, s'en servir. Et, pour la première et unique fois lors de la recherche, il tutoie Michel Wieviorka et lui demande ce qui fait la différence entre eux deux — ce à quoi Michel Wieviorka répond, en le tutoyant également, qu'il n'a jamais été écrasé comme lui, ou porté par la même rage.

Un test de la pertinence de l'analyse est que les acteurs s'en saisissent, lors des dernières minutes de la rencontre, pour réfléchir aux issues possibles au problème qu'ils ont reconnu être le leur. Comment assurer, concrètement, l'association d'une violence qui confine à la haine et à la rage, et prend sa source dans le renversement d'un sentiment de chute et d'impuissance, avec une instrumentalisation politique et idéologique ? Dans le groupe, on rejette la tentation terroriste, qui « a échoué partout dans le monde », on n'exclut pas un rapprochement avec le Front national, et en tout cas de « travailler avec eux ». Enfin, avec des projets plus ambitieux, Jacques imagine se faire élire maire dans un petit village de province, où les skins fixeraient domicile. Ils organiseraient des concerts, diverses activités qui permettraient au village de se relancer économiquement par le tourisme ; les skins y seraient donc très bien acceptés. Des alternatifs de droite dans les années quatre-vingt-dix ?

Conclusion

I

Au terme de cette plongée dans la France raciste, comment ne pas être inquiet ? Certes, les violences proprement racistes demeurent relativement marginales, et notre pays n'est pas secoué par les tensions dramatiques que connaissent d'autres sociétés. Le discours populaire et les conduites qui éventuellement le prolongent traduisent des tendances au racisme plus que l'installation définitive et irrévocable dans la haine et le rejet ; ils relèvent plus d'un racisme éclaté, encore susceptible de bien des évolutions, que d'une construction idéologique robuste et prête à animer des pratiques collectives massives. Mais la force avec laquelle montent, d'en bas, des propos qui viennent se fixer sur l'Autre, l'immigré, le Noir, le gitan, est impressionnante.

La production du racisme est multiforme, et il apparaît comme le lieu de fusion de divers processus que seule l'analyse permet de différencier. Il procède chez les uns avant tout de la chute sociale, chez d'autres de l'exclusion, chez d'autres encore de la décomposition de la culture et des modes de vie, et du sentiment d'une menace pour l'identité nationale. Et, le plus souvent, ces processus sont inextricablement associés, ce qui ne peut que les renforcer.

Le racisme combine alors deux principes fondamentaux. D'une part, en effet, il naturalise l'Autre pour tenter de marquer son infériorité, il construit une hiérarchie raciale qui pallie plus ou moins une hiérarchie sociale menacée, disparue ou renversée. D'autre part, il postule une différence irréductible, pour marquer une incompatibilité supposée entre la culture nationale française et celle de l'immigré ou de l'étranger.

Dans le premier cas, il surgit dans des difficultés qui relèvent, très directement, de la question sociale ; il se diffuse à partir de tensions nées autour de l'emploi, du logement, de l'éducation ; il est la forme cristallisée d'un double sentiment d'injustice et d'impuissance. Il concerne alors avant tout les laissés-pour-compte de la grande mutation de la société française, ou ceux qui craignent de le devenir et de se trouver expulsés du monde de la consommation, du travail et de la participation à la vie moderne.

Dans le deuxième cas, il s'étend à partir d'une conscience, plus ou moins excessive ou fantasmée, de la déstructuration de l'ordre, de la culture et, au bout du compte, de l'identité nationale. Cette inquiétude se polarise sur les populations issues de l'immigration maghrébine, sur le monde arabe, sur l'islam, alors que ses sources objectives sont vraisemblablement ailleurs — qu'il s'agisse de la pénétration accélérée de la culture nord-américaine, comme l'a affirmé Alain Finkielkraut[261], du déclin de la présence française dans le monde, ou encore de la subordination croissante de l'économie nationale à la construction européenne ou à des logiques internationales.

II

Le racisme demeure instable lorsqu'il correspond avant tout à des difficultés sociales concrètes. Il oscille alors, au gré des réponses apportées, ou susceptibles de l'être, par des acteurs exerçant une influence politique, notamment au niveau municipal ; il est aussi très largement fonction de la capacité d'action collective des populations concernées, de l'existence d'un tissu d'associations ou de réseaux à même d'exercer une pression politique, de négocier, de participer à des conflits organisés autour de leurs demandes sociales.

Il est plus stable, plus puissant, lorsqu'il s'enracine plutôt dans la crainte d'une perte d'identité, dans la déstructuration d'une appartenance communautaire à laquelle l'acteur demeure attaché — qu'il s'agisse d'une vie de quartier, d'une identité régionale, ou encore religieuse, ou, plus largement, et souvent en même temps, de la nation et de la culture nationale.

Mais, nous l'avons dit, ces deux registres se combinent constamment, et le racisme amalgame en un même discours le sentiment ou la hantise d'une situation sociale insupportable, et non traitée comme telle, et ceux d'une perte de sens et d'une décomposition des repères identitaires. Disons-le autrement : le racisme contemporain est à la fois inégalitaire et différencialiste, à la fois lourd de significations sociales et de références à une identité nationale et culturelle.

S'étendant à partir du travail de la société sur elle-même, le racisme traverse certaines institutions, tandis que d'autres semblent désarmées pour traiter des problèmes d'où il surgit. Mais, surtout, il pénètre le système politique : directement avec le Front national, ou de façon plus diffuse et plus saccadée, mais selon la même ligne de pente, inquiétante, s'il s'agit d'autres partis.

Dérive après dérive, il semble se diffuser au sein de diverses forces politiques, empruntant des formes plus ou moins « subtiles » où l'on ne sait pas toujours s'il s'agit de proposer une politique raisonnée de l'immigration ou un bouc émissaire commode à un électorat sensible à la démagogie et au populisme.

De très hautes figures de la classe politique n'ont-elles pas parlé, à gauche, de seuil de tolérance et de charters, à droite, d'invasion, d'odeurs ou d'occupation étrangère ? D'un côté, le racisme se déploie sur un mode infrapolitique ; d'un autre côté, il anime de plus en plus la vie proprement politique, pervertissant en particulier le débat sur l'identité nationale. La poussée du racisme populaire est préoccupante ; le fait qu'elle puisse être relayée et orchestrée par le Front national l'est davantage ; mais le plus grave est que la mutation générale du système politique passe par une absence généralisée de projet et par un début d'alignement de bien des leaders politiques sinon sur les positions du Front national, du moins sur sa thématique générale.

III

Face à un phénomène aussi complexe, faut-il privilégier une action aussi globale qu'il est lui-même globalisant, ou au contraire une action tenant compte des diversités qui viennent d'être rappelées ? La question vaut pour l'action militante antiraciste aussi bien que pour les politiques publiques, qu'elles se déploient à l'échelon local ou se jouent au niveau national. Elle vaut aussi pour toute action qui, sans se réclamer explicitement de la lutte contre le racisme, est susceptible d'exercer des effets sur l'évolution du phénomène. Elle exige d'abord quelques précisions.

L'action face au racisme doit être pensée dans des catégories qui rendent compte de celles qui nous aident à analyser le racisme lui-même[262]. Tout comme lui, en effet, elle est travaillée par des perspectives distinctes, et plus ou moins opposées. Elle peut être dominée par des orientations universalistes, qui impliquent de faire confiance à la raison et à l'éducation et d'en appeler à des principes égalitaires et républicains, aux droits de l'individu, de l'homme et du citoyen, et par conséquent de refuser la moindre différenciation susceptible de marquer ceux qu'elle entend défendre. Mais l'universalisme pur et dur n'interdit pas seulement qu'on définisse l'Autre par ses attributs physiques ou ethniques ; il lui interdit à lui aussi, à la limite, de se définir sur ce mode. C'est pourquoi il risque de se retourner en son contraire, d'animer des efforts qui, sous prétexte de faire reculer le racisme, en arrivent à broyer les identités, à nier les particularismes et la subjectivité de ceux qu'il prétend soutenir. Dans ses variantes les plus radicales, il vient au secours de l'individu, mais il est susceptible de le détruire comme sujet.

Symétriquement, l'antiracisme peut précisément prendre en charge ces spécificités, se réclamer du droit à la différence, valoriser l'ethnicité ou les cultures particulières. Mais cette approche différencialiste, poussée à l'extrême, ressemble alors fort à ce qu'elle dénonce, puisqu'elle entérine l'image d'une irréductibilité sinon raciale, du moins culturelle, et qu'elle s'accommode très bien des positions plus ou moins racistes qui demandent un traitement spécifique des individus en fonction de leur communauté d'appartenance ou d'origine.

C'est pourtant entre ces deux pôles extrêmes qu'il faut se situer, et que se situe nécessairement quiconque s'engage dans l'action antiraciste. Il est difficile de penser qu'on puisse concilier l'un et l'autre, s'adosser simultanément sur des valeurs universelles et sur des valeurs particularistes ; et beaucoup, confrontés à ce qu'ils perçoivent comme un choix clair et net, optent plutôt, en France, pour des principes républicains qui animent depuis plus d'un demi-siècle, comme le montre Patrick Weil[263], la politique nationale de l'immigration. Mais rien n'interdit de chercher en permanence à aller le plus loin possible dans la recherche d'une improbable conciliation, et à toujours s'efforcer de maintenir le flambeau de principes universels tout en laissant le plus vaste espace possible aux spécificités culturelles, religieuses, ethniques ou autres. C'est ainsi, par exemple, que certains efforts politiques peuvent fort bien s'appuyer sur des demandes spécifiques pour faciliter, à terme, une plus large intégration de ceux dont elles émanent : on l'a vu à Mulhouse, une bibliothèque municipale qui propose des livres en turc n'enferme pas la population turque dans son particularisme, et peut au contraire lui faciliter l'accès plus général à la culture. Une identité ethnique peut constituer une ressource dans une stratégie d'intégration.

IV

Plus il s'enracine dans des difficultés sociales bien concrètes, plus le racisme est instable : ce constat est presque, en lui-même, une invitation à porter en priorité l'action antiraciste sur le registre où les résultats devraient être les plus rapides : sur le terrain social. C'est ce qu'ont bien compris les responsables des politiques de la Ville et ceux qui, sur le terrain, participent aux efforts de développement social des quartiers, de réhabilitation des banlieues, de soutien scolaire, etc.[264]. L'enjeu explicite n'est pas ici le racisme, mais tout indique que, plus se reconstruit un tissu social, plus s'affirment des acteurs collectifs, plus l'exclusion se transforme en relations — même très conflictuelles — avec d'autres acteurs que les forces de répression, plus se retrouvent ou se renforcent les mécanismes d'une citoyenneté active, plus les problèmes réels sont discutés et traités avec ceux qu'ils concernent, et plus s'éloigne le spectre du racisme. A la limite, la reconstitution de rapports sociaux dans la ville ne peut que rapprocher Français « de souche » et immigrés face aux mêmes interlocuteurs — pouvoirs publics, responsables de l'éducation, municipalités, gestionnaires du logement social, etc. —, alors que leur décomposition se solde par la distance, l'ignorance et l'hostilité. Dans de nombreuses situations, une telle reconstitution semble hors d'atteinte, tant la dégradation est grande. Il n'en reste pas moins, on l'a vu, qu'il suffit parfois de bien peu — une poignée de travailleurs sociaux, une équipe pédagogique, un commissaire de police dynamique, quelques militants du secteur associatif, etc. — pour que soit enrayée la déstructuration et que s'esquisse une recomposition qui n'est jamais totalement impossible. Encore ne faut-il pas ici faire preuve de trop d'optimisme ou de naïveté : toute recomposition d'un tissu social induit des changements qui peuvent eux-mêmes déstabiliser encore plus les populations concernées, susciter des inquiétudes nouvelles, des demandes inédites, et, du moins à court terme, se solder par un renforcement des tensions sociales, de la peur et du racisme. Et surtout, il faut savoir que l'échec, ou les promesses non tenues, provoque des effets catastrophiques, bien pires que l'absence d'efforts ou d'engagements.

V

Peut-on poursuivre le raisonnement beaucoup plus loin et envisager une recomposition sociale qui s'opère non plus par additions de micro-expériences locales, mais à une échelle beaucoup plus large ?

La réponse, là aussi, sera positive, et prudente. Ce dont souffre le plus la société française, aujourd'hui, réside dans ses tendances à une dualisation qui sépare de plus en plus deux univers. Dans le premier, une immense couche moyenne participe à des débats où se dessinent nettement les enjeux culturels de la vie collective de demain. Il serait excessif de parler ici de mouvements sociaux. Mais comment ne pas voir que sont en jeu, à travers des thèmes aussi sensibles que l'éducation, la communication ou la santé, les orientations culturelles autour desquelles se façonne notre avenir ? Le second univers, lui, est dominé par l'exclusion, et ne participe guère à ces débats. Tout au plus fait-il irruption, çà et là, par des poussées de violence collective, par le choc avec les forces de l'ordre ou les gardiens des temples de la consommation, ou par des comportements électoraux qui oscillent entre l'abstention et le vote pour le Front national. Contrairement à ce que les *mass media* donnent trop souvent à penser, cet univers n'est pas dominé par l'opposition de communautés massivement constituées ou par la formation de bandes purement ethniques — mais il pourrait le devenir. Le racisme qui sourd d'une telle situation, et de l'évolution qu'elle risque de connaître, ne peut être combattu efficacement qu'à partir d'une plus large compréhension de la part de ceux qui sont *in*. Il ne s'agit pas ici d'en appeler à la générosité et aux bons sentiments, mais de tout autre chose. Dans une société duale, l'espace de l'action collective est lui aussi dualisé. La mise en cause la plus directe des orientations culturelles de la vie sociale appartient plutôt à ceux qui sont *in*, la charge populaire et défensive de l'action est plutôt du côté de ceux qui sont *out*. Aussi longtemps que les deux univers sont dissociés, ces deux faces de l'action ne communiquent guère, et on voit mal les liens entre la critique culturelle et la contestation populaire. Si l'on souhaite que ces liens soient établis, il faut que ceux qui participent activement aux débats sur la culture et les grands dossiers sociaux soient capables de prendre en charge les demandes de ceux qui en sont exclus, au lieu de trop souvent les ignorer ou les mépriser. L'exemple de l'éducation peut illustrer cette remarque. S'il est légitime de regretter la crise de l'école républicaine et l'affaiblissement de la culture classique, il est profondément élitiste (et finalement contraire à tout projet d'intégration) d'en appeler simplement au maintien des principes purs et durs de la laïcité et au renforcement des humanités sans s'interroger sur l'échec scolaire et les conflits d'identité de nombreux enfants, issus ou non de l'immigration. Notre société ne retrouvera confiance en elle-même, et capacité de faire régresser le racisme, qu'en intégrant, dans les mêmes débats et conflits sociaux, les demandes de ceux qui sont *in* et celles de ceux qui sont *out*.

VI

Tournons-nous maintenant du côté des sources identitaires du racisme, et plus particulièrement du nationalisme inquiet ou malheureux d'où il procède très largement. Là aussi, il n'y a aucune fatalité, et il est possible d'en appeler à une action constructive. Non pas en agitant rhétoriquement le drapeau d'un nationalisme de résistance, face à la diffusion de la culture américaine ou à l'emprise croissante de logiques économiques et financières dont le centre est de moins en moins localisé en France, mais en plaidant, dans plusieurs directions, pour que les appels à l'identité ne soient jamais dissociés de références à des valeurs universelles. Cet effort concerne en premier lieu les dirigeants et les clercs des communautés qui s'affirment en France, surtout depuis une vingtaine d'années : tout ce qui inscrit ces communautés — juives, arabes, de telle ou telle origine nationale ou religieuse — dans le champ de références politiques, ethniques ou sociales qui les débordent doit être encouragé ; tout ce qui les enferme sur elles-mêmes doit être combattu, car générateur de tensions élargissant l'espace du racisme. Cette remarque vaut d'abord s'il s'agit de conduites défensives, de réponses à la discrimination, à la ségrégation ou à la violence. Un exemple peut ici servir d'illustration : il est regrettable qu'après la profanation du cimetière juif de Carpentras, en mai 1990, les manifestations aient été si massivement le fait de Juifs, et si peu celui d'immigrés d'origine maghrébine, tout comme il est navrant que les Juifs soient si peu nombreux à se mobiliser lorsqu'un drame raciste affecte des immigrés arabes ou musulmans.

Il est vrai que le recul du racisme n'est jamais aussi net que lorsqu'il repose sur la mobilisation du groupe racisé, que celle-ci passe par des démonstrations de rue, par une pression politique, de la violence ou du « lobbying ». Mais lorsque cette mobilisation se réduit à l'affirmation d'une identité propre — la judéïté, la négritude, l'islam, etc. —, elle ne peut que créer en réaction des tensions racisantes ou xénophobes.

Symétriquement, il n'y a aucune raison de laisser à un nationalisme xénophobe et inquiet le monopole de la conscience nationale, et il faut plaider pour que se reconstruise un nationalisme plus confiant et plus ouvert. Cela passe certainement par une réflexion renouvelée autour de la notion de nationalité (du type de celle de la Commission des Sages réunie en 1986-1987[265]), par la formation et l'action des enseignants dans des disciplines comme l'histoire et la littérature française, par la démystification des propositions démagogiques du Front national[266]. Mais cela passe avant tout par la lutte contre l'exclusion, pour une intégration seule à même de redonner son unité à une société qui, en se déstructurant, perd aussi sa capacité à se penser avec confiance comme une totalité nationale.

Disons-le d'un mot : le racisme, dans ce qu'il présente de crainte pour l'identité nationale, sera d'autant mieux combattu que la société elle-même retrouvera, autour de ses débats et de ses conflits, un principe d'organisation qui disparaît avec les phénomènes de dualisation ou d'éclatement du tissu social. Ce qui nous ramène aux idées présentées dans les pages qui précèdent.

VII

Le racisme qui traverse les institutions, ou que celles-ci sont impuissantes à enrayer même si elles n'en sont pas un lieu de mise en forme, appelle lui aussi une action qui nous semble possible. Celle-ci peut venir du dehors, sous la pression par exemple du pouvoir politique, des *media*, de l'opinion publique, de certaines associations. Mais la critique externe est trop souvent stigmatisante envers ceux qu'elle admoneste pour pouvoir exercer des effets positifs et de longue durée. En réalité, il faut surtout ici en appeler non pas tant à une pression extérieure qu'à un renforcement de tout ce qui, à l'intérieur même de l'institution concernée, est susceptible de réduire l'espace du racisme : formation, renforcement des compétences professionnelles, mise en place de lieux où les questions d'éthique ou de déontologie sont débattues par les intéressés eux-mêmes, et non gérées par une hiérarchie lointaine imposant codes, règlements et bonne conscience à une base qui se sent alors jugée, mal connue et incomprise. Il est sain qu'une réflexion venue du dehors interpelle les policiers, les magistrats, les travailleurs sociaux, les journalistes, les enseignants, les chargés d'études des instituts de sondages, etc., et souligne les dérives qui peuvent, de leur fait, directement ou indirectement, favoriser le racisme. Mais il est certainement beaucoup plus efficace que cette réflexion s'opère du dedans, en associant des préoccupations générales, éthiques, antiracistes éventuellement, à d'autres plus spécifiques, professionnelles[267].

Ces quelques remarques conclusives n'épuisent évidemment pas la réflexion et les suggestions relatives à l'antiracisme. Elles sont une invitation à dépasser la critique de l'antiracisme, utile s'il s'agit d'éviter certains travers, d'en finir avec une rhétorique inadaptée au racisme contemporain et, notamment, aveugle à ses dimensions différencialistes, mais source aussi de paralysie lorsqu'elle devient une nouvelle idéologie assimilant, en fin de compte, racistes et antiracistes.

Notre pays est à la croisée des chemins. Ou bien nous saurons construire les débats et les conflits restructurant la vie sociale, éviter que les fractures nées d'une dualisation encore limitée ne deviennent béances, redonner à la nation sa charge d'universalisme sans laquelle elle se rétracte et s'inquiète ; ou bien il faut s'attendre à un racisme croissant, expression, parmi d'autres qui seront tout aussi dramatiques, de notre incapacité à poursuivre le projet de modernité auquel la France, pendant plus de deux siècles, a été si profondément identifiée.

Annexe méthodologique

1. Un programme de recherche

Le programme de recherche à partir duquel cet ouvrage a été rédigé procède d'une volonté de saisir le racisme dans ses sources sociales et culturelles, bien plus que dans ses expressions doctrinaires ou dans ses manifestations les plus directement idéologico-politiques. Il a mobilisé pendant deux ans notre équipe de recherche, et fait suite à un effort plus théorique qui s'est traduit par la publication de *L'Espace du racisme* en 1991. Dans un premier temps, nous avons retenu cinq sites qui nous paraissaient mériter une étude approfondie : Roubaix, Mulhouse, Marseille, Montfermeil et Cergy. Ces cinq sites ne constituent évidemment pas un échantillon représentatif, et nous avons pleinement conscience des limites de notre travail — qui par exemple laisse de côté la France rurale, ou ne prend pas en considération des situations à faible présence d'immigrés. Il nous a semblé préférable d'opérer en profondeur, sur un nombre limité de terrains, plutôt que de nous livrer à des enquêtes plus variées et nombreuses, mais qui auraient nécessairement été plus superficielles.

Dans ces cinq sites, nous avons d'abord étudié la formidable mutation qui, en une vingtaine d'années, a créé les conditions favorables à l'extension ou au renouvellement du racisme. Pour ce faire, nous avons, très classiquement, rassemblé une documentation écrite et mené des entretiens individuels auprès d'interlocuteurs bien informés des réalités locales : élus, responsables politiques, militants du secteur associatif ou syndical, policiers, magistrats, travailleurs sociaux, enseignants, etc. Nous avons pu ainsi comprendre comment s'est ouvert l'espace du racisme.

Puis nous avons multiplié, dans les mêmes villes, les entretiens individuels auprès de personnes susceptibles, d'une façon ou d'une autre, d'exprimer des représentations racistes ou de contribuer activement à la ségrégation, à la discrimination ou à la montée de la haine de l'Autre. Ces entretiens nous ont permis de dégager l'image générale du discours raciste, qui est restituée dans l'avant-propos de ce livre, mais aussi de montrer qu'elle correspond à des situations, à des problèmes, à des mécanismes relativement diversifiés.

Ces premières phases de nos travaux n'appellent pas véritablement de développements méthodologiques ; précisons simplement qu'elles ont donné lieu, en tout, à près de cinq cents entretiens individuels, tous enregistrés au magnétophone et la plupart d'entre eux retranscrits, partiellement ou intégralement selon leur intérêt. Les cassettes et les retranscriptions sont archivées au CADIS et à la disposition des chercheurs qui souhaiteraient y avoir accès.

Par contre, notre démarche, dans sa dernière phase, a reposé sur une méthode moins traditionnelle : l'intervention sociologique, dont il n'est peut-être pas inutile d'indiquer les principes généraux, ainsi que la façon dont elle a été appliquée à l'étude du racisme.

2. La méthode de l'intervention sociologique

Mise en œuvre pratique d'une orientation théorique générale, qui est celle de la sociologie de l'action, la méthode de l'intervention sociologique a été conçue initialement, au milieu des années soixante-dix, pour l'étude des mouvements sociaux. Il s'agissait en effet, pour Alain Touraine[268] et les chercheurs réunis autour de lui, de dégager, dans un certain nombre de luttes sociales, la présence, parmi d'autres significations, d'une composante bien particulière : un mouvement social, c'est-à-dire une contestation de haut niveau de projet, mettant en cause les orientations les plus générales de la vie sociale. Des recherches ont ainsi été menées pour étudier le déclin du mouvement ouvrier et la naissance de nouveaux mouvements sociaux, dont on pouvait faire l'hypothèse qu'ils étaient portés par les luttes étudiantes, antinucléaires, régionalistes ou féministes des années soixante-dix[269]. Puis le champ d'application de l'intervention sociologique a été étendu à d'autres objets, et en particulier à des conduites où le mouvement social n'éclaire plus qu'indirectement la conduite de l'acteur. La « galère » des jeunes marginalisés, étudiée par François Dubet, se comprend d'autant mieux qu'on introduit l'hypothèse d'une perte de sens consécutive au déclin du mouvement ouvrier[270]; certains mouvements terroristes, étudiés par Michel Wieviorka, relèvent d'un processus d'inversion, dans lequel l'acteur ne maintient le projet de plus en plus artificiel d'un mouvement ouvrier que par la violence et l'idéologie[271]. Enfin, des travaux comme l'enquête de François Dubet sur les lycéens, ou celle de Sylvaine Trinh et Michel Wieviorka sur les dirigeants d'EDF[272], indiquent qu'il est possible d'adapter la méthode de l'intervention sociologique à des objets encore plus éloignés d'un mouvement social.

De façon très générale, cette méthode repose notamment sur trois grands principes.

Qu'il s'agisse de militants en lutte, de dirigeants d'entreprise ou d'une population définie par un problème ou une situation — les lycéens, par exemple —, le premier principe consiste à étudier l'action retenue avec un ou plusieurs groupes, formés chacun d'une dizaine de participants acceptant de s'engager dans un processus de recherche et d'analyse.

Un deuxième principe consiste à mettre chaque groupe constitué en position de débattre avec d'autres acteurs placés dans son champ d'intervention, ou susceptibles de l'être : des militants syndicalistes, par exemple, rencontreront successivement un patron, un contremaître, des élus politiques de divers bords, etc. De tels débats doivent être privés, sans prolongements journalistiques. Ils durent d'ordinaire deux ou trois heures chacun, le nombre total de rencontres pouvant aller jusqu'à douze ou quinze, et s'étalent généralement sur plusieurs semaines.

En rencontrant un interlocuteur, dès ses premiers moments d'existence, un groupe est amené à aller au-delà du discours spontané et des idéologies ; il vit des relations où chaque participant doit tenir compte des positions des autres participants ; il témoigne de son action, mais aussi réfléchit à ses difficultés.

Un troisième principe définit en fait l'étape suivante de l'intervention, quand un groupe cesse de recevoir des interlocuteurs et, avec l'aide des chercheurs, devient l'analyste de sa propre action. Cet effort passe par deux phases principales. La première consiste, pour les chercheurs, à organiser des tours de table systématiques et des débats approfondis autour des principaux thèmes déjà apparus dans la recherche, de façon à dégager le plus nettement possible les différentes positions des participants, la variété et la stabilité, ou l'instabilité, de leurs orientations. La seconde, décisive, est celle où les chercheurs présentent aux acteurs un raisonnement d'ensemble, un corps d'hypothèses sur la nature de leur action, et leur demandent de se convertir à ces hypothèses, de les saisir et de les faire travailler. Les effets de cet effort des chercheurs sur le groupe sont un test du raisonnement. S'il est accepté et que les membres du groupe se refusent pourtant à se l'approprier pour mieux lire leur propre pratique, ou s'il est purement et simplement rejeté, cela signifie qu'il manque de pertinence. Si, au contraire, il élève la capacité de connaissance des acteurs sur eux-mêmes, s'il apporte de l'intelligibilité, s'il introduit plus de clarté dans les débats, cela indique une certaine pertinence.

3. L'étude du racisme et l'intervention sociologique

Ainsi succinctement résumée, la méthode de l'intervention sociologique a pu être appliquée à l'étude du racisme. Plus précisément, elle a été adaptée à quatre types différents d'acteurs ou de situations.

1. La poussée du racisme populaire

Une première application a consisté à mettre en place des groupes de personnes définies elles-mêmes au départ par une certaine propension au racisme. A Roubaix, à Mulhouse, à Marseille, nous avons proposé à des habitants dont nous savions qu'ils étaient excédés ou inquiets, susceptibles d'être tentés par le racisme ou installés dans la haine ou le préjugé, de s'engager dans une intervention sociologique qui devait leur permettre de rencontrer divers interlocuteurs également concernés par les problèmes de la cohabitation interculturelle, de l'immigration, de l'exclusion, de la chute sociale et, en fin de compte, du racisme — élus locaux, magistrat, policier, jeunes issus de l'immigration, parlementaire, responsable du Front national, etc. —, puis de mener une réflexion stimulée par les chercheurs.

La demande, face à cette offre des chercheurs, n'a jamais été très forte. Mais il a été possible de faire fonctionner ces trois groupes, d'y observer la montée du racisme ainsi que ses oscillations, d'y introduire des éléments d'analyse et d'observer les effets de cette introduction.

Du point de vue méthodologique, ces trois premières interventions ont posé bien des problèmes. Les groupes se sont révélés instables et peu enclins à s'engager dans un processus de longue haleine. La participation des uns et des autres a souvent été irrégulière, et il n'a pas été possible de faire durer la recherche aussi longtemps qu'il était souhaitable. De plus, le passage à l'analyse a suscité le plus souvent un effet contraire à celui voulu par les chercheurs : les participants, au moment de se saisir des hypothèses qui leur étaient présentées, se sont plus enfermés dans un racisme exacerbé qu'engagés dans une analyse du racisme. Ce qui peut s'expliquer de la manière suivante : l'analyse apporte aux acteurs tentés par le racisme une image des processus sociaux et culturels qui rend compte de cette tentation. Mais, en même temps, elle ne se prolonge guère en propositions positives et concrètes ; elle suggère ou renforce l'idée, au contraire, d'une impuissance face à ces processus, d'une privation, d'une perte de sens. Elle éclaire les sources du racisme, mais n'apporte aucun remède aux difficultés sociales et à la crise culturelle d'où il procède, et elle fait retomber les participants à leur point de départ, tout en ajoutant à cette retombée une immense frustration, une déception considérable. L'analyse élève la capacité de connaissance, mais n'ouvre aucune perspective d'action qui permettrait, de façon réaliste, de résoudre les problèmes à la base du racisme. D'une certaine façon, la pertinence des hypothèses est, ici, dans la souffrance et dans la rage de ceux qui peuvent y adhérer abstraitement, mais non les transcrire concrètement ; elle est dans le drame, la colère, l'irrationalité exacerbés par la distance irréductible qui a été mise en évidence, et qui sépare l'analyse acceptée de l'action impossible ou introuvable.

2. Police et racisme

Le racisme policier n'est possible, dans ses expressions les plus massives, verbales, comme dans d'autres, plus violentes mais plus limitées, que parce qu'il présente un certain caractère collectif, qu'il est accepté ou toléré au sein de groupes quelle qu'en soit l'unité (brigade, voiture de police, commissariat...), qu'il semble inhérent au caractère institutionnel de l'activité policière. Il constitue une forme, particulière, d'action collective, même si ses manifestations peuvent être isolées ou individuelles. Ce qui justifie d'étudier le racisme avec un *groupe* de policiers, défini comme l'unité de notre et de sa propre analyse.

Très concrètement, nous avons procédé de la façon suivante. Dans un premier temps, une réunion de travail avec quelques responsables de la police nationale, dont certains de très haut niveau, a permis de préciser notre plan de recherche. Puis nous sommes allés sur chacun des cinq sites privilégiés dans ce livre, pour mener des entretiens individuels avec les « patrons » locaux de la police et, surtout, avec une douzaine de policiers de base, « civils » ou en tenue. Sur cette douzaine de policiers, nous en avons retenu deux à Gagny-Montfermeil, à Mulhouse, à Roubaix et à Cergy-Pontoise, et trois à Marseille, l'ensemble formant notre groupe de recherche.

Celui-ci a rencontré une série d'interlocuteurs, puis est entré dans une phase d'analyse dont un des moments forts, on le sait, a été la reconnaissance et l'explication d'un racisme massif, spécifique à la police et avant tout verbal.

Cette intervention n'a été possible que parce qu'elle a été encouragée par les responsables de la police nationale et qu'elle correspondait à une demande de réflexion de la part des participants. La principale difficulté de la recherche, ici, a tenu au fait qu'elle cheminait le long d'une ligne de crête extrêmement périlleuse : il s'agissait, en effet, de travailler avec des « flics » de base, en aucune façon atypiques, sans se fixer pour objectif de traquer en eux le racisme policier et tout en se donnant les moyens d'analyser un phénomène auquel ils ne pouvaient être totalement étrangers.

La réussite de cette intervention, c'est-à-dire la distanciation qu'ont su opérer les policiers par rapport à leur pratique et à leur discours spontané, indique qu'il est possible d'étudier les formes institutionnelles du racisme. Ce qui a pu être fait avec la police devrait pouvoir l'être avec d'autres institutions — nous pensons en particulier aux organismes gestionnaires du logement social.

3. *Les travailleurs sociaux face au racisme*

Avec les travailleurs sociaux, la question n'est assurément pas de mettre en évidence l'éventuel racisme dont ils seraient porteurs ; elle est d'examiner la capacité du travail social à agir contre ce phénomène, non pas tant directement qu'indirectement. Les travailleurs sociaux, par la façon dont ils interviennent, pèsent-ils, et dans quel sens, sur les processus qui se traduisent par la montée du racisme ?

Pour répondre à cette question, on le sait, une intervention sociologique a été mise sur pied à Cergy. Une phase préparatoire a consisté en une vague d'entretiens individuels, semi-directifs, d'une durée moyenne de deux heures, menés avec vingt-cinq travailleurs sociaux. Ces entretiens nous ont permis de dégager une première image de la structure des problèmes du travail social, ainsi que de constituer un groupe d'intervention, fort de huit travailleurs sociaux, qui a rencontré lui aussi une série d'interlocuteurs avant de s'engager dans la phase d'analyse de ses problèmes et de son action.

A première vue, le bilan de notre intervention sociologique est plutôt négatif. Les travailleurs sociaux éprouvent d'énormes difficultés à se constituer en acteurs, ils sont enfoncés dans une crise institutionnelle et professionnelle qui fait que, au moment de passer à l'analyse, ils semblent, comme ils disent, épuisés. L'intervention, au lieu de stimuler les participants, les enferme dans un discours de crise, exacerbé, là encore, par la reconnaissance des enjeux récents que constituent pour eux les problèmes nés de l'immigration et du racisme ; ils sont comme paralysés face à l'image d'une tension devenue structurelle entre les valeurs universelles et les spécificités culturelles ou ethniques.

Mais il ne faut pas s'arrêter à un tel bilan. Une intervention sociologique est un processus qui peut fort bien se prolonger dans le temps, dans la mesure où il existe une demande de la part des acteurs. Nous avons quitté notre groupe en juin 1991 : trois mois plus tard, nous recevions un ensemble de lettres, émanant de la plupart des participants, où se mêlaient le sentiment d'avoir été incompris, peut-être même un peu manipulés, et le désir manifeste de reprendre la réflexion commune. Le groupe avait continué de se rencontrer, de débattre, et tout porte à penser que la recherche, avec lui, n'est pas terminée. Une phase de « sociologie permanente » doit s'ouvrir, au moment où nous achevons la rédaction de ce livre, et, après avoir donné l'image de la crise et de l'impuissance, il n'est pas impossible, le temps aidant, que ce groupe s'approprie davantage les raisonnements qui lui ont été présentés, et retrouve à la fois confiance en lui-même et en la capacité d'action du travail social.

4. *Les skinheads*

La mise sur pied d'une intervention sociologique avec un groupe de skinheads n'a été possible que parce que le leader du groupe, rencontré à l'occasion d'un concert, s'est intéressé aux propositions des chercheurs.

La recherche, ici, s'est heurtée à des difficultés considérables. Il n'a pas été facile de trouver un local, car de tels acteurs font peur. Le groupe a été à géométrie variable, y compris au cours même des réunions, où beaucoup allaient et venaient. A tout moment, les rencontres étaient susceptibles de dégénérer dans la violence, et les chercheurs étaient constamment sur le qui-vive.

La présence du leader et le fait qu'il s'agissait d'un groupe réel, constitué dans la pratique et non à l'occasion de l'intervention, rendaient encore plus difficile le projet de dégager l'image d'une différenciation interne, puis de passer à l'analyse. C'est pourquoi les chercheurs ont procédé, entre la phase de rencontre avec des interlocuteurs et les séances consacrées à l'analyse, à des entretiens individuels. Ceux-ci ont donné à la plupart des membres du groupe l'occasion de développer un discours jusque-là étouffé par la parole du leader, en même temps qu'ils ont apporté aux chercheurs des connaissances précieuses sur la « carrière » des skinheads.

Le moment de l'analyse a été lui-même fort bref. Les quatre skinheads qui sont venus y participer étaient en retard, il a fallu les nourrir avant de commencer véritablement la rencontre. Celle-ci pourtant, nous semble-t-il, s'est soldée par une réelle inflexion, sensible d'abord par le climat qui s'est instauré dans le groupe, mais aussi par les réactions des participants au raisonnement présenté par les chercheurs. Mais il n'a pas été possible de poursuivre ensuite la recherche, d'autant que Jacques, le leader, a été incarcéré quelques semaines après la dernière réunion.

En dehors de l'intervention menée avec les travailleurs sociaux, un problème a constamment hanté l'équipe de recherche : celui du rapport à l'objet, et de la relation avec ceux qu'il s'agit d'étudier.

Une intervention sociologique, en effet, exige du chercheur qu'il soit capable de travailler avec, et non pas sur un groupe. Deux écueils la menacent alors. Le premier est celui de la connivence et de la séduction mutuelle, qui transforment le chercheur en idéologue, en militant ou en sympathisant de l'acteur, et abolissent la distance nécessaire à l'analyse. Le second est celui, à l'inverse, du rejet, voire de la répulsion, qui créent une distance trop grande et interdisent au chercheur de s'adresser réellement aux acteurs.

Avec le racisme, c'est évidemment le second écueil qu'il s'agissait d'éviter. Les chercheurs se sont d'abord donné pour règle d'éviter toute démagogie ; en particulier, ils ont veillé à ne pas encourager les acteurs à déployer un discours raciste qu'ils auraient, en quelque sorte, autorisé d'expression. Ils n'ont pas non plus porté de jugements sur les propos racistes quand ils jaillissaient. Ils les ont considérés comme un objet d'analyse, pour eux-mêmes d'abord, pour ceux qui les exprimaient ensuite.

Les chercheurs, plus généralement, ont appris à être très prudents, à ne pas confondre une exaspération fondée, par exemple, sur les réalités quotidiennes d'une cohabitation difficile avec des immigrés et une haine véritablement raciste. Ils ont laissé les acteurs témoigner et ont surtout voulu les aider à réfléchir sur eux-mêmes, et sur les raisons de la production de leur discours ; ils ont parfois été écœurés ou effondrés par ce qu'ils entendaient, parfois aussi, à l'inverse, agréablement surpris par les propos de certains participants aux groupes. Ils ont, pour le dire autrement, fait l'apprentissage d'une attitude où il s'agissait non pas de catégoriser les gens, de les qualifier de « racistes », mais d'étudier la progression, et la régression, collective et individuelle, du racisme. Celui-ci est parfois si fortement structuré qu'il constitue un attribut central de la personnalité. Mais, le plus souvent, il est abusif d'y voir un tel attribut, de l'essentialiser.

Notes

1. Cette citation et celles qui vont suivre sont extraites d'entretiens menés en 1990-1991 dans cinq villes différentes (Roubaix, Marseille, Mulhouse, Cergy et Montfermeil), au fil d'une recherche qui sera présentée plus loin.

2. Cf. notamment Thomas F. Pettigrew, « Subtle Racism : its Components and Measurement », communication au Colloque sur le racisme, Créteil, 5-6-7 juin 1991.

3. Cf. Nonna Mayer, « L'antisémitisme en France aujourd'hui », communication à l'Observatoire de l'antisémitisme, Paris, juillet 1990.

4. Cf. Pierre Birnbaum, *Un mythe politique : la République juive*, Paris, Fayard, 1988.

5. Selon le titre du livre de Jules Isaac, *L'Enseignement du mépris*, Paris, Calmann-Lévy, 1954.

6. Nonna Mayer et Pascal Perrineau (dir.), *Le Front national à découvert*, Paris, FNSP, 1989.

7. Pour d'autres ouvrages où l'auteur a choisi d'interviewer à la base des acteurs plus ou moins racistes, ou de vivre sur le terrain une expérience d'observation participante, cf. Birgitta Orfali, *L'Adhésion au Front national*, Paris, Kimé, 1990 ; Günther Wallraff, *Tête de Turc*, Paris, La Découverte, 1986 ; Anne Tristan, *Au Front*, Paris, Gallimard, 1987.

8. Sur la laïcité, cf. Claude Nicolet, *L'Idée républicaine en France*, Paris, Gallimard, 1982 ; Émile Poulat, *Liberté. Laïcité,* Paris, Cujas-Le Cerf, 1988.

9. Eugen Weber, *La Fin des terroirs*, Paris, Fayard, 1983 ; Theodor Zeldin, *Histoire des passions françaises*, Paris, Encre-Recherches, 1979.

10. Pour une sociologie de la nation, cf. Dominique Schnapper, *La France de l'intégration. Sociologie de la nation en 1990*, Paris, Gallimard, 1991.

11. Cf. notamment Gilles Lipovetsky, *L'Ère du vide,* Paris, Gallimard, 1983.

12. Cf. Alain Touraine, *Le Retour de l'acteur*, Paris, Fayard, 1984.

13. Cf. notamment les travaux de Gérard Noiriel, par exemple *Le Creuset français,* Paris, Éd. du Seuil, 1988.

14. Cf. Maryse Tripier, *L'Immigration dans la classe ouvrière en France*, Paris, L'Harmattan, 1990.

15. Cf. notamment Stéphane Hessel, *Immigrations : le devoir d'insertion*,

rapport du Commissariat général du Plan, Paris, La Documentation française, 1988, 2 vol.

16. Cf. Simone Bonnafous, *L'Immigration prise aux mots*, Paris, Kimé, 1991.

17. Cf. notamment Peter Doeringer et Michel Piore, « Unemployment and the Dual Labor Market », *The Public Interest*, n° 38, 1975, p. 67-79.

18. Cf. André Gorz, *Adieux au prolétariat*, Paris, Galilée, 1979.

19. Cf. Jacques Donzelot et Joël Roman, « Le déplacement de la question sociale », *in* Jacques Donzelot (dir.), *Face à l'exclusion*, Paris, Esprit, 1991, p. 5-11.

20. Cf., parmi les ouvrages les plus importants, Henri Lefèbvre, *Le Droit à la ville*, Paris, Anthropos, 1968 ; Manuel Castells, *La Question urbaine*, Paris, Maspero, 1972.

21. Cette expression anglo-saxonne désigne le processus par lequel des quartiers anciens, très dégradés, sont réinvestis par des milieux aisés.

22. Cf. par exemple, sur le mouvement occitan, Alain Touraine, François Dubet, Zsuzsa Hegedus et Michel Wieviorka, *Le Pays contre l'État*, Paris, Éd. du Seuil, 1981.

23. Sur le mouvement écologiste, cf. Alain Touraine, Zsuzsa Hegedus, François Dubet et Michel Wieviorka, *La Prophétie antinucléaire*, Paris, Éd. du Seuil, 1980.

24. Marcel Gauchet, « La société d'insécurité. Les effets sociaux de l'individualisme de masse », *in* Jacques Donzelot (dir.), *Face à l'exclusion*, *op. cit.*, p. 169-187.

25. Pierre Rosanvallon, *La Crise de l'État-providence*, Paris, Éd. du Seuil, 1981 ; Philippe Raynaud et Paul Thibaud, *La Fin de l'école républicaine*, Paris, Calmann-Lévy, 1990.

26. Jacques Donzelot, *Face à l'exclusion*, *op. cit.*, p. 11.

27. Jean Baubérot, *Vers un nouveau pacte laïque*, Paris, Éd. du Seuil, 1990.

28. Cf. Robert Ballion, « Réflexions sur la désectorisation », *Le Monde de l'éducation*, avril 1990, p. 38-39.

29. Cf., pour d'excellentes analyses, Jacques Ion, *Le Travail social à l'épreuve du territoire*, Toulouse, Privat, 1991.

30. Cf. le rapport annuel de la Commission nationale consultative des droits de l'homme édité, pour 1990, par la Documentation française.

31. Cf. notamment les travaux de Jean-Yves Camus, et en particulier son étude qui a servi de base pour l'extrême droite au rapport de la Commission nationale consultative des droits de l'homme, *op. cit.* ; Christophe Bourseiller, *Extrême Droite*, Paris, François Bourin, 1991.

32. Pour le domaine particulièrement opaque des organismes de logement social, les travaux du CERFISE apportent souvent un éclairage précieux. Cf. notamment la série *Entre logeurs et logés* : t. I, Michel Peraldi, *Les Figures de la dégradation*, Marseille, CERFISE, 1987 ; t. V, Michel Anselme, *La Médiation ambiguë*, 1990.

33. François Dubet, *La Galère : jeunes en survie*, Paris, Fayard, 1987.

34. Cf. Firmin Lantacker, *La Frontière franco-belge. Étude géographique des effets d'une frontière internationale sur la vie de relation*, Lille, 1974 ; Michel Bathiau, *Les Industries textiles de la région Nord-Pas-de-Calais*, Rennes, 1976 ; Béatrice Giblin-Delvallet, *La Région. Territoires politiques, le Nord-Pas de-Calais*, Paris, Fayard, 1990 ; Alain Demangeon et Ann-Caroll Werquin, « Les ingénieurs, l'État et les villes : le boulevard du XXe siècle », *Les Annales de la recherche urbaine*, n° 38, juin-juillet 1988, p. 86-94 ; Jean Hautreux et Michel Rochefort, *Le Niveau supérieur de l'armature française*, Paris, 1963 ; Claude Fohlen, *L'Industrie textile au temps du Second Empire*, Paris, 1958.

35. Telles que les décrit le romancier Maxence Van der Meersch dans plusieurs de ses livres.

36. Cf. « Contrat d'agglomération de Lille-Roubaix-Tourcoing-Villeneuve-d'Ascq et de la CUDL », diagnostic, *Rapport de la CODRA*, avril 1990, p. 103.

37. *Ibid.*, p. 44.

38. Bernard Couvert et Michel Pinet, « Roubaix. La crise du placement des jeunes », *Les Annales de la recherche urbaine*, n° 35, novembre 1987, p. 59-68.

39. En 1985, la police enregistre 13 délits pour 100 habitants à Roubaix, alors que la moyenne nationale est de 6,5 et la moyenne départementale de 5,7.

40. En 1962, le département du Nord recense 118 637 étrangers, dont 6 963 à Roubaix, alors qu'en 1975 le recensement comptabilise 160 140 étrangers dans le département, dont 21 493 à Roubaix.

En 1982, la population de Lille est d'origine étrangère pour 9,11 % ; Tourcoing : 14,55 % ; Villeneuve-d'Ascq : 7,27 % ; Roubaix : 20,08 % (*Rapport de la CODRA*, *op. cit.*, p. 30).

Sur 20 468 étrangers que recense la ville de Roubaix en 1982, 8 896 sont algériens, 1 352 marocains, 380 tunisiens, 1 996 italiens, 436 espagnols, 4 812 portugais et 724 sont « autres » (cap-verdiens ou asiatiques pour la majorité).

41. Bruno Duriez et Didier Cornuel, *Les Transformations économiques. Évolutions des rapports politiques et restructuration urbaine, Roubaix 1960-1975*, rapport du Centre d'analyse du développement (CNRS) ; G. Abou-Saada et Jean-Paul Tricard, *Le Logement des immigrés dans le Nord-Pas-de-Calais*, OMINOR ; *Les Conditions de logement des communautés immigrées en France*, rapport de l'ENA dirigé par Guy Lemoigne ; Rose-Marie Royer et Sliman Tir, *Étude sur la gestion et le redéploiement des populations immigrées à Roubaix. Stratégies d'implantement des immigrés*, rapport.

42. Entre 1975 et 1982, le taux d'accroissement est de − 1, 1 pour la ville de Lille, de − 0,7 pour Tourcoing, de + 2,4 pour Villeneuve-d'Ascq, de − 2 pour Roubaix (estimation 1982/1989, *Rapport de la CODRA*, *op. cit.*, p. 25).

43. Par rapport à Lille, Tourcoing et surtout Villeneuve-d'Ascq, Roubaix

est la ville la moins habitée par des cadres (*Rapport de la CODRA*, *op. cit.*, p. 36). Ce rapport signale que c'est à Villeneuve-d'Ascq et à Hem que se trouve la proportion la plus importante de logements sociaux de la CUDL (p. 62), mais les logements de grande taille se trouvent plus couramment à Roubaix, et les plus récents à Villeneuve-d'Ascq (Programme local de l'habitat [PLH], 1988). Cf. également les rapports d'activité de la CAF, du CCAS, du CAL-PACT et au Xe Plan de la Ville de Roubaix (chap. v).

44. 1460 entre 1958 et 1971, dont 630 en cours et 830 en rues ; 4320 entre 1970 et 1984, dont 2220 en cours et 2100 en rues ; 2170 entre 1974 et 1992, dont 1580 en cours et 590 en rues (PLH, 1988).

En 1982 sur Roubaix, plus de 5000 logements sont toujours dépourvus de confort (*Rapport de la CODRA*, *op. cit.*, p. 54).

45. 18 % des logements sociaux de Roubaix sont vacants (*Rapport de la CODRA*, *op. cit.*, p. 64).

46. Une note du 13 mai 1985 émanant de l'Office public d'HLM démontre l'existence de critères d'attribution qui discriminent des populations d'origine étrangère.

47. A Roubaix, 1 étranger sur 3 est propriétaire de son logement (OMINOR).

48. Sur un effectif de 6214 élèves, 4032 (dont 1006 étrangers) sont dans le public, et 2182 (dont 336 étrangers) dans le privé.

49. Sur 10010 élèves en primaire, 7038 sont dans le public, dont 2201 étrangers (31 %), alors que sur les 2972 qui sont dans le privé 508 seulement sont étrangers (17 %). On peut également dire que sur une population d'élèves étrangers de 2709 élèves, seulement 19 % sont dans le privé.

50. Sur les 60 enseignants d'une équipe pédagogique, en moyenne à peine une dizaine habite Roubaix.

51. La ségrégation ne peut toutefois pas être attribuée uniquement aux effets de la carte scolaire. Le système des options, ou même des fausses adresses, permet d'en contourner les limites. Par exemple, des parents qui ont un employeur situé en proximité du parc Barbieux déclarent cette adresse comme domicile, et leurs enfants bénéficient d'une inscription au collège Baudelaire.

52. Cf. Ahmed Brahimi, Christophe Catteau et Serge Labalette, *L'Exclusion des jeunes issus de l'immigration*, rapport de la Mission locale de Tourcoing, Tourcoing, 1989.

53. Cf. Jean-François Stevens, *Lille-Eurocité*, Conseil régional Nord-Pas-de-Calais.

54. L'intervention sociologique s'est déroulée en mars et avril 1991, avec des réunions les vendredis 15 et 29 mars en fin d'après-midi et en soirée, le samedi 30 mars toute la journée, le samedi 6 avril après-midi et le mercredi 10 avril en soirée.

55. Cf. Sabine Dupuy et Nora Giacobbe, *L'Alma-Gare, 1989 à la croisée des chemins*, rapport pour le ministère de l'Équipement et du Logement. Cf. aussi *Lutte urbaine et Architecture*, Roubaix, Éd. de l'Atelier populaire

d'urbanisme, 1982, p. 374-391. La mairie pensait procéder à une opération « tiroir », en logeant les habitants de l'Alma dans les immeubles « Édouard-Anseele ». Le retard pris dans la construction du quartier Anseele, en même temps que la montée de la contestation et le refus des gens de l'Alma de loger dans des immeubles « cages à lapins », a empêché l'opération.

56. Cf. Hélène Hatzfeld, « Municipalités socialistes et associations. Roubaix : le conflit de l'Alma-Gare », *Revue française de sciences politiques*, n° 3, juin 1986.

57. Frédéric Hoffet, *Psychanalyse de l'Alsace*, Colmar, Alsatia, 1989. L'auteur présente en exergue une comptine populaire qui évoque ce sentiment contradictoire :

Jean dans son trou de moustique a tout ce qu'il veut
Et ce qu'il veut, il ne l'a pas
Et ce qu'il a, il ne le veut pas
Jean dans son trou de moustique a tout ce qu'il veut

58. Les citations entre guillemets sans indication d'ouvrage renvoient à des extraits d'entretiens.

59. Une version plus large de cette première partie du chapitre 3 est parue dans les *Cahiers internationaux de sociologie*, vol. XC, 1991, p. 89-106.

60. Cf. Raymond Oberlé, *Mulhouse ou la Genèse d'une ville*, Steinbrunn-le-Haut, Éd. du Rhin, 1985.

61. Cf. Bernard-Thierry Mieg, « Discours pour le 150e anniversaire de la SIM », *Bulletin de la Société industrielle,* n° 3, 1976.

62. Une enquête de la direction générale de l'Industrie montrait ainsi en 1983 que la part des effectifs industriels employés en Alsace dans des entreprises à participation étrangère était la plus forte de France, avec 32,3 %.

63. Source : direction régionale du Travail et de l'Emploi.

64. La part du secteur tertiaire est aujourd'hui de 57 % sur la ville (contre 53 % en 1982), la part du secondaire étant de 35 % (contre 43 % en 1982).

65. 10 % de la population française, 24 % de la population immigrée sont au chômage (source : FAS).

66. Le décalage, s'il vaut pour l'ensemble des secteurs d'activité, concerne d'abord ceux qui font appel à de hautes technologies et aux tâches de maintenance qui les accompagnent, ainsi que certains secteurs de l'artisanat et du second œuvre. A titre d'exemple, l'ANPE relevait en 1990 que le taux de satisfaction des offres était en moyenne de 60 % dans la plupart des secteurs et qu'il pouvait descendre à 40 ou 45 % seulement dans ceux de la mécanique, de l'électricité, de l'électronique. Les estimations faites sur l'ensemble du Haut-Rhin par l'Union des corporations des artisans relevaient par ailleurs une pénurie de 360 menuisiers, 270 électriciens, 200 maçons, 280 ouvriers qualifiés dans les secteurs liés à l'automobile, etc.

67. Il existe 30 000 frontaliers sur l'ensemble du département. Entre 1989 et 1990, la progression du phénomène a été de 20 %.

68. Ainsi, le quartier Brossolette à Bourtzwiller est l'un de ceux où la population jeune est la plus élevée de la ville et où se concentrent les problèmes sociaux, le chômage et la précarité des 16-25 ans explicitement liés à la sous-formation : les deux tiers de la population active jeune sont en situation de précarité (parmi eux, deux tiers sont sans emploi, un tiers en stage ou en TUC) et, parmi les jeunes précaires, 65 % n'ont aucun diplôme — 40 % étant de niveau SES ou CPPN (enquête auprès des jeunes de 14-25 ans du quartier Brossolette, Fédération des centres sociaux du Haut-Rhin, Association pour la réhabilitation des logements anciens, 1988).

69. Le parc d'habitat mulhousien comprend une proportion de logements anciens plus élevée que la moyenne nationale. En 1982, selon une étude menée par les services d'urbanisme de la Ville :

— les logements construits avant 1915 constituaient 35 % de l'ensemble (29,5 % selon les estimations de l'INSEE), la moyenne nationale pour les villes de 100000 à 200000 habitants étant de 19 % ;

— les logements construits entre 1915 et 1948 constituaient 19 % (22,5 % selon l'INSEE), la moyenne nationale étant de 16 % ;

— les logements construits après 1948 constituaient 46 % (48 % selon l'INSEE), la moyenne nationale étant de 64 %.

70. L'afflux le plus important s'est produit entre 1968 et 1975 : toutes nationalités confondues, l'immigration passe alors de 12500 personnes (soit 10,6 % de la population totale) à 21200 (soit 17,8 %). Depuis 1975, par contre, elle s'est stabilisée (21200 personnes, soit 18,6 % de la population en 1982), puis elle a sensiblement régressé (passant à 20500, soit 18,1 % en 1987). Cette évolution vaut en chiffres absolus, mais aussi, on le voit, comparativement à la population totale (source : Ville de Mulhouse).

71. Entre 1962 et 1968, la population de Mulhouse augmente de 8000 habitants, celle de la périphérie de 11000. Entre 1968 et 1975, la population de Mulhouse augmente de 1000 habitants, celle de la périphérie de 20000. Entre 1975 et 1982, Mulhouse perd 6000 habitants, la périphérie augmente de 5000. Entre 1982 et 1989, Mulhouse perd 4000 habitants, la périphérie augmente de 7000.

72. Les secteurs concernés se situent dans la boucle de logements anciens qui entourent le centre (c'est le cas des quartiers Papin et Porte-du-Miroir, anciens quartiers industriels et ouvriers, et de secteurs proches de la « Cité » ouvrière) ; ils se situent par ailleurs dans les logements sociaux construits à l'est de la ville (quartiers Drouot, Jean-Wagner, Neppert et Wolf).

73. A titre d'exemple, en 1987, 40 % des élèves de Brossolette étaient en cycle court et, à l'intérieur de ce cycle, un nombre conséquent interrompait prématurément ses études ; l'échec scolaire était considérable, le taux de réussite n'atteignant que 40 à 50 % dans la mécanique, par exemple, et entraînant par conséquent une sortie de la scolarité sans diplôme. 30 % seulement des jeunes préparaient le bac et peu d'entre eux réussissaient à l'obtenir (enquête ARIA, Fédération des centres sociaux).

Dans le quartier Drouot, les mêmes caractéristiques apparaissent, et les chiffres sont là encore impressionnants : à 16 ans, 62 % seulement des jeunes sont scolarisés (contre 88 % sur l'ensemble de la ville) ; à 17 ans, ils sont 25 % (contre 63 %) ; à 18 ans, 8 % (contre 47 %) ; parmi les plus de 16 ans, 64 % n'ont aucun diplôme. Les difficultés commencent là aussi dès le primaire, à travers les problèmes d'apprentissage de la lecture notamment (26 % des enfants ont besoin de plus de neuf mois pour apprendre à lire) et les retards qui s'accumulent dès les premières années (55 % des enfants seulement ont le niveau nécessaire pour rentrer en CE1, 41 % ont au moins une année de retard à la fin du cycle primaire) (enquête du comité de quartier Drouot).

74. Les chiffres dont nous disposons ne concernent que les enfants de nationalité (et non d'origine) étrangère, et sont donc légèrement en deçà de la situation exacte. Mais ils donnent cependant une indication significative. Sur les 87 établissements de Mulhouse, les maternelles comptent 31 % d'enfants immigrés, les écoles élémentaires 37 %, les collèges et SES 45 % environ. Dans cet ensemble, la plupart des établissements se situent autour des moyennes indiquées, avec des exceptions à Bourtzwiller et au quartier Koechlin notamment — où l'immigration turque est importante depuis quelques années —, et avec quelques écoles, peu nombreuses, qui dépendent de secteurs résidentiels dans lesquels la ségrégation a joué. Dans les lycées, par contre (à partir de la classe de cinquième notamment), les jeunes immigrés sont beaucoup moins nombreux, la sélection commençant à s'opérer : en 1988, sur 6 088 élèves des lycées d'enseignement général, 5 674 étaient français pour 414 étrangers ; sur 5 300 élèves des lycées professionnels, 4 679 étaient français pour 622 étrangers, la sélection intervenant également dans l'enseignement professionnel. En ce qui concerne les huit établissements privés (trois primaires, trois secondaires et deux lycées professionnels), les chiffres sont clairs : 4 enfants sont de nationalité étrangère sur les 90 des classes maternelles, 23 sur les 1 197 du cycle élémentaire, 32 sur les 1 410 élèves des collèges, 3 sur les 506 lycéens et 3 également sur les 313 élèves de lycées professionnels (*Annuaire statistique de la ville de Mulhouse*, 1988).

75. Élément significatif à ce sujet : la Société industrielle, qui avait toujours été tenue en main par les protestants et dans laquelle l'aspect protestant était, comme on l'a vu, déterminant, est aujourd'hui présidée par un industriel catholique (Guy Perrier, ancien directeur de Peugeot-Mulhouse). Changement décrit comme une « petite révolution », impensable il y a quelques années.

76. Les informations recueillies donnent des indications convergentes : une note émanant de l'Office des HLM, et qui date de 1988, montre ainsi que la proportion de locataires de nationalité étrangère habitant le parc de logement social est, toutes nationalités confondues, sensiblement équivalente à la proportion d'étrangers vivant à Mulhouse (20 % dans les HLM, un peu plus de 18 % sur l'ensemble de la ville), mais que, parmi ces différentes nationalités, les Turcs sont très nettement sous-représentés (constituant

4,7 % des locataires étrangers alors qu'ils représentent déjà plus de 11 % de la population étrangère totale vivant à Mulhouse). Ce qui suggère de fortes restrictions. Des informations plus récentes font état non plus seulement de restrictions, mais d'une quasi-fermeture, les Turcs qui souhaitent déménager des quartiers proches du centre pour accéder aux HLM semblant se heurter à un barrage quasi systématique. Ces informations dessinent l'espace d'un dossier « difficile », qui pourrait relever d'une discrimination institutionnelle, mais qui peut aussi être interprété en sens inverse et relever alors d'une tentative de « rééquilibrage » des populations vivant en HLM afin d'éviter la formation de ghettos et les tensions inhérentes (ou les images qui sont utilisées par la propagande raciste).

77. Jean-Marie Le Pen arrive en tête des candidats de droite et, notamment, devance Jacques Chirac dans l'ensemble des secteurs avec 21 % dans le canton sud (Chirac : 15 %), 22 % dans le canton est (Chirac : 18 %), 25 % dans le canton ouest (Chirac : 13 %) et 29 % dans le canton nord (Chirac : 10 %). Ces chiffres font apparaître par ailleurs le rapport assez étroit entre les deux électorats : plus le score de Le Pen est important, plus celui de Chirac est faible — ce rapport n'apparaissant que très faiblement pour ce qui concerne Raymond Barre.

78. L'intervention s'est déroulée en mai et juin 1991, avec des réunions le vendredi 24 mai en soirée, le samedi 25 mai toute la journée, le vendredi 14 juin en soirée et le samedi 15 juin toute la journée.

79. Cf. Jean-Philippe Guillemet, *Le Vote Front national. Essai de construction d'objet. Analyse écologique du vote en 1984, 1986 et 1988 dans les agglomérations de Bordeaux (33), Saint-Denis (93), Saint-Étienne (42) et la ville de Marseille (13)*, mémoire de DEA, Bordeaux, université Bordeaux II, 1990.

80. Les citations entre guillemets, sauf indication contraire, sont extraites d'entretiens individuels menés en 1990 et 1991.

81. Une enquête menée par César Centi dans les quartiers nord de Marseille l'amène à affirmer, en ce qui concerne le chômage des jeunes, que « les origines géographiques apparaissent socialement structurantes et non la CSP, le statut du père ou le type d'entreprise où ce dernier travaille. [...] Dans les rapports à l'emploi, être fils de Maghrébin est plus significatif qu'être fils d'OS ou de manœuvre, par exemple ». Par ailleurs, « les jeunes d'origine maghrébine accroissent leur investissement scolaire, en passant de l'absence de scolarité à des études techniques courtes. Il ne semble cependant pas que les différences de scolarité aient un impact essentiel sur l'emploi [...] » (cf. « Espace de la mobilisation et chômage. Le chômage des jeunes dans les quartiers nord de Marseille », *Les Annales de la recherche urbaine*, n° 35-36, novembre 1987, p. 44). Sur 12000 dossiers traités par la mission « jeunes » de la Ville de Marseille en 1988, il est possible d'inférer que 30 % environ concernaient des jeunes de la « deuxième génération ».

82. Sur les difficultés qu'éprouvent les familles étrangères et gitanes pour accéder au parc de logements sociaux, cf. *Vingt Mesures d'orientation pour*

un plan départemental, bilan des travaux de la commission « Pour le logement des plus démunis », conseil départemental de l'habitat, Marseille, octobre 1989.

83. Cf. Gilles Ascaride et Mireille Meyer, « L'interculturel en question. Réflexions à propos d'un séminaire de formation », *Sociologie du Sud-Est*, n° 49-50, juillet-décembre 1986. Cf. aussi, des mêmes auteurs, *Islam et Prison. L'exemple des Baumettes*, polycopié.

84. Sur les transformations de l'économie marseillaise pendant les trente dernières années, les principaux ouvrages de référence sont ceux de Bernard Morel et Philippe Sanmarco, sur lesquels nous nous sommes appuyés : *Marseille, l'État du futur*, Aix-en-Provence, Édisud, 1988, et *Marseille, l'endroit du décor*, Aix-en-Provence, Édisud, 1985.

85. « En moins de dix ans, l'industrie traditionnelle va être balayée sans pour autant être remplacée [...] Et, aussi étonnant que cela puisse paraître, tout le monde a un tant soit peu favorisé ce ratage ; pour des raisons aussi diverses que contradictoires, le patronat aussi bien que les organisations ouvrières ont traîné les pieds quand il s'est agi d'opérer les virages. Les uns, parce qu'ils craignaient la remise en question d'un type d'industrie ; les autres, par hostilité à l'émergence d'un " capitalisme monopoliste d'État " dont ils ne percevaient que les inconvénients » (Bernard Morel et Philippe Sanmarco, *Marseille, l'État du futur*, *op. cit.*, p. 19).

86. « En 1968, les officines de planification prévoient de 17 000 à 40 000 emplois sur le site de Fos, 77 000 à 197 000 sur l'aire métropolitaine et un apport neuf démographique oscillant entre 210 000 et 540 000 habitants supplémentaires. [...] en 1976, autour des deux sites sidérurgiques et du complexe pétrolier ne s'étaient créés que 9 000 emplois [...] au maximum 20 000 emplois induits sur l'aire métropolitaine, et une population fixée de 60 000 personnes » (B. Planque, « Fos, dix ans après », *Sud Informations économiques*, n° 56, 1983 ; cité par Michel Peraldi, « Marseille couleurs de crise », *Peuples méditerranéens*, n° 37, octobre-décembre 1986, p. 130).

87. Cf. Philippe Sanmarco et Bernard Morel, *Marseille, l'État du futur*, *op. cit.*

88. Source : CCAS de la Ville de Marseille, *Activité par domaines d'action.* Les chiffres pour 1988 correspondent à une population estimée à partir de l'enquête des ménages de 1988 et de la taxe d'habitation au 1er janvier 1988.

89. Sur ce phénomène, cf. Liliana Padovani, « Le public et le privé dans les grandes actions de transformation urbaine », *Peuples méditerranéens*, n° 43 *(Les Urbanistes dans le doute)*, avril-juin 1988.

90. Marcel Roncayolo, « Dynamique d'une mutation urbaine », *Marseille ou le Présent incertain*, La Tour d'Aigues, Actes Sud, 1985.

91. Michel Anselme, « La formation des nouveaux territoires urbains et leur " crise " : les quartiers nord de Marseille », *Peuples méditerranéens*, n° 43, *op. cit.*, p. 122.

92. Cf. Michel Anselme, « Les enjeux de la requalification urbaine à

Marseille. Le mouvement de la réhabilitation du parc social », communication présentée au séminaire sur « L'entrée dans la ville », Tunis, novembre 1986.

93. Cf. Michel Anselme, « La formation des nouveaux territoires urbains... », art. cité, p. 124.

94. Cf. Gilda Beschon, « Les logements au sein de l'agglomération marseillaise : la périphérie plutôt que le centre », in *Sud Information économique*, n° 79, 3e trimestre 1989.

95. Cf. Nicole Amphoux, *Le Sentiment et les Réalités de l'insécurité à Frais-Vallon*, ministère de l'Équipement, du Logement, des Transports et de la Mer, novembre 1989, polycopié.

96. *Ibid.*

97. 1440 toxicomanes sont recensés dans les centres de soins à Marseille, ce qui induit à les chiffrer aux environs de 5800 pour l'ensemble de la ville. Des analyses portant sur un échantillon de 274 personnes ayant entrepris pour la première fois une démarche de soins en 1989 établissent un portrait type du consommateur de drogue, avec les caractéristiques suivantes : ce consommateur est un homme (74 % des cas) ; il a 24 ans révolus dans 65 % des cas (moins de 18 ans dans seulement 1,4 % des cas) ; sa première intoxication lourde se fait dans la plupart des cas entre 20 et 21 ans ; il est de nationalité française (86 % des cas), culturellement, originaire de la CEE (62 % des cas) — cependant, le nombre de personnes d'origine maghrébine venant consulter serait en augmentation : 23 % en 1987, 25 % en 1988 et 30 % en 1989 ; il est célibataire (68 % des cas) ; il vit chez ses parents (43 % des cas) ; il n'a aucun diplôme ni qualification (47 % des cas) ou a le niveau BAC ou supérieur au BAC (seulement 10 % des cas) ; il n'a jamais eu d'activité professionnelle, l'a interrompue ou l'exerce par intermittence (80 % des cas), et dans seulement 2 % des cas il est élève ou étudiant ; il n'a aucune ressource (55 % des cas) ; il a commencé par la consommation de cannabis (39 % des cas) ou de l'héroïne (14 % des cas) ; par contre, le produit principal régulier consommé au moment de la démarche de soins est l'héroïne (81 % des cas) (cf. Association méditerranéenne de prévention des toxicomanies, *Bilan d'activité*, 1989).

98. Cf. *Le Monde*, 9 mai 1990.

99. Cette « couleur » est déjà très marquée à l'intérieur des prisons. En octobre 1989, il y avait aux Baumettes 2200 détenus, dont 900 étrangers. Dans le bâtiment des mineurs, les détenus français d'origine maghrébine constituaient 85 % de la population carcérale (cf. Gilles Ascaride et Mireille Meyer, *Islam et Prison. L'exemple des Baumettes, op. cit.*, p. 1).

100. Des enseignants nous ont affirmé avoir entendu des inspecteurs prétendre que la baisse d'effectifs entraînait, dans les quartiers sud, des conséquences toujours moins radicales que dans les quartiers nord.

101. Selon Emmanuel Loi, pendant une longue période à Marseille les standardistes du PS accueillaient chaque appel téléphonique par la question :

« Pour un emploi ou pour un logement ? » (cf. *Defferre et Marseille*, Paris, Barrault, 1989).

102. Cf. Georges Marion, *Gaston Defferre*, Paris, Albin Michel, 1989.

103. Cf. *Migrance. Histoire des migrations à Marseille*, Aix-en-Provence, Édisud, 1990, vol. 2.

104. Cf. Marie-Françoise Attard-Maraninchi et Émile Temime, *Migrance. Histoire des migrations à Marseille*, Aix-en Provence, Édisud, 1990, vol. 3.

105. *Ibid.*

106. Cf. Jean Kehayan, « Bedros Saradjian : une terre sur laquelle il n'y a rien », *Autrement*, n° 36 (hors série), février 1989.

107. Cf. Gérard Laplace et Denis Klumpp, « Des Gitans sédentaires », *Études tsiganes*, n° 4/87.

108. Cf. Jocelyne Cesari, « Les stratégies identitaires des musulmans à Marseille », in *Migrations et Société*, novembre 1989, p. 64.

109. *Ibid.*

110. *Ibid.*, p. 66.

111. Après une réunion préparatoire, le 16 avril 1991, l'intervention sociologique s'est déroulée le vendredi 31 mai en soirée, le samedi 1er juin dans l'après-midi, le lundi 3 juin en après-midi et en soirée, le lundi 10 juin en après-midi et en soirée, et le lundi 17 juin en après-midi et en soirée.

112. Michel Peraldi, *Les Figures de la dégradation, op. cit.*

113. Catherine Foret, « L'affaire Armstrong » ; citée par Michel Peraldi, *Les Figures de la dégradation*, *op. cit.*, p. 62.

114. Cette note est l'occasion pour nous de remercier Robert Ballion, dont les travaux sur l'école font autorité et qui a bien voulu nous laisser consulter un échantillon de demandes de dérogation couvrant la quasi-totalité des années quatre-vingt.

115. Cf. Hugues Lagrange et Pascal Perrineau, « Le syndrome lepéniste », *Le Front national à découvert*, *op. cit.*, p. 228-246.

116. Cf. Hugues Lagrange, « La perception de la violence par l'opinion publique », in *Revue française de sociologie*, n° 25, 1984, p. 636-657.

117. Cf. Salvatore Condro, « L'insertion sociale des immigrés. Crise économique et changements sociaux. Un quartier de Marseille. L'Estaque-Riaux », *Des migrants et des villes* (Travaux et documents de l'IREMAM), n° 6, Aix-en-Provence, 1988. Cf. également, dans le même document, Jean-Claude Garnier, « Vie et mort d'une cité populaire ».

118. Cf. Gilles Ascaride, « L'Étranger : l'absent omniprésent », *Des migrants et des villes*, *op. cit.*

119. Louis Wirth, *Le Ghetto*, Grenoble, PUG, 1980 (1re éd. 1928).

120. François Dubet, *La Galère : jeunes en survie*, *op. cit.*

121. Ces propos renvoient au meurtre d'un adolescent de 16 ans, Karim Himi, tué en avril 1990 par un homme âgé de 57 ans, René Maire, après une altercation entre cet habitant du quartier du Bel-Air à Mulhouse et le groupe de trois jeunes auquel appartenait la victime.

122. Sur ce thème, cf. les *Actes du colloque Démocratie et pauvreté*, Paris, Quart-Monde / Albin Michel, 1991.

123. Jean-Claude Chamboredon et M. Lemaire, « Proximité spatiale et distance sociale, les grands ensembles et leur peuplement », *Revue française de sociologie*, XI, 1970.

124. Cet homme nous a décrit, entre autres exemples, comment il est intervenu dans un quartier où une commerçante tenant un modeste magasin était victime d'un Maghrébin qui, tous les jours, crachait sur sa vitrine. Les commerçants voisins « commençaient à s'exciter, la haine montait »; il a organisé le témoignage et le dépôt d'une plainte. L'affaire s'est soldée par une condamnation du coupable, qui a dû payer un an de nettoyage et qui ne passe plus dans la rue, la tension est retombée.

125. Cf., pour une vision d'ensemble, Claude Chaline, *Les Villes nouvelles dans le monde*, Paris, PUF, 1985; et pour un panorama français, entre autres, Catherine Chatin, *Neuf Villes nouvelles. Une expérience française d'urbanisme*, Paris, Dunod, 1975; Jean Steinberg, *Les Villes nouvelles d'Ile-de-France*, Paris, Masson, 1981; et Pierre Merlin, *L'Aménagement de la région parisienne et les Villes nouvelles*, Paris, La Documentation française, 1982. Enfin, pour un bilan critique, cf. Julia Trilling, « La logique des villes nouvelles vue par une Américaine », *Les Annales de la recherche urbaine*, février 1988, p. 68-77. Pour un point de vue très critique, voir, entre autres, « La ville nouvelle en faillite », *PSU Documentation*, n° 134, octobre 1978, 18 p., qui souligne l'échec des villes nouvelles dans leur volonté d'unifier la formation sociale; Claude Bunodière, « Ville nouvelle : le naufrage », *Le Nouvel Économiste*, n° 147, 4 septembre 1978, p. 28-33, qui signale le piège du gigantisme et du surendettement des villes nouvelles; dans une perspective semblable, Jean-Marc Goursolas, « The New Towns in the Paris Metropolitan Area : an Analytic Survey of the Experience, 1965-1979 », *International Journal of Urban and Regional Research,* septembre 1980, p. 405-421, qui insiste sur leur « anachronisme dispendieux »; enfin, pour un bilan plus modéré, voir Philippe Leray, « Neuf villes nouvelles en France », *Aménagement*, 10 décembre 1977, p. 9-16.

126. Pour des bilans globaux de cette expérience, cf. le dossier « Villes nouvelles », *Communes de France*, n° 249, septembre 1986, p. 21-28, et Serge Contat, « Logement : la qualité " villes nouvelles " », *Cahiers de l'Institut d'aménagement et d'urbanisme de la région d'Ile-de-France*, septembre 1990, p. 29-42.

127. Pour l'historique de Cergy-Pontoise, voir Bernard Hirsch, *L'Invention d'une ville nouvelle : Cergy-Pontoise 1965-1975*, Paris, Presses des Ponts et Chaussées, 1990.

128. Voir sur ce point les évaluations critiques de Jean Steinberg, « Rôle et avenir des villes nouvelles d'Ile-de-France », *Annales de géographie*, avril 1990, p. 141-151. D'ailleurs, l'expérience urbanistique française est souvent présentée comme positive dans la littérature anglo-saxonne : J. Tuppen, « The Development of French New Towns : an Assessment of Progress »,

Urban Studies, février 1983, p. 11-30; et Irene Wilson, « The French New Towns – les villes nouvelles », *Planning Outlook*, 29, 1, 1986, p. 26-34.

129. Pour les effets de cette politique sur le quartier de Saint-Christophe, cf. Daniel Vidal, *La Nostalgie des ghettos*, enquête 1984, 34 p.

130. Ceci est un constat général. En effet, si, dans un premier moment, les villes nouvelles soulèvent l'enthousiasme (comme l'atteste une enquête fait en mars-mai 1980 auprès de 1785 ménages à Cergy – voir Marie-Odile Gascon et Daniel Teman, « Cergy-Pontoise en 1980 : une bonne image auprès de ses habitants », *Aspects statistiques de l'Ile-de-France*, septembre 1980, 23 p.), dans un deuxième moment, ce sentiment est relayé par une certaine déception au fur et à mesure que les clivages socio-économiques reparaissent et que les « pionniers » se désengagent (voir par exemple, pour la ville nouvelle de Saint-Cevry, Sophie Tievant, « Vivre autrement. Échanges et sociabilité en ville nouvelle », *Cahiers de l'observation du changement social*, n° 6, 1982, p. 59-121 ; et, pour Cergy-Pontoise, K. Laske, « Cergy : il est déjà loin le temps des pionniers », *Autrement*, septembre 1985, p. 46-52).

131. En 1988, 37 % des habitants avaient un revenu mensuel inférieur à 7000 francs. Une étude de la mairie montre qu'en 1989 36 % des familles bénéficiaient, en raison de la modestie de leurs ressources, des tarifs les plus bas sur certains services municipaux (cantine, garderie, centre de loisirs) ; sur les 132 bénéficiaires du RMI de Cergy en mars 1990, 64 (soit 48,48 %) habitent à Saint-Christophe.

132. Les chiffres sont alarmants : en 1989, sur les 174 familles ayant reçu des aides accordées par l'État, 11 % étaient à la frange du seuil de pauvreté et 15,5 % au-dessous; 84 % avaient une dette de loyer allant de 1200 à 50000 francs, à laquelle s'additionnaient, pour 42 %, des dettes autres que celles du loyer. Ajoutons qu'il y a eu à ce jour 82 enquêtes d'expulsion demandées par la sous-préfecture sur le quartier, soit 63,56 % du total de celles engagées sur Cergy.

133. L'Église devient très vite un lieu porteur de lien, surtout pour la population noire de Cergy; pour donner un seul chiffre qui a ici valeur d'exemple limite, on compte 6 pasteurs pentecôtistes haïtiens sur la ville nouvelle.

134. Les propos sont parfois très durs à ce sujet : « Là où j'habite, il y a l'office religieux de la secte Notre-Dame de Pentecôte, je ne sais pas quoi, haïtien, c'est vrai que tous les dimanches, on a des cantiques toute la journée, très fort, plus les mouvements de population... Le mouvement, cette population noire qui vient endimanchée, qui vient avec des machins, c'est vrai... C'est vrai qu'à partir d'un certain moment, ça devient trop. Un office religieux, à une heure déterminée, ça va, toute la journée... C'est vrai que quand t'entends ça toute la journée, tu prends ta carabine quand t'es énervé et tu tires, non mais c'est vrai. On comprend qu'il y ait des réactions excédées... ».

135. Ce phénomène, à Cergy, s'est certainement renforcé depuis le

changement d'équipe municipale de mars 1989. Face à une situation financière difficile, et soucieuse de rigueur, la mairie, en ce domaine, a promu une nouvelle ligne d'action. Là où l'ancienne équipe municipale distribuait elle-même l'aide sociale, relativement largement, la nouvelle équipe a choisi d'être plus réservée, d'étudier plus longtemps les dossiers, et surtout, chaque fois qu'il est possible, de renvoyer les demandeurs vers d'autres institutions compétentes.

136. Sur l'ensemble de la commune, 45 % de la population a moins de 20 ans (dont plus d'un tiers se situe dans la tranche des 12-20 ans). Les 14-20 ans sont passés de 1 800 en 1982 à plus de 5 000 aujourd'hui, et on prévoit déjà qu'ils seront en 1993 6 300 environ.

137. Le calendrier des rencontres du groupe a été le suivant :

30 mars 1990 : séance fermée (sans interlocuteur), séance avec l'élu local du Front national ;

6 avril 1990 : séance avec une chargée des affaires sociales dans une grande administration nationale, séance fermée ;

27 avril 1990 : séance avec un promoteur, séance avec un urbaniste ;

4 mai 1990 : séance avec deux associations d'immigrés, séance fermée ;

11 mai 1990 : séance avec le maire de Cergy, séance avec une chargée de mission de l'EPA, séance fermée ;

18 mai 1990 : séance avec deux jeunes « zoulous », séance avec François Dubet ;

8 juin 1990 : séance finale sans interlocuteur ;

7 novembre 1990 : discussion avec le groupe d'une première version de ce texte, qui, une fois remanié, a été publié dans les *Annales de la recherche urbaine*, n° 49, décembre 1990, p. 5-12.

138. On trouvera, dans le rapport de Jean-Christophe Lacelle, « Les assistantes sociales et l'excision », DEASS, 1991, un état de la question et, surtout, les résultats d'une enquête qui confirme nos propres observations.

139. Pour une étude globale de ces nouvelles politiques et du travail social qu'elles mettent à l'épreuve, voir le livre important de Jacques Ion, *Le Travail social à l'épreuve du territoire*, *op. cit.* Le groupe de Roubaix s'est réuni le vendredi 15 mars 1991 en soirée, et le samedi 16 mars en matinée ; celui de Mulhouse, le vendredi 12 avril 1991 en soirée et le samedi 13 avril en matinée.

140. Jacques Ion, « La fin des petits clercs », *in* J. Donzelot (dir.), *Face à l'exclusion*, *op. cit.*, p. 102-103.

141. Signalons les revues comme *Police Studies*, *Policing and Society*, le *Police Journal*, l'*American Journal of Police*, l'*Australian Police Journal* ; les *hearings* du Congrès américain ; les innombrables rapports et monographies sur les violences urbaines, depuis celles de Chicago en 1919. En langue française, pour une mise au point théorique et une bibliographie, cf. Jean-Claude Monet, « Police et racisme », communication au colloque international « Trois jours sur le racisme » (Créteil, 5, 6 et 7 juin 1991).

142. Cf. notamment le numéro « Spécial police » de la revue *Sociologie du*

travail, III, 1985, préfacé et coordonné par Dominique Montjardet, et, depuis, les *Cahiers de l'IHESI*.

143. L'intervention sociologique a eu lieu les mardis et mercredis 23 et 24 octobre, 13 et 14 novembre, 4 décembre et 5 décembre 1990, 8 et 9 janvier 1991.

144. Cf. Howard S. Becker, *Outsiders*, Paris, A.-M. Métailié, 1985 (1re éd. 1963), qui montre bien à quel point les policiers ont besoin d'être respectés dans leur travail.

145. Cf. Robert Merton, *Éléments de théorie et de méthode sociologique*, Paris, Plon, 1965 (2e éd.).

146. En fait, près de 50 % des effectifs supplémentaires recrutés ont servi, sous la pression de la FASP, à réduire le temps de travail des policiers. La FASP a en effet obtenu le principe, exceptionnel en Europe, de la constitution d'une cinquième équipe (l'Espagne fonctionne avec trois équipes, et le Royaume-Uni avec quatre). Par ailleurs, le taux réel de présence policière sur le terrain est comparable à celui d'autres pays européens ; dans l'ancienne RFA, par exemple, il n'y avait ces dernières années pas plus de 7000 policiers sur le terrain au même moment.

147. Cf., sur ce thème, Irène Frax, « Gestion du stress policier », université Paris X-Nanterre, p. 32, qui indique que 63,5 % des candidats souhaitent entrer dans la police pour « avoir un contact avec les gens, aider, secourir ». Encore faut-il préciser que divers travaux étrangers, mais aussi l'étude d'Interface de 1982 (rapport interne destiné au ministère de l'Intérieur) contredisent ce point de vue : la majorité des policiers de base, d'après ces études, entre dans la police pour la sécurité de l'emploi, et non par « vocation » — ce dont témoigne le fait qu'un grand nombre parmi eux a exercé un ou plusieurs autres métiers auparavant.

148. Précisons, au passage, que les donnés officielles sur l'IGPN et l'IGS, telles qu'elles sont rassemblées par Jean-Marc Ancian (*La Police des polices*, Balland, 1988), ne font pas apparaître de catégorie administrative permettant de comptabiliser *sui generis* les comportements imputables à des policiers.

149. Cf. Pierre Demonque, *Les Policiers*, Paris, La Découverte, 1983 ; Dominique Montjardet, *La Police quotidienne. Éléments de sociologie du travail policier*, GST, novembre 1984.

150. Sur les rapports des policiers à leurs armes, cf. Dominique Lhuillier *et al.*, *Psychologie du port de l'arme et de l'uniforme*, rapport de recherche pour le ministère de l'Intérieur, 1986. Rappelons également le tollé suscité par les propos du ministre de l'Intérieur, Pierre Joxe, sur un éventuel désarmement des policiers (mai 1990).

151. Sur ce thème, on se reportera, pour une analyse fine et élaborée, à la recherche de Pierre Tournier et Philippe Robert, *Les Étrangers dans les statistiques pénales. Constitution d'un corpus et analyse critique des données*, Paris, CESDIP, 1989. Cf. aussi A.K. Bottomley, A.C. Coleman, *Understanding Crime Rates : Police and Public Roles in the Production of Official Statistics*, Farnborough, Gower, 1981 ; et A.K. Bottomley, « L'interprétation

des statistiques officielles de la criminalité », *Cahiers de la sécurité intérieure*, n° 4, février-avril 1991.

152. Sur les rapports de la police à la loi, cf. notamment D.J. Smith et J. Gray, *Police and Public in London*, PSI Institute, Gower, 1985 ; et Jean-Paul Brodeur, « Police. Mythes et réalité », *Criminologie*, Presses universitaires de Montréal, 1984.

153. Étude Interface, *Les Policiers, leurs métiers, leur formation*, Paris, La Documentation française, 1983 ; Syndicat des commissaires et hauts fonctionnaires de la police nationale, *La Police face à la crise des banlieues*, 1991.

154. Cf. Bernard Deleplace, *Une vie de flic*, Paris, Gallimard, 1987, qui indique qu'il a trouvé des expressions de cette critique de la justice dans des documents syndicaux datant de l'entre-deux-guerres.

155. Pour une présentation critique de ce type d'analyse, cf. Jean-Claude Monet, « Police et racisme », art. cité.

156. *Ibid.*

157. Pierre Demonque, *Les Policiers*, *op. cit.*

158. Robert Reiner, *The Politics of the Police*, Brighton, Wheatsheaf Books, 1985.

159. Sur ces problèmes, cf. René Lévy, *Du suspect au coupable : le travail de police judiciaire*, Genève/Paris, Librairie des Méridiens, 1987.

160. Marc Jeanjean, *Un ethnologue chez les policiers*, Paris, A.-M. Métailié, 1990 ; Antoinette Chauvenet et Françoise Orlic, « Interroger la police », *Sociologie du travail*, n° 4, 1985 ; Patricia Paperman, *Appels sans objet. Calme, ennui, action à Police Secours,* GRASS, 1986.

161. Lucienne Bui-Trong, « Bandes de jeunes et insécurité », *Tribune du commissaire de police*, n° 52, mai 1991, p. 4-7.

162. Cf. par exemple Jean-Marie Pontaut et Jean-Louis Reverier, « Banlieues : la police accuse », *Le Point*, n° 978, 17 juin 1991.

163. Décès, le 27 mai 1991, d'Aïssa Ihich pendant sa garde à vue au commissariat de Mantes-la-Jolie ; morts d'une policière, Marie-Christine Baillet, projetée par un véhicule volé conduit par un jeune d'origine maghrébine, le 9 juin 1991, puis, quelques minutes plus tard, au même endroit, d'un occupant d'une autre voiture volée, Youssef Khaïf, retrouvé avec une balle dans la nuque tirée à l'occasion de l'interception de cette voiture.

164. Gary T. Marx, « Civil Disorder and the Agents of Social Control », *The Journal of Social Issues*, vol. XXVI, n° 1, 1969.

165. Sur les équivoques de notions telles que « banlieue », « ethnicité », « ghetto », cf. Hervé Vieillard-Baron, « Le risque du ghetto », *Esprit*, n° 169, février 1991, p. 14-22.

166. — Propriétaires privés occupants ou bailleurs : 41 % (631 appartements) ;

— ODHLM : 38,9 % des logements (597 appartements) ;

— ORLY PARC (société HLM privée) : 8,2 % (125 appartements) ;

— sociétés DASMA et MIRELIS : 8,5 % (131 appartements) ;

— Ville de Montfermeil : 3,3 % (50 appartements) (source : Développement social des Quartiers, Montfermeil-Clichy-sous-Bois, dossier de candidature, septembre 1989, p. 13).

167. Circulaire du 18 septembre 1967, envoyée par le cabinet Bazin & Fils.

168. *Note pour monsieur le ministre de l'Aménagement du Territoire, de l'Équipement, du Logement et du Tourisme,* du 21 août 1973, ayant pour objet l'ensemble immobilier des Bosquets, p. 9.

169. Ramiro Aguilar et Patrick Frehaut, *Première Approche sociologique du quartier des Bosquets à Montfermeil. Analyse des données et des entretiens,* Conseil général de la Seine-Saint-Denis, novembre 1989, p. 29.

170. Quartier des Bosquets. Dossier de demande d'agrément comme « îlot sensible », CREPAH-UHFOHLM, Montfermeil, octobre 1984.

171. Présentation du pré-dossier Habitat & Vie Sociale, « Les Bosquets », Montfermeil, septembre 1983, p. 2.

172. Véronique Campion-Vincent, « Complots et avertissements : légendes urbaines dans la ville », *Revue française de sociologie,* vol. XXX, 1989, p. 91-105.

173. Cf. Ramiro Aguilar et Patrick Frehaut, *Première Approche sociologique du quartier des Bosquets, op. cit.,* p. 41.

174. Cité par Sylviane Stein, « La croisade d'un chrétien », *Les Cahiers de l'Express*, n° 3, 1990, dossier « Immigration », p. 96.

175. Bernard Defrance, « La cité des Bosquets à Montfermeil : quelques éléments d'information, histoire et problèmes actuels », manuscrit distribué mais non publié (janvier 1990).

176. Sur tous ces points, voir Patrick Bouveau, *Les Zones d'éducation prioritaires en France. Histoires, développement et problématique*, mémoire de maîtrise sous la dir. de B. Charlot, université Paris VII, 1989, p. 66-74 en particulier.

177. Ramiro Aguilar et Patrick Frehaut, *Première Approche sociologique du quartier des Bosquets*, *op. cit.*, p. 51.

178. *Ibid.*, p. 52-53.

179. Centre d'information et d'orientation, *Étude du VIIe district*, Le Raincy, juin 1989.

180. Jean-Philippe Guillemet, *Le Vote Front national*, *op. cit.*

181. Interview de M. André Deschamps, *Valeurs actuelles*, 30 novembre 1989.

182. Henri Rey et Jacques Roy, « Quelques réflexions sur l'évolution électorale d'un département de la banlieue parisienne : la Seine-Saint-Denis », in *Hérodote*, n° 43, 1986, p. 25.

183. François Platone et Henri Rey, « Le FN en terre communiste », *in* Nonna Mayer et Pascal Perrineau (dir.), *Le Front national à découvert*, *op. cit.*, p. 147.

184. Jean-Philippe Guillemet, *Le Vote Front national*, *op. cit.*, p. 147.

185 « Banlieues bourgeoises et ouvrières », *in* Yves Lacoste (dir.),

Géopolitique des régions françaises, t. I, *La France septentrionale*, Paris, Fayard, 1986, p. 581.

186. Henri Rey, « La résistance du communisme municipal en Seine-Saint-Denis en 1989 », in *Communisme*, n° 22-23, 1990.

187. « Le croyant », *La Gerbe* (numéro spécial), octobre 1989, p. 7.

188. « Amis de Montfermeil », *La Gerbe*, janvier 1986, p. 3. Sur le vocabulaire utilisé, cf. Colette Guillaumin, « Immigrationsauvage », *Mots*, n° 8, 1984, p. 42-51.

189. « Un tribunal pour quelle justice ? », *La Gerbe*, mars 1988, p. 3.

190. Cf., par exemple, « Le procès qui reste à faire », *La Gerbe*, janvier 1990, p. 3.

191. *Ibid.*

192. « Un tribunal pour quelle justice ? », art. cité, p. 3.

193. « Montfermeil demande la parole », *La Gerbe* (numéro spécial), octobre 1989, p. 4.

194. « C'est gagné », *La Gerbe*, mars 1989, p. 3.

195. « Des idées », *La Gerbe*, octobre 1990, p. 3.

196. « Le procès qui reste à faire », *La Gerbe*, janvier 1990, p. 3.

197. « La Roumanie à visage découvert », *La Gerbe*, octobre 1990, p. 13.

198. « Renaissance », *La Gerbe*, novembre 1986, p. 3.

199. « Il aura fallu un an », *La Gerbe*, décembre 1986, p. 5.

200. « Discours prononcé par M. Pierre Bernard à l'occasion de la réception des vœux de la municipalité », *La Gerbe*, février 1990, p. 5-6.

201. Raoul Girardet, *Mythes et Mythologies politiques,* Paris, Éd. du Seuil, 1986, p. 63-95.

202. Lettre du 20 décembre 1989, envoyée aux résidents de la cité des Bosquets, *La Gerbe*, janvier 1990, p. 4.

203. « Lettre ouverte à monsieur le ministre de l'Intérieur », *La Gerbe*, n° 3 (numéro spécial), novembre 1989, p. 1-3.

204. Cf. Pierre Birnbaum, *Le Peuple et les Gros. Histoire d'un mythe*, Paris, Pluriel, 1982.

205. « Assez d'abandons », *La Gerbe*, octobre 1989, p. 3.

206. Lettre du 21 octobre 1989.

207. « Immigration-racisme », *La Gerbe,* avril 1990, p. 3.

208. Par exemple, A. Sanders, « Montfermeil, un combat exemplaire » (éditorial), *Présent*, 12 octobre 1989.

209. « Que 1985 soit vôtre », *La Gerbe*, janvier 1985, p. 3.

210. *La Gerbe*, janvier 1990, p. 4.

211. Cf. également, « " Les Bosquets ", Montfermeil, notre commune », *UDSM*, n° 20, janvier 1990, p. 4.

212. Lettre au préfet de la Seine-Saint-Denis du 5 janvier 1989.

213. « Montfermeil prend la parole », *La Gerbe* (numéro spécial), octobre 1989, p. 1.

214. « Dotation de solidarité urbaine », *La Gerbe*, avril 1991, p. 3.

215. « Mais où est donc la démocratie ? », *La Gerbe*, novembre 1989, p. 8.

216. « Montfermeil demande la parole », art. cité, p. 4.

217. Pierre-André Taguieff, « L'identité nationaliste », *Lignes*, n° 4, 1988, p. 32.

218. « Un silence coupable », *La Gerbe*, novembre 1989, p. 10.

219. « Allez Montfermeil », *La Gerbe*, septembre 1990, p. 3.

220. « Le croyant », art. cité, p. 7.

221. « Montfermeil : le maire s'explique », *Le Quotidien du Maire*, 14 novembre 1989, p. 18.

222. Lettre envoyée à l'Amicale des Algériens le 5 avril 1990.

223. « En 1789, pour survivre il fallait se taire et s'incliner devant un ordre nouveau prétendu " volonté générale " qui a affaibli profondément la France dans tous les domaines : politique, économique, culturel, moral. Aujourd'hui aussi : la France silencieuse doit subir les grèves, les humiliations culturelles, la pornographie et Harlem Désir ! » (plaquette consacrée à l'exposition de « L'An 1789 », tenue à l'Hôtel de Ville au printemps 1989).

224. Pierre-André Taguieff, « Nationalisme et réactions fondamentalistes en France. Mythologies identitaires et ressentiment antimoderne », *Vingtième Siècle*, n° 25, 1990.

225. Pierre Birnbaum, « Nationalisme à la française », *Pouvoirs*, n° 57, 1991, p. 55-69 ; ainsi que « Haines et préjugés », *in* Jean-François Sirinelli et Éric Vigne, *Histoire des droites en France*, Paris, Gallimard, à paraître.

226. « Discours prononcé par M. Pierre Bernard à l'occasion de la réception des vœux de la municipalité », art. cité, p. 5.

227. « De l'intégration, ou parlez-moi d'amour », *Bulletin de France debout*, n° 4, 1990, p. 1.

228. « Le dialogue du maire et du principal », *Valeurs actuelles*, 30 octobre 1989, p. 31.

229. Voir, par exemple, le manifeste de France Debout, « France debout... Pourquoi ? », s.d., p. 2.

230. *Bulletin de France debout*, n° 3 (numéro spécial), novembre 1989, p. 7.

231. « Contre », *La Gerbe*, janvier 1991, p. 3.

232. « État civil – année 1989 », *La Gerbe*, mars 1990, p. 7.

233. « Culture », *La Gerbe*, mai 1986, p. 27.

234. « BLE », *La Gerbe*, octobre 1986, p. 15.

235. Christian Bruel et Anne Bozellec, *Histoire de Julie qui avait une ombre de garçon*, Paris, Les Livres du sourire qui mord, 1976.

236. « *Patria Nostra* », *La Gerbe*, novembre 1989, p. 3-4.

237. Mary Douglas, *De la souillure. Essai sur la notion de pollution et de tabou*, Paris, Maspero, 1971.

238. *Bulletin de France debout*, n° 4, 1990, p. 4.

239. « L'UDSM s'adresse à la population montfermeilloise », *Montfermeil, notre commune*, n° 20, janvier 1990, p. 3.

240. Cf. Mike Brake, « The Skinheads. An English Working Class Subculture », *Youth and Society*, vol. 6, n° 2, décembre 1974.

241. Cf. Daniel Hubert et Yves Claude, *Les Skinheads et l'Extrême droite*, Montréal, VLB Éditeur, 1991.

242. « *Urban working-class youth is, as a group, particularly vulnerable to economic recession and generalized material decline. It is in the context of the rising youth unemployment and inner-city decay of the latter part of the 1960s that the emergence of the working-class youth subculture of the skinheads must be located* » (John Davis, *Youth and the Condition of Britain. Images of Adolescent Conflict*, Londres, The Athlone Press, 1990).

243. Des rallyes de mode continuent à se tenir, à Paris comme à Londres, par des irréductibles des *mods*. Sur le style vestimentaire, cf. le livre culte de Nick Knight sur le mouvement skin, *Skinhead*, Londres, Omnibus Press, 1982.

244. « *" Hard mods " (wearing heavy boots, jeans with braces, short hair [...]) began to turn away from the fancy arabesques of acid rock to champion ska, rocksteady and reggae* » (Cohen, *Folk Devils and Moral Panics*, MacGibbon & Kee, 1972 ; cité par Dick Hebidge, *Subculture. The Meaning of Style*, Londres, Routledge, 1989 [1re éd. 1979], p. 55).

245. « *As reggae became increasingly preoccupied with its own blackness, it began to appeal less and less to the skinheads who were gradually edged out at a time when the cycle of obsolescence had, as far as this particular subculture was concerned, almost run its course. Wall and Taylor (1976) mention the summer of 1972 when the skinheads joined other white residents to attack second-generation immigrants in the Toxteth area of Liverpool as a " crucial date in the natural history of the skinheads "* » (Dick Hebidge, *Subculture*, *op. cit.*, p. 59).

246. « *We see careers [...] as available structures in a youth culture for the establishment of self. At this point we are seeking only to explain the social frameworks which render certain actions intelligible, and we do not wish to imply causal links between social frames and social action* » (Peter Marsh, Elizabeth Rosser et Rom Harre, *The Rules of Disorder*, Londres, Routledge & Kegan Paul, 1978, p. 64).

247. Cf. Alain Ehrenberg, « La rage de paraître », *Autrement*, n° 80, mai 1986, p. 155 et 157.

248. Sur ce registre, cf. l'ouvrage canadien *Les Skinheads et l'Extrême droite*, *op. cit.*, élaboré sous les auspices de la Ligue des droits et libertés.

249. En 1987, la presse abonde en faits divers faisant état de ratonnades pratiquées par les skins. Cf., par exemple, *Libération* des 1er et 2 août 1987 : six skinheads tuent un Tunisien à Nice ; *Libération* du 17 août 1987 : ratonnade de skins à Châteauroux ; *Libération* du 8 août 1987 : ratonnade aux Sables-d'Olonne. La revue *Globe*, dans son numéro d'octobre 1988, publie un reportage titré « Skins : la chute finale ». Sur l'adhésion du principal groupe de « oï » au National Front, en Angleterre, cf. Joe Pearce, *Screwdriver. The First Ten Years*, Londres, Screwdriver Services, 1987. L'auteur se présente comme dirigeant national du Young National Front et déclare avoir travaillé avec Ian Stuard, leader du groupe, depuis 1977.

250. Peter Marsh *et al., The Rules of Disorder, op. cit.*

251. Cf. *Subculture, op. cit.*

252. *Punk*, en verlan. Le verlan des skinheads ne relève pas d'une sous-culture qui leur serait spécifique, mais d'une culture jeune plus générale.

253. Le « beauf » est un personnage de bande dessinée apparu dans les années soixante-dix ; c'est le beau-frère dans les dessins de Cabu : vulgaire et épais, le Français caricatural dans ce qu'il a de machiste, vaguement raciste.

254. Le fait d'avoir mené nos travaux à Paris ne doit pas conduire à sous-estimer l'implantation des skins en province : les événements les plus violents qui peuvent leur être attribués ont eu lieu à Lille, Nice, Châteauroux, Les Sables-d'Olonne, Brest ; ils sont proches du PNFE, d'inspiration néo-nazie, dans des villes comme Metz et Saint-Lô, et leur implantation dans certaines villes de l'Ouest (Nantes, Angers, Brest) doit beaucoup au réseau Association musicale européenne (AME).

255. Les rencontres ont eu lieu les 9, 10, 11 et 12 novembre 1990 à Paris, puis, pour une dernière réunion — d'analyse —, le 27 juin 1991. Une recherche comme celle-ci ne pose pas seulement des problèmes méthodologiques et pratiques, qui vont des difficultés à faire fonctionner le groupe à celles relatives au local susceptible d'accueillir une population si inquiétante ; elle appelle aussi une réflexion déontologique. Les chercheurs doivent-ils aller à la rencontre d'une demande de recherche lorsque celle-ci émane d'activistes d'extrême droite, racistes et violents ? Notre réponse, qui mérite discussion, est *oui*, dans la mesure où les chercheurs sont exclusivement reconnus par l'acteur dans leur rôle de professionnel.

Précisons que nous avons choisi, comme dans des travaux antérieurs sur le terrorisme, de rendre publics les propos des participants, mais de maintenir pour eux l'anonymat et de les désigner par un prénom pseudonyme.

256. *Meuf* : « femme », en verlan.

257. L'anticapitalisme des skinheads n'est par contre pas totalement étranger au discours du Front national à ses débuts, quand Duprat et la revue *Militant* proposaient les nationalisations du crédit et des grandes entreprises.

258. Mohammed Mouhadjer édite une petite revue islamiste à Paris, *Al Bouchra.*

259. On reconnaît là le fameux *Blut und Boden.*

260. *Rebeus* : « beurs », en verlan.

261. Cf. Alain Finkielkraut, *La Défaite de la pensée*, Paris, Gallimard, 1987.

262. Cf. Pierre-André Taguieff, *La Force du préjugé*, Paris, La Découverte, 1988.

263. Patrick Weil, *La France et ses étrangers*, Paris, Calmann-Lévy, 1991.

264. Cf. notamment Jean-Marie Delarue, *Banlieues en difficultés : la relégation*, Paris, Syros, 1991 ; Jacques Donzelot et Joël Roman (dir.), *Face à l'exclusion*, *op. cit.*

265. Cf. le rapport de cette commission, *Être français aujourd'hui,* Paris, UGE, 1988.

266. Sur ce dernier point, cf. l'argumentaire coordonné par Annick Duraffour, « Des mythes aux problèmes : l'argumentation xénophobe prise au mot », in *Face au racisme* (Pierre-André Taguieff [dir.]), Paris, La Découverte, 1991, vol. I, p. 123-241.

267. Pour une première version de ces idées, cf. Michel Wieviorka, « L'expansion du racisme populaire », in *Face au racisme, op. cit.*, vol. II, p. 73-82 ; et « Analyse et pratique de l'antiracisme », communication au colloque international sur le racisme, Créteil, 5-6-7 juin 1991.

268. Cf., pour une présentation théorique et méthodologique de l'intervention sociologique, Alain Touraine, *La Voix et le Regard*, Paris, Éd. du Seuil, 1978.

269. Cf. Alain Touraine, François Dubet, Zsuzsa Hegedus et Michel Wieviorka, *Lutte étudiante*, Paris, Éd. du Seuil, 1978 ; *La Prophétie antinucléaire, op. cit. ; Le Pays contre l'État, op. cit.* ; Alain Touraine, Michel Wieviorka et François Dubet, *Le Mouvement ouvrier,* Paris, Fayard, 1984. La méthode a également été utilisée à l'étranger, dans une perspective assez proche : cf. Alain Touraine, François Dubet, Michel Wieviorka et Jan Strzelecki, *Solidarité,* Paris, Fayard, 1982 ; et François Dubet *et al., Les Pobladores,* Paris, L'Harmattan, 1986.

270. François Dubet, *La Galère, jeunes en survie, op. cit.*

271. Michel Wieviorka, *Sociétés et Terrorisme*, Paris, Fayard, 1988.

272. François Dubet, *Les Lycéens*, Paris, Éd. du Seuil, 1991 ; Michel Wieviorka et Sylvaine Trinh, *Le Modèle EDF*, Paris, La Découverte, 1989.

L'équipe qui a mené les recherches aboutissant au présent ouvrage et qui le signe collectivement sous la direction de Michel Wieviorka a travaillé de façon fortement intégrée. Chaque chercheur a eu des responsabilités plus particulières pour un ou plusieurs terrains : Philippe Bataille à Roubaix et dans les interventions sociologiques menées dans cette ville, à Marseille et sur la police ; Daniel Jacquin à Mulhouse, dans l'intervention sociologique qui y a été conduite ainsi que dans celle menée avec des travailleurs sociaux ; Danilo Martuccelli à Cergy et dans les interventions sociologiques avec des travailleurs sociaux et avec les skinheads ; Angelina Peralva à Marseille et dans l'intervention sociologique avec les skinheads ; Paul Zawadzki à Montfermeil ainsi qu'à Marseille. Bernard Francq, du CADIS, a réalisé une bonne part des travaux de recherche à Montfermeil ; Patricia Pariente, de l'IHESI, a participé à ceux sur la police ; et Ioura Petrovna, à l'intervention sociologique avec des skinheads.

Remerciements

Ce livre résulte d'un ensemble de recherches qui a bénéficié de plusieurs sources de financements. Nous remercions donc, en tout premier lieu, le Commissariat général du Plan (CGP), le Plan urbain, l'Établissement public d'aménagement de Cergy-Pontoise, le Fonds d'action sociale (FAS), l'Institut des hautes études de la sécurité intérieure (IHESI) et le ministère de la Recherche et de la Technologie (MRT). Leur aide a été financière, mais aussi intellectuelle, et nous avons tiré un grand profit de rencontres avec divers responsables de ces institutions, individuellement ou dans le cadre collectif d'un comité de suivi qui s'est réuni régulièrement. Que Claire Guignard-Hamon, Hélène Strohl, Jeanne Levasseur, Isaac Joseph, Geneviève Le Gall, Anne Golub, Michel Yahiel, Jean-Marc Erbès et tous ceux qui ont participé aux réunions du comité de suivi sachent que nous avons la plus vive conscience d'avoir été constamment soutenus par eux dans nos efforts pour mieux comprendre la montée du racisme en France.

Sur le terrain, nous n'aurions pas pu progresser sans l'aide, les conseils et la disponibilité de nombreux responsables politiques ou administratifs. Les maires de quatre des cinq villes que nous avons étudiées (Roubaix, Mulhouse, Cergy, Montfermeil, Marseille) nous ont reçus — parfois à plusieurs reprises —, sont venus participer à des réunions, nous ont ouvert leurs dossiers, ont facilité divers contacts, et c'est avec plaisir que nous remercions Mme Massin (Cergy), MM. Bockel (Mulhouse), Diligent (Roubaix) et Bernard (Montfermeil). Nous leur associons MM. Heckendorn, Rambaud et Freyburger à Mulhouse, Georges Voix et Jacques Gruwez à Roubaix, Mme Ramphft à Cergy.

Nous avons sollicité l'aide et les conseils de collègues à qui nous espérons n'avoir pas fait perdre trop de temps. Nous remercions tout particulièrement Michel Anselme et Michel Peraldi ; Alain Fourest, Dominique Monjardet, Christian Bruschi, Émile Témime, Patrick Bouveau, Nacira Guénif, Jean-Yves Camus, Jean-Claude Monet ; ainsi que Francis Laffon et Dominique Bannewarth, journalistes à *L'Alsace*, et Richard Herlin, à Lille.

A plusieurs reprises, pour pouvoir conduire des entretiens de groupe, nous avons fait appel à des institutions qui ont bien voulu mettre des locaux à notre disposition : nous remercions très chaleureusement les responsables de la Maison de quartier de Saint-Christophe, à Cergy ; de la Libre Pensée, à Paris ; du CIQ de Saint-Jérôme, à Marseille ; du foyer des personnes âgées de l'Alma-Gare et du comité de quartier de l'Épeule, à Roubaix ; de l'Institut du service social et de l'Université populaire, à Mulhouse.

Des responsables d'association et de comité de quartier nous ont apporté leur confiance et une aide déterminante : parmi eux, MM. Perrichaud et Gaulthier, à Marseille ; Rejeanne Poye et Vincent Boutry, à Roubaix.

Patrick Rotman a été un lecteur exigeant, et nous avons tenu le plus grand compte de ses critiques et de ses suggestions.

Nos travaux ont mobilisé pendant deux ans plusieurs centaines de personnes. Les unes ont été interviewées, très classiquement ; d'autres ont participé à un processus beaucoup plus lourd de rencontres collectives avec diverses personnalités ; d'autres, précisément, sont venues à ce dernier titre. Sauf exception, nous avons choisi de maintenir l'anonymat de toutes ces personnes, qui sont désignées par des pseudonymes. Mais nous tenons à ce que chacune d'elles, au-delà de nos remerciements, sache que nous avons toujours cherché à rendre compte le plus objectivement possible de ses idées, de ses réflexions, de ses positions dans les débats, sans excès ni défaut — ce qui n'est pas évident dès qu'il s'agit de problèmes aussi brûlants que ceux posés par le racisme.

Enfin, les recherches dont ce livre rend compte ont été conduites dans un laboratoire de l'EHESS associé au CNRS, le CADIS. C'est peu de dire que bien des forces vives du CADIS ont été mobilisées par notre programme, et nous devons d'abord évoquer notre centre en bloc, pour les ressources matérielles et intellectuelles qu'il n'a cessé de nous apporter. Nous remercions tous ses chercheurs, et plus particulièrement son directeur, Alain Touraine, ainsi que Françoise Gaspard, François Dubet, Didier Lapeyronnie et Robert Ballion, pour leurs remarques éclairées et leur aide pratique ; nous savons bien aussi que, sans Mireille Coustance, Jacqueline Longérinas, Lidia Meschy et Jacqueline Blayac, notre recherche n'aurait jamais abouti. Enfin, Guillaume Erner, Roberto Vergara, Joël Goldberger, Laurence Duverger nous ont également aidés à concrétiser ce travail.

Table

Avant-propos. La France n'est pas raciste, mais... 9

PREMIÈRE PARTIE

Toile de fond : la grande mutation

1. La grande mutation 25
1. La fin de la société industrielle. 26
2. De l'immigration de main-d'œuvre à celle de peuplement 27
3. La dualisation de la société 28
4. La nouvelle question urbaine 30
5. La poussée des identités 32
6. La crise de l'État républicain 34
7. Changements politiques 37

DEUXIÈME PARTIE

Au cœur du racisme populaire

Introduction 45

2. Une intervention sociologique à Roubaix 47
1. Roubaix 47
2. Une intervention sociologique. 53
1. Cinq réponses aux problèmes de la population, 54. — 2. Le renversement, 68. – 3. La retombée du groupe de Roubaix, 73.

3. Une intervention sociologique à Mulhouse 79
1. Mulhouse 79
1. Déclin et recomposition, 80. — 2. La crise urbaine et l'immigration, 82. — 3. L'instabilité, 86.
2. Une intervention sociologique 91
1. Deux pôles, 93. — 2. Fléchissement, 97. — 3. L'instabilité des discours, 101. — 4. Nouvelle poussée, 105.

4. Une intervention sociologique à Marseille 111
1. La crise urbaine 113
2. L'épuisement d'une formule politique 119
3. Une intervention sociologique 126
1. Gitans et Arméniens, 128. — 2. Le racisme à l'envers, 130. — 3. Les responsables, 135. — 4. La crise du discours populiste, 140.

Conclusion 149

TROISIÈME PARTIE

Le racisme et la ville

5. La ségrégation 155
1. La spirale 156
2. Les grands clivages 159
1. La peur et le statut, 159. — 2. La ségrégation active, 162.
3. Enclaves 165

6. Chute et exclusion 171
1. Trajectoires 171
2. L'exaspération 175
1. Vers la violence, 176. — 2. Injustice et déchéance, 178.
3. La construction de la différence 181
1. Entre la passivité et l'action, 182. — 2. La différence, 183. — 3. D'un quartier à l'autre, 185. — 4. Obstacles et limites du racisme, 190.

7. Le racisme en ville nouvelle. L'action des travailleurs sociaux 193
1. Saint-Christophe 194
1. La dégradation, 195. — 2. Face à l'immigration, 197. — 3. Tensions interculturelles, 199.

2. Le travail social, l'immigration et la ville 201
1. Une pensée éclatée, 202. – 2. Racisme et ethnicité, 204. – 3. A la recherche d'un point d'équilibre, 207. – 4. Les travailleurs sociaux et la ville, 208. – 5. Sortir de la crise ?, 211.

Conclusion 217

QUATRIÈME PARTIE

Institutions et racisme : la police

Introduction 221

8. Police et racisme 225

1. La structure du discours policier 227
1. La police, la ville et l'immigration, 227. – 2. La crise de la justice et de l'ordre social, 230. – 3. Racisme, antiracisme, 233. – 4. Le malaise institutionnel, 237. – 5. Les syndicats, 242. – 6. Le métier, 246.

2. Du point de vue de l'acteur à l'analyse du racisme policier 254
1. Les excès du discours policier, 254. – 2. La reconnaissance d'un racisme verbal, 259. – 3. La nature du racisme policier, 262. – 4. Au-delà du racisme verbal, 267. – 5. Perspectives, 270.

CINQUIÈME PARTIE

Racisme et politique

9. De Montfermeil à France debout 279

1. Les Bosquets : de la résidence à la cité. 280
1. Logement et structure socio-démographique, 280. – 2. Les Bosquets imaginaires, 283. – 3. Le dossier scolaire, 284.

2. Mutation politique 285
1. En Seine-Saint-Denis, 285. – 2. A Montfermeil, 287. – 3. Une bipolarisation radicale, 288.

3. Un national-populisme 292
1. Critique de l'État et rejet du système politique, 292. – 2. Immigration et identité menacée, 294. – 3. France debout, 296. – 4. La France, « fille aînée de l'Église », 298. – 5. Thématique décadentielle et appel à l'ordre moral, 300.

10. Les skinheads 307
1. Les modes d'approche du phénomène skinhead 307
2. Trajectoires : neuf skinheads parisiens 310
3. Une intervention sociologique 316
1. Une variante dure du discours raciste, 317. – 2. Antisémitisme, hantise du métissage et violence, 323. – 3. L'analyse de l'action des skinheads, 333.

Conclusion 339

Annexe méthodologique 351
1. Un programme de recherche 353
2. La méthode de l'intervention sociologique 354
3. L'étude du racisme et l'intervention sociologique 356
1. La poussée du racisme populaire, 356. — 2. Police et racisme, 357. — 3. Les travailleurs sociaux face au racisme, 358. — 4. Les skinheads, 359.

Notes 363

Remerciements 389

IMPRIMERIE B.C.A. À SAINT-AMAND (CHER)
DÉPÔT LÉGAL : MARS 1993. N° 19603 (306-93/058)

Collection Points

SÉRIE ACTUELS

A1. Lettres de prison, *par Gabrielle Russier*
A2. J'étais un drogué, *par Guy Champagne*
A3. Les Dossiers noirs de la police française
par Denis Langlois
A4. Do It, *par Jerry Rubin*
A5. Les Industriels de la fraude fiscale, *par Jean Cosson*
A6. Entretiens avec Allende, *par Régis Debray* (épuisé)
A7. De la Chine, *par Maria-Antonietta Macciocchi*
A8. Après la drogue, *par Guy Champagne*
A9. Les Grandes Manœuvres de l'opium
par Catherine Lamour et Michel Lamberti
A10. Les Dossiers noirs de la justice française
par Denis Langlois
A11. Le Dossier confidentiel de l'euthanasie
par Igor Barrère et Étienne Lalou
A12. Discours américains, *par Alexandre Soljénitsyne*
A13. Les Exclus, *par René Lenoir* (épuisé)
A14. Souvenirs obscurs d'un Juif polonais né en France
par Pierre Goldman
A15. Le Mandarin aux pieds nus, *par Alexandre Minkowski*
A16. Une Suisse au-dessus de tout soupçon
par Jean Ziegler
A17. La Fabrication des mâles
par Georges Falconnet et Nadine Lefaucheur
A18. Rock babies, *par Raoul Hoffmann et Jean-Marie Leduc*
A19. La nostalgie n'est plus ce qu'elle était
par Simone Signoret
A20. L'Allergie au travail, *par Jean Rousselet*
A21. Deuxième Retour de Chine
par Claudie et Jacques Broyelle et Évelyne Tschirhart
A22. Je suis comme une truie qui doute, *par Claude Duneton*
A23. Travailler deux heures par jour, *par Adret*
A24. Le rugby, c'est un monde, *par Jean Lacouture*
A25. La Plus Haute des solitudes, *par Tahar Ben Jelloun*
A26. Le Nouveau Désordre amoureux
par Pascal Bruckner et Alain Finkielkraut
A27. Voyage inachevé, *par Yehudi Menuhin*
A28. Le communisme est-il soluble dans l'alcool ?
par Antoine et Philippe Meyer
A29. Sciences de la vie et Société
par François Gros, François Jacob et Pierre Royer

A30. Anti-manuel de français
par Claude Duneton et Jean-Pierre Pagliano
A31. Cet enfant qui se drogue, c'est le mien
par Jacques Guillon
A32. Les Femmes, la Pornographie, l'Érotisme
par Marie-Françoise Hans et Gilles Lapouge
A33. Parole d'homme, *par Roger Garaudy*
A34. Nouveau Guide des médicaments, *par le Dr Henri Pradal*
A35. Rue du Prolétaire rouge, *par Nina et Jean Kéhayan*
A36. Main basse sur l'Afrique, *par Jean Ziegler*
A37. Un voyage vers l'Asie, *par Jean-Claude Guillebaud*
A38. Appel aux vivants, *par Roger Garaudy*
A39. Quand vient le souvenir, *par Saul Friedländer*
A40. La Marijuana, *par Solomon H. Snyder*
A41. Un lit à soi, *par Évelyne Le Garrec*
A42. Le lendemain, elle était souriante..
par Simone Signoret
A43. La Volonté de guérir, *par Norman Cousins*
A44. Les Nouvelles Sectes, *par Alain Woodrow*
A45. Cent Ans de chanson française, *par Chantal Brunschwig*
Louis-Jean Calvet et Jean-Claude Klein
A46. La Malbouffe, *par Stella et Joël de Rosnay*
A47. Médecin de la liberté, *par Paul Milliez*
A48. Un Juif pas très catholique, *par Alexandre Minkowski*
A49. Un voyage en Océanie, *par Jean-Claude Guillebaud*
A50. Au coin de la rue, l'aventure
par Pascal Bruckner et Alain Finkielkraut
A51. John Reed, *par Robert Rosenstone*
A52. Le Tabouret de Piotr, *par Jean Kéhayan*
A53. Le temps qui tue, le temps qui guérit
par le Dr Fernand Attali
A54. La Lumière médicale, *par Norbert Bensaïd*
A55. Californie (Le Nouvel Age)
par Sylvie Crossman et Édouard Fenwick
A56. La Politique du mâle, *par Kate Millett*
A57. Contraception, Grossesse, IVG
par Pierrette Bello, Catherine Dolto et Aline Schiffmann
A58. Marthe, *anonyme*
A59. Pour un nouveau-né sans risque
par Alexandre Minkowski
A60. La vie tu parles, *par Libération*
A61. Les Bons Vins et les Autres, *par Pierre-Marie Doutrelant*
A62. Comment peut-on être breton ?, *par Morvan Lebesque*
A63. Les Français, *par Theodore Zeldin*
A64. La Naissance d'une famille, *par T. Berry Brazelton*
A65. Hospitalité française, *par Tahar Ben Jelloun*

A66. L'Enfant à tout prix
par Geneviève Delaisi de Parseval et Alain Janaud
A67. La Rouge Différence, *par F. Edmonde Morin*
A68. Regard sur les Françaises, *par Michèle Sarde*
A69. A hurler le soir au fond des collèges, *par Claude Duneton avec la collaboration de Frédéric Pagès*
A70. L'Avenir en face, *par Alain Minc*
A71. Je t'aime d'amitié, *par la revue « Autrement »*
A72. Couples, *par la revue « Autrement »*
A73. Le Sanglot de l'homme blanc, *par Pascal Bruckner*
A74. BCBG, le guide du bon chic bon genre
par Thierry Mantoux
A75. Ils partiront dans l'ivresse, *par Lucie Aubrac*
A76. Tant qu'il y aura des profs
par Hervé Hamon et Patrick Rotman
A77. Femmes à 50 ans, *par Michèle Thiriet et Suzanne Képès*
A78. Sky my Husband ! Ciel mon mari !
par Jean-Loup Chifflet
A79. Tous ensemble, *par François de Closets*
A80. Les Instits. Enquête sur l'école primaire, *par Nicole Gauthier, Catherine Guiguon et Maurice A. Guillot*
A81. Objectif bébé. Une nouvelle science, la bébologie
par la revue « Autrement »
A82. Nous l'avons tant aimée, la révolution
par Dany Cohn-Bendit
A83. Enfances, *par Françoise Dolto*
A84. Orient extrême, *par Robert Guillain*
A85. Aventurières en crinoline, *par Christel Mouchard*
A86. A la soupe !, *par Plantu*
A87. Kilos de plume, kilos de plomb
par Jean-Louis Yaïch et Dr Gérard Apfeldorfer
A88. Grands Reportages, *collectif*
A89. François Mitterrand ou la tentation de l'histoire
par Franz-Olivier Giesbert
A90. Génération 1. Les Années de rêve
par Hervé Hamon et Patrick Rotman
A91. Génération 2. Les Années de poudre
par Hervé Hamon et Patrick Rotman
A92. Rumeurs, *par Jean-Noël Kapferer*
A93. Éloge des pédagogues, *par Antoine Prost*
A94. Heureux Habitants de l'Aveyron, *par Philippe Meyer*
A95. Milena, *par Margarete Buber-Neumann*
A96. Plutôt russe que mort !, *par Cabu et Claude-Marie Vadrot*
A97. Une saison chez Lacan, *par Pierre Rey*
A98. Le niveau monte, *par Christian Baudelot et Roger Establet*
A99. Les Banlieues de l'Islam, *par Gilles Kepel*

A100. Madame le Proviseur, *par Marguerite Genzbittel*
A101. Naître coupable, naître victime, *par Peter Sichrovsky*
A102. Fractures d'une vie, *par Charlie Bauer*
A103. Ça n'est pas pour me vanter..., *par Philippe Meyer*
A104. Enquête sur l'auteur, *par Jean Lacouture*
A105. Sky my wife ! Ciel ma femme !
par Jean-Loup Chiflet
A106. La Drogue dans le monde
par Christian Bachmann et Anne Coppel
A107. La Victoire des vaincus, *par Jean Ziegler*
A108. Vivent les bébés !, *par Dominique Simonnet*
A109. Nous vivons une époque moderne, *par Philippe Meyer*
A110. Le Point sur l'orthographe, *par Michel Masson*
A111. Le Président, *par Franz-Olivier Giesbert*
A112. L'Innocence perdue, *par Neil Sheehan*
A113. Tu vois, je n'ai pas oublié
par Hervé Hamon et Patrick Rotman
A114. Une saison à Bratislava, *par Jo Langer*
A115. Les Interdits de Cabu, *par Cabu*
A116. L'avenir s'écrit liberté, *par Édouard Chevardnadzé*
A117. La Revanche de Dieu, *par Gilles Kepel*
A118. La Cause des élèves, *par Marguerite Gentzbittel*
A119. La France paresseuse, *par Victor Schérrer*
A120. La Grande Manip, *par François de Closets*
A121. Le Livre, *par Les Nuls*
A122. La Mélancolie démocratique, *par Pascal Bruckner*
A123. Autoportrait d'une psychanalyste, *par Françoise Dolto*
A124. L'École qui décolle, *par Catherine Bédarida*
A125. Les Lycéens, *par François Dubet*
A126. Les Années tournantes, *par la revue « Globe »*
A127. Nos solitudes, *par Michel Hannoun*
A128. Allez les filles !
par Christian Baudelot et Roger Establet
A129. La Haine tranquille, *par Robert Schneider*
A130. L'Aventure Tapie, *par Christophe Bouchet*
A131. Dans le huis clos des salles de bains, *par Philippe Meyer*
A132. Les abrutis sont parmi nous, *par Cabu*
A133. Liberté, j'écris ton nom, *par Pierre Bergé*
A134. La France raciste, *par Michel Wieviorka*

Collection Points

SÉRIE ESSAIS

DERNIERS TITRES PARUS

197. Zola, *par Marc Bernard*
198. Apollinaire, *par Pascal Pia*
199. Paris, *par Julien Green*
200. Voltaire, *par René Pomeau*
201. Montesquieu, *par Jean Starobinski*
202. Anthologie de la peur, *par Éric Jourdan*
203. Le Paradoxe de la morale, *par Vladimir Jankélévitch*
204. Saint-Exupéry, *par Luc Estang*
205. Leçon, *par Roland Barthes*
206. François Mauriac
    1. Le sondeur d'abîmes (1885-1933), *par Jean Lacouture*
207. François Mauriac
    2. Un citoyen du siècle (1933-1970), *par Jean Lacouture*
208. Proust et le Monde sensible, *par Jean-Pierre Richard*
209. Nus, Féroces et Anthropophages, *par Hans Staden*
210. Œuvre poétique, *par Léopold Sédar Senghor*
211. Les Sociologies contemporaines, *par Pierre Ansart*
212. Le Nouveau Roman, *par Jean Ricardou*
213. Le Monde d'Ulysse, *par Moses I. Finley*
214. Les Enfants d'Athéna, *par Nicole Loraux*
215. La Grèce ancienne, tome 1
    par Jean-Pierre Vernant et Pierre Vidal-Naquet
216. Rhétorique de la poésie, *par le Groupe* µ
217. Le Séminaire. Livre XI, *par Jacques Lacan*
218. Don Juan ou Pavlov
    par Claude Bonnange et Chantal Thomas
219. L'Aventure sémiologique, *par Roland Barthes*
220. Séminaire de psychanalyse d'enfants, tome 1
    par Françoise Dolto
221. Séminaire de psychanalyse d'enfants, tome 2
    par Françoise Dolto
222. Séminaire de psychanalyse d'enfants
    tome 3, Inconscient et destins, *par Françoise Dolto*
223. État modeste, État moderne, *par Michel Crozier*
224. Vide et Plein, *par François Cheng*
225. Le Père : acte de naissance, *par Bernard This*
226. La Conquête de l'Amérique, *par Tzvetan Todorov*
227. Temps et Récit, tome 1, *par Paul Ricœur*
228. Temps et Récit, tome 2, *par Paul Ricœur*

229. Temps et Récit, tome 3, *par Paul Ricœur*
230. Essais sur l'individualisme, *par Louis Dumont*
231. Histoire de l'architecture et de l'urbanisme modernes
1. Idéologies et pionniers (1800-1910), *par Michel Ragon*
232. Histoire de l'architecture et de l'urbanisme modernes
2. Naissance de la cité moderne (1900-1940)
par Michel Ragon
233. Histoire de l'architecture et de l'urbanisme modernes
3. De Brasilia au post-modernisme (1940-1991)
par Michel Ragon
234. La Grèce ancienne, tome 2
par Jean-Pierre Vernant et Pierre Vidal-Naquet
235. Quand dire, c'est faire, *par J. L. Austin*
236. La Méthode
3. La Connaissance de la Connaissance, *par Edgar Morin*
237. Pour comprendre *Hamlet*, *par John Dover Wilson*
238. Une place pour le père, *par Aldo Naouri*
239. L'Obvie et l'Obtus, *par Roland Barthes*
240. Mythe et Société en Grèce ancienne, *par Jean-Pierre Vernant*
241. L'Idéologie, *par Raymond Boudon*
242. L'Art de se persuader, *par Raymond Boudon*
243. La Crise de l'État-providence, *par Pierre Rosanvallon*
244. L'État, *par Georges Burdeau*
245. L'Homme qui prenait sa femme pour un chapeau
par Oliver Sacks
246. Les Grecs ont-ils cru à leurs mythes ?, *par Paul Veyne*
247. La Danse de la vie, *par Edward T. Hall*
248. L'Acteur et le Système
par Michel Crozier et Erhard Friedberg
249. Esthétique et Poétique, *collectif*
250. Nous et les Autres, *par Tzvetan Todorov*
251. L'Image inconsciente du corps, *par Françoise Dolto*
252. Van Gogh ou l'Enterrement dans les blés, *par Viviane Forrester*
253. George Sand ou le Scandale de la liberté, *par Joseph Barry*
254. Critique de la communication, *par Lucien Sfez*
255. Les Partis politiques, *par Maurice Duverger*
256. La Grèce ancienne, tome 3
par Jean-Pierre Vernant et Pierre Vidal-Naquet
257. Palimpsestes, *par Gérard Genette*
258. Le Bruissement de la langue, *par Roland Barthes*
261. Voici le temps du monde fini, *par Albert Jacquard*
259. Relations internationales
1. Questions régionales, *par Philippe Moreau Defarges*
260. Relations internationales
2. Questions mondiales, *par Philippe Moreau Defarges*
262. Les Anciens Grecs, *par Moses I Finley*